심리-구조주의 철학

- 프로이트 · 라캉 · 칼 융 -

최환열

창조와 지식

머 리 말

철학은 어떤 이론이 앞뒤와 관련 없이 툭 튀어나오는 것이 아니라, 그 사상의 전개에서 항상 선후관계가 있다. 헤겔 이후 유럽의 현대철학은 의식을 그 중심으로 하여 전개하였다. 그것이 곧 생철학 · 현상학 · 실존주의 철학이다. 이 모두는 정신 혹은 의식에 관한 연구로서, 인간 내면에 관한 연구이다.

언어 구조주의

여기에 큰 변화의 바람이 일어났는데, 이 인간의 의식 이면에 이 의식을 좌우하는 구조가 있다는 것을 발견한 것이다. 언어로서의 파롤(발화)는 그 이면에 랑그라는 사회체계 속에서의 언어적 틀이 있었다. 이 사회적 공동체적 랑그에 의해서 각기 다른 파롤들이 출현하는 것이다.

한편, 철학사에서 언어는 항상 신비스러운 것이었다. 이것은 선험적이다. 즉 언어를 분석해보면 정신의 세계가 출현한다는 것이다. 이것은 배우지 않았는데도 그 기능이 우리 안에 먼저 존재한다. 우리의 언어 현상에는 분명한 선험성으로서의 신비가 담겨있다. 이 언어는 분명히 그 위의 형이상학적 세계를 계시하고 있다. 이것이 바로 훔볼트 · 소쉬르 · 촘스키의 언어 구조주의이다.

프로이트의 심리-구조주의

프로이트에 의해 인간의 의식 이면에 있는 존재로서 이제 무의식이 밝혀진 것이다. 어떻게 보면 이것은 무의식적 실재이다. 의식은 이 무의식에 의해 철저히 지배를 당하고 있는 것이다. 그래서 인간의 의식 이면의 절대적인 구조는 무의식인 것이다.

프로이트는 꿈 해석을 통해서 이 무의식 세계를 적나라하게 설명을 해낸다. 그리고 이 무의식이 주인이다. 모든 정신병은 이 무의식 세계에서 출발한 것이다. 이 무의식은 그의 모든 과거를 다 담고 있다.

프로이트는 이 무의식적 자아를 발견하였는데, 그것은 바로 리비도라는 이드였다. 여기에서 에고와 슈퍼에고가 출현을 하는 것이다. 결국 프로이트는 이드-에고-슈퍼에고의 관계를 설명하는 데에 그의 전 인생을 보내었다.

라캉의 상상계 · 상징계 · 실재계

프로이트의 제자라고 볼 수 있는 사람이 곧 라캉이다. 직접적인 제자라고 보기보다는 그의 사상을 가장 잘 후대에 전승했다는 것이다. 그런데, 이 라캉에 의해서 프로이트 이론이 대거 조정을 받는다. 프로이트 이론의 취약점들이 대거 드러난 것이다.

라캉은 프로이트의 그 무의식에 소쉬르 언어학의 기의를 접목시켰다. 그래서 신경증 환자에만 적합한 프로이트 이론을 정상인들의 심리 속에 반영시켜 내었다. 라캉은 언어학을 중심으로 상상계 · 상징계 · 실재계를 발견해 내었는데, 이에 따라 각각의 리비도가 나타난다는 것이다.

아이가 상상계에 있을 때는 어머니의 품속에서 어머니의 모습을 자신의 모습으로 착각하면서 객관적인 세상을 알지 못하는 시기이다. 이때의 아이의 리비도는 육체에 관련한 리비도가 산출된다. 대표적인 것으로 성장과 성욕에 관한 리비도이다.

이제 아이가 언어를 배우면서 발화된 언어라는 상징을 통해 그 이면의 기의를 해석해 가면서 이 세상을 배우게 된다. 이 세계가 언어를 통해 그의 세계 속으로 들어오는 것이다. 그러면서 그곳에서 욕망이 작동을 하여 상징계 속의 자아가 출현한다. 이때의 자아는 사회적 욕망으로 넘쳐나는 자아이다. 그리고 그 욕망의 실현을 위해 최선을 다하는데, 이 욕망의 실현이 곧 쾌락이다.

더 나아가 이 욕망의 결여를 맛보면서 실재계를 찾게 된다. 이것을 주이상스라고 한다. 라캉은 이에 대해 깊은 이야기를 하지 않지만, 우리 안에 초자아의 실재계가 출현하였다고 말한다.

칼 융의 종교적 · 집단적 무의식

오히려 이 실재계의 실현이 칼 융을 통해서 나타난다. 융도 또한 프로이트의 제자라고 볼 수 있다. 그런데, 융은 프로이트의 리비도를 오직 성욕으로 보는 것에 대해 곧바로 반발을 한다. 그럴 수 없다는 것이다. 리비도는 오히려 삶의 욕구이다. 이 욕구는 상황을 만나면서 그에 맞는 욕구로 나타난다.

프로이트는 신경증 환자를 주로 접하였는데, 융은 정신분열증 자폐환자를 주로 임상으로 접하였다. 신경증 환자에서는 주로 그 무의식의 저변에 성욕이 깔려있는 반면, 정신분열증 환자에게는 공상 혹은 몽상이 깔려 있었다. 여기에서 융은 이 공상 혹은 몽상이 또한 무의식적 자아의 활동이라는 것을 알아차렸다.

그리고 꿈을 분석하였는데, 프로이트는 이 꿈이 과거의 경험에 대한 것 만이라고 말하였다. 이에 비해 융은 꿈은 외부로부터도 오고, 미래로부터 온다고 말하였다. 그러면서 융은 집단무의식이 존재하며, 태고적 굼이 존재한다는 것을 알게 되었다. 그리고 이것은 바로 성경과 같은 신화와 그 맥락이 같음을 알게 되었다. 여기에서 융은 기독교 신비주의자들의 정신세계를 알게 된다. 실재계에서 그의 정신이 태어나는 것이다. 그리고 이 신비가들은 그 실재계를 믿음으로 경험을 한다. 이것이 융이 말하는 자아실현이다.

포스트 모더니즘의 본질

칼 융은 라캉의 실재계 중에서 초자아가 맞이하게 되는 실재계이다. 이것은 영의 소욕으로 인해 전개된 실재계이다. 그런데, 라캉의 실재계에는 육의 소욕, 곧 성욕으로 인해 들어가게 되는 실재계가 있다. 그것이 곧 라캉이다. 프로이트의 말처럼 인간의 본성을 성욕으로만 보고, 그 성욕을 고상한 것으로 보고 그곳에 자신을 맡겨 버린 것이다. 그것이 곧 미셸 푸코이다. 푸코가 프로이트의 진정한 후계자이다. 그것이 포스트-모더니즘(탈-구조주의)이다. 구조를 해체하고 성욕의 실재계 속으로 들어가 버린 것이다.

우리는 철학을 이해할 때, 앞에 있는 철학자와 뒤에 있는 철학자를 연계해서 이해할 필요가 있다. 철학은 시대의 조류를 반영하면서, 또 한편에서는 앞선 세대의 사상을 기반으로 하여 새로운 것을 산출하기 때문이다. 우리는 현대철학을 이렇게 통합적으로 이해해야 할 필요가 있다.

그래서 구조주의는 결국 의식 이면의 구조에 대한 이해이다. 그것은 일반적으로 무의식으로 말해진다. 무의식적 자아 혹은 무의식적 구조에 의해 의식적 구조가 결정된다는 것이다.

2025. 1. 17

신학박사 최 환 열

<제 목 차 례>

1부　지그문트 프로이트

1장 지그문트 프로이트의 생애와 저술

1. 프로이트의 생애(1856-1939)와 저술[1)]

가. 1856-1881년(25세), 출생과 학업

프로이트는 1856년 5월 6일 오스트리아 모라비아의 프라이베르크에서 출생하였으며, 1860년 가족들이 빈으로 이주하였다. 1873년, 빈 대학 의학부 입학하여 1876년-1882년 빈 생리학 연구소에서 브뤼케의 지도 아래 연구 활동을 하였다. 에른스트 브뤼케 실험실에서 프로이트는 신경해부학을 공부하였다. 졸업 후 얼마 동안 뇌의 해부학적 연구를 하였다.

① 1856년, 출생

1856년 5월 6일 모라비아(현 체코) 지방 프라이베르크 마을에서 유대인으로 출생하였다. 그가 태어난 오스트리아-헝가리 제국에서 유대인에 대한 편견이 심했다. 그의 아버지는 세 번째 결혼한 아말리에와의 사이에서 지그문트 프로이트를 낳았다. 그의 이복형은 어머니와 나이가 비슷했다. 유대계 가정에서 태어나 부모님과 7명의 형제자매와 함께 성장하였다. 아버지 야콥은 양모 무역업자였고, 어머니 아말리아는 그의 아버지보다 20세가량 어렸다.

② 김나지움

이복형제들에 비해 어머니의 보살핌을 많이 받았고 김나지움 7학년 내내 최우수 학생으로 총명했다.

③ 1873-1882년(26세), 빈대학 의학부, 에른스트 브뤼케 실험실

빈 대학 의학부에 입학하여 에른스트 브뤼케 실험실에서 신경해부학을 공부하였다. 졸업 후 얼마 동안 뇌의 해부학적 연구하였다.

④1877-1881년, 논문과 박사과정

1877년, 해부학과 생리학에 관한 첫 번째 논문을 출판하였고, 1881년, 의학박사 과정을 졸업하였다.(두산백과, "프로이트" 참조)

---

1) 프로이트의 『정신분석학 개요』에서 소개된 내용의 인용.

나. 1882(26세)-1886년(30세), 빈 종합병원 등 근무와 병원개업

1882년부터 1885년까지 빈 종합병원에서 뇌 해부학을 집중적으로 연구하였다. 1885년 파리의 살페트리에르 정신병원에서 마르탱 샤르코의 지도 아래 히스테리 환자를 관찰하였고, 1886년에 마르타 베르나이스와 결혼하였고, 빈에서 개업을 하고 신경질환 환자 치료 시작하였다.

1882년-1885년, 빈 종합병원에서 뇌 해부학을 집중연구, 논문 다수출판
1885년, 신경병리학 강사 자격 획득
1885년10월-1886년2월, 파리의 살페트리에르 병원(신경질환 전문 병원)에서 샤르코의 지도아래 연구, 히스테리와 최면술 소개하기 시작
1886년, 마르타 베르나이스와 결혼, 빈에서 개업, 신경질환 환자 치료 시작
("프로이트, 『정신분석학 개요』, 박성수 · 한승완 역, 509-513"에서 인용)

다.1887(31세)-1896년(40세), 정신병리학으로 관심전환과 정신분석학 발견

1886-1893년은 빈 카소비츠 연구소에서 신경학 연구를 계속하면서 신경학에서 정신병리학으로 관심이 전환된 시기이다. 1887년 경부터 최면 암시요법이 치료에 사용되기 시작했는데, 1888년, 브로이어를 따라 카타르시스 요법 통한 히스테리 치료에 최면술을 이용하기 시작하였다. 그러나 이때 프로이트는 점차 최면술 대신 자유연상기법을 시도하기 시작하였다. 그러면서 1896년경부터 프로이트는 정신분석학이라는 용어를 사용하기 시작하였다.

1886-1893년, 빈 카소비츠 연구소에서 신경학 연구를 계속, 신경학에서 정신병리학으로 관심 전환
1887년, 최면 암시요법을 치료에 사용하기 시작
1888년, 브로이어를 따라 카타르시스 요법 통한 히스테리 치료에 최면술을 이용하기 시작, 그러나 점차 최면술 대신 자유연상기법을 시도하기 시작
1891년, 실어증에 관한 연구 논문 발표
1893-1896년, 프로이트와 브로이어 사이에 점차 견해 차이가 생기기 시작.

방어와 억압의 개념, 그리고 자아와 리비도 사이의 갈등의 결과로 생기는 신경증 개념을 소개하기 시작

1895년, 브로이어와 함께 치료 기법에 대한 증례 연구와 설명을 담은 『히스테리 연구』 출판, 감정 전이 기법에 대한 설명이 이 책에서 처음으로 나옴.

1895년, 『과학적 심리학을 위한 구상』 집필, 1950년에 첫 출판 됨

1896년, '정신분석'이란 용어 처음으로 소개

라. 1897년(41세)-1909년(53세), 프로이트 정신분석학의 유행

그의 연구는 지속되어서 1900년 이후에는 정상심리에도 연구를 확대하여 '심층심리학'을 확립하였고, 1905년에는 유아성욕론을 수립하였다. 이 즈음부터는 그의 학설을 점차 공명하는 사람들이 나타나서 크게 유행하게 되었다. 1906년, 융이 정신분석학의 신봉자가 되었으며, 1909년, 프로이트와 융이 미국으로부터 강의 초청을 받아서 미국으로까지 확산되었다.

1897년, 프로이트는 자기 분석 끝에 심적 외상 이론을 포기하는 한편, 유아성욕론과 오이디푸스 콤플렉스에 대해 인식하게 됨

1900년, 『꿈의 해석』 출판, 이 책의 마지막 장에서 정신 과정, 무의식, '쾌락의 원칙' 등에 대한 프로이트의 역동적인 관점이 처음으로 자세하게 설명됨

1901년, 『일상생활의 정신 병리학』 출판

1905년, 『성욕에 관한 세 편의 에세이』 발표, 유아에서 성인에 이르기까지 인간의 성적 본능의 발전과정을 처음으로 추적함

1906년, 융이 정신분석학의 신봉자가 됨

1909년, 프로이트와 융이 미국으로부터 강의 초청을 받음, <꼬마 한스>라는 다섯 살 배기 어린이의 병력 연구를 통해 어린이에 대한 정신분석을 시도.

마. 1910(54세)-1923년(67세), 이드 · 자아 · 초자아 이론 출현

프로이트의 이론이 철학적 성격을 띠어 감에 따라 그 본질이 정확하게 나타났는데, 이때 아들러와 융이 학회에서 탈퇴하였다. 프로이트 이론에서 오직 성욕을 인간의 본능으로 보는 것에 대한 문제제기였다. 프로이트는 제1차 세계대전 후 사변적 경향을 강화하여 이드(id) · 자아 · 초자아(超自我)에 대한 이론과 생의 본능, 에로스·죽음의 본능(타나토스) 등의 설을 내세웠다. 프로이트 정신분석학의 절정기에 해당한다.

1910년, <나르시시즘> 이론 처음 등장

1911-1915년, 정신분석 기법에 관한 몇 가지 논문 발표

1911년, 아들러가 정신분석학회에서 탈퇴

1912-1913년, 『토템과 터부』 출판, 정신분석학을 인류학에 적용한 저서

1914년, 융의 학회 탈퇴, 「정신분석 운동의 역사」 논문 발표, 이 논문은 프로이트가 아들러와 융과 벌인 논쟁을 담고 있음, 프로이트의 마지막 주요 개인 병력 연구서인 『늑대인간』(1918년 출판) 집필

1915년, 기초적 이론적 의문에 관한 〈초심리학〉 논문 12편을 시리즈로 씀, 현재 이중 5편만 남음

1915-1917년, 『정신분석 강의』 출판, 1차 세계 대전까지의 프로이트의 관점을 광범위 하고도 치밀하게 종합해 놓은 저서임

1920년, 『쾌락의 원칙의 넘어서』 출판, 〈반복 강박〉이라는 개념과 〈죽음 본능〉이론을 처음 명시적으로 소개

1921년, 『집단 심리학과 자아분석』 출판, 자아에 대한 체계적이고 분석적인 연구에 착수한 저서

1923년, 『자아와 이드』 출판, 종전의 이론을 크게 수정해 마음의 구조와 기능을 이드, 자아, 초자아로 나누어 설명

1923년, 암에 걸림

바. 1924-1939년(83세), 성과 종교 · 도덕 · 문명의 관계

프로이트는 말년에는 성과 종교, 도덕, 문명 등의 주제에 관심을 가지고 연구하였다. 성의 본능을 가장 억압하는 것이 종교 · 도덕 · 문명이었기 때문이다.

무엇보다 '종교'와 '도덕'에서는 정욕이 제어를 받지 않을 경우 죄로 간주되었다. 그리고 '문명'이라는 사회에 열심히 적응하기 위해서는 정욕적인 삶이 제어될 필요가 있었다. 프로이트는 이 양자의 길 속에서 유대교의 유신론자였으나, 무신론자의 길을 택하게 되었다. 그는 정욕을 인간의 본능으로 옹호하기 시작하였다. 특히 그의 말년에 히틀러가 독일 내 권력을 장악하였으며, 1938년의 히틀러의 오스트리아 침공으로 빈을 떠나 영국으로 이주하였다.

1925년, 여성의 성적 발전에 관한 관점을 수정
1926년, 『억압, 증상, 그리고 불안』 출판, 불안의 문제에 대한 관점을 수정
1927년, 『환상의 미래』 출판, 종교에 관한 논쟁을 담은 책
1930년, 『문명 속의 불만』 출판
1933년, 히틀러 독일 내 권력 장악, 프로이트의 저서들이 베를린에서 공개적으로 소각됨
1934-1938년, 『인간 모세와 유일신교』 집필
1938년, 히틀러의 오스트리아 침공, 빈을 떠나 런던으로 이주, 『정신분석학 개요』 집필, 미완성의 마지막 저작인 이 책은 정신분석학에 대한 결정판이라 할 수 있음
1939년9월, 사망 (83세)

2. 프로이트의 심리학

가. 무의식의 영역

프로이트 당시의 사람들은 프로이트가 주장한 무의식을 지동설, 진화론과 더불어 매우 충격적 사건으로 받아들였다. 인간이 이성 이면에 그 이성을 주관하는 존재가 있다는 사실이 매우 큰 충격으로 다가왔던 것이다. 프로이트의 무의식을 위키백과에서는 다음과 같이 정리한다.

①정신의 구성 : 의식 · 무의식 · 전의식

프로이트는 정신이 의식, 무의식, 전의식으로 구성되어 있으며, 그중에 무의

식이 의식에 못지않게 중요한 역할을 하므로 인간의 정신 활동에 없어서는 안 될 부분이라고 주장했다. 마치 빙산의 대부분이 수면 아래에 가려져 있는 것처럼 마음의 대부분은 의식의 표면 아래에 있는 무의식 영역에 속해 있다고 설명했다.

② 의식에 큰 영향을 미치는 무의식

또한, 무의식은 의식에 비해서 그 내용이 정확하게 파악되기 힘들고, 인간이 인식하지 못하지만 실제로 원하거나 추구하는 내용을 담고 있기 때문에, 이러한 무의식이 의식에 미치는 영향을 거부하거나 억압하면 말 실수나 정신 질환 등이 발생한다고 주장했다.

③ 억제 · 본능적 충동을 통한 무의식의 저장

그는 의식이 감당하지 못할 만큼 강력하거나 부적절한 생각, 기억, 충동은 억제되어 본능적 충동과 함께 무의식에 저장된다고 하였다. 그 과정을 '억압'이라 표현하고, 이는 정신 에너지 보존 법칙에 의거한다고 주장했다.

④ 무의식과 의식의 관계

또한 무의식의 영역은 의식이 직접적으로 접근할 수 없고, 무의식은 개인의 생각과 행동을 조용히 조종하며, 무의식적 생각과 의식적 생각의 차이는 심리적 긴장을 낳은데 그 긴장을 풀려면 억압된 기억을 의식으로 불러들여야 한다고 주장했다.(『위키백과』, 프로이트, 2024.12.31)

나. 무의식과 꿈의 해석학

프로이트는 최면을 통한 신경증 치료에 초기 관심을 가졌다. 그러나 그는 자유연상과 꿈의 해석을 통한 치료에 관심을 가지며, 최면술 치료를 포기했다. 이러한 꿈의 해석과 자유연상은 프로이트 정신분석학의 핵심 요소가 되었다. 프로이트는 그의 책 『꿈의 해석』(1899)에서, 꿈은 단순한 무작위적인 현상이 아니라, 개인의 무의식적 욕망과 억압된 감정을 드러내는 중요한 심리적 표현으로 보았다. 개략적으로 정리하면 다음과 같다.

① 꿈의 본질

꿈은 무의식의 표현으로서 억압된 욕망, 특히 어린 시절의 충동과 소망이 의식적인 검열을 피해 상징적 형태로 나타나는 결과라고 보았다. 그리고 꿈은 기본적으로 소원 충족의 성격을 띤다고 주장했다. 이는 꿈이 억눌린 욕망을 만족시키기 위한 도구라는 의미이다.

② 꿈의 구성 요소

꿈에서 명백히 드러나는 표면적인 이야기나 이미지가 명시적인 내용인데, 이것은 왜곡된 형태로 무의식을 표현한다. 그래서 잠재적 내용이 더욱 중요한데, 꿈의 숨겨진 의미로서 억압된 욕망과 무의식적 소망을 포함한다. 이 잠재적 내용을 이해하는 것이 꿈 해석의 핵심이다.

③ 꿈의 작업

프로이트는 꿈이 무의식의 내용을 어떻게 왜곡하고 가공하는지 설명하기 위해 꿈의 작업이라는 개념을 도입했다. 주요 메커니즘은 다음과 같다.

“압축(Condensation)”은 여러 가지 무의식적 생각이 하나의 꿈 이미지로 합쳐지는 현상이다. “전치(Displacement)”는 중요한 생각이나 감정이 덜 중요한 이미지나 상황으로 대체되는 과정이다. “상징화(Symbolization)”는 억압된 욕망이나 감정이 상징적으로 표현되는 방식이다. “2차적 수정(Secondary Revision)”은 꿈을 더 일관되고 논리적으로 만들기 위해 무의식적으로 내용을 재구성하는 과정이다.

④ 꿈 해석의 방법

프로이트는 꿈의 의미를 해석하기 위해 “자유연상”과 “상징분석”의 방법을 제안했다. 자유 연상(Free Association)은 꿈의 각 요소에 대해 연상되는 생각들을 자유롭게 나열하여 무의식적 내용을 탐구한다. 상징 분석은 꿈의 이미지와 행동에 담긴 상징적 의미를 분석한다. 예를 들어, 물은 출생이나 성적 욕망을, 계단은 성적 행위를 상징할 수 있다고 보았다.

⑤ 꿈의 의미

꿈은 단순히 무의식적 욕망을 표현하는 것이 아니라, 개인의 심리적 갈등과 억압을 이해하는 데 중요한 단서를 제공한다. 프로이트는 꿈이 무의식을 이해하는 "왕도(Royal Road)"라고 표현하며, 정신분석학적 치료에서 중요한 도구로 사용했다.(챗GPT, 프로이트 꿈의 해석, 2024.12.31.)

프로이트의 꿈 해석 이론은 심리학의 발전에 지대한 영향을 미쳤으며, 그의 꿈에 대한 무의식적 해석과 상징적 접근은 여전히 심리치료와 문화 분석에서 중요한 틀로 사용되고 있다.

다. 자유 연상

자유연상(Free Association, 심리역동이론)은 프로이트가 개발한 심리치료 기법으로, 정신분석학에서 핵심적인 도구 중 하나이다. 이는 무의식을 탐구하고 억압된 감정을 발견하기 위해 사용되며, 프로이트의 이론에서 매우 중요한 역할을 한다. 그 개략적인 내용은 다음과 같다.

① 자유연상이란 무엇인가?
자유연상은 환자에게 자신의 생각을 의식적으로 통제하지 않고 마음에 떠오르는 것을 검열 없이 이야기하도록 하는 기법이다. 이를 통해 무의식적인 내용(억압된 욕망, 감정, 기억 등)이 표면으로 드러날 수 있다고 믿었다.
② 목 적
의식적으로 억압된 무의식적인 욕망, 충동, 트라우마를 발견하는 데 목적이 있다. 그래서 심리적 갈등을 해소한다. 자유연상을 통해 드러난 무의식적 내용을 분석하고 통찰함으로써 심리적 갈등을 이해하고 해결할 수 있다. 우리의 무의식은 의식적으로 검열되기 때문에, 자유연상을 통해 "검열을 우회"하고 숨겨진 진실에 접근할 수 있다.
③ 예시
환자가 "바다"라는 단어를 떠올렸다고 가정하자. 자유연상 과정에서 환자는 "바다 → 푸른색 → 어린 시절 휴가 → 아버지 → 두려움" 등으로 연결될 수 있다. 분석가는 이 연상 흐름을 통해 환자가 무의식적으로 아버지와 관련된 억압된 두려움이나 갈등을 가지고 있다고 추론할 수 있다.
④ 자유연상의 원리
심리적 결정론으로서, 프로이트는 우리의 모든 생각과 행동이 심리적 원인에 의해 결정된다고 보았습니다. 따라서 자유연상으로 떠오르는 모든 내용은 우연이 아니라 무의식적 동기에 의해 유도된다고 해석했다. 이때 환자가 특정 주제에 대해 침묵하거나 회피하려는 경향이 나타날 수 있는데, 이는 저항

(resistance)으로 간주된다. 이러한 저항은 무의식적 갈등이 드러나는 순간을 암시하는 중요한 단서로 활용된다.(챗GPT, 자유연상, 2024.12.31.)

프로이트 이전의 정신 치료는 주로 최면이나 특정 질문에 의존했다. 프로이트 이후에 자유연상은 최면을 대체하여 무의식을 탐구하는 더 자연스러운 방법으로 자리 잡았다.

라. 이드 · 에고 · 슈퍼에고

프로이트는 인간의 마음을 세 가지 구조로 설명하는 이드(Id), 에고(Ego), 슈퍼에고(Superego) 개념을 제안했다. 이 세 가지는 인간의 성격과 행동을 이해하는 중요한 틀로 사용되며, 각각은 독특한 역할과 기능을 수행한다. 그 개략적인 내용은 다음과 같다.

① 이드(Id)

마음의 가장 원초적이고 본능적인 부분으로, 무의식에 속합니다. 인간이 태어날 때부터 존재하며, 기본적인 생물학적 충동(식욕, 성욕, 공격성 등)을 포함한다. 이드는 쾌락 원칙(Pleasure Principle)에 따라 작동한다. 즉, 즉각적으로 쾌락을 얻고 고통을 피하려는 충동이다.…

② 에고(Ego)

이드는 원초적 충동을 나타내는 반면, 에고는 이드의 욕구를 현실적으로 관리하고 조정하는 부분이다. 에고는 의식, 전의식, 무의식에 모두 속한다. 에고는 현실 원칙(Reality Principle)에 따라 작동한다. 즉, 현실을 고려하여 본능적 충동을 만족시키는 방법을 찾으려 한다. 이 이드는 이드와 슈퍼에고 사이에서 중재자 역할을 한다. 그리고 외부 현실 간의 갈등을 해결한다. 합리적 사고와 문제 해결 능력을 포함한다. 현실적으로 실행 가능한 방법으로 욕구를 충족하려고 노력한다. 예컨대, 배가 고프지만 바로 음식을 먹을 수 없는 상황에서 기다리거나 대체 음식을 찾는 행동 등이다.

③ 슈퍼에고(Superego)

도덕적 기준과 이상을 나타내며, 부모와 사회의 규범, 가치관, 도덕적 이상을 내면화한 부분이다. 에고와 이드가 개인적 욕구와 현실에 초점을 맞추는 반면, 슈퍼에고는 옳고 그름, 도덕적 판단을 중시한다. 대표적으로 양심과 자아 이상과 같은 욕구이다. 양심(Conscience)은 잘못된 행동에 대해 죄책감을 느끼게 한다. 자아이상(Ego Ideal)은 자신이 따르고자 하는 도덕적 이상과 기준이다. 슈퍼에고는 비현실적으로 높은 도덕적 기준을 추구할 수 있다. 그리고 슈퍼에고는 이드의 본능적 욕구와 충돌할 수 있으며, 에고와도 갈등을 일으킬 수 있다.

④ 이드, 에고, 슈퍼에고의 상호작용

이 세 가지는 인간의 행동을 결정하는 데 중요한 상호작용을 한다. 이드는 즉각적이고 본능적인 충동을 원한다. 슈퍼에고는 도덕적 기준에 따라 행동을 제약한다. 에고는 이드와 슈퍼에고의 요구를 중재하며 현실적인 해결책을 찾으려고 한다.(챗GPT, 자유연상, 2024.12.31.)

이드(Id)는 본능적이고 원초적인 욕망(쾌락 원칙)을 말하며, 에고(Ego)는 현실적이고 논리적인 중재자(현실 원칙)이고 슈퍼에고(Superego)는 도덕적 기준과 이상(양심과 자아이상)을 제시한다. 이 세 가지 요소는 인간의 내적 갈등과 행동의 동기를 설명하는 중요한 틀이다.

마. 심리 발달 단계

프로이트의 심리발달단계(psychosexual development stages)는 아동의 성격과 심리 발달이 특정한 생물학적 욕구와 심리적 경험의 상호작용을 통해 이루어진다고 설명하는 이론이다. 프로이트는 성적 에너지를 나타내는 리비도(libido)가 발달의 중심 역할을 한다고 보았다. 각 단계에서 특정 신체 부위가 리비도의 주요 초점이 되며, 이를 잘 통과하지 못하면('고착'이라함) 심리적 문제가 생길 수 있다고 주장했다.

① 구강기(Oral Stage)

출생 ~ 약 1세의 시기인데, 리비도의 초점은 입과 관련된 활동(빨기, 물기, 먹기 등)이다. 아기의 주요 쾌락 원천은 먹고 빠는 행동이다. 이 시기의 경험은 신뢰감, 독립심, 의존성과 관련된다.…

② 항문기(Anal Stage)

약 1세~3세의 기간인데, 이때 리비도의 초점은 항문과 관련된 활동(배변 조절)이다. 아이는 배변을 통해 쾌감을 경험하고 이를 통제하려는 능력을 배우기 시작한다. 배변 훈련 과정에서 부모의 태도가 아이의 성격 형성에 큰 영향을 미친다. 이 시기의 발달 과제는 배변을 사회적 규범에 맞게 조절하는 것이다.…

③ 남근기(Phallic Stage)

약 3세~6세의 시기로서, 리비도의 초점은 성기이다. 아이는 자신의 성기와 관련된 쾌감을 탐구한다. 모와의 관계에서 오이디푸스 콤플렉스(Oedipus Complex) 또는 엘렉트라 콤플렉스(Electra Complex)가 나타난다. 오이디푸스 콤플렉스는 아들이 어머니에게 성적 애착을 느끼고 아버지를 경쟁자로 인식하는 것을 말한다. 엘렉트라 콤플렉스는 딸이 아버지에게 성적 애착을 느끼고 어머니를 경쟁자로 인식한다. 이 시기의 발달 과제는 동성 부모와 동일시(Identifying with the same-sex parent)하는 것이다. 고착이 되면, 성적 정체성의 혼란, 과도한 자기애, 성격적 결함(공격성, 질투심 등) 등이 나타난다.

④ 잠복기(Latency Stage)

약 6세 ~ 사춘기(12세 전후)의 기간으로서 리비도의 초점은 억제됨(잠복 상태)이다. 이때는 리비도의 성적 에너지가 억제되고, 사회적, 학문적 기술을 배우는 데 집중한다. 동성 친구와의 관계가 중요해진다. 성적인 관심이 잠시 배경으로 물러난다. 이 시기의 발달 과제는 사회적 기술 습득, 또래 관계 형성이다. 일반적으로 고착보다는 상대적으로 안정적인 시기로 간주된다.

⑤ 생식기(Genital Stage)

생식기는 사춘기 이후 ~ 성인기의 기간인데, 리비도의 초점은 성기와 성숙한 성적 관계이다. 리비도는 이제 성적 성숙과 성인적인 사랑, 친밀한 관계를 형성하는 데 초점이 맞춰진다. 이 단계에서 사회적, 감정적 독립이 이루어져야 한다. 발달 과제는 건강한 성인 관계 형성과 자기실현이다. 고착이 이루어질 경우, 이전 단계에서 해결되지 않은 문제가 생식기 단계에서도 문제를 일으킬 수 있다(예: 미성숙한 관계, 성적 문제).

(챗GPT, 심리발달단계, 2024.12.31.)

바. 자기 방어기제 이론

자기 방어 기제는 프로이트가 발표한 이론으로, 개인을 보호하기 위한 도구(Defence Mechanic)이다. 압도되는 불안으로부터 개인을 보호함은 물론 기능을 수행하도록 도와준다. 자기 방어 기제에는 두 가지 특징이 있는데 하나는 무의식 차원에서 작용한다는 것과 다른 하나는 현실을 왜곡하게 지각하여 불안을 감소시키도록 한다는 것이다.

① 억압: 가장 기본적인 방어기제. 위협을 주거나 수용하기 어려운 욕구, 사고, 기억이 의식화되거나 행동으로 표출되지 않도록 무의식적으로 차단하는 과정(예: 다른 사람에 대한 공격적 충동이나 욕구를 의식에 떠오르지 못하도록 함)

② 동일시: 무의식적으로 다른 사람의 특성(가치, 태도, 행동 등)을 내면화하는 과정 (예: 남아가 거세불안으로부터 자아를 방어하기 위해 어머니에 대한 성적 충동을 억압하고 아버지를 동일시함으로써 아버지에 대한 적대감을 해소하고 애정을 획득함)

③ 부인: 사실을 있는 그대로 인식하기를 거부하는 것, 백일몽, 환상 (예: 사랑하는 사람의 죽음을 인정하지 않는 것)

④ 반동형성: 위협적인(공격적인) 충동을 의식수준에서 정반대의 충동, 말, 행동으로 대치하는 과정 (예: 음주욕구가 강한 사람이 금주운동에 참여하는 것)

⑤ 투사: 수용하기 어려운 충동, 사고, 감정을 자기 자신의 것으로 인정하지 않고 다른 사람의 것으로 귀인하는 과정(예: 자기 내부에 증오심이 있는데도 다른 사람이 자기를 증오하고 있다고 생각하는 사람)

⑥ 주지화(지성화): 위협적인 대상에 대해 정서적으로 관련되지 않기 위해 그 대상에서 분리되는 과정(예: 불쾌한 경험을 해야 하는 전문가, 검시관, 간호사, 외과의사 등이 많이 사용)

⑦ 치환(전위): 현실적인 제약요인으로 인해서 충동이나 욕구를 충족시킬 수

없을 때 다른 대상을 통해 충동이나 욕구를 충족시키려는 과정(예: 아버지에게 꾸중을 듣고 난 후 동생에게 화풀이하는 형)

⑧ 승화: 치환의 한 형태로, 성적 충동이나 공격적 충동을 사회적으로 바람직한 방식으로 전환하는 과정(예: 직접 충족시킬 수 없는 성적 충동을 그림이나 음악, 문학작품을 통해 충족시키는 예술가)

⑨ 합리화: 수용할 수 없는 행동에 대해 실제 이유가 아니라 그럴 듯한 이유를 둘러대거나 변명을 통해 난처한 입장이나 실패를 모면하려는 일종의 자기기만전략(예: 이솝우화의 '여우의 신포도')

⑩ 고착: 새로운 발달단계로 이행할 때 경험하는 불안이나 좌절이 극심할 때 정상적인 발달이 일시적 혹은 영구적으로 중단되는 현상(예: 지나치게 의존적인 아동이 독립적인 행동을 학습하는 것이 불안한 경우 고착 방어기제 사용)

⑪ 퇴행: 불안을 해소하기 위해 초기 발달단계로 되돌아가거나 안정되고 즐거웠던 인생의 이전 단계로 후퇴하는 것(예: 성인이 토라지거나 말을 하지 않는 것)

⑫ 보상: 신체적 조건, 지적 특성, 성격 특성의 약점이나 결함을 극복하거나 감추는 것(예: 외모에 열등감을 느끼는 학생이 공부를 열심히 하는 것, 공부가 재미없는 학생이 운동에 몰두하는 것.)

(위키백과, 자기방어기제, 2024.12.31.)

사. 에로스(리비도)와 타나토스

프로이트는 리비도만을 강조하다가 후반부에 이르러 타나토스(Thanatos, 죽음 본능) 개념을 그의 저서 『쾌락 원칙을 넘어서』(1920)에서 처음으로 상세히 논의했다. 이 책은 프로이트의 초기 이론에서 벗어나, 인간의 행동과 심리를 설명하는 새로운 시각을 제시한 중요한 전환점으로 여겨진다. 다음은 이 책의 주요 내용이다.

① 쾌락 원칙과 삶의 본능(Eros)

프로이트는 이전 이론에서 인간 행동이 주로 쾌락 원칙(Pleasure Principle)

에 의해 지배된다고 보았습니다. 이는 고통을 피하고 쾌락을 추구하려는 본능을 의미한다. 이 쾌락 원칙은 에로스(Eros, 삶의 본능)와 연결되어 있으며, 생존과 성적 충동, 창조적인 욕구를 포함한다.

② 죽음 본능(Death Drive, 타나토스)

그러나 프로이트는 일부 인간 행동이 단순히 쾌락이나 생존만으로 설명되지 않는다는 점을 발견했다. 트라우마 이후의 반복 강박, 자기 파괴적 행동, 폭력성 등을 설명하기 위해 새로운 개념인 타나토스를 제안했다. 그는 인간이 무의식적으로 평온한 상태(죽음)로 돌아가려는 본능을 가진다고 보았다.

③ 반복 강박(Repetition Compulsion)

프로이트는 사람들이 과거의 고통스러운 경험을 반복적으로 재현하려는 경향을 관찰했다. 이는 쾌락 원칙을 넘어선 행동으로, 타나토스와 연결된다.

④ 에로스와 타나토스의 대립

에로스는 생명 유지, 성적 에너지, 창조와 같은 생명의 충동을 나타낸다. 타나토스는 파괴, 공격성, 자기 파괴적 경향을 포함하며, 에로스와 대립하거나 상호작용을 한다.(챗GPT, 타나토스, 2024.12.31.)

프로이트에게 있어서 타나토스와 에로스의 상호작용은 인간 행동의 복잡성을 설명하는 데 중요한 요소로 간주된다. 프로이트의 가장 큰 딜레마는 '성적인 것'과 '거룩함'의 충돌이었다. 프로이트는 에로스의 '정욕'이 타나토스를 통하여 '거룩함'으로 승화한다는 논리를 전개한다. 그런데, 기독교에서는 '육의 소욕(정욕)'이 '영의 소욕'인 거룩함으로 나타나지 않는다. 영의 소욕의 거룩함의 본질은 어떤 거룩함이라는 속성이라기 보다 정욕 등에 대한 '절제'이기 때문이다. 에로스의 성욕을 강화하면 동성애 등의 무차별로 흐르는데, 여기서 거룩함이 나오지는 않는다. 그것을 절제할 때 거룩함이 나타나는 것이기 때문이다.

아. 성과 문명

프로이트는 말년에는 성과 종교, 도덕, 문명 등의 주제에 관심을 가지고 연구하였다. 성의 본능을 가장 억압하는 것이 종교·도덕·문명이었기 때문이다. 무엇보다 '종교'와 '도덕'에서는 정욕이 제어를 받지 않을 경우 죄로 간주되었다. 그리고 '문명'이라는 사회에 열심히 적응하기 위해서는 정욕적인 삶이 제어될 필요가 있었다.

프로이트는 슈퍼에고가 이드를 강압할 때, 예컨대, 거룩하라는 도덕성이 정욕적인 삶을 정죄할 때, 그의 자아가 죄책감의 고통 속에 빠졌다. 그리고 이 도덕성을 추구하면 할수록 그 괴리는 더 커져서 극심한 죄책감에 빠지며, 정신질환으로 까지 발전하였다. 이드를 인간의 본성으로만 이해하고, 모든 것을 여기에 종속시킬 경우, 이 이드는 슈퍼에고와 충돌을 하였던 것이다.

그런데, 프로이트는 이 길을 계속 걸어갔다. 종교를 인간이 만들어낸 환상이라고 논리를 세웠다. 그래서 죄책감으로부터 벗어나게 하고자 하였다. '문명'이라는 '인생들의 현실 문제'에 대해서는 『문명 속의 불만』을 통해 인생들의 최대 딜레마라고 표현하였다. 프로이트는 이 양자의 길 속에서 유대교의 유신론자였으나, 무신론자의 길을 택하게 되었다. 그는 정욕을 인간의 본능으로 옹호하기 시작하였다.

3. 프로이트의 후예들

가. 칼 융의 반발

프로이트는 인간에게 양심이나 자아실현욕구는 슈퍼에고로서 종교나 교육이나 환경에서 후천적으로 발생한 것이라고 말한다. 오직 본능은 이드라고 말한다. 그리고 그 이드의 원초적인 욕구는 성욕이다. 그런데, 양심이나 자아실현욕구는 성적 욕구보다 더 근원적이다. 여기에서 이제 프로이트의 이론은 큰 장벽을 만나는 것이다.

그 대표적인 인물이 칼 융이다. 칼 융은 성욕을 옹호하지 않았다. 영의 소욕과 육의 소욕을 분리하였다. 기독교적인 세계관을 고수하였던 것이다. 육의 소욕의 성욕을 강화할 때, 죄의 구덩이로 빠지지, 그곳에서 거룩함은 나타나지 않는다. 거룩함의 절제는 영의 소욕이다.

무의식도 프로이트의 무의식은 내 정신에 갇혀있는 무의식이었으나, 칼 융의 무의식은 종교적인 하늘로서의 영의 세계와 맞닿아 있다. 우리의 영의 소욕은 신적 세계와 연결된다. 그래서 칼 융은 신화 구조주의로 진입을 하게 된다.

나. 푸코의 탈구조주의(포스트 모더니즘)

프로이트의 정신분석의 정신병 치유방법은 성을 인간의 본능으로 간주하고, 이것을 강압하는 모든 것을 해체하며, 성적인 모든 것들에 해방을 부여하는 것이었다. 이것은 온갖 성적행위를 아주 본능에 충실한 것으로 간주하게 하였다.

푸코는 이렇게 소외받은 이성에 관심을 갖기 시작하였다. 그러면서 종교와 도덕으로부터 탄압을 받아온 성에 대해 이탈을 시도하기 시작하였다. 기존에는 우리의 모든 철학적 주제가 이성이라는 주제에 갇혀 있었는데, 여기에서 이탈을 하고자 하였던 것이다. 그리고 방향을 잡고 나아간 것이 '성'이었다. 그는 동성애자가 되었으며, 유아성애자가 되었다. 그는 에이즈로 사망하였다.

결국, 이성을 파괴하고, 벗어나려는 이 탈구조주의가 푸코-들뢰즈 등을 통하여 출현하였다. 그것이 곧 포스트 모더니즘이다.

다. 문화막시즘의 마르쿠제

자본주의 세계 내에서의 사회주의 혁명을 꾀하던 마르쿠제는 공산주의 이론과 프로이트의 성에 관한 이론을 접목시켜서 『성과 문명』이라는 책을 통해 자본주의가 공산주의로 가면 성에 대한 해방도 이루어진다고 주장하였다. 마르쿠제는 프로이트의 『문명 속에서의 성』을 통해 이 문제를 공산주의 이념과 결합시켰다. 공산주의를 통해 더 이상의 문명(현실적 삶)의 갈등을 없애 버린다면, 이제 문명의 현실적 삶이 인생들을 억압하지 않기 때문에 성적으로도 자유를 얻을 것이라고 말한 것이다. 이것은 실현될 수 없는 이상에 불과한 것이었다.

그럼에도 불구하고, 공산주의자들은 자본주의 사회를 흔들기 위해 이 이념을 정치적 올바름이라는 용어를 만들어 내어 유포시켰다. 이 이념으로 프랑스가 먼저 무너져 내렸는데, 프랑스 68혁명의 이념이 되었다. 그리고 이 이념은 오늘날 많은 나라들에서 차별금지법이라는 이름으로 법제화되고 있다. 그리고 이것이 법제화 될 경우, 자본주의 내에서의 윤리는 여지없이 무너져 내렸다. 이것은 한 국가를 사회주의화할 때, 중요한 이념중의 하나가 되었다.

이것이 미국의 정치적 올바름의 PC주의가 되었고, 오늘날 세계 각국에서 차별금지법으로 자리 잡게 되었다.

2장 '꿈'과 무의식

1. '꿈의 근원'에 대한 이해

가. 『꿈의 해석』: 무의식의 형성물로서의 꿈

프로이트는 『꿈의 해석』을 저술하여 일약 스타덤에 올랐는데, 그는 이것을 '무의식의 혁명'이라고까지 말하였다. 이 『꿈의 해석』은 "꿈이 만들어지는 과정과 꿈의 의미를 보여주는 책"이다. 이 책은 꿈이 만들어지는 법칙을 말하고 있으며, 그것이 무의식의 일반적인 법칙이다는 것이다. 이 법칙은 '압축' '전치'로 정리할 수 있다. 김석은 이것을 "무의식의 혁명"이라고 말한다.

① 무의식의 형성물로서의 꿈
프로이트는 일상생활에서 무의식이 여러 가지 형태로 스스로를 드러낸다는 것을 확신하면서 그것이 '무의식의 형성물'이라고 했다. 무의식의 형성물의 가장 대표적 현상이 꿈이다.
② 꿈이 만들어지는 과정과 의미
프로이트의 「꿈의 해석」은 '꿈의 어떤 의미'라는 제목이 적절한 번역이다. 이것은 꿈이 만들어지는 과정과 꿈의 의미를 보여주는 책이다.…꿈을 상징으로 풀기보다는 꿈이 만들어지는 법칙에 주목하여야 하는데, 그것이 무의식의 일반적인 법칙이기 때문이다.
③ 압축과 전치
이 법칙은 '압축' '전치'로 정리할 수 있다.(김석, "지그문트 프로이트와 무의식혁명," 63)

나. 꿈과 프로이트

프로이트가 꿈에 집중하게 된 것은 환자의 저항과 방어기제가 걷힌 심리적 세계(정신세계)를 보기 위해서였다. 기존에는 이것을 위해 최면이라는 방법을 사용하였는데, 자유연상 기법으로 이것을 대체하고자 하였다. 그런데, 자연유연상 기법이 적용되는 가운데 환자의 꿈이 자주 여기에 등장하였다. 이것이 계기가 되어 프로이트는 꿈을 중시 여기게 되었다. 다음의 내용은 『꿈의 해석』에 대한 박정수의 논문을 요약한 것이다.

① 꿈의 형성 원인을 추적한 프로이트
프로이트의 「꿈의 해석」은 기존의 '꿈'에 대한 연구방향과 그 관점이 달랐다. 쇼펜하우어의 경우에는 신체의 자극과 꿈의 관계를 살펴보려고만 하였다. 이에 반하여 프로이트는 꿈속에서 펼쳐지는 형상들의 원인과 관계 혹은 의미에 대해서 알고자 하였다.
② 정신활동으로서의 꿈
그 형상들은 그저 외부 자극들의 흔적이거나 무의미한 연상작용일 뿐 그 자체 과학의 대상이 아니라고 생각했던 것이다. 이에 비해 프로이트는 꿈꿀 때의 표상활동 역시 각성시의 표상활동 이상으로 중요한 인간의 정신활동이며, 거기에는 나름대로의 규칙과 의미가 있다고 생각한 것이었다.
③ 최면요법을 극복하기 위한 꿈 발견
프로이트가 '꿈'에 대해 집중하게 된 것은 신경환자들의 치료의 방법으로서 '최면요법'의 한계를 극복하기 위한 것이었다. 프로이트는 최면을 통해 걷어내려고 했던 장애물, 즉 환자의 저항과 방어기제를 다시 보기 시작했다. 어렵지만 그런 방어기제 속에서 심리적 병인을 찾아내야 한다고 생각한 것이다. 그래서 찾아낸 방법이 자유연상기법이었다. 히스테리 환자들의 자유연상과정에서 꿈에 관한 이야기가 집요하게 반복되어 나타난다는 사실이 눈에 띄었으며, 프로이트는 환자들의 꿈 이야기 속에 그들의 억압된 기억이 섞여 나오는 것을 알아챘다. 굳이 최면을 통해 환자를 몽유 상태에 빠지게 하지 않고도 환자의 억압된 심리 세계로 들어가는 통로를 찾은 것이었다.
④ 정신분석의 과학으로서의 꿈 해석
과학이라 함은 주관성을 배제하고 객관적으로 존재하는 본질과 법칙을 규명하는 것인데, 「꿈의 해석」을 과학의 차원으로 까지 볼 수 있을 것인가. 이에 대해 프로이트는 줄곧 「꿈의 해석」을 기반으로 한 자신의 '정신분석학'이 과학이라고 주장을 하였다.(박정수, "프로이트 꿈의 해석")

나. 정신상태의 소산으로서의 '꿈'

프로이트는 “꿈은 깨어 있는 동안의 정신 상태의 소산이다”고 말한다. 그는 자신과 비슷한 견해를 말한 아리스토텔레스의 말을 인용하는데, 아리스토텔레스는 “꿈이 인간 정신 가운데 신성에 가까운 것으로 확신되는 여러 법칙에서 생긴 것이며, 자는 동안 일어나는 영혼의 활동이다”고 말하였다. 프로이트는 꿈을 ‘신의 고지’ 혹은 ‘미래에 대한 예측’ 등으로 생각하는 고대적 개념들을 반대한다. 한편, 칼 구스타프 융은 꿈에는 이러한 내용도 포함된다고 말하였다.

> ① 꿈, 깨어있는 동안의 정신 상태의 소산
> 나는 이 책에서 다음과 같은 사실을 증명하고자 한다. 즉 꿈을 해석할 수 있는 심리학적 기법이 있으며, 그 방법을 적용하면 모든 꿈이 깨어 있는 동안의 정신 상태의 소산임을 알 수 있다는 사실이다. 또한 꿈이라는 것이 도대체 어떤 과정들로 인해 정체 모를 낯선 것으로 보이는지 설명하고, 그 과정들을 통해 인간 마음이 갖는 힘의 성질을 추론해 볼까한다.…
> ② 그리스 철학자들 : 꿈속에 있는 신적 요소
> 그리스 로마 시대 사람들의 평가에는 확실히 꿈에 대한 원시적 견해가 남아 있다. 그들은 꿈이 그들이 믿고 있던 초인간적 세계와 관계있는 것으로, 신이나 악령들의 계시라는 생각을 가지고 있었다. 그리고 그들은 또 꿈에는 그 꿈을 꾼 사람에게 미래를 알리는 뜻깊은 목적이 있다고 생각했다.
> 꿈을 다룬 아리스토텔레스의 저서 중에서 꿈은 이미 심리학의 연구대상이었다. 그는 꿈이 인간 정신 가운데 신성에 가까운 것으로 확신되는 여러 법칙에서 생긴 것이며, 자는 동안 일어나는 영혼의 활동이라고 정의했다.
> ③ 낮 동안 깨닫지 못했던 체내 변화의 첫 징조
> 아리스토텔레스는 꿈의 특성을 얼마쯤 알고 있었다. 예를 들면, 꿈이란 잠자는 동안 일어나는 사소한 자극을 확대 해석한다(몸 어딘가가 약간 따뜻해지면 불속을 지나면서 뜨거움을 느끼는 꿈을 꾸게 된다)는 등의 것으로서, 꿈은 십중팔구 낮 동안 깨닫지 못했던 체내 변화의 첫 징조를 의사로 하여금 알 수 있게 한다는 것이다.(프로이트, 『꿈의 해석』, 8)

먼저, 대부분의 일상인들의 꿈은 분명히 “깨어 있는 동안의 정신 상태의 소산”일 수 있다. 그런데, 프로이트가 말하는 바와 같이 이때의 ‘정신 상태’는 분명히 '무의식'의 정신 상태이다. 우리 정신 안에 있는 이 '무의식적 기관'은 이 '현실의 꿈 재료'에 대해서 자체적인 자신의 욕망을 기준으로 '판단'과 '해석'을 내려서 '꿈 작업'을 수행한다. 이 경우 이 '꿈'은 예지적인 기능을 한다.

두 번째, 더 중요한 것은 위에서 그리스 철학자들이 말한 바와 같이 이 '무의식적 기능'이 대외적으로 형이상학적 존재들에 대해 열려있느냐이다. 이 경우 꿈은 이 형이상학적 존재들에 관한 것이 '꿈'에 반영될 것이다. 이것은 정신이 바라보는 형이상학적 존재에 대한 것이다. 즉, 정신이 바라보는 형이상학적 존재이다. 그렇다면, 이것이 타당한 실제를 반영하느냐? 우리는 그렇다고 말해야 할 것이다. 정신이 근거 없이 무엇을 바라보는 것은 아니기 때문이다. 우리는 이 정신에 어떤 의지를 반영할 수는 없다.

끝으로, 오히려 대외적으로 존재하는 형이상학적 존재가 이 정신 속에 무언가의 메시지를 주었을 수 있다는 것이다. 성경 등의 기록에 의하면 이런 경우도 등장한다. 구스타프 칼 융은 신화가 이렇게 출현했다고 말한다. 신화는 이렇게 만들어지겠지만, 또한 그 안에는 '신의 고지' 기능도 얼마든지 존재할 수 있다. 고대 세계의 무녀들이 이 기능을 담당한 것으로 보인다.

다. 꿈과 깨어 있는 상태의 관계

프로이트는 "꿈과 깨어 있는 상태의 관계"에 대해서 두 가지 상반된 견해를 제시한다. 하나는 "꿈이란 잠든 사람을 다른 세계로 옮겨가는 것"으로서, "정신의 자기 치유적 성질(보충몽)"이라는 개념이 있으며, 또 하나는 그 정반대로서 "깨어 있을 때 생각하거나 행동한 일의 잔재가 정신 속에서 작용하는 것"이라는 개념이다. 프로이트는 후자를 취한다.

① 정신의 낮 생활(의식 세계)로부터의 해방, 꿈

꿈은 -그것이 실제로 다른 세계에서 오는 것이 아니라 할지라도- 잠든 사람을 다른 세계로 옮겨가는 것이라고.… 부르다흐는 소론에서 다음과 같이 표현했다. "긴장과 즐거움, 기쁨과 고통이 따르는 낮 동안의 생활은 결코 되풀이 되지 않는다. 꿈은 우리를 그러한 낮 생활로부터 해방시키려고 한다.…" 피히테도 같은 의미에서 '보충몽'이라는 말을 썼는데, 보충몽이란 정신의 자기 치유적 성질의 은밀한 혜택의 하나라고 했다. 슈트륌펠도 "꿈을 꾸는 사람은 깨어 있는 동안의 의식세계에 등을 돌리는 것이다.… 꿈속에서는 깨어 있는 삶의 질서정연한 내용을 거의 기억하지 못하고 의식의 정상적인 작용이 소멸되어 있는 것이다.…"

② 삶의 연장으로서의 꿈

그러나 대부분의 연구가들은 깨어 있는 상태와 꿈의 관계에 대해 이와 상반된 생각을 하고 있다. 하프너는 "꿈은 깨어 있는 동안 이루어지는 삶의 연장이다. 우리의 꿈은 언제나 바로 얼마 전 의식 속에 존재했던 표상과 연결되며, 전날의 체험에서 실마리를 찾을 수 있다."

③ 깨어 있을 때의 잔재로서의 꿈

바이간트는 부르다흐의 주장을 정면으로 반박하고 있다. "꿈은 우리를 일상의 삶에서 해방시키기는 커녕 도리어 그 속으로 되돌아가게 하는 것이다." 모리는 『잠과 꿈』에서 "우리는 전에 우리가 보았거나 말했거나 바랐거나 행한 것을 꿈꾼다"라고 말했다.… 키케로는 "깨어 있을 때 생각하거나 행동한 일의 잔재가 우리 정신 속에서 작용한다."

꿈과 깨어 있는 상태의 관계에 관한 이런 의견의 대립은 사실 없어지기 어려울 것 같다. (『꿈의 해석』, 9-10)

일반적으로 꿈을 정신의 활동이며, 무의식적 자아의 활동이라고 말하는 데에는 모두 동의를 한다. 그렇다면, 정신은 존재한다.

또 하나는 이 정신은 분명 의식적 자아의 행위를 통해서 자극을 받아 자신을 표출한다. 그것이 그 정신을 외부로 데려가든, 아니면 그 의식적 자아의 행위 이면의 그 무엇을 밝혀주든, 그것은 의식적 자아를 힘입어서 나타난 것이다.

우리는 위의 프로이트의 이야기에서 한걸음 더 나아갈 수 있다. 즉, 앞에서 언급한 의식적 자아의 현실문제에는 의식적 자아의 욕구도 포함될 것이다. 이 의식적 자아가 현실에서 큰 난관에 접하였을 때, 이것을 본 정신은 큰 고통 속에서 먼저 부르짖는다. 그에게 흉몽을 가져다준다.

이 흉몽을 목격한 우리의 의식은 두려움으로 신을 부르거나 죄에 대한 죄책감을 스스로 불러일으킨다. 우리 의식은 이때 자꾸 신을 찾게 되는데, 사실은 정신이 이미 그 안에서 하고 있는 행위이다. 이것이 의식으로 나타나서 신을 부르기도 하고, 죄를 생각하고 죄책에 빠지기도 한다. 우리 의식이 신을 찾는 이유는 우리의 무의식의 정신이 의식적 자아의 두려워하는 모습을 보고 먼저 신을 찾고 있기 때문이다.

라. 꿈의 재료 : 꿈 속에서 '꿈의 원천'에 대한 기억

프로이트는 "꿈을 구성하는 재료는 모두 어떤 방법으로든 체험에서 나온 것이며, 따라서 그 재료가 꿈속에서 재생되고 기억된다는 사실은 논쟁의 여지가 없다"고 말한다. 그런데, 프로이트는 그의 임상을 통해서 이 기억이 "초기억적인 경우"가 종종 있다고 말한다. 꿈의 재료를 전혀 경험해 보지 못했는데, 오랜 옛날의 무의식적 자아의 기억과 같은 것들이 있다는 것이다. "깨어 있을 때의 사고 활동에서는 잘 생각나지도 않고 사용되지도 않는 재료를 꿈이 끄집어내는 경우가 있다"고 하며, 여기에 '꿈의 원천'이라는 용어를 사용한다. 그리고 궁극적으로 프로이트는 "꿈의 현상 일반"을 "기억의 현상"으로 환원시켜서, "꿈을 밤에도 쉬지 않는 재현활동의 나타남"으로 보려고 한다. 이 경우에 의하면, "꿈은 재현한다는 것 자체가 하나의 목적"이라고 할 수 있다.

① 꿈을 구성하는 재료 : 체험

꿈을 구성하는 재료는 모두 어떤 방법으로든 체험에서 나온 것이며, 따라서 그 재료가 꿈속에서 재생되고 기억된다는 사실은 논쟁의 여지가 없다. 그럼에도 불구하고 꿈과 깨어 있는 생활의 이러한 관계를 비교하면 분명하게 밝혀지리라 기대하는 것은 잘못이다. 오히려 꿈과 현실의 연관은 주의 깊게 살펴봄으로써 밝혀지는 것으로 오랫동안 밝혀지지 않을 경우도 있다.

② 초기억적인 재료

잠에서 깨어 생각해 보면 전혀 알지도 못하고 체험한 일도 없는 재료가 나타나는 경우가 종종 있다. 이런 경우 꿈을 꾸고 여러 날이 지난 뒤 새로운 경험을 하면, 그것이 지금까지 기억에 없었던 이전의 체험을 불러일으켜 꿈의 원천이 발견되는 수가 있다. 그래서 깨어 있을 때의 상기 능력 지배권 밖에 있던 그 무엇인가가 꿈속에서 상기된다는 점을 인정하지 않을 수 없게 된다.

③ 초기억적인 꿈의 존재
델뵈프는 자신이 직접 꿈꾼, 매우 인상적인 다음과 같은 사례를 인용했다.… 깨어 있을 때는 생각나지 않는 그런 기억을 꿈이 자유로이 활용한다는 것은 이론적으로 중요하고 주목할 만한 사실이므로, 나는 또 다른 '초기억적인 꿈'으로 이 사실에 대해 좀더 주의를 환기시키고자 한다.… 꿈을 연구하는 사람이라면, 깨어 있을 때 알지 못한다고 생각하는 기억이나 지식이 꿈에서 증명된다는 사실을 지극히 흔한 현상으로 인정해야 한다.…
④ 초기억적 꿈으로서의 유년시절의 삶
재현(再現)의 재료가 될 수 있는 꿈의 원천, 깨어 있을 때의 사고 활동에서는 잘 생각도 안 나고 사용되지도 않는 재료를 꿈이 끄집어내는 경우의 하나는 유년시절의 삶이다. 이를 인정하고 강조한 몇몇 연구가의 말을 인용하겠다.…
⑤ 기원이 추적되는 꿈
… 사실 힐데브란트의 다음과 같은 주장은 옳은 것 같다. "만약 우리가 그때 그때 충분하게 시간을 들이고 재료도 충분히 수집해서 꿈의 유래를 탐색한다면, 꿈속에 나타나는 것은 모두 그 기원을 설명할 수 있을 것이다.…"
꿈속의 기억방법은 모든 기억 일반론에서 대단히 중요하다. 그것은 "우리가 일단 정신적으로 소유한 것은 아주 잃어버리게 되지는 않는다"는 사실을 가르치고 있다.…
⑥ 재현활동의 나타남으로서의 꿈
우리는 꿈의 현상 일반을 기억의 현상으로 환원시켜서, 꿈을 밤에도 쉬지 않는 재현활동의 나타남으로 보려고 한다. 이 경우 그것은 재현한다는 것 자체가 하나의 목적이라고 할 수 있다. 필츠의 보고는 이 해석에 부합된다. 그의 보고에 의하면, 꿈을 꾸는 시간과 꿈의 내용 사이의 긴밀한 연관은 깊이 잠들었을 때는 먼 과거의 인상을 재현하나, 새벽 가까이의 낱은 잠 속에서는 최근의 인상이 나타난다는 것으로 증명된다. (『꿈의 해석』, 11-17)

프로이트는 꿈을 오직 "기억의 재현활동"으로 보려한다. 이 재현활동에는 오래전의 과거의 기억도 포함된다.

프로이트가 꿈을 정신의 활동이라고 말하였다. 그렇다면, 이 꿈은 정신의 욕구를 표출한다고 보아야 한다. 우리 정신은 우리의 삶을 체험하면서, 우리의 의식이 깨닫는 것보다 더 먼저 깨닫는다.

우리의 정신은 그 사실의 당위성을 먼저 깨닫고, 양심의 명령을 내린다. 그리고 한 현실을 보고, 미래를 예측하여 꿈을 통해 그것을 볼 수 있게 해준다. 또한 정신은 그 현실을 보고 고통스러워하기도 하면서 해결책을 연구하게 한다. 그러면서도 답이 없을 경우 절대자를 찾게 한다.

우리의 정신은 꿈을 통해 단순한 현실을 조명하는 것만 하지 않는다. 현실에 대한 판단과 욕구를 끝없이 나타낸다. 우리 정신의 활동과 꿈의 활동은 일치한다고 보아야 할 것이다.

프로이트는 정신의 활동으로서의 꿈을 너무 기억의 재현이라는 측면으로 제한하는 것 같다.

마. 꿈의 자극과 꿈의 원천

프로이트는 꿈을 자극하는 꿈의 원천을 ①외적(객관적) 감각자극 ②내적(주관적) 감각자극 ③보다 내적(기관적)인 신체 자극 ④순수한 심리적 자극원으로 분류한다.

> …잠자는 동안 방해하는 일이 일어나지 않았으면 꿈을 꾸지 않을 것이라는 이론이다. 그리하여 꿈을 이 방해에 대한 대응으로 간주하는 것이다.
> 꿈의 원천에는 네 가지가 있다. 이 네 가지는 꿈의 분류에도 이용된다. ①외적(객관적) 감각자극 ②내적(주관적) 감각자극 ③보다 내적(기관적)인 신체 자극 ④순수한 심리적 자극원이다.(『꿈의 해석』, 19)

프로이트는 꿈의 원천으로서 네 가지를 말한다. 우리는 위의 내용 중에서 정신의 욕구에 대한 부분을 염두에 두어야 하겠다. 왜냐면, 그 부분이 형이상학적 실제로 우리를 이끌기 때문이다.

바. 첫째, 외적(객관적) 감각자극

프로이트는 "외적(객관적) 감각자극"에 대해서 다양한 임상을 제시한다. 그 중에서도 특히 자명종 소리에 관한 것을 다양하게 제시한다. 그리고 침대 선반이 떨어진 것에 대한 꿈 예화를 소개하는데, 이때 나타난 특징 중의 하나는 한 가지의 순간적인 감각자극의 발생에 대해 그렇게 많은 내용의 꿈이 압축되어 있었다.

> ① 잠자는 동안에도 받는 감각자극, 깨어있는 정신
> …비교적 강한 자극을 받으면 언제든 잠이 깬다는 사실은 "영혼은 잠자는 동안에도 끊임없이 신체 밖에 있는 외계와 결합하고 있다"는 사실을 증명한다고 해도 좋을 것이다. 잠자는 동안 우리가 받는 감각자극은 꿈의 원천이 될 수 있다.
> ② 현실에서 느끼는 정신의 예지력
> …모리가 체험한 다음과 같은 꿈은 유명하다. 그는 병이 나서 누워있었다. 그때 그는 혁명 당시의 공포정치에 대해서 꿈꾸다가 처참한 살육 장면을 목격했다. 결국 그 자신도 법정으로 끌려 나가게 되었는데, 거기에는 로베스피에르, 마라, 푸키에 텡빌,…그는 그들에게 변명했다. 그러자 잘 기억나지 않는 여러 돌발 사건이 있은 뒤에 유죄 선고를 받고, 숱한 군중들에 둘러싸인 채 형장으로 끌려가 단두대에 올랐다. 형리가 그를 묶었다. 단두대가 돌아가다가 칼날이 밑으로 떨어졌다. 그는 머리가 몸통에서 떨어져 나가는 것을 느끼고 소스라치게 놀라서 잠에서 깨어났다. 마치 단두대의 칼날처럼 침대 선반이 그의 목덜미에 떨어져 있었다.
> ③ 압축
> 이 꿈에 관하여 《철학잡지》에서 고랭과 에제가 흥미로운 논쟁을 벌였다. 각성자극의 지각과 각성 사이의 짧은 시간에 그렇게 많은 내용의 꿈을 압축할 수 있는지 여부와, 압축할 수 있다면 어떻게 하는가 하는 토론이었다.…(『꿈의 해석』, 19-22)

위의 내용이 말하는 바는 우리의 정신이 우리의 의식적 자아보다 더욱 민감하다는 사실이다. 의식적 자아는 잠을 자면서 쉬지만, 정신은 항상 깨어있다. 심지어 정신은 순식간에 방대한 분량의 사건을 경험하고 압축해서 해석해 낸다. 한 꿈은 하나의 방대한 사건을 압축하고 있다.

위의 사례를 통해 보면, 하나의 사건을 통해 정신은 방대한 세계의 온갖 일을 경험한다. 그리고 정신은 깨어서 그 사건을 주시하고 있다. 정신이 경험하는 이 사실들을 꿈을 통해 정신은 의식적 자아에게 미래의 가능성을 전달한다.

사. 둘째, 주관적 감각자극

프로이트에 의하면, 위의 수면 중의 "객관적 감각자극" 만으로 모든 꿈의 현상을 설명할 수는 없다. 이에 따라 두 번째로 "주관적 감각 자극"을 말한다. 이에 대해 그는 분트의 이야기를 통해서 다음과 같이 소개한다.

> 이에 대해 분트는 다음과 같이 말하고 있다. "나는 어두운 곳에서 본 빛의 혼돈이나 이명(耳鳴) 등 깨어 있는 상태에서 잘 알고 있는 주관적인 시각 및 청각이 꿈의 착각에서 중요한 역할을 하고 있다고 생각한다. 그중에서도 주관적 망막자극이 큰 역할을 한다. 꿈속에서 흔히 닮은 것이나 똑같은 것이 많이 나타나기 쉽다는 특징이 바로 이 점을 잘 설명해준다.… (『꿈의 해석』, 25)

"주관적 감각자극"이란 어떤 외적인 감각자극에 대해서 "내 자신이 느끼는 것"을 말한다. 어떤 사건이 존재한다면, 이에 대한 정신의 판단이 순식간에 전개된다는 것이다. 객관적 감각자극 못지 않게 주관적 감각자극이 이루어진다는 것이다. 앞의 사례에서 선반이 목에 떨어진 것을 느끼고, 내 정신은 단두대의 칼이 목에 떨어진 것으로 그 정신은 해석을 한 것이다. 이것은 바로 정신의 "주관적 감각자극"인 것이다.

아. 셋째, 기관적인 신체자극

세 번째로, "보다 내적(기관적)인 신체자극"이다. 예컨대, 병이 있을 경우 이것이 꿈으로 알려지기도 한다. 프로이트는 우리 몸에 병이 있는데, 내가 모르고 있을 경우, 이것이 꿈으로 알려지는 경우가 있다고 말한다.

우리는 지금 꿈의 원천을 신체의 외부가 아니라 내부에서 찾으려고 하고 있는데, 이 경우 건강할 때는 거의 지각되지 않는 우리 내장기관의 대부분이 자극을 받거나 병이 났을 때는 대개 동통(통증)감각의 원천이 되며, 이 원천이 외부에서 오는 동통자극이나 감각자극을 일으키는 것과 같아야 한다는 점을 잊지 말아야 한다. 아리스토텔레스는 깨어 있을 때는 전혀 몰랐던 병의 초기 증상을 꿈에서 알게 되는 일이 흔하다고 말했다. (『꿈의 해석』, 25)
그렇다면 어떤 법칙에 따라 기관자극이 꿈의 표상으로 변화되는지 검토하는 일만 남는다. 우리는 여기서 모든 의사와 꿈 연구가들이 찬성하고 있는 꿈의 발생론에 부딪히는 것이다.…식물신경성 기관감각을 꿈의 원천이라고 생각하는 견해가 의사에게는 또 다른 매력을 준다.… (『꿈의 해석』, 28)

꿈은 무엇인가의 활동이다. 그러나 의식적 활동은 아니다. 내가 내 꿈을 어떻게 컨트롤 할 수 없기 때문이다. 그렇다면, 그것은 정신의 활동이다. 이 정신은 내 몸의 신체 기관까지 점검을 하고 있다는 것이다.

자. 넷째, 신체적 자극으로 인한 심리적 자극

네 번째는 "심리적 자극원"으로서 프로이트의 진정한 관심사이다. 프로이트는 분트의 말을 인용하여 대개의 꿈에서는 ①신체적 자극과 ②미지의 심리적 자극, 혹은 ③깨어 있는 동안의 관심으로 인정되는 심리적 자극이 함께 작용해서 꿈을 만들어낸다고 말한다.

① 낮 동안의 관심사가 꿈의 재료
꿈과 깨어 있는 상태의 관계와 꿈의 재료를 논했을 때, 우리는 낮 동안에 행동하고 깨어 있을 때 관심을 가졌던 일을 꿈꾼다는 것이 과거와 현재를 통틀어 모든 꿈 연구가들의 견해임을 알았다.
② 잠자는 동안에도 계속되는 꿈을 통한 관심
깨어 있을 때부터 잠자는 동안에도 계속되는 이 관심은 꿈을 의식생활과 맺어주는 심적 유대일 뿐 아니라, 수면 중에 관심을 갖게 된 것과 함께 모든 꿈 형상의 유래를 해명하는 데 충분한, 경시할 수 없는 또 하나의 꿈의 원천

을 밝혀준다.…
③ 꿈의 심리적 자극과 신체적 자극의 관계
그리하려 꿈 원천의 수수께끼가 해명되면, 결국 남는 과제는 꿈의 심리적 자극과 신체적 자극이 개개의 꿈속에서 어떻게 관여하고 있는가를 밝히는 일뿐이다. 하지만 실제로는 이처럼 꿈을 완벽하게 해명하는 작업이 아직 성공하지 못했을 뿐만 아니라, 이런 시도를 했던 그 누구도 그 유래에 관해 밝히지 못한 꿈의 요소가 많이 남아 있다.…
④ 신체적 자극, 미지의 심리적 자극, 및 관심에 대한 심리적 자극
유력한 철학자 분트처럼 중간적 입장을 취하는 몇몇 연구가들은 대개의 꿈에서는 신체적 자극과 미지의 심리적 자극, 혹은 깨어 있는 동안의 관심으로 인정되는 심리적 자극이 함께 작용해서 꿈을 만들어낸다고 덧붙인다. (『꿈의 해석』, 31-32)

결국 프로이트가 말하는 네 번째 꿈의 재료가 위 전체에 대한 종합이다. 우리의 꿈은 결국 외적인 자극을 통해, 미래(미지)의 일어날 일을 예측하여 심리적인 자극으로 나타나고, 여기에 내 욕구가 반영된 심리적 자극이 나타난다는 것이다. 따라서 꿈은 현실적인 사태에 대한 심리적 자극인 셈이다. 현실적인 사태를 보고, 미래를 내 정신이 예측을 하고, 여기에 욕구를 반영하여 꿈으로 등장한다는 것이다.

이때 이 욕구를 만족시킬 수 없는 기가 막힌 현실이 나타난다고 하자. 혹은 내 정신이 자신의 힘과 노력만으로는 할 수 없는 미래가 예견된다고 하자. 이때 이 정신은 낙담을 꿈속에 쏟아낼 것이다. 그러면서 한편에서는 낙담이 아무리 계속 되어도 소망을 쏟아낼 것이다. 인간의 정신은 낙담을 가지고는 한 시도 살 수 없는 존재이기 때문이다. 이때 이 정신은 신을 부른다. 그리고 신을 만났다고 하는 순간에 선한 꿈을 생산해 낸다. 우리의 정신은 신으 ㅣ존재를 믿고 있는 것이다.

차. 꿈에서 나타나는 정신의 능력

한편, 프로이트는 꿈을 "수면 상태에서 비로소 자유롭게 펼쳐지는 정신의 특

수한 활동"이라고 말한다. 그는 셰르너의 견해를 빌어서, 꿈이 정신의 능력을 그대로 꿈에 반영한다는 사실은 부인한다. 즉, 그것은 "제한된 메커니즘의 성질" 밖에 없다. 그러나 그것은 꿈속에서 '환상'이라고 불리는 정신의 활동과 같이, 오성의 지배를 받지 않고, 엄밀한 척도를 벗어나 무제한의 지배권을 장악하고 있다고 말한다.

> ① 수면 상태에서 자유롭게 펼쳐지는 정신의 특수한 활동
> 수면 상태에서 비로소 자유롭게 펼쳐지는 정신의 특수한 활동에 관한 꿈의 설명 중 가장 독창적이고 광범위한 연구자는 셰르너이다.
> ② 정신의 제한된 힘
> 셰르너는 정신의 능력이 그대로 꿈에 반영된다는 사실을 인정하지 않았다. 그 자신 꿈속에서 자아의 중심, 자동적 에너지가 어떻게 무력화되는가, 이 자아 분산의 결과 어떻게 인식력 · 감수력 · 의지력 · 표상력이 바뀌는가, 또 이 영혼이 여러 힘의 잔재에 어째서 참다운 정신이 결여되어 있고, 단지 어떤 제한된 메커니즘의 성질 밖에 없는가를 자세히 서술하고 있다.
> ③ 환상으로 불리는 정신의 활동
> 그러나 그 대신 꿈속에서는 '환상'이라고 불리는 정신의 활동이 오성의 지배를 받지 않고, 따라서 엄밀한 척도를 벗어나 무제한의 지배권을 장악하게 된다. 하긴 이 환상이라는 정신의 활동은 그 근본 토대가 되는 구성 성분들을 깨어 있을 때의 기억으로부터 받아들이지만, 깨어 있을 때 만들어 낸 것과는 전혀 다른 구조물을 세운다. 즉, 그것은 꿈속에서 재현하는 능력뿐만 아니라 생산적인 힘도 가지고 있다. (『꿈의 해석』, 43)

우리는 프로이트가 밝힌 위 꿈의 종합적인 요소에서 여러 가지 논의를 끌어낼 수 있다. 먼저, 정신은 의식적 자아를 넘어서서 활동을 하는데, 그것이 곧 "①수면 상태에서 자유롭게 펼쳐지는 정신의 특수한 활동"으로서의 꿈이다.

이때 정신은 정신이라고 해서 무한한 힘을 가진 것이 아니라, 실질적으로 어떤 한계에 갇혀 있다. 이것이 곧 "②정신의 제한된 힘"이다. 이 제한 속에서 정신은 끝없이 그 방안을 찾는 것이다.

정신은 그 안에서 '환상'을 만들어내기도 하는데, 그것을 프로이트는 "③환상

으로 불리는 정신의 활동"이라고 말한다. 이때 프로이트는 우리가 이 환상을 통해서 신을 만들어 낸다고 말한다.

우리는 "정신의 활동으로서의 환상"에 대해 검토해 보아야 한다. 우리의 정신은 헛된 것을 계획하지 않는다. 있는 그대로의 것을 투영한다. 우리의 의식적 자아는 억지를 부려서 소망스러운 것을 만들어 낼 수 있다. 그러나 정신은 의식적 자아에 지배되지 않기 때문에 그렇지 않다. 정신은 그냥 자신이 어떻게 감당할 수 없는 상황을 만나면, 부르짖으며 절망과 낙담을 의식의 세계 속에 불어넣는 것이다.

그러면 의식은 이 무의식이 주는 절망과 낙남으로 인해 함께 부르짖는다. 이때 정신이 신을 찾아내는데, 그 신이 실제로 존재하면 '믿음'으로 '환상'이 주어진다. 그러나 존재하지 않는 어떤 존재가 거짓으로 자신을 드러내지 않는다. 그럴 경우, '믿음'이 주어지지 않는다. 정신은 거짓을 말하지 않는다. 따라서 정신이 부여하는 환상은 실제 그 이면에 형이상학적인 존재가 있다. 정신이 바로 그 형이상학적인 존재를 발견한 것이다.

심지어는 이 믿음의 대상이 꿈 속에 등장하기도 한다. 이것은 최종적인 단계에서이다. '믿음'의 시기 다음에 이러한 '영지'의 상황이 펼쳐지는 것이다. 그래서 어떤 사람은 신적 존재를 만나기도 하는 것이다. 이렇게 출현한 것이 신화이다. 구스타프 칼 융은 꿈 속에 바로 이러한 요소가 있다고 말한 것이다.

2. 꿈의 작업

가. 꿈-재료, 꿈-내용, 및 꿈-사고

프로이트는 잠자는 동안의 신체 자극이나 낮 동안의 지각 잔재들이 '꿈의 원천'이며, 이것이 '꿈의 재료'로 이동한다고 말한다. 그리고 프로이트는 꿈을 꾼 사람의 기억, 연상, 말 속에서 드러난 '꿈-내용'과 그것의 원천이자 해석의 결과로 주어질 잠재적 '꿈-사고'를 구별한다. 이에 대해 박정수는 다음과 같이 말한다.

프로이트는 잠자는 동안의 신체 자극이나 낮 동안의 지각 잔재들이 꿈에 미치는 영향을 꿈의 재료라고 한다. 이러한 사건이 계기가 되어서 꿈이 시작되는 것이다. 그렇다면, 진정한 꿈의 원천은 무엇일까? 정신이 그 재료를 기반으로 해서 떠 올리는 여러 기억, 연상, 말 속에서 드러난 것으로서 이것을 '꿈-내용'이라고 말한다. 그리고 이제 이것을 통해 정신이 사고를 펼친다. 그것이 곧 '꿈-사고'이다.

① 꿈의 재료
생리학적 관점을 벗어났다고 하더라도 프로이트는 잠자는 동안의 신체 자극이나 낮 동안의 지각 잔재들이 꿈에 미치는 영향을 무시하지 않는다. 그것의 위상을 꿈의 '원천'에서 꿈의 '재료'로 이동시킨 것뿐이다.
② 꿈의 원천 : 꿈 내용과 꿈 사고
그럼, 꿈의 원천은 무엇일까? 그것을 찾기 위해 그는 꿈을 꾼 사람의 기억, 연상, 말 속에서 드러난 '꿈-내용'과 그것의 원천이자 해석의 결과로 주어질 잠재적 '꿈-사고'를 구별한다.(박정수, 프로이트 꿈의 해석)

우리의 낮 동안의 생활 혹은 신체적 자극은 정신에게 무엇을 상기할 수 있도록 정신의 재료, 혹은 '꿈-재료'를 제공한다. 그러면 정신은 그 재료를 기반으로 그것의 본질에 속하는 '꿈-내용'을 기억 속에서 추출하여 꿈으로 드러나게 한다. 이어서 정신은 그 내용을 기반으로 '꿈-사고'를 전개한다.

나. '꿈 해석'과 '꿈 작업'

프로이트는 꿈을 해석한다는 것은 이 외현적 '꿈-내용'으로부터 그것을 일으킨 잠재적 '꿈-사고'로 거슬러 가는 과정이다고 한다. 이것은 남겨진 흔적들을 보고 최초의 상황을 재구성하는 탐정의 추리활동과 같은 것이다. 이것을 프로이트는 '꿈-작업'이라고 하였다. 이에 대해 박정수는 다음과 같이 말한다.

① 꿈 해석
그러니까 꿈을 해석한다는 것은 이 외현적 꿈-내용으로부터 그것을 일으킨

잠재적 꿈-사고로 거슬러 가는 과정이다. 마치 범행 현장에 남겨진 흔적들과 주변정황, 목격자의 진술을 근거로 최초의 범죄 상황을 재구성하는 탐정의 추리 활동과 같은 것이다.

② 꿈-작업 : 꿈-사고에서 꿈-내용까지의 과정

셜록 홈즈의 추리소설을 보면 항상 마지막에는 범인의 의도에서부터 범행 결과에 이르는 과정을 설명해주는데, 프로이트 역시 해석과정의 반대 방향, 즉 '꿈-사고'에서부터 드러난 '꿈-내용'에 이르는 과정을 가정한다. 그는 이 과정을 '꿈-작업'이라고 부른다.(박정수, 프로이트 꿈의 해석)

프로이트는 이제 '꿈-내용'에서 '꿈-사고'의 일련과정을 추적하고자 한다. 그래서 그와 같이 파악된 꿈 출현 과정을 파악하고자 한다. 그리고 이와 같이 파악된 꿈 출현과정을 '꿈-작업'이라고 부르는 것이다.

다. '꿈-작업'

프로이트에 의하면, 이 '꿈-작업'은 꿈을 꾸는 동안의 사고방식과 표상방식은 각성시의 '정상적'인 것과 전혀 다르다. 우선, 꿈은 마치 두세살박이 아이가 자신의 생각을 그림으로 표현하는 것과 비슷한 방식으로 작업한다. 그래서 개념적 사유와는 전혀 다른 형상 사유의 논리로 재구성해야 한다. 이에 대해 박정수는 다음과 같이 말한다.

① 꿈-작업

'꿈-작업'이란 어떤 꿍꿍이를 알 수 없는 사람의 엉뚱한 사고가 수수께끼 같은 표상으로 발현되는 과정이라고 할 수 있다.

② 비이성적인 꿈-작업

꿈꾸는 동안에도 우리는 분명 생각을 하고 표상활동을 한다. 하지만 꿈을 꾸는 동안의 사고방식과 표상방식은 각성시의 '정상적'인 것과 전혀 다르다.

③ 전혀 다른 형상 사유의 논리

우선, 꿈은 마치 두세살박이 아이가 자신의 생각을 그림으로 표현하는 것과 비슷한 방식으로 작업한다. 그래서 꿈을 분석할 때는 그림 수수께끼를 풀듯

> 이 형상들을 하나하나 해체한 다음 개념적 사유와는 전혀 다른 형상 사유의 논리로 재구성해야 한다.(박정수, 프로이트 꿈의 해석)

프로이트는 수많은 꿈들에 대한 해석을 시도하면서, 이 꿈을 출현시킨 꿈-작업은 정신의 행위이다. 그런데, 이 정신세계는 분명 비이성적인 세계이다. 그것은 이성적인 세계를 초월한다는 것이다. 그런데, 이것이 이성으로 표현될 때에는 정혀 다른 모습이다. 마치 두세살박이의 어린 아이와 같은 사고패턴을 지닌다는 것이다. 그러나 그곳에 천재성이 숨어있다. 그 천재성을 이성적으로 설명해 낼 수 없을 뿐이었던 것이다.

이것은 우리가 수행하는 꿈-해석은 이성적인 행위인데, 꿈-작업은 정신이 수행하는 비이성적인 행위라는 것이다.

라. '이미지들의 중첩'으로서의 '압축'

프로이트는 '꿈-작업'의 그 다음 과정으로서 '압축'을 이해할 것을 말한다. '압축'은 쉽게 말하면 여러 이미지를 모아놓는 것인데, 짧은 시간에 많은 이야기를 할 수 있기 때문이다. 이 '압축'은 경제성의 원리에 따라서 여러 이미지들을 중첩시키는 작용이다. 이에 대해 박정수는 다음과 같이 말한다.

> 그 다음, 꿈을 꾸는 동안의 사고방식은 뜻밖에 매우 '경제적'이다. 하나의 표상 속에 여러 개의 내용을 응축시키는 것이다. 그래서 하나의 표상에 담긴 의미는 한번만 해석되는 게 아니라 여러 번 중복해서 해석될 수 있다. 표상 하나에 사고 내용 여럿이 중복 결정되는 이런 꿈-작업의 경제성은 오히려 해석의 어려움을 야기한다.(박정수, 『프로이트 꿈의 해석』)

정신의 세계는 비이성적 세계이며 시간과 공간을 초월한다. 그러나 우리의 의식세계는 이성적 세계로서 시간과 공간의 제약을 받으면서 사고를 전개한다. 이제 비이성적 세계인 정신세계는 이성적인 세계에 어떤 메시지를 던지는데, 그 순간 속에 그 전체의 시간과 공간의 모든 것을 압축하여 메시지를 던진다. 이것을 압축이라고 표현할 수 있겠다.

그래서 엄밀히 말하자면, 이성에 지배를 받는 의식세계는 이 비이성적 세계를 모두 해석할 수 없다. 그것은 시간이 경과하면서 나타난 것을 보고 비로소 해석할 뿐이다.

어찌 되었건, 우리의 정신이 행하는 '꿈-작업'은 그 한 순간 속에 시간과 공간을 초월한 장편의 메시지를 비이성적으로 삽입한다는 것이다.

마. '꿈의 검열자'에 의한 '전치'

그 다음 '꿈-작업'을 위해 중요한 것은 '전치'를 알아야 한다. '전치'는 쉽게 말하면 엉뚱한 이미지로 잠재된 '꿈 사고'를 표현한다는 것이다. 성폭행을 당한 여인은 이 기억을 떠올리기가 싫기 때문에 그 사람이 입었던 옷이나 다른 이미지가 나온다는 것이다. 원래 꿈-사고에서 중요했던 표상은 사라지거나 아주 사소하게 그려지고 대신 사소한 연상 내용이 커다랗게 그려지는 것이다. 이것을 '전치'라고 하는데, 이것은 우리의 정신 안에 있는 '꿈의 검열자'에 의해서 진행된다고 말한다. 이렇게 '꿈의 검열자'를 통과하고 나타난 꿈-내용은 종신의 '소망충족'과 '억압'을 나타낸다. 이에 대해 박정수는 다음과 같이 말한다.

① 전치

이런 어려움은 세 번째, 표상의 전치 작업에서 훨씬 심각해진다. '전치(displacement)'란 원래 표상 대신 그것과 연관되어 있는 다른 표상을 전면에 내세우는 작업이다. 마치 소매치기가 귀중품은 훔쳐가고 그 대신 돌멩이를 집어넣는 것처럼, 원래 꿈-사고에서 중요했던 표상은 사라지거나 아주 사소하게 그려지고 대신 사소한 연상 내용이 커다랗게 그려지는 것이다.

② 바꿔치기 통한 은폐

소매치기의 '바꿔치기'와 마찬가지로 꿈-작업에서의 바꿔치기에도 어떤 음흉한 목적이 있다. 원래의 관심을 딴 데로 돌리는 것이다. 이런 목적은 다른 작업 방식에도 적용된다. '언어-표상'을 '사물-표상'으로, 여러 가지 표상을 하나의 표상으로, 중요한 것을 평범한 것으로 바꿔치는 작업을 통해 뭔가를 은폐하는 목적을 달성하는 것이다. 누가? 프로이트는 꿈-작업 과정에서 그런 은폐를 담당하는 자를 꿈의 '검열자'라고 부른다.

③ 검열관

검열관에 의해 제지당한 놈은 다른 놈과 떼거리를 짓거나, 통과할 만한 놈을 앞세우는 방법으로 검열의 눈을 피해 꿈-표상의 문턱을 통과하는 것이다.

④ 소망충족과 억압

마지막 작업 공정이 하나 남아 있는데, 이렇게 검열관의 눈을 피해 문턱을 통과한 놈들은 각성시의 이해 방식에 맞춰 나름대로 종대와 횡대를 짓고 어설프지만 그럴듯하게 화장을 하는 것이다. 결국, 이런 난리 법석은 꿈-표상의 문턱을 통과하려는 힘과 그것을 막으려는 힘이 충돌해서 생긴 것이라 할 수 있다. 프로이트는 이 상충하는 두 힘을 소망충족과 억압이라고 부른다.(박정수, 프로이트 꿈의 해석)

정신은 우리의 의식의 세계에 자신이 먼저 본 것을 전해주려 한다. 그런데, 우리의 의식은 무의식의 모든 언어를 알아들을 수 없기 때문에 그것의 출현을 차단한다. 이때 무의식은 이러한 의식세계라는 검열관을 피하여서 자신의 뜻을 피력해야 한다. 그것이 바로 전치라는 것이다. 무언가로 위장이 된 상태에서 진실을 표현하는 것이다. 이 위장이 '억압'이며, 그 이면의 진정한 내용이 곧 '소망충족'이다.

3. '꿈 과정'의 심리학

프로이트는 꿈을 치료의 방법으로 삼았기 때문에 꿈에 대한 수많은 임상을 가지고 있었다. 그러면서 그는 꿈을 가리켜서 "무의식의 소망 충족으로서의 꿈"을 확신하게 되었다. 꿈 작업에서 이루어지는 '망각'이나 '퇴행'도 그 일환이다.

가. '무의식'의 '소망 충족'으로서의 '망각'과 '퇴행'

프로이트는 '꿈의 동기'는 '소망'이고, '꿈의 내용'은 '소망충족'이라고 단정적으로 말한다. 그에 의하면, 꿈은 "무의식의 소망 충족을 나타낸다." 프로이트는 우리가 꿈을 '망각'하는데, 이것도 또한 '소망충족'을 위한 '저항 활동'이라고 한다. 그리고 프로이트는 꿈속에서 나타나는 유아시절 등으로의 '퇴행'[2)]도 또한 '소망충족'의 일환이라고 한다.

① 저항활동으로서의 꿈의 망각

꿈의 망각은 대부분 저항 활동이라는 것을 나는 실제적인 증거를 통해 증명할 수 있다. 어떤 환자가 꿈을 꾸었는데 완전히 잊어버렸다고 이야기한다.… 나와 환자는 분석작업을 계속한다. 나는 어떤 저항에 부딪힌다. 환자를 납득시킨다.… 가까스로 잘 되었다고 생각하는 순간 환자는 "이제 내가 무슨 꿈을 꾸었는지도 생각났어요"라고 소리친다.… 그를 방해했던 저항이 꿈까지도 잊게 했던 것이다. 이 저항을 극복하게 함으로써 나는 꿈을 생각나게 한 것이다. (『꿈의 해석』, 246)

② 유아기로의 퇴행

꿈 사고에서 유아기의 여러 체험(퇴행의 일환), 혹은 그 체험에 입각한 공상이 어떤 역할을 하고 있는가, 그러한 체험 또는 공상의 일부가 꿈 내용 속에서 얼마나 자주 다시 고개를 쳐드는가. 그것들에서 꿈 소망이 어떻게 발생하는지 상기해 본다면, 관념의 시각적 형상(꿈)으로의 변화는…의식에서 단절되었던 '기억'이 이제 표현될 길을 찾아서 '관념'에 미치는 '견인작용'의 결과이다. 이런 견해에 의하면, 꿈은 또 '유아기의 사건이 최근의 것으로 변화된 대용물"이라고 말할 수 있다. 유아기의 체험은 현재에 그대로 부활되지 않는다. 그것은 꿈으로 재현되는 것에 만족해야 한다.…(『꿈의 해석』, 258)

꿈을 꾼다는 것은 대체로 그 꿈을 꾸는 사람의 오래된 지난날의 상황으로 돌아가는 일종의 퇴행이며, 그의 유아기와 그 시절을 지배했던 충동이나 그 시기에 사용했던 표현방법의 재생이다.(『꿈의 해석』, 259)

나. 꿈의 본질적인 내용으로서의 '소망충족'

프로이트는 모든 정상인들의 꿈 내용조차도 꿈의 본질적이 내용은 '소망충족'이라고 한다. 현실에서의 연장으로서의 소박한 꿈은 당연히 그럴 것이지만,

---

2) 퇴행이란 보다 미성숙한 정신 기능의 단계로 되돌아가는 것을 말한다. 퇴행은 일반적으로 정신 조직이 실질적으로 붕괴될 때 일어나는 것으로서, 방어 기제의 하나이다. 퇴행은 일반적으로 두 부류로 나눌 수 있다. (서강훈, 사회복지용어사전)

그렇지만 현실적인 불안과 걱정의 상황에서 나타나는 꿈도 사실은 '소망충족' 이라고 말한다.

① 소망충족으로서의 꿈

소망충족은 우리로 하여금 이미 꿈을 두 종류로 나누게 했다. 분명히 소망충족이라는 것을 알 수 있는 꿈도 있었고, 발견하기 어렵도록 모든 수단을 다 해 소망충족을 은폐하고 있는 꿈도 있었다. 후자 쪽의 꿈에는 꿈 검열이 작용하고 있는 것을 알 수 있었다. 왜곡이 없는 소망의 꿈은 주로 어린아이의 꿈에 많았지만, 어른들 역시 '짧고 솔직한 소망의 꿈을 꾸는 것 같았다.'(『꿈의 해석』, 261)

② 불쾌한 꿈도 소망충족의 일환

꿈 사고 속에서 소망충족과는 모순되는 재료, 이를 테면 근거 있는 걱정, 비통한 생각, 불쾌한 견해 같은 것이 제공될 때, 꿈이 어떤 태도를 보이는지 살펴보는 형식으로 문제를 논하는 것은 아마 의미 있는 일일 것이다.… 분석에 의해 이 불쾌한 꿈도 역시 소망충족임이 증명된다.… 잠자는 동안 자아가 꿈 형성에 여전히 간섭하여, 억압된 소망의 충족이 성립되는 데 대한 반항으로 나머지 꿈을 불안감 속에서 마치게 한 경우도 있다. 그러므로 불쾌한 꿈이나 불안한 꿈 역시 이론적으로는 원만한 충족의 꿈과 마찬가지로 소망의 실현이라는 것을 인식하기는 어렵지 않다.(『꿈의 해석』, 265-266)

다. 소망충족으로 향하는 '전의식'

프로이트는 "꿈이 무의식의 소망 충족을 나타낸다"고 말한다. 그리고 프로이트는 '전의식'에 대해서 말하는데, 전의식이란 의식과 무의식의 중간단계로서 현재 의식적으로 인식하고 있지는 않지만, 약간의 노력이나 주의를 기울이면 의식으로 불러올 수 있는 정보와 기억을 말한다.

전의식의 내용은 의식적으로 떠올릴 수 있다. 이 전의식은 무의식과 의식 사이의 다리 역할을 한다. 무의식에 숨겨진 욕망, 충동, 기억이 바로 의식으로 떠오르는 것을 막고, 의식적으로 다룰 준비가 된 정보만 전달한다. 그리고 전의식은 과거의 경험, 학습된 지식, 언어적 기억 등을 저장한다. 이는 필요할 때

쉽게 접근할 수 있는 잠재적인 기억 창고와 같다.

프로이트는 전의식은 중요한 심리적 과정의 일부인데, 특히, 치료 과정에서 환자가 무의식에 억압된 내용을 의식으로 가져오는 과정에서 전의식이 중요한 역할을 한다. 이 과정은 자유연상(free association)과 같은 기법을 통해 이루어질 수 있다. 전의식은 우리의 일상적인 인지 활동에 중요한 기여를 하며, 무의식의 내용을 탐구하는 데 중요한 연결고리로 작용한다.

프로이트는 우리의 꿈의 주도권을 가진 이 '전의식'[3] 조직은 소망충족을 왜곡시킨 후에 꿈을 허용하는 것처럼 보인다고 말한다. 그리고 우리의 '전의식'에는 굳게 간직된 '잠자려는 소망'이 있으며, "이것은 꿈 형성을 쉽게 만드는 작용을 한다"고 말한다.

> 우리가 지금까지 꿈에 대해 알고 있는 것은, 그것이 무의식의 소망 충족을 나타낸다는 것뿐이다. 주도권을 가진 전의식 조직은 소망충족을 왜곡시킨 다음 허용하는 것처럼 보인다.…
> 전의식에 굳게 간직된 잠자려는 소망은 꿈 형성을 쉽게 만드는 작용을 한다.… (『꿈의 해석』, 273)

따라서 프로이트는 우리의 전의식도 또한 무의식과 마찬가지로 우리의 "무의식의 소망충족을 나타낸다"는 것이다. 그리고 이 '전의식'이 꿈을 주도한다고 말한다.

라. '전의식'에서 일어나는 무의식적 소망의 왜곡

프로이트는 의식과 무의식 사이에 전의식을 놓는다. 이 전의식은 의식과 무의식의 중간적 역할을 하는데, 그 활동이 주로 꿈을 통해서 이루어진다. 따라

3) 전의식은 현재 의식되지는 않지만 전에 의식했던 것이 저장된 것으로 주의집중을 통해 쉽게 의식될 수 있는 경험이다. 예를 들면, 초등학교 시절의 친구에 관해 당장 생각하고 있지 않더라도 누군가 물으면 생각해 낼 수 있다. 전의식은 무의식과 의식의 영역을 연결한다. 정신분석 치료에 의해 무의식 속에 잠재되었던 내용이 전의식으로 나오고 전의식 수준에서 다시 의식될 수 있다.(서강훈, 사회복지용어사전)

서 프로이트에 의하면, '전의식'이 잠자려고 하는 소망에 응한다. 그리고 그때 억압되고 좌절되었던 무의식의 소망이 꿈을 통해 다양한 각도로 실현되어 나타난다. 프로이트는 그 무의식의 소망이 전의식인 꿈에 표출되는 과정을 다음과 같이 말한다.

① 전의식 : 낮 동안에 남아 있는 무의식적 소망
'전의식'이 잠자려고 하는 소망에 응한다는 사실을 알았으므로 꿈 과정의 이해와 추구가 좀더 쉬워질 것이다. 지금까지의 꿈 과정에서 알게 된 사실을 총괄해 보면, 먼저는 깨어 있을 때의 사고 활동이 완수하지 못했던 것이 낮 동안의 잔존물로서 전의식에 남아 있는 경우가 있고…, 다음은 낮 동안 깨어 있을 때의 활동을 통해서 무의식적 소망 중 어느 것이 계속 작용하고 있었던 경우이다. 혹은 이 둘이 모두 혼합되어 있는 경우이다.
② 수면상태를 기다리는 무의식적 소망
무의식적 소망은 낮 동안, 혹은 수면 상태를 기다려 낮 동안의 잔존물을 걷어내고, 자신의 에너지를 그곳에 다 옮겨놓는다. 이렇게 되면 의식은 최근의 재료에 전이된 어떤 소망이 생기거나 혹은 억제된 최근의 소망이 무의식으로부터 에너지를 공급받아 힘을 되찾는다.
③ 무의식적 소망이 전의식에서 겪는 검열에 의한 왜곡
한편, 이 소망은 전의식을 통과하는 사고 과정의 길(꿈을 의미함: 필자)을 통해 의식 속으로 침투하려고 한다. 그러나 이 소망은 우리 안에 작용하고 있는 검열에 저지 당해 그 영향에 굴복한다. 이때 소망은 이미 전이에 의해 일어나고 있는 왜곡을 받아들인다. 여기까지 보면, 소망은 강박관념, 또는 망상 등과 유사한 어떤 것으로 되어 있는데, 이것은 소망이 전이에 의해서 강화되고 검열에 의해서 표현이 왜곡된 관념으로 되어 있는 것이다.
④ 무의식적 소망의 퇴행을 통한 표현
그러나 이제 전의식의 수면상태는 그 이상의 진전을 허락하지 않는다. 아마 전의식 조직은 그 흥분을 저하시킴으로써 침입을 막을 것이다. 그렇기 때문에 꿈 과정은 바로 수면 상태의 특이성에 의해서 열려 있는 퇴행의 길을 더듬고, 다만 부분적으로 시각적 에너지 충당물로서 존재할 뿐이 된다. 즉, 그 이후의 여러 조직의 기호로 바뀌지 않는 기억군으로서 꿈 과정에 미치는 견

인력에 따른다. 꿈 과정은 퇴행을 통하여 표현가능성을 획득한다.(『꿈의 해석』, 274-275)

우리의 꿈은 온갖 잡다한 모습들이 가득하다. 특히 정신질환자일수록 그것은 심하다. 그래서 그 꿈에서 온갖 어지러운 모습만이 보인다. 그곳에 소망의 표현은 없어 보인다. 그럼에도 불구하고 프로이트는 꿈은 "무의식적 소망의 표현"이다고 말한다. 즉 그의 정신이 소망을 갖고 그 해답을 의식에 전하려 한다는 것이다.

정신이라는 무의식이 소망을 가지고 어떤 뜻을 전하려 한다. 그런데, 그 의식적 자아가 매우 불안정한 가운데에 있다. 그럴 경우, 그 숭고한 뜻을 전할 수 없다는 것이다. 정신은 그냥 있는 그대로의 모습을 전할 수 밖에 없다. 이때 나타나는 것이 전이에 의한 "무의식적 소망의 왜곡"이며, 타락하기 전의 "유아시절로의 퇴행"이라는 것이다.

올바른 삶을 추구하여 정신 곧 무의식적 자아의 뜻이 대규모로 실현된 사람들을 찾으라면, 우리는 신비주의의 그리스도인들에게서 찾을 수 있다. 이들은 인간의 최대 문제인 죄의 문제를 해결한 사람들이다. 이들에게서는 전이에 따른 왜곡이 많이 순화된다. 즉, 무의식적 자아의 목소리가 전의식에 의해 방해받지 않고 꿈을 통해서 대거 나타나는 것이다.

마. '무의식적 소망'이 나타나는 세 단계

프로이트는 '무의식적 소망'이라는 표현을 사용한다. 이것을 좀더 적나라하게 말한다면, 우리의 정신이 내 의식적 자아를 향하여 가진 소망이라는 의미이다. 프로이트에게 무의식은 사실은 정신을 말한다. 프로이트는 '무의식적 소망'이라는 표현 대신에 "무의식적 자아의 소망"이라고 표현하면 훨씬 좋았을 것이다.

프로이트는 꿈을 '무의식적 자아'가 의식적 자아에게 자신의 '소망'을 펼쳐낸 것으로 말한다. 이때 우리의 무의식은 쉬지 않고 계속 활동한다고 말한다. 이것은 낮 시간부터 시작되는데, 이 낮 시간이 꿈-작업의 첫 번째 부분이다. 두 번째 부분이 수면 중에 진행되는 검열이다. 그리고 꿈으로 나타나는 시간대는 대개 잠에서 깨어나기 직전인데, 프로이트에 의하면 반드시 그런 것은 아니라고 한다. 전의식이 눈을 떴을 때라고 말한다. 결국 무의식적 소망은 언제나 활동하고 있다.

① 꿈을 꾸는 시간대 : 깨어날 때인지의 여부
꿈 작업에 대한 우리의 지식에 의하면, 꿈 작업이 잠을 깨는 데 필요한 시간 안에서만 행해진다는 것은 아무래도 인정할 수 없다.[4)]
② 꿈 작업의 첫 부분 : 낮
거꾸로 꿈 작업의 첫 부분이 이미 낮에 아직 전의식이 영향력을 행사하고 있을 때부터 시작될 가능성이 더 크다.
③ 꿈 작업의 두 번째 부분 : 밤 사이에 진행되는 검열
꿈 작업의 두 번째 부분인 검열에 의한 변경, 무의식적인 장면에 의한 견인, 지각으로의 전진 등은 밤 사이에 행해진다.… (그러나) 나는 꿈 작업이 그 결과를 제시하는 데 때때로 하루 이상의 시간을 필요로 한다고 믿는다.…
④ 전의식이 눈 뜰 때 나타나는 꿈
꿈 과정은 꿈 작업에 의해 수면 시간이나 깊이와는 관계없이 의식을 자기 쪽으로 끌어당겨 전의식을 눈뜨게 하는 데 충분한 강도를 획득하거나,… 눈을 뜨기 직전 주의력이 꿈 과정으로 돌려지게 될 때까지 계속 대기 자세를 취하거나 한다.…(『꿈의 해석』, 276-277)
⑤ 언제나 활동하고 있는 무의식적 소망
무의식적 소망은 언제나 활동하고 있다고 한 우리의 주장은 옳다. 그것은 어느 정도의 자극이 이용할 때마다 언제나 통과할 수 있는 길이다. 무의식적 과정이 결코 사라지는 일이 없다는 것은 그 뛰어난 특성이다. 무의식 속에서는 아무것도 종결되지 않고, 아무것도 소멸되지 않고, 또 아무 것도 망각되지 않는다. 노이로제, 특히 히스테리를 연구하면 이것이 가장 강하게 인상에 남는다. 발작에 의해 발산을 초래하는 무의식적 관념의 통로는 자극 에너지가 충분히 축적되었을 때는 즉시 통행이 가능해진다.(『꿈의 해석』, 278)

---

4) 이것은 우리가 잠을 깰 때 꿈을 꾸는 것을 지칭하는 말인데, 번역이 이렇게 된 것이다.(필자)

바. '무의식'에서 발견한 '성'

프로이트는 이 무의식의 저변을 성적충동이라고 말하고자 한다. 그런데, 이러한 프로이트의 논리전개는 자기 자신의 어릴 적 꿈을 30년 후에 해석한 것으로서 그 꿈들을 추적해 보면 그것은 '성적충동', '성적 리비도'였다고 말한다. 그러면서 "나는 이것을 설명하는 데 필요한 관찰 재료를 갖고 있지 못하다"고 말한다. 그 내용을 프로이트는 다음과 같이 말한다.

① 예닐곱 살 무렵의 꿈

나는 예닐곱 살 무렵 불안 꿈을 꾼 기억이 있는데, 30년이 지난 후에야 그 꿈을 분석했다. "더할 나위 없이 편안히 잠든 듯한 얼굴의 어머니가 새의 부리를 한 두 사람에 의해 방에 옮겨져 침대에 뉘어졌다." 내가 울면서 눈을 뜨는 바람에 부모님도 잠을 깼다.…그 당시 나는 어떤 소년의 입을 통해 처음으로 성교를 의미하는 야비한 말을 들었다.…꿈에서 본 매의 머리가 그 야비한 말을 뚜렷이 암시하고 있다.…

② 다른 사람의 경험

1년 전부터 중병에 걸려 있는 스물일곱 살 먹은 남자는, 열한 살 때부터 열세 살에 걸쳐서 심한 불안감 아래 몇 번이나 이런 꿈을 꾸었다. "한 남자가 도끼를 들고 쫓아온다. 뛰어 달아나고 싶지만, 몸이 마비되어 그 자리에서 움직일 수 없다." 이것은 아주 흔한 틀림없는 성적 불안 꿈의 전형이다.…그리고 그는 도끼에 대해 꿈꿀 무렵 장작을 패다가 손에 상처를 입은 일이 있다는 생각이 났다. 그러자 갑자기 동생과의 관계가 떠올랐다. 그는 종종 동생을 못살게 굴고 때리곤 했는데,…그때 어머니가 "언젠가는 동생을 죽이겠구나"하고 말한 것이 생각났다. 그가 이렇게 '난폭한 행위'라는 주제에 붙잡혀 있을 때, 느닷 없이 아홉 살 때의 한 기억이 떠올랐다. 그가 잠든 체하고 있는데 늦게 집에 돌아온 양친이 함께 침대에 들어갔다. 그 다음에 헐떡이는 소리와 그 밖의 이상한 소리가 들려와서 그는 왠지 무서운 생각이 들었다. 그는 침대 속의 양친의 모습을 상상해 보았다.…그는 양친 사이에 일어난 일을 '난폭한 행위와 격투'의 개념으로 요약했다. 그가 어머니의 침대에서 가끔 발견한 핏자국은 이와 같은 견해를 뒷받침했다.

나는 어른들의 성행위가 그것을 목격하는 아이들에게 무섭게 느껴지고, 그들의 마음 속 불안감을 일깨운다는 것은 일상의 경험이 보여주고 있다고 말한다. 나는 이 불안감의 이유가 성적 충동이라고 설명했다. 그것은 아이들의 이해를 넘어서는 문제이며, 양친이 관계하고 있기 때문에 거부한다. 그리하여 성적 충동이 불안으로 변하는 것이다.… 어린아이들에게서 자주 볼 수 있는, 밤에 환각을 수반하는 불안발작에 대해서도 나는 주저하지 않고 같은 설명을 적용하고 싶다. 여기에서도 문제는 이해되지 않고 거부되는 성적충동이다. 그런 성적 충동들을 기록해 보면, 시간상으로 주기가 드러날 것이다. 성적 리비도의 증대는 우연한 자극적 인생에 의해서도…생길 수 있기 때문이다.

③ 자료를 갖고 있지 않음

나는 이것을 자세히 설명하는 데 필요한 관찰 재료를 갖고 있지 못하다.…
(『꿈의 해석』, 281-283)

위의 '무의식'으로서의 '성적충동'은 이제 지금까지 언급한 '무의식'의 정체를 밝히는 역할을 한다. 우리 안에는 생존욕구, 관계의 사회적 욕구, 자아실현 욕구 등 다양한데, 프로이트는 이 모든 것보다 '성적욕구'를 가장 근저에 자리잡게 하고, 이것이 항상 우리를 지배하고 있으며, 우리의 전의식과 의식에 나타나는 '무의식'이라고 말한다.

무의식의 근원을 성적 욕구라고 말하는 것에 대한 근거가 매우 취약하다. 프로이트 본인이 말하는 바와 같이 "나는 이것을 자세히 설명하는 데 필요한 관찰 재료를 갖고 있지 못하다."라고 말한다.

우리는 지난날들을 돌이키면서, 그리고 사춘기와 청년의 때를 돌이키면서 위의 프로이트의 말에 일견 공감을 한다. 그런데 어느 날 현실에 몰두하며, 자아가 형성이 될 때, 성욕은 방치할 것이 아니라, 절제의 대상임을 인식하게 된다.

그러다가 우리는 성경을 통해서 이 정욕이 절제 받지 않을 경우, 그것은 죄이다는 것을 알게 되며, 우리 인간의 의지로는 결코 컨트롤을 할 수 없는 어마어마한 힘을 가진 존재임을 알게 된다. 사도 바울은 로마서 7장에서 그 어느 누구도 이 정욕을 어거할 수 없다고 말한다. 그리고 사도 바울은 오직 복음의 능력으로 우리가 거듭 날 때, 신의 능력으로 이것이 가능하다는 것을 듣게 된다. 그리고 우리는 거듭 태어난다. 거듭태어 났다고 해서 이 정욕의 문제를 우리가 관리할 수 있는가? 그렇지 않다. 오직 이 문제를 놓고 씨름을 하면서 우리 안에 거룩함이 자라나게 된다. 궁극적으로 이 문제를 극복하면서 온전함에 이르게 된다. 이것이 기독교 신비주의를 추구하는 자들의 일관된 고백이다. 궁극적으로 이 정욕을 관리해 내며, 거룩함에 이른다. 이것은 사실이다.

사. 내 무의식적 자아가 염려하는 것이 본능

프로이트는 인생들의 원초적 본능이 오로지 성이라고 말하는데, 그것은 그가 아직 자신의 정체성을 확립하지 못한 시기인 사춘기와 청년의 때에 그렇다. 이들은 결혼을 하여야 하기 때문에 이성을 찾는 시기이다. 그런데, 이성을 만나서 결혼을 하였다. 그런 후에도 이 본능을 고스란히 유지하는가? 그러고도 가정이 유지될 것인가?

인간의 본질에 성욕만이 본능적으로 존재하는가? 사춘기의 청소년이나 청년의 인생을 향한 최고의 욕구가 아름다운 이성과의 성관계인가? 그것만 존재하는가? 그렇지 않다. 그의 양심은 오히려 인생에서 어떻게 후회 없는 삶을 살 것인가의 자아실현 욕구를 찾는다. 이 양자의 욕구가 동시에 존재한다. 그 둘 중 하나도 포기할 수 없다. 자아실현 욕구도 본능중 하나인 것이다.

그러다가 이 양자 중에 택일을 해야 하는 가운데에 서게 된다. 이때 무엇을 택하나? 자아가 형성되어 갈수록 자아실현욕구를 선택하게 되는 것이다. 프로이트는 이것을 슈퍼에고라고 말하며, 그것은 본능이 아니라고 말한다. 여기에 프로이트의 오류가 있는 것이다. 이 자아실현욕구는 양심에서 나왔다. 이 양심은 성욕보다 더 원초적이다. 옳음을 판단할 수 있는 능력이 곧 양심이다. 양심을 좇아 생각해 보았을 때, 성욕은 절제를 받아야 한다.

프로이트는 여기에서 일생일대의 실수를 하였다. 성경에서는 영의 욕구와 육의 욕구가 존재한다고 말한다. 이중 영의 욕구는 특히 거듭난 자의 영혼에게서 특별히 분출한다고 말한다. 이 영의 욕구로 육의 소욕을 절제해 낼 때, 거룩이라는 덕목이 실현된다고 말한다. 그래서 절제가 바로 거룩함이다.

프로이트에 의하면, 정신은 끝없이 내 의식적 자아를 염려하며, 그에게 "무의식적 자아의 소망"을 제시한다. 이 소망은 염려에서 나왔는데, 내 정신의 본질은 염려하는 본질이다. 그런데, 이때의 염려는 무엇으로부터 나타나는가? 내 자아실현욕구의 결여에서 나온다. 내가 원하는 이상향의 어떤 여인을 향한 성적 욕망을 실현시키지 못해서 나오는 것이 아니다. 현실을 모르는 청소년이나 청년은 그럴 수 있다. 그러나 현실을 사는 자아가 성장한 사람에게 그러한 성적인 욕망은 꺾을 수는 없지만 일시적이고 부수적인 것이다. 그리고 나이가 들면 들수록 그 욕망의 중요성은 덜 중요해 진다. 그것은 순간적인 욕망이다. 그 욕망을 해소하고 나면, 그 욕망은 사라지는 것을 보면 알 수 있다.

슈퍼에고가 오히려 본질이다. 슈퍼에고는 양심인데, 정신의 본능이다. 이것은 자아실현욕구로 내 의식 속에 출현한다. 이것이 꿈을 일으키는 것이다. 성적욕망이 꿈을 일으키는 것이 아니다. 이 자아실현욕구는 노인의 때가 되면 더욱 불길같이 일어난다. 그런데, 그때 성적욕망은 아예 사라져 버린다. 이것이 건강한 사람의 본능이다. 그런데, 프로이트가 접한 모든 사람들은 그 정신이 병든 자들이었다. 그들은 끝없이 나이가 들어서도 성적욕망을 정리하지 못한다. 이렇게 비정상적인 병든 자들을 기준으로 프로이트는 이론을 성립하였다.

아. '억압'된 기억의 나타남으로서의 '꿈'

프로이트는 꿈 이론에 대한 자신의 관점은 "노이로제 심리학에 관한 연구" 끝에 얻은 것이다고 한다. 그런데 이제 그 반대 방향으로 나아가 "꿈에서 출발하여 노이로제 심리학에 이르는 길을 찾고 싶다"고 말한다.

프로이트는 "억압된 것의 소망충족이 꿈"이다고 말한다. 이때 억압은 무엇인가? 프로이트 식으로 말하면, 그것은 바로 성욕이다. 우리는 앞에서 정신의 욕구로서의 꿈을 이야기 했는데, 프로이트가 무의식의 본질을 성(性)이라고 하자 이제 모든 것들이 흐트러지게 되었다. 우리 영혼의 본질은 '자아실현'이다. 이것이 흔들릴 때, '억압'이 발생하며, 그것이 꿈으로 나타나는 것이다라고 해야 할 것이다.

① 억압된 것의 소망충족으로서의 꿈

> 로베르트는, 꿈이 환기 장치처럼 영혼을 환기시켜주고, 온갖 유해한 것이 꿈 속에서의 표상작용으로 무해하게 되는 것은 꿈에 의한 소망충족이다고 말하는데, 이것은 우리의 주장과 부합한다.…"꿈 속에서 정신생활의 태생적 상태로의 귀환"이라는 주장과, "꿈은 막연한 감정과 불완전한 상념의 원시세계"라는 엘리스의 주장은, "낮에는 억눌려 있는 원시적인 작업방식이 꿈 형성에 참여한다"는 우리 이론의 훌륭한 선배처럼 생각된다.…"꿈은 끊이지 않고 발달한 우리의 인성, 사물을 보는 낡은 태도, 오랜 옛날 우리를 지배하고 있던 충동이나 반응 방식을 현재 속으로 불러온다."는 설리의 주장은 그대로 우리의 주장으로 삼아도 손색이 없다. 또 '억제된 것'이 꿈의 계기라고 보는 점에서 우리는 들라주와 다름이 없다.
>
> ② 환상이 만들어 내는 꿈
>
> 우리는 셰르너가 꿈 환상에 부여한 역할과 그 해석 자체는 다 인정했지만, 그것들을 그와는 다른 각도에서 바라볼 수밖에 없었다. 꿈이 환상을 만들어 내는 것이 아니라, 무의식적 환상 활동이 꿈 사고의 형성에 크게 관여하고 있는 것이다.
>
> ③ 꿈 사고의 원천
>
> 꿈 사고의 원천을 밝히는 문제에 있어서 우리는 셰르너의 도움을 받았다. 그러나 그가 꿈 작업의 결과로 돌리는 것은 거의 모두 낮에 활발해지는 무의식 활동의 소산이라고 보아야 하며, 이 활동이야말로 꿈에 노이로제 증세와 비슷한 자극을 주는 것이다. (『꿈의 해석』, 287-288)

우리는 위의 본문에서 "무의식적 소망"을 무엇으로 해석해야 할 것인지를 먼저 결정해야 한다. 프로이트는 그것을 '성' 혹은 '성욕'이라고 했다. 이 성욕이 "환상을 만들어 내며, 꿈을 만들어 내는가?" "낮에 활발해지는 무의식의 활동의 소산"이 꿈인데, 우리는 하루 종일 '성'을 생각하는가? 그렇지 않다. 우리가 하는 모든 염려는 우리의 자아실현 욕구 때문에 그렇다.

프로이트는 노이로제에 걸린 사람을 상대로 임상을 연구하였다. 노이로제에 걸린 사람은 현실은 다 포기한 사람일 수도 있다. 정상적인 사회인을 놓고 연구를 하지 않았다. 프로이트는 그 이론을 정립할 때, 자신 스스로를 거기에 대입을 하여야 한다. 그러면 프로이트 자신이 그러했는가? 프로이트 자신이 그렇게 떳떳하지는 않았던 것으로 보인다. 그는 그의 처제와 유럽 여행을 하였다.

자. 억압 된 기억에서 나타나는 꿈

프로이트에 의하면, 위의 '무의식'이 '의식'으로 흘러가는 '표상'은 '흐름'이 있고 '목적'이 있다. 이것은 '연상의 길'을 따라 이동하는데, 이때 '등한시 된 표상 혹은 사고'의 흐름이 있으며, 정상적인 '의식'의 매개로 이어지는 흐름이 있다. 이때 전자는 에너지 충당이 철회된 채 '흥분' 상태를 유발하고, 후자는 '과잉 충당'을 얻게 된다. 이때 에너지 충당을 얻지 못한 '등한시 되고, 억제되고, 배척된 사고의 움직임'이 궁극적으로 '꿈'으로 나타나는 것이다.

① 연상의 길을 따라 이동하는 목적 표상

우리는 '목적 표상'(충동이 가진 목적으로서의 표상)에서 우리가 '충당 에너지'라고 부르는 일정한 크기의 흥분이, 이 목적 표상에 의해 선택된 연상의 길을 따라 이동된다고 믿는다.

② 등한시 된 사고의 움직임

이때, '등한시된' 사고의 움직임은 이런 에너지 충당을 얻지 못하며, '억제된' 또는 '배척된' 사고의 움직임은 이런 에너지 충당이 철회된 채 그 자신의 '흥분'에 맡겨진다.

③ 에너지 충당을 얻은 사고의 움직임

반면, 목표를 위해 에너지 충당을 얻은 사고의 움직임은, 일정한 조건 아래서 의식의 주의를 끌 수 있고, 그러면 그 의식을 매개로 에너지는 '과잉충당'을 얻게 된다.

④ 스스로 사라지는 사고의 움직임이 후일의 꿈 형성

이와 같이 전의식 안에서 자극을 받은 사고의 움직임은 스스로 사라지는 수도 있고 보존되는 수도 있다. 스스로 사라지는 경우는 이렇게 생각할 수 있다. 즉 그 에너지는 그 사고의 움직임에서 나오는 모든 연상 방향으로 방사되어 사고의 고리 전체를 어떤 흥분 상태로 옮기며, 이 흥분상태는 한 동안은 그대로 지속되지만, 이윽고 방출을 필요로 하는 흥분이 안정된 에너지 충당으로 변하면서 차츰 사라진다. 이와 같이 스스로 사라지게 될 때, 이 사고

과정은 꿈 형성으로 드러난다. (『꿈의 해석』, 290)

우리의 억압된 상태가 꿈으로 나타난다는 말은 의미있게 받아들일 수 있다. 그런데, 만일 이 억압된 상태를 프로이트의 말처럼 성으로 해석을 한다면, 우리는 곤란한 상황에 빠지게 된다. 현실에서의 자아실현을 위한 욕구에 능동적으로 참여하는 정상적인 사람은 성에 그와 같이 집착하지 않기 때문이다.

일반적으로 성적인 욕구가 계속 떠오르는 사람들은 발육단계의 청소년들인데, 이들에게는 아무런 사회적 책임이 없기 때문에 그러한 본능적인 것이 발달한다. 그러나 어떻게 살아야 할 지를 알기 시작하면, 이제는 사회인으로서의 직무에 집중하게 된다. 공부를 하고 직장생활을 하는 것이다. 프로이트는 이러한 공부와 직장생활을 '문명'이라는 이름으로 배척하고 있다. 이것은 프로이트의 중대한 오류이다.

프로이트의 이론은 노이로제에 걸린 사람들의 임상을 통해 이루어졌다. 그러나 성경에서는 이러한 사람들을 죄인이라고 말한다. 이러한 사람들은 죄와 질병에서 놓임을 받아 영의 소욕을 좇는 정상인으로 거듭 태어나야 한다고 말한다. 이것을 중생이라고 한다. 이들에게는 영의 소욕이 분출된다. 그리고 이 영의 소욕으로 정욕을 제어하는 것이다. 프로이트는 제어되어야 할 정욕을 도리어 본능으로 간주하여 장려하고 있는데, 그것은 육의 소욕이다. 그러나 자아실현을 추구하는 양심의 본능이 영의 소욕이다. 성경은 영의 소욕의 제한 속에서 육의 소욕이 정상적 에너지로 작동한다고 말한다. 리비도의 전환은 이렇게 이루어지는 것이다.

차. 두 종류의 심리적 과정

프로이트에 의하면, 우리에게는 무의식으로부터 흘러나오는 두 가지 종류의 심리적 흐름이 있는데, 하나는 정상적인 사고로서의 정확한 꿈 사고를 만들어 내는 흐름이고, 또 하나는 매우 부정확한 꿈 사고를 만들어 내는 흐름이다. 그리고 이때 후자가 히스테리인데, 정상적인 사고의 흐름에서 비정상적인 심리적 가공이 이루어지는 것을 말한다.

① 꿈 형성과 관련한 두 종류의 심리적 과정
…따라서 우리는 다음과 같은 견해를 배제할 수 없을 것이다. 즉 꿈을 형성하는 데는 본질적으로 다른 두 종류의 심리적 과정이 참여하고 있으며, 그 중 하나는 정상적인 사고와 같은 완벽하게 정확한 꿈 사고를 만들어내고, 나머지 하나는 그 꿈 사고를 매우 부정확한 뜻밖의 방식으로 처리한다. 우리는 이미 후자를 본래의 꿈 작업으로 분류했다.
② 히스테리 만들어내는 부정확한 심리적 과정
그런데 이 두 번째 심리적 과정은 어디에서 유래된 것일까? 노이로제, 특히 히스테리의 심리학 속으로 한 걸음 들여놓지 않았더라면, 여기서 아무 답변도 할 수 없었을 것이다. 그러나 그 일을 통해 우리는 히스테리 증세를 만들어내는 것은 소위 부정확한 심리적 과정이라는 것을 알았다.
③ 유아에서 시작된 억압
…히스테리에 관한 이론에서, "정상적인 사고의 흐름에서 그와 같이 비정상적인 심리적 가공이 이루어지는 것은, 유아적인 것에서 유래하며 억압되어 있는 무의식적 소망이 정상적인 사고 흐름에 전이되었을 경우 뿐이다."… 즉 원동력이 되는 꿈 소망은 언제나 무의식에서 나오며,… '억압'이 무엇을 뜻하는지 말할 수 있어야 한다. (『꿈의 해석』, 293-294)

우리에게는 두 종류의 심적과정이 존재하는데, 여기에서 부정확한 심리적 과정이 억압으로 존재하다가 나중에 꿈으로 출현을 한다. 프로이트에 의하면 우리 안에는 유아부터 시작된 억압이 있다. 이것이 나중에 우리 안에서 히스테리를 일으킨다.

그런데, 프로이트의 문제는 이 억압을 모두 성적인 욕구로 몰아가지 말아야 한다는 것이다. 우리의 자아가 현실에 눈을 뜨면서 무언가에 억압이 존재하는 것은 자연스럽다. 그런데, 그것이 꼭 성적인 것은 아니라는 것이다. 프로이트는 성적으로 왕성한 사람이었을 수 있다. 그러나 모든 사람이 그와 같지는 않다.

카. 꿈, 2차 심리적과정의 해소

프로이트는 우리 안에 선천적인 '심적 장치'를 상정하고 있는데, 이 심적장치의 활동은 흥분의 축적을 피하고 가능하면 흥분하지 않으려는 노력에 의해서 조절된다. 여기에는 두 종류의 심적장치가 존재하는데, 첫 번째 심적조직의 활동은 "흥분량을 자유로이 흘려보내는 일"을 하는 조직이며, 두 번째 심적 조직은 불쾌하게 느껴져서 충족 체험을 다시 생산하기 위한 조직이다. 앞의 것을 1차 심리적 과정이라고 하며, 뒤엣것을 2차 심리적과정이라고 한다. 그리고 이 2차 심리적과정의 해소가 곧 꿈이다.

① 심적장치

우리는 원시적인 심적 장치를 상정하고 있는데, 이 심적장치의 활동은 흥분의 축적을 피하고 가능하면 흥분하지 않으려는 노력에 의해서 조절된다. 따라서 심적장치는… 운동성 즉 신체의 내적 변화에 이르는 길이 이 심적 장치에 속한 방출로였다.

② 제2의 심적장치

그런데, (비정상적인 사고의 흐름으로서 방출되지 못한) 흥분의 축적은 불쾌하게 느껴져서 충족 체험을 다시 생산하기 위해 심적장치를 활동시킨다는 제2의 심적장치의 존재를 말할 수 있다. 불쾌감에서 흘러나와 쾌감을 지향하는 심적 장치 내의 이런 흐름을 우리는 소망이라고 한다. 심적 장치를 움직일 수 있는 것은 오직 소망 뿐이고, 소망 속의 흥분의 경과가 쾌 · 불쾌의 지각에 의해서 자동적으로 규제되는 것이다. 그러므로 어쩔 수 없이 제2의 활동, 즉 두 번째 조직의 활동이 필요해진다. 이 활동은 기억 에너지 충당 지각에까지 돌진하여, 지각에서 심리적 힘을 구속하는 것을 허용하지 않고, 오히려 욕구 자극에서 나온 흥분을 임의의 운동성을 거쳐 외부세계를 변화시킴으로써 실제로 충족대상을 지각할 수 있는 우회로로 이끄는 것이다.

③ 안정된 에너지 충당으로 변화

…즉, 첫 번째 심적조직의 활동은 "흥분량을 자유로이 흘려보내는 일"에 돌려지고 있으며, 두 번째 조직은 자체에서 나오는 충당 에너지에 의해서 이런 유출을 저지하거나 혹은 수준을 높이면서 안정된 에너지 충당으로 변화시킨다는 것이다.

④ 첫 번째와 두 번째 심적조직

…따라서 첫 번째 심적조직은 불쾌 원리 때문에 어떤 불쾌한 것을 사고 관계

속에 끌어들일 수 없다. 이 조직은 소망하는 것 이외에는 아무것도 하지 못한다. 사실 그와 같다면, 경험 속에 가라앉았던 여러 기억을 모두 처리할 필요가 있는 두 번째 조직의 사고활동은 방해될 것이다. 그런데, 거기에 두 가지 길이 열려있다. 즉 두 번째 조직의 활동이 불쾌 원리로부터 자유로워져서 기억의 불쾌 따위는 개의치 않고 자기 길을 걸어가거나, 그렇지 않으면 두 번째 조직의 활동이 불쾌감의 방출을 피할 수 있는 한 가지 방법으로 불쾌기억의 에너지를 충당하는 것이다. 우리는 그중 첫 번째 가능성을 물리쳐도 좋다. 왜냐하면 불쾌 원리는 두 번째 조직의 흥분 과정을 조절하는 장치 역할을 하기 때문이다.

⑤ 1차 과정과 2차 과정

…나는 첫 번째 조직만이 허용하는 심리적 과정을 '제1차 과정'이라고 부르고, 두 번째 조직의 저지를 받고 생기는 심리적 과정을 '제2차과정'이라고 부르기로 한다. (『꿈의 해석』, 294-297)

타. 무의식과 전의식

프로이트는 위와 같은 연구의 결과 무의식에는 '두 종류의 무의식'이 있다고 말한다. 이것은 하나는 진정한 의미의 무의식이고, 또 하나는 의식에 이를 수 있는 전의식으로서의 무의식이었다. 따라서 우리의 의식은 '진정한 의미의 무의식'과 '전의식으로서의 무의식'과 '의식'으로 구성된다. 이때 '전의식'은 이 두 의식 사이를 가로막고 서있다.

① 두 종류의 무의식

꿈의 분석이 우리에게 가르쳐 준 새로운 사실은, 무의식이란 두 개의 서로 다른 조직의 기능으로서 나타나고, 정상적 정신생활에서도 그와 같이 나타난다는 것이다. 따라서 심리학자들이 아직 구분하지 않은 '두 종류의 무의식'이 있는 셈이 된다. 둘 다 심리학적인 의미에서는 무의식이다.

② 무의식 : 의식화 될 수 없는 것

그러나 우리가 쓰는 의미로는, 우리가 무의식이라고 부르는 한쪽 것은 '의식화 될 수 없는 것'이다.

③ 전의식 : 의식에 이를 수 있는 무의식

나머지 한쪽 우리가 전의식이라고 하는 것은, 그 흥분이 일정한 법칙을 지키고 필요한 경우 새로운 검열을 통과함으로써 비로소 무의식 조직을 무시하고 의식에 이를 수 있다. (『꿈의 해석』, 305)

④ 의식-전의식-무의식

흥분이 의식화 되려면 불변의 순서, 즉 검열의 변화에 의해 드러나는 어떤 절차를 통과해야 한다는 사실은 우리가 공간관계를 가지고 비유하는데 도움이 된다. 우리는 두 조직 상호간의 관계와 두 조직과 의식에 대한 여러 관계를 이렇게 설명했다. 즉 전의식 조직은 무의식 조직과 의식 사이에 병풍처럼 막아 서있고, 의식으로의 입구를 닫아놓고 있을 뿐 아니라, 또 자의적인 운동성에 이르는 통로까지도 지배하고, 그 일부가 주의력으로서 우리에게 잘 알려져 있는 동원 가능한 충당 에너지의 방출도 맡아서 다룬다.…(『꿈의 해석』, 305)

파. '무의식의 감각기관'으로서의 의식

만약 그렇다면, 기존에 마치 '이성'을 의미하는 것으로 여겨졌던 '의식'은 어떤 의미를 지니는가? 어떻게 보면 이 '무의식'이 진정한 이성, 혹은 고기토이며, '의식'은 '지각 조직의 감각기관'인 것이다.

그러면 우리가 전에는 전능했던, 그리고 모든 것을 갖추고 있던 의식에 대하여 어떤 역할을 부여할 것인가? 그것은 바로 '심리적 특질의 지각을 위한 감각기관'의 역할이다. 지각 조직의 감각기관으로 외부 세계를 향해 있는 심적 장치는 그 자체가 외부세계이며, 이런 관계 속에 의식의 목적론적 존재이유가 있다. (『꿈의 해석』, 305)

결국 프로이트의 무의식은 의식과 직접적으로 연결되어 있다. 마치 우리의 정신이 몸의 감각을 통해 사물을 접하듯이, 우리의 무의식은 의식을 통해서 환경을 접하고 있는 것이다.

4. 『꿈의 해석』이 갖는 의미

가. 『꿈의 해석』과 『정신분석 강의』

프로이트는 꿈과 실수행위들 그리고 신경증은 많은 공통점을 가지고 있다고 말한다. 모두 갇혀있는 무의식의 행위들이다.

> 신경증 증상들은 실수 행위들이나 꿈과 같은 의미를 지닌다. 그리고 꿈이나 실수처럼 신경증 환자들이 보이는 증상은 그 사람들 자신이 겪은 인생과 관계가 있다.(『정신분석 강의』, 351)

특히 그는 꿈에서 발견된 위의 현상들을 고스란히 신경증 치료에 도입 한다. 그리고 이러한 내용들은 그의 『정신분석 강의』에 잘 나타나 있다.

나. 꿈과 환상, 그리고 믿음

프로이트는 꿈을 통해 무의식세계를 발견하였다. 이것이 역사 속에서 중요한 공헌이 되었다. 정신의 존재를 알기는 하였지만 이것이 활동하는 세계를 구체적으로 말하는 것은 처음에 속한다고 말할 수 있기 때문이다.

꿈은 정신의 활동 내용일 수 있다. 이때 성경에서는 환상이라는 정신적 현상을 말하는데, 이것이 꿈과 그 성질이 비슷하다. 그래서 성경에는 신의 계시의 통로로서 꿈과 환상이라는 표현이 나타난다.

그리고 또 하나의 형이상학적 세계의 계시 통로가 있는데, 그것은 '믿음'이다. 어떤 영적인 사실에 대한 지식을 가지고, 그에 대한 믿음을 가지면 이미지가 주어지는데, 그것이 곧 그 영적사실에 대한 진위를 가려준다. 이것은 히브리서 11장에 나타난 내용인데, 여기에서는 "믿음은 바라는 것들의 실상이며, 보지 못한 것들의 증거"라고 말하고 있다. 기독교인들은 성경의 내용을 이 믿음으로 분별해 낸다.

다. 무의식의 본질에 대한 오류

프로이트에 의하면 우리의 무의식은 정신을 말한다. 이 정신의 본질은 양심인데, 이것은 자아성취로 발전하며, 궁극적으로는 신을 찾는다. 이것이 태고적부터 내려오는 정신의 본질이었다.

그런데, 이러한 본능적인 것이 또 하나 발견되는데, 그것은 정신적인 것의 본질이 아니라, 육의 본질이다. 그것을 성욕 혹은 정욕이라고 하는데, 이것의 힘은 막대하여서 그 어느 것으로도 절제가 되지 않는다.

성경과 기독교는 인간의 구조를 "영(정신)-혼(의식)-몸(육체)"로 구분한다. 이때 영의 소욕이 양심과 자아성취 및 신앙으로 나타난다. 육의 소욕은 정욕으로 나타난다. 이때 육의 소욕이 마냥 죄가 아니다. 영의 소욕 아래에 있을 때, 그것은 건전한 리비도로서 삶의 에너지로 나타난다.

프로이트는 육의 소욕이 인간의 본질이고, 영의 소욕은 후에 교육 등에 의해 만들어진 것이라고 말한다. 이 슈퍼에고가 이드로서의 육의 소욕을 강압하여 모든 질병이 생긴다고 하였다. 그러면서 이 육의 소욕을 정당화하는 오류를 범하였다.

3장 '정신분석' 일반이론

1. '정신분석'의 개념

가. 정신분석과 정신의학

프로이트는 기존의 '정신 의학'이 과연 과학으로 불리울 수 있는가라고 말한다. 과학이란 하나의 법칙적인 인과율을 말하여야 하는데, 기존의 정신 의학은 임상적인 질병 증상을 종합하는 일 외에는 하지 못하고 있다고 말한다. 따라서 이러한 정신 의학의 치료 대상은 신체적인 질환의 부작용으로 인식할 때에만 그 대상으로 한다.

이에 반하여 프로이트가 제공하고자 하는 '정신 분석'은 '정신 의학'이 결여하고 있는 심리적 토대를 제공하여 육체적인 장애가 정신적인 장애와 함께 나타나는 이유를 밝힐 수 있는 공통의 근거를 발견하려고 한다고 말한다. 즉, 그는 육체적인 정신질환의 이유는 정신적인 장애에서 출발하였으며, 정신분석은 이러한 인과관계를 좇아가기 때문에 진정한 과학이라는 것이다.

다만, '정신분석'은 그것의 범위를 순수한 정신적인 것에 목적을 둔다. 따라서 정신분석은 순수한 심리학적인 보조 개념만을 가지고 작업을 진행한다.

① 정신의학

의학 분야 내에서도 정신 의학은 관찰된 정신 장애들을 기술하고 임상적인 질병 증상으로 종합하는 일을 하고 있지만 정신 의학자 자신도 기술적인 나열 그 자체만을 가지고 과학이라는 이름을 가질 자격이 있는지 의심하기도 합니다. 질병증상들을 이루고 있는 징후들의 유래나 메커니즘, 상호관계 등에 관해서 아무 것도 알려진 것이 없습니다.

② 정신분석학

이것이 바로 정신분석학이 메우려고 노력하고 있는 공백입니다. 정신분석은 정신 의학이 결여하고 있는 심리학적 토대를 제공하려고 하며 육체적인 장애가 정신적인 장애와 함께 나타나는 이유를 밝힐 수 있는 공통의 근거를 발견하고자 노력하고 있습니다.

③ 심리학적 개념

이러한 목적으로 정신분석은 정신분석과는 친숙하지 않은 모든 해부학적 · 화학적 · 생리학적 성격을 띠고 있는 전제들에서 해방되어 순수한 심리학적인 보조 개념만을 가지고 작업을 진행하지 않을 수 없습니다. (『정신분석 강의』, 25-26)

프로이트는 정신의학에 법칙성을 발견하여 이것을 분석하여, 이것을 정신관련한 과학으로 승화시키려 한다. 즉 무의식과 의식의 관계를 분석하고자 하는 것이다.

나. '정신'과 '의식'의 관계에 대한 혁명

프로이트의 가장 큰 업적은 '무의식'에 대한 발견이었다. 기존의 칸트와 헤겔의 영향 아래에 있는 모든 철학은 '정신'과 '의식'의 동일시였다. 이에 대해 프로이트는 '정신'은 '의식'과 '무의식'으로 구성되어 있다고 말하였다. 그는 모든 신경증의 원인은 이 '무의식' 속에 갇혀 버린 '리비도'라고 결론을 내렸다. 그리고 이 '무의식'에 갇힌 '리비도'가 '의식'으로 표출되어 나올 때, 그 신경증이 치유될 수 있다고 하였다. 이것이 '정신분석'에서 시도한 신경증 치료의 방법이었다. 그리고 프로이트의 『정신분석 강의』의 큰 틀은 이와 같은 구조로 구성되어 있다.

『정신분석 강의』 서론에서 그는 먼저 정신은 의식만이 아니라, 의식과 무의식으로 구성되어 있다고 말한다. 그리고 더 나아가서 이 양자는 서로 연결되어 있다. 그리고, 정신분석학은 이 양자의 관계를 밝혔기 때문에 이것은 진정한 과학이고, 이 세계 속에 결정적인 새로운 학문의 방향을 열었다고 말한다.

① 의식의 다른 본질로서의 정신, 무의식

정신분석은 의식과 정신의 동일성을 인정할 수 없습니다. 정신분석은 정신을 감정, 사고, 의지와 같은 과정으로 정의하며 무의식적인 사고나 무의식적인 의지가 있다는 입장입니다. 이러한 입장 때문에 냉정한 과학성을 추구하는 모든 사람들의 호감을 잃어버리게 되었고 정신분석은 어둠 속에서 집을 짓고

흐린 물속에서 낚시를 하려 하는 공상적인 신비론일 뿐이라는 의심을 사게 되었습니다.

② 무의식으로서의 정신

여러분은 내가 무슨 권리를 갖고 "정신적인 것은 의식적인 것이다"라는 추상적인 성격을 가진 명제를 편견으로 단정하는지 아직 이해할 수 없을 것입니다. 또한 무의식이라는 것이 실제로 존재한다면 어떤 발달 과정을 통해서 이러한 무의식이 인정받지 못하게 되었는지, 또 이렇게 무의식을 부정함으로써 어떠한 이익이 발생하게 되는가에 대해서 여러분은 아무런 추측도 하지 못할 것입니다.

③ 의식 너머의 무의식

정신적인 것을 의식과 동일시할 것인가, 아니면 의식 너머까지 확장시킬 것인가 하는 문제를 둘러싸고 논란을 벌이는 것은 어쩌면 공허한 말장난처럼 들릴 것입니다. 그러나 무의식적인 정신 과정을 설정함으로써 이 세상과 학문의 세계에 결정적으로 새로운 방향이 확립되었다는 것을 나는 여러분에게 확실하게 말씀드릴 수 있습니다. (『정신분석 강의』, 27)

다. '정신분석'의 핵심개념으로서의 '성(性)'

프로이트의 '정신분석'은 어떤 철학적인 저술이 아니라 신경증 치료의 한 방법이었다. 그러한 치료를 행하는 과정 속에서 무의식의 내용들이 소상하게 설명되었다. 따라서 '정신 분석'은 철저히 임상연구에 기반한 자료를 통한 설명이라고 말할 수 있다.

프로이트는 우리의 정신을 '의식'과 '무의식'으로 구분하는데, 정신의 가장 원초적인 본능은 '무의식'적 구조 속에 있다. 그는 이 '본능'을 '리비도'라고 불렀는데, 이 리비도의 가장 본질적인 속성을 '성(性), 혹은 성적 욕구'으로 보았다. 이 본질적인 속성이 그에게서 막히면 이것이 신경질환을 일으킨다. 그런데, 이것이 잘 다루어져서 승화를 하게 된다면, 여기에서 많은 문화 예술 등의 창작활동들이 나타난다고 말한다. 그 내용은 다음과 같다.

① 본능충동으로서의 성적충동

정신분석이 그 연구 결과의 하나로 공표하고 있는 또 하나의 명제는 좁은 의미에서나 넓은 의미에서 성적인 것으로 지칭할 수 있는 본능충동이 신경증이나 정신 질환을 불러일으키는 데 상상할 수 없을 만큼 커다란 역할을 하고 있다는 주장입니다. 아니 그 이상입니다. 이와 같은 성적인 충동은 또 인간 정신 가운데 최고의 문화 · 예술 · 사회적 창작활동에도 결코 무시할 수 없는 지대한 공헌을 해왔습니다.

② 성적충동의 승화를 통해 나타난 문화의 창조

… 우리가 그것을 어떻게 설명하고 있는지 알고 싶으십니까? 우리는 문화란 생존을 위한 역경이라는 추진력 밑에서 본능 충동을 희생함으로써 창조된 것이라고 믿습니다. 그리고 문화는 인간 사회 속에 새로이 등장하게 되는 개개인들이 사회 전체의 이익을 위해 본능 충족의 희생을 되풀이함으로써 항상 새롭게 다시 창조되곤 합니다. 이렇게 문화 창달을 위해 사용된 본능적 힘들 중에서 성 충동은 매우 중요한 역할을 하고 있습니다. 성적 욕망들은 그 과정 속에서 승화됩니다. 다시 말하면 본래의 성적인 목표에서 다른 방향으로 돌려져서 더 이상 성적인 특성을 갖고 있지 않은, 사회적으로 더욱 고상한 측면으로 향하게 됩니다.

③ 성적충동의 위험을 문화에 대한 위협으로 간주하는 사회

그러나 이러한 구조는 너무나도 불안정하고 성 충동은 그저 약하게 통제될 뿐이어서 문화적인 활동에 참가하려고 하는 모든 개개인들에게는 본능 충동을 이렇게 사용하기를 거부하려는 위험이 항상 존재하고 있습니다. 사회는 성적 충동이 해방되어 원래의 목표로 회귀하려는 경향성이 강화될 때 빚어지는 위험을 자신의 문화에 대한 가장 무서운 위협으로 간주합니다.… (『정신분석 강의』, 27-28)

프로이트에 의하면, 우리의 본성은 “성적 본능”의 하나이다. 그런데, 기독교 성경에서는 인간을 “영(정신)-혼(의식)-육”으로 보고 있다. 그리고 여기에서 영의 소욕과 육의 소욕을 구분하고 있다. 이 양자의 소욕이 의식 속에 나타나는데, 영의 소욕으로 육의 소욕을 제어하라고 말한다. 그렇게 하였을 때, 위에서 프로이트가 말하는 문화의 창조가 나타난다고 말한다. 이것이 기독교 윤리의 핵심이다.

성욕을 강화시켰을 때, 온갖 무질서한 죄가 나타나며, 파괴가 나타난다. 성경은 "욕심이 잉태하여 죄를 낳고, 죄가 장성하여 사망을 낳는다"고 말한다. 프로이트를 공부하는 모든 사람들은 이것을 잘 알고 있어야 한다.

라. "이드-에고-슈퍼에고"에 대한 개념들

프로이트의 '정신분석'의 큰 틀은 '무의식'과 '의식'의 관계, 혹은 '이드'와 '에고'와 '슈퍼 에고'의 관계를 정상화 시키는 것이다. 프로이트는 우리의 정신 구조 속에 이 세 영역이 있다는 형태로 이야기를 전개한다. 프로이트의 본능은 이드에서 에고와 슈퍼에고가 출현하는 것으로 묘사하고 있는데, 이것은 지극히 일원론적이다. 다음 내용은 프로이트 『정신분석학』에 근거한 필자의 정리이다.

① 성적본능으로서의 이드의 출현
프로이트는 인간의 가장 원초적인 본능 혹은 본질을 '리비도'라고 표현하였는데, 그것은 '성욕'으로 이루어져 있다. 프로이트는 어린아이의 배가 불렀음에도 불구하고 젖꼭지를 빠는 행위나, 배설 행위, 손톱을 깨무는 행위 등 모든 원초적인 행위를 '성적 행위'로 파악한다. 이것은 '성적 본능'으로서 '이드'라고 부른다.
② 자기 보존본능의 에고(자아의식)의 출현
이제 이 어린 아이는 점차 자라나면서 그의 외부세계로서 '대상'들을 인식하게 되는데, 여기에서 나타나는 본능을 '자기 보존 본능'이라고 말한다. 이 '자기 보존본능'으로 대상 세계에 적응하기 시작하는데, 이 기능이 곧 '자아의식'으로서 '에고(자아)'라고 불린다. '에고'가 출현한 것이다.
③ 도덕과 양심에 기반한 슈퍼에고의 출현
이때 어린 아이는 이 대상들의 사회에 적응하면서 '도덕'과 '양심'에 기반한 교육들을 받게 되는데, 이것을 받아들이는 정신적 기관이 곧 '슈퍼 에고'이다. 그리고 이 '슈퍼 에고'는 '전의식'으로 작용을 하는데, '무의식'의 출현을 제한하는 요소로 작용하게 된다.
④ 무의식을 전의식의 단계에서 차단하는 슈퍼에고
이에 따라 어린 아이의 '무의식'은 '의식'으로 표현되지 못하고, 이 '전의식'

에 의해 차단이 되어 '무의식' 세계에 갇히게 된다. 그러면서 이것은 이제 신경증 등으로 나타나는 것이다. 그리고 이제 정신분석의 치료는 위의 막힌 무의식적 욕구가 밖으로 표출되어 의식화되도록 돕는 역할이다.

프로이트는 우리 정신의 구조가 위와 같이 세 영역으로 되어 있다고 말한다. 어떤 사건에 대해 이러한 세 가지의 정신구조에서 작용을 한다. 그 개략적인 내용은 다음과 같다.

프로이트의 "이드(Id), 에고(Ego), 슈퍼에고(Superego)"는 인간의 정신 구조를 설명하기 위해 제시한 중요한 심리학적 개념이다. 이 이론은 인간의 심리가 어떻게 작동하는지를 이해하고 설명하려는 시도에서 발전되었다. 각 요소는 서로 다른 역할과 특성을 가지며, 이들 간의 상호작용이 개인의 행동과 성격을 형성한다고 본다.

① 이드(Id)

인간의 가장 원초적이고 본능적인 부분으로, 욕망과 충동의 중심이다. 이드는 무의식에 존재하며, 본능적 욕구(예: 생존, 성욕, 공격성)를 충족하려고 한다. 이 이드는 쾌락 원칙에 따라 작동하며, 즉각적인 만족을 추구한다. 논리적 사고나 현실적 고려가 없다. "지금 당장" 원하는 것을 얻고자 한다. 예컨대, 배고프면 즉시 음식을 먹고 싶어하거나, 화가 나면 즉각적으로 분노를 표현하는 행동이다.

② 에고(Ego)

현실과 이드 사이에서 균형을 맞추는 역할을 하는 합리적이고 논리적인 정신 구조이다. 에고는 현실원칙에 따라 작동하며, 이드의 충동을 현실적으로 충족시키는 방법을 찾는다. 의식, 전의식, 무의식에서 모두 작동할 수 있다. 중재자 역할을 하며, 외부 세계의 규칙과 요구를 고려하여 행동을 조절한다.

③ 슈퍼에고(Superego)

도덕적 기준과 이상을 나타내는 정신 구조로, 부모나 사회의 규범과 가치를 내면화한 부분이다. 이상적인 자아와 양심을 형성하며, 행동에 대해 도덕적 판단을 내린다. 죄책감과 자부심 같은 감정을 유발한다. 이드의 본능적 욕구를 억제하려 하고, 에고가 도덕적으로 올바른 행동을 하도록 압박한다.

④ 세 요소 간의 관계

이드는 충동적 욕구를 주장하고, 슈퍼에고는 도덕적 제약을 강조하며, 에고는 이 둘을 조화롭게 중재하려고 노력한다. 세 요소 간의 갈등은 인간의 내적 긴장을 유발할 수 있다. 이 갈등을 적절히 해결하지 못하면 심리적 문제(예: 불안, 죄책감)가 발생할 수 있다고 프로이트는 보았다.(챗 GPT, 프로이트의 이드-에고-슈퍼에고, 2025.1.3.)

마. 기독교 개념과의 차이

기독교에서는 인간을 이분법 혹은 삼분법으로 구분한다. 이분법의 경우, 인간은 "영혼과 육체"로 구성되어 있다는 것이다. 더 나아가서 삼분법으로 구분할 경우, "영(정신)-혼(의식)-몸"으로 구분한다.

인간은 의식을 지니고 의식적 판단에 따라 살아간다. 그런데, 이 의식에 영향을 미치는 의식 외에 두 요소가 더 있는데, 그것은 영의 소욕과 육의 소욕이다. 이 양자는 의식의 이면에서 자신의 소욕을 발산한다.

영의 소욕은 우리 안에서 양심을 좇고, 자아실현을 위한 가치를 추구하게 한다. 이 욕구를 자꾸 불러 일으킨다. 이때 우리 의식적 자아는 현실적인 판단을 할 때, 이 기준에 따라서 판단을 내리면서 삶의 방향을 결정한다.

육의 소욕은 우리 안에서 성적인 욕구를 불러 일으킨다. 순간순간 이성이 생각나며, 이성에게 끌린다. 특히 청소년의 시기와 청년의 때에 더욱 그렇다. 이 성적인 욕구는 자기보존 본능과도 직결되어 있다. 그런데 이 욕구는 일시적이고 쾌락적이면서, 열정을 불러 일으키고, 현실을 잊게 한다.

우리의 의식은 일반적으로 영의 소욕을 좇는다. 그리고 근저에서 육의 소욕이 의식 속에 끝없이 일어난다. 이때 기독교에서는 영의 소욕으로 육의 소욕을 다스리라고 한다. 그런데 우리 인간은 의식에서 작동하는 의지로서 이 육의 소욕을 다스리지 못한다. 그래서 정욕의 포로가 되어 살아간다. 이때, 기독교의 진리는 영혼의 거듭남을 말하고 있다. 그러면 영의 소욕이 일어나서 이 육의 소욕을 제어할 수 있게 된다. 이 육의 소욕은 허락한 질서 범위에서 활동한다. 이것이 기독교 교리의 핵심이다.

반면, 프로이트의 이드-에고-슈퍼에고 이론은 일원론적이며, 이드가 최상위에 위치한다. 인간의 성욕을 최상위에 위치하게 하다보니, 성적인 타락을 조장하게 된다.

2. 신경증과 '정신 지형도'

가. 외상에 대한 '고착'에서 나타나는 신경증

프로이트는 어떤 두 신경증 환자의 사례를 소개하면서 이들에게 나타난 공통적인 특징으로서 '외상에 대한 고착'을 말하다. 그리고 이것은 모든 신경증 환자들의 공통된 현상이라고 한다. 그들은 과거의 그 외상을 가져온 그 순간에 묶여 있으며, 그 사건으로부터 해방되지 못하고 있다고 말한다. '집착'이 대표적인 사례이며, '슬픔'도 신경증이라고 볼 수는 없지만 그와 유사한 현상이라고 말한다.

① 과거의 특정부분에 '고착'된 사람들
두 환자들은 마치 자신들이 체험한 과거의 어느 특정한 부분에 '고착, *Fixierung*' 되어 있는 것처럼 보였습니다. 환자들은 자신들의 과거에서 어떻게 해방될 수 있는지 모르는 상태 속에서 자신들의 질병 속에 스스로를 가두어 놓았던 것입니다.…
② 신경증의 일반적 성격으로서의 '고착'
이에 대해 우리는 어떻게, 어떤 경로와 동기에 의해서 그렇게 특이하고도 불리한 인생 태도를 갖게 되는 것인지 묻지 않을 수 없습니다. 이런 행위가 신경증의 일반적인 성격에 해당하며,…임상적으로도 매우 중요한 특징입니다.
③ 그 '고착'의 시기를 벗어나지 못하는 정신상태
우리가 분석을 통해서 밝혀낸 사실은, 이들이 자신들의 병적인 증상들을 보이는 과정에서 그 증상들로 인한 결과로 과거의 어느 특정한 시기로 되돌아간다는 것입니다. 많은 경우 환자는 심지어 매우 어린 시기의 인생 단계를 선택하지만, 유년기나 심지어 유아기 때의 인생을 선택하기도 합니다.…
④ 꿈속에서 반복되는 외상성 고착의 상황

외상성 신경증의 바탕에는 외상을 가져온 사고 순간에 대한 고착이 깔려 있다는 것입니다. 환자들은 꿈속에서 규칙적으로 외상적 상황을 반복합니다.

⑤ 외상적 상황을 정복하지 못한 현실상의 관계

분석이 가능한 히스테리성 발작이 나타났을 때 알 수 있는 사실은, 발작은 그 같은 외상적 상황 속에 환자가 완전히 빠져 든 상태와 일치한다는 것입니다. 이는 마치 환자들이 외상적 상황을 극복하지 못한 것과 마찬가지입니다. 환자들은 외상적 상황을 아직 정복하지 못한 현실상의 관계로 직면하게 됩니다.… (『정신분석 강의』, 372-374)

⑥ 집착

…‘집착’은 여러 해가 지난 후에서야 비로소 강박 신경증의 증상들 속에 다시 모습을 드러냈습니다. (『정신분석 강의』, 375)

⑦ 슬픔

… 어떤 과거에 대해서 감정적으로 고착하는 가장 전형적인 모습은 슬픔입니다. 슬픔 자체는 현재와 미래에 가장 완전하게 등을 돌릴 수 있는 길입니다. (『정신분석 강의』, 375)

나. 고착된 무의식의 의식화를 통한 치료

프로이트는 임상을 통하여 이러한 고착된 ‘무의식’을 ‘의식화’할 수만 있다면, 여기에서 신경증 치료가 가능하다고 말한다.

① 무의식적이라는 사실 때문에 일어나는 증상

우리는 무의식과 신경증 증상들 사이의 관계에 대해서 좀더 많은 사실들을 경험하게 되었습니다. 증상들의 의미가 대개 무의식적이라는 사실만 밝혀진 것이 아닙니다. 증상의 무의식적 성질과 증상들이 실재할 수 있는 가능성 사이에는 대리 관계가 성립합니다.… 증상에 직면할 때마다 우리는 환자들에게 일정한 무의식적 과정들이 발견된다고 추론할 수 있으며, 그때 무의식적 과정들은 바로 증상의 의미를 함축합니다. 그러나 이 의미가 무의식적이라는 사실과 함께, 이 때문에 증상이 나타난다는 점을 인식할 필요가 있습니다.

② 의식화된 후에 사라지는 증상들

의식적인 과정들에서 과정들이 형성되지 않습니다. 문제의 관건인 무의식적 과정들이 의식화된 후에는 이 증상들은 사라지고 맙니다. 여기서 여러분은 단번에 치료에 이르는 길을 인식하게 됩니다. 그 길은 증상들을 사라지게 하는 방법을 의미합니다. (『정신분석 강의』, 380-381)

③ 교환행위, 과정의 재구성을 통한 치료

따라서 이 과정은 마치 '교환행위'와 같은 모습으로 보였습니다. 이 과정을 다시 재구성할 수 있다면 신경증 증상들의 치료라는 과제는 해결되는 것입니다. … 증상들을 나타나게 하는 무의식적인 사전조건들을 의식화시킬 수만 있다면 증상들이 사라진다는 명제는 모든 다른 계속된 연구에 의해서 입증되었습니다.… (『정신분석 강의』, 381-382)

기독교에서는 위의 과정을 영적인 존재로서 이해한다. 우리가 어떤 충격적인 일을 접하거나, 그의 마음에 상처를 입었을 때, 그의 무의식의 세계 혹은 기억의 세계 속에 그 사건이 영적인 실재로서 자리한다. 이 영적인 실재는 신적인 인격을 가지고 있다. 이 사실이 지속적으로 그의 의식의 세계 속에 어떤 작용을 한다. 그래서 이제 이 사람은 이 영적인 사실을 기반으로 해서 모든 판단을 내리게 된다. 사물 판단에 대한 왜곡이 발생하는 것이다.

그런데, 어느 날 이 사람이 성장을 한 후, 이 사실을 인식하게 된다. 이때 그 사람이 예수 그리스도를 영접하여 그 영혼(정신)이 거듭나게 되면, 그를 어거하였던 영적인 실재가 떠나가고 그의 정신이 자유롭게 된다. 이것을 기독교에서는 죄 사함과 거듭남을 통한 영적치료라고 말한다.

다. 고착에 대한 무지

프로이트는 그렇다고 하여서 이것을 너무 쉽게 생각해서는 안 된다고 말한다. 사람들은 자신들의 '고착'에 대해서 '무지'에 빠져있기 때문이다. 그런데 또 이에 대해서 그는 "환자의 병인이 된 무지를 짧은 시간 안에 그리고 적은 노력을 들여서 제거할 수 있다"(『정신분석 강의』, 383)고 한다. 그것은 곧 '환자가 표명하는 반발'이라고 말하는데, "환자가 표명하는 반발은 종종 분석의 결과가 말해주는 최초의 징후를 뜻한다"(『정신분석 강의』, 383). 그리고 프로이트는 이렇게 발견된 무의식 속의 고착을 의식화시켜서 제거하면 신경증은 치료 되어진다고 한다.

① 무의식의 의식으로의 환원
본질적인 것, 즉 증상들의 의미와 무의식, 그리고 이 둘 사이의 관계 등에 대해서는 여러분이 명확하게 이해하기를 바랍니다.… 정신분석학적 치료의 과제는 병적 요인으로 작용하는 무의식의 모든 내용들을 의식으로 환원해야 한다는 공식으로 요약할 수 있습니다.…
② 기억상실증과 건망증
그 공식은 다름 아니라 모든 환자의 기억 상실증을 메우고, 그의 건망증을 제거해야 한다는 것입니다.… 예컨대, 그 여자는 자신의 강박 행위와 연결된 장면을 생각하지 않았습니다. 정반대로 그 장면은 생생한 기억으로 남아 있었습니다.…(『정신분석 강의』, 384-385)
③ 유아기 시절의 건망증
히스테리는 대개 매우 엄청난 규모의 건망증을 그 특색으로 하고 있습니다.… 한편으로 그 같은 인상들의 연쇄는 아주 어린 시절로까지 거슬러 올라갑니다. 그래서 히스테리성 건망증은 유아기의 건망증이 직접적으로 지속되는 것으로 볼 수 있습니다. 유아기의 건망증으로 인해서 우리 같은 정상인들도 자신의 정신활동 초기의 단계에 대해서 무지한 상태에 놓여 있습니다.(『정신분석 강의』, 386)

기독교에서는 이러한 회복을 '회개'라는 행위를 통해서 이루어낸다. 지난날의 과거를 돌아보면서 회개를 하면, 과거의 모든 기억들이 떠오른다. 영혼의 거듭남의 상태가 주어지면, 이러한 현상이 발생한다. 그래서 평생의 모든 상처들을 떠올리며 치유하는 것이다.

라. 저항과 드러냄

프로이트는 신경증을 좀더 심층적으로 이해하기 위해 신경증 치료의 과정 속에 나타난 경험적 사례들을 발표하는데, 환자들은 치료의 전 과정을 통해서 본인도 그 이유를 모르면서 '저항'을 한다고 말한다. 이러한 저항은 거짓으로도 나타나고 다양한 형태로 나타나는데, 이러한 본래적인 사건을 정신분석은 추적하는데, 이때 '정신분석'은 '꿈 해석'을 통해서 알고 있는 기술을 이용한다.

① 저항
우리가 환자를 회복시키고 고통스러운 증상들에서 벗어날 수 있게 도와줄 경우, 그는 강하고 집요하게 치료의 전과정을 걸쳐서 저항합니다.… 환자 역시 자신이 저항하고 있다는 사실도 모르면서 모든 가시적인 형태의 저항을 시도합니다. 만약 우리가 환자로 하여금 자신이 저항하고 있음을 인식시켜 주고 그 같은 사태의 발생 가능성을 스스로 예측할 수 있게 해준다면 이미 대단한 성과를 거둔 것입니다.…
환자는 매우 다양하고 고도로 세련된 형태로 저항합니다. 또 종종 저항은 잘 인식되지도 않고 변신술에 능한 프로테우스처럼 형태를 바꾸어 나타납니다. 따라서 의사는 환자를 쉽게 믿어서는 안 되며 그를 경계해야 합니다.
② 꿈 해석의 방법
우리는 물론 정신분석 요법 가운데서 여러분이 꿈-해석을 통해서 알고 있는 기술을 적용합니다.
③ 자유연상의 방법
우리는 환자가 깊은 생각에 잠기지 않고 조용히 자신을 관찰하는 상태에서 자신의 내부에서 느끼는 지각들, 즉 감정들과 생각들, 기억들을 떠오르는 순서대로 모두 말하도록 요구합니다.… (『정신분석 강의』, 390-391)

마. 저항 이면에 존재하는 억압 : 영적인 실상

프로이트는 이 '저항' 이면에 '억압'이 존재하고 있었음을 발견한다. 증상은 의식으로 발현되지 못했던 무의식적인 어떤 것의 대체물이었다. 그런데, 이때 이것이 발현되지 못하도록 하는 어떤 '억압'적인 힘이 존재한다고 한다. 즉, "신경증상은 억압에 의해서 저지당한 것의 대체물이었다"는 것이다.

① 변화에 저항하는 강한 힘들

우리는 환자가 자신의 증상들을 제거하고 정상적인 정신 과정을 회복시켜주려는 의사의 시도에 대해서 격렬하게 저항하는 모습을 관찰했습니다. 그런데, 이제 우리는 이러한 관찰을 어떤 방식으로 이해해야 하겠습니까? 우리는 거기서 이런 상태의 변화에 저항하는 강한 힘들을 감지했다고 말했습니다. 그 힘들은 원래 이런 상태를 강제로 초래했던 힘과 동일한 힘임에 틀림없습니다.

② 증상은 발현되지 못했던 것의 대체물

증상이 형성되면서 모종의 사태가 진행되었음이 분명하며, 우리는 이제 그런 과정을 증상이 사라지면서 경험한 사례들을 통해 재구성할 수 있습니다. 이미 브로이어의 관찰을 통해 우리가 알고 있는 것처럼 증상의 존재는 어떤 심리적 과정이 정상적인 방식으로 완결되지 못했기 때문에 의식으로까지 떠올랐다는 것을 전제하고 있습니다. 증상은 발현되지 못했던 것의 대체물입니다.

③ 증상을 형성할 수 있는 힘을 가지고 있는 무의식적 실제

이제 우리는 앞에서 추정했던 힘의 영향력을 어디에 설정해야 하는지를 알고 있습니다. 문제가 되는 정신 과정을 의식의 차원으로 끌어올리는 시도에 대한 격심한 반발이 나올 수 밖에 없습니다. 그러므로 그것은 그냥 무의식으로 남아 있게 됩니다. 무의식적 과정으로서 그것은 증상을 형성할 수 있는 힘을 가지고 있습니다. 이와 같은 반발은 분석적 치료를 하는 도중에 무의식을 의식의 차원으로 옮기려는 노력에 대항해 재차 되풀이됩니다.

④ 억압이라는 이름의 저항

우리는 이를 저항으로 감지합니다. 저항을 통해서 우리에게 확인되는 과정은 병인으로서 "억압"이란 이름을 부여받습니다. (『정신분석 강의』, 399-400)

프로이트는 우리 무의식 세계에 존재하는 저항 이면에 억압이라는 실제가 존재한다고 말한다. 즉, 이 억압이라는 실제적 존재가 저항을 하면서 신경증이라는 증상을 일으켰던 것이다. 기독교에서는 이 영적인 실재를 악한 영이라고 말한다. 그리고 이 악한 영은 그의 정신이 절대자의 정신으로 거듭 태어날 때, 그의 무의식 세계에서 떠나간다고 말한다. 프로이트가 말하는 그 "증상을 일으키는 저항 이면의 억압"을 기독교에서는 한 정신적인 인격체로 분류하면서, 그

억압이라는 인격체가 그의 무의식 세계에서 떠나가야 그 신경증이 치료된다고 말하고 있는 것이다.

기독교에서는 이 영적인 실재가 그냥 그에게서 떠나가는 것이 아니라, 회개라는 의식적 자아의 행위에 의해서 떠나가는데, 사실은 그 이면의 영적인 실재가 그의 회개의 마음을 가로 막고 있는 것이다. 그런데, 그가 절대자의 영을 영접하면, 그 회개의 마음이 생겨서 그 억압이라는 영적인 실재를 떠나가게 한다는 것이다. 기독교에서는 그 억압의 영적 실재를 '악한 영' 혹은 '귀신'이라고 말한다.

바. 억압의 과정 : 무의식에서 의식의 단계로 이행

프로이트는 이 '억압의 과정'을 살피기 위해서 연구를 더욱 심화하는데, 그는 먼저 "모든 정신과정은 일단 무의식적 단계나 절차로 존재했다가 나중에 의식적 단계도 이행한다"고 추정하며 그 전제를 내세운다. 즉 모든 무의식적 과정이 의식적인 것으로 변형된다는 것이다.

① '억압'이라는 존재의 이행

억압의 개념을 좀더 분명하게 파악하기 위해서는 어떤 이론적인 관점들이 꼭 필요한지 이미 입증되었는데,…여기서 무엇보다 필요한 것은, '무의식'이란 표현의 순수한 서술적 의미를 극복하고 이 말의 체계적인 의미를 개진하는 것입니다. 다시 말해서 이는 정신 과정의 의식성, 혹은 무의식성이 단지 동일한 과정의 각기 다른 성질들 중 하나에 불과하며, 어떤 명확한 심리적 성질로 확실하게 규정할 수 없음을 분명히 밝힘으로써 가능합니다. 만약 어떤 과정이 무의식적인 상태로 남아 있다면, 그것이 의식에서 단절되는 것은 아마 운명 자체로 볼 수는 없더라도 그가 경험한 운명의 징표로 해석할 수는 있습니다. 이 운명을 좀더 선명하게 이해하기 위해서는 다음과 같이 추정할 수 있습니다.

② 무의식에서 의식적 단계로의이행

즉 모든 정신과정은(예외도 있지만) 일단 무의식적 단계나 절차로 존재했다가 나중에 의식적 단계로 이행한다는 것입니다. 이는 마치 사진의 그림이 처음에는 음화로 존재하지만, 현상과정을 통해서 그림이 되는 것과 같습니다. 그러나 모든 음화가 양화가 되는 것은 아닙니다. 마찬가지로 모든 무의식적 정신 과정이 의식적인 것으로 변형될 필요는 없습니다.
③ 이행과 잔류
좀더 적절하게 말한다면, 개별적인 과정은 일단 무의식의 정신 조직에 속하지만, 사정에 따라서 의식의 조직 체계로 이행해 갈 수 있다는 것입니다. (『정신분석 강의』, 400-401)

우리 모든 인생들은 성장과정에서 수많은 사건들을 경험한다. 베르그송에 의하면, 이것이 모두 우리의 기억 속에 무의식의 형태로 잔류한다. 그러다가 이것이 의식의 단계로 이행하는 것이다. 프로이트도 지금 이것을 말하고 있다. 그런데, 프로이트가 말하는 억압은 상당히 충격적인 사건을 말한다. 기독교에서는 이것을 죄라고도 표현하며, 영적실재라고 말한다.

이 영적인 실재의 영향력이 커지면, 그 영적인 실재가 그 사람의 의식을 좌우한다. 그 영향력이 의식의 세계까지 출현하는데, 그것은 마치 자신의 모습이며, 성격인 양 나타난다. 기독교에서는 우리의 정신이 거듭 태어나서, 절대자의 그 정신으로 거듭 태어나야 한다고 말한다. 그러면, 이런 모든 요인들이 그의 무의식세계에서 쫓겨나간다.

프로이트는 의식화 작업을 통해서 치료한다고 말하며, 기독교에서는 그것이 영적인 실재이므로 절대자의 정신을 내가 받아들임을 통해 그 억압이라는 영적인 실재가 떠나간다고 말한다.

사. 무의식과 의식의 공간적인 표상 : 정신의 지형도

프로이트는 위의 전제에 따라 우리의 정신 안에는 무의식과 의식의 두 개의 공간적인 표상이 있으며, 그 양자 사이의 문지기와 같은 역할을 하는 어떤 정신적인 기능이 존재한다고 말한다. 즉, 우리의 정신 안에는 무의식과 의식의 공간이 있으며, 무의식의 많은 개별적인 형상들이 의식의 방 속으로 들어온다는 것이다. 그런데, 이 모든 무의식들이 의식의 방으로 들어오는 것이 아니라, 이 양자 사이에는 전의식이라는 문지기가 있다고 말한다. 이렇게 해서 그는 정신의 구조로서 “무의식, 전의식, 의식”의 정신 지형도를 내어 놓는다.

① 거대한 대기실로서의 무의식 세계
이 조직들에 개한 가장 대략적인 표상은 우리에게 가장 편리한 방식, 즉 공간적인 표상입니다. 따라서 우리는 무의식의 조직 체계를 거대한 대기실과 같은 것으로 표상합니다. 이 공간 속에서 심리적 충동들은 마치 개별적 존재들처럼 북적대고 있습니다.
② 의식세계
이 대기실에 연이어서 좀더 협소한 두 번째 방이 있는데, 여기는 의식이 머무르는 곳입니다.
③ 문지기로서의 전의식
이 두 방들 사이의 문턱쯤에서 한 문지기가 개별적인 심리적 충동들을 걸러내고 검열하는데, 자기 마음에 들지 않으면 두 번째 방에 들어서지 못하게 합니다. 여러분은 문지기가 개개의 충동을 미리 문턱 앞에서 차단하거나, 아니면 이미 문턱을 넘어선 개개의 충동을 다시 쫒아내거나 별로 큰 차이가 없다는 것을 즉각 간파할 수 있습니다.
④ 전의식을 통해 인식 가능한 억압
여기서는 다만 그가 어느 정도 정신을 차리고 있으며, 또 얼마나 미리 알아차릴 수 있는가가 관건입니다. 이 같은 그림에 의지해서 우리는 더 많은 학술용어를 만들어 낼 수 있습니다. 무의식이 거처하는 대기실의 충동들은 당연히 다른 방에 머무르고 있는 의식의 시야에서는 벗어납니다. 그것들은 일단 무의식적 상태로 남아 있습니다. 만약 충동들이 이미 문턱까지 진입해 갔는데 문지기에게 제동을 당했다면, 그것들은 의식 불가능합니다. 이를 우리는 “억압되었다”고 말합니다. 문지기가 문턱을 넘어 들여보낸 충동들도 바로 그런 이유로 해서 반드시 의식되는 것은 아닙니다. 그러므로 우리는 이 두 번째 공간을 당연히 ‘전의식’의 조직으로 부릅니다. 결국 의식화된다는 것은 순수하게 서술적인 의미를 지닙니다. 개별적인 충동이 겪는 억압은, 문지기가 충동을 무의식의 조직에서 전의식의 조직으로 들어서지 못하게 막는 데 있습니다. 그것은 우리가 문석치료를 통해서 억압을 제거하려고 시도할 때, 저항으로 인식하게 된 바로 그 문지기입니다.

이 같은 표현들은 환상적일 만큼 거칠기도 하고, 또 학문적 서술에서는 전혀 허용될 수 없다고 여러분은 말할 것입니다.…그럼에도 불구하고 나는 두 개의 발들과 이 방들 사이의 문턱에 있는 문지기, 그리고 두 번째 방의 끝에서 지켜보는 의식 등의 거친 가설들이 구체적인 사실에 부합한다는 점을 여러분에게 확인해 주고 싶습니다. 나는 또한 "무의식, 전의식, 의식" 등의 우리 표현들이 "하부 의식, 부차적 의식, 내부 의식"과 같이 이미 누군가가 제안해서 사용하고 있는 개념들보다 훨씬 적은 편견을 초래하고, 또 더욱 쉽게 정당화될 수 있다는 점을 강조하고 싶습니다. (『정신분석 강의』, 401-403)

기독교에서는 우리의 무의식의 세계를 우주보다 더 넓다고 말한다. 모든 세계가 우리의 무의식세계에 다 들어온다. 우리의 정신은 신적 속성을 지니고 있다. 기독교인들은 예수 그리스도를 영접함을 통해서 예수 그리스도의 무의식세계를 공유한다고 말한다. 그러면 이제 이 무의식세계 속에 존재하던 모든 억압들이 그 정체를 드러내며 떠나간다. 그 영혼(정신)의 자유는 이렇게 임하는 것이다.

기독교인들도 프로이트의 전의식과 같이 불현 듯 떠오르는 과거에 관한 생각들에 관심을 갖는다. 그리고 그러한 요소가 발견되면, 곧 바로 그 의식의 이면을 살펴보고 올바른 자세를 취함을 통해 그 영적인 억압의 실재를 무의식의 세계 속에서 내어 쫓는다. 그래야 그의 의식이 자유로워진다. 우리의 의식은 억압으로부터 자유로워야 자신의 원하는 바를 생각할 수 있다.

아. 억압당한 무의식의 본질 : 성욕

그렇다면, 이렇게 억압 당한 무의식은 무엇인가? 프로이트는 이제 이 '무의식'의 정체는 '리비도, 혹은 성욕'이라고 말하며, '전의식'은 이것을 통제하고 있다고 말한다. 그는 이러한 억압의 결과 신경증이 나타났다고 말한다.

우리는 분석을 통해서 항상 환자의 성적인 체험들이나 욕구들과 직면하게 될 것입니다. 그리고 매번 우리는 환자의 증상들이 동일한 의도에 봉사한다는 사실을 확인할 것입니다. 그 의도는 성적인 욕구들을 충족시키는 것입니다.

증상들은 환자의 성적 만족에 봉사하며, 자신의 인생에서 채워지지 못한 그런 성적 만족의 대용물인 셈입니다. (『정신분석 강의』, 405)
근본적으로 이러한 중상은 꿈처럼 욕망 충족을 뜻합니다. (『정신분석 강의』, 406)
증상의 의미는 신경증의 세 가지 형식들, 즉 불안 히스테리와 전환 히스테리 그리고 강박신경증의 분석을 통해 얻은 결과이며, 그 설명력은 오직 신경증의 세 형식들에만 적용된다는 사실을 유념해 주시기 바랍니다. 우리가 '전이 신경증'이라는 표현으로 익숙하게 통일해 부르는 이 세 가지 질환은 또한 정신분석요법의 효력이 입증될 수 있는 영역이기도 합니다.(『정신분석 강의』, 406)
이 사람들은 현실의 세계가 자신들의 욕망 충족을 어떤 방식으로든 허용하지 않을 때, 즉 '좌절' 때문에 질병에 걸렸습니다. 여러분은 이 두 가지 결론들이 얼마나 서로 잘 들어맞는가를 알 수 있습니다. 증상들은 결국 인생에서 상실한 것에 대한 대리 만족으로서 이해할 수 있습니다. (『정신분석 강의』, 407)

프로이트는 우리가 억압당한 그 '무의식'의 정체를 '성욕'이라고 말하며, 그 성욕이 곧 우리의 생체리듬인 '리비도'라고 말한다. 우리는 프로이트의 이 주장을 살펴보아야 한다.

우리가 상처를 받아 '억압' 가운데 거하게 되었는데, 우리의 '성욕'이 거절을 당하여서 상처를 받았으며, 억압을 당하였는가? 성에 대한 욕구를 충족시키지 못해서 신경증에 걸렸다는 것인가? 그렇지 않다. 우리의 억압은 우리의 삶에 대한 본능에 큰 좌절이 나타났을 때 나타난다.

어떤 뚱뚱한 사람이 있는데, 무엇을 항상 게걸스럽게 먹는다. 나중에 알고 보니 이 사람은 어렸을 적에 가난하여 굶주림 속에서 살았다. 이 가난이 이렇게 폭식하는 자로 만든 것이다.

어떤 강아지가 있는데, 이 강아지는 남자를 극도로 두려워한다. 나중에 알고 보니 그 강아지의 어미개가 사람에 의해서 죽임을 당했다. 그 공포로 이 강아지는 남성을 싫어하게 되었다. 이러한 것이 억압이고 상처이다.

그리고 리비도란 원래 삶 전체와 관련한 생체 에너지를 말한다. 이것은 성욕과 일치되지 않는다. 성욕은 리비도의 일부일 뿐이다. 이 생체 에너지는 어떤 가치를 추구할 때, 더욱 크게 분출하여 나타난다.

자. 리비도의 내용물은?

리비도는 인간의 삶을 지속시키는 에너지 그 자체를 말한다. 이 리비도는 여러 각도에서 나타난다.

특히 슈퍼에고에 따라갈 때, 이 리비도는 폭발적으로 나타난다. 우리가 착한 일을 하였을 때, 마음에 큰 생체 에너지가 일어난다. 앞날을 위해 하룻 동안 열심히 공부했을 때, 리비도가 나타난다. 어떤 그리스도인이 기도를 하면서 그가 믿는 신을 믿음으로 만났을 때, 그 리비도는 폭발적으로 나타난다.

성욕의 리비도는 순간적인 욕망일 뿐이다. 그 욕망을 분출하고 나면, 그 생체 에너지는 모두 사라져 버린다. 그 성관계의 직전까지만 리비도가 폭발한다. 인간은 성관계를 위해서 사는 존재가 아니기 때문이다.

프로이트가 성욕과 리비도를 일치시키는 것은 맞지 않다. 세상에서 아무 것도 추구하지 않고 살아가는 정신질환자의 경우에는 오직 본능이 육체적인 본능밖에 없기 때문에 그럴 수 있다. 그러나 사회를 살아가는 정상인은 자신의 직무에 최선을 다할 때, 리비도가 일어난다. 특히 자아실현 영적 행위는 큰 리비도를 산출한다.

3. '리비도'의 발달과정

가. '성 본능'의 발견

우리 정상인들은 이것을 잘 인식하지 못하고, 이에 대한 동의에 있어서도 많은 난점을 표명하고 있지만, 프로이트는 그가 경험한 임상들에 의하여, 히스테리 증상들을 비롯하여 각종 신경증들을 가진 사람들의 무의식 속에서는 대부분 성적인 강박이 내재하여 있다고 말한다.

① 히스테리 증상과 성적인 것

누군가 나에게 어느 유명한 정신과 의사의 제자들이 언젠가 히스테리 증상들이 자주 성적인 것들을 뜻한다는 점을 자기 스승에게 설득시키려 했던 이야기를 해주었습니다. 그런 의도를 가지고 제자들은 선생을 한 히스테리 환자가 누워있는 침대로 안내했습니다. 그 환자의 발작은 분명히 분만 과정을 흉내낸 것이었습니다.…(『정신분석 강의』, 410)

② 성적 만족의 대체물들로서의 신경증 증상들

우리는 앞에서 이미 신경증 증상들은 성적 만족의 대체물들이라고 말했습니다. 나는 여러분들에게 이 명제를 증상들의 분석을 통해서 입증하는 일이 많은 난점들에 직면했다고 밝혔습니다. 이 명제는 우리가 '성적 만족'이란 표현에, 이른바 도착적인 성적 욕구들이라고 부르는 것까지 포함시킬 때에만 타당합니다. 왜냐하면 증상들을 그렇게 해석해야만 할 필요성이 놀라울 정도로 자주 제기되기 때문입니다. 동성애자들이나 성도착자들이 예외적인 사람들이라는 주장은 바로 무너져 버리는데, 그 까닭은 동성애 충동이 그 어떤 신경증 환자들에게서도 발견되지 않는 경우란 없으며, 일련의 많은 신경증 증상들은 잠재적 도착증 형태로 표현되기 때문입니다.…(『정신분석 강의』, 416)

③ 성 기관을 대체하여 다른 신체기관들로 대체하여 나타나는 장애들

여러분도 아실 테지만, 히스테리성 신경증의 증상들은 모든 신체 기관에 나타나서 신체 기능에 장애를 불러일으킬 수 있습니다. 분석을 통해서, 그때에는 성 기관을 다른 신체기관들로 대체하려는 모든 충동들, 즉 흔히 도착적이라고 불리는 충동들이 나타난다는 사실이 입증되었습니다. 이 기관들은 여기서 성기관의 대용물처럼 작용합니다. 우리는 히스테리의 증상론을 통해서 신체 기관들이 기능적인 역할 외에 성적인, 즉 성감대와 유사한 역할을 담당한다는 결론에 도달했습니다. 또한 후자의 기능을 위해서 신체 기관이 과도하게 사용될 경우, 전자의 정상적인 기능을 수행하는 데 지장을 받는다는 결론을 내렸던 것입니다. 겉으로 보기에 성과는 아무 관계가 없는 듯한 신체 기관들에 대한 수많은 감각들과 신경 자극들은 히스테리 증상들로 우리에게 알려졌습니다만, 본질적으로 도착적인 성적 자극들을 충족시키려는 것임이 드러납니다. 여기서 성 기관들은 다른 신체 기관들에 의해서 자신의 의미를 박탈합니다. (『정신분석 강의』, 417-418)

④ 정상적인 성적만족의 좌절로서의 질병

> 여러분에게 성도착증과 신경증의 관계를 좀 더 깊이 설명하기 위해서 별로 많은 노력이 들지는 않습니다.… 여러분은 정상적인 성적 만족이 좌절되었을 때 병에 걸릴 수 있다고 들었을 것입니다. 현실상으로 좌절로 인해서 성적 충동을 비정상적인 방식으로 채우려는 욕구가 발동합니다.… (『정신분석 강의』, 419)

프로이트는 신경성 질환을 가진 사람들에게서 공통적으로 성적 불만족이 있었다는 것을 발견하였다고 말한다.

프로이트는 이것을 이제 정상인들의 무의식 속에도 반영을 시켜 내는데, 정상인들은 성적만족을 누렸기 때문에 신경증에 걸리지 않았다는 논리가 나타난다. 그런데, 일반적으로 많은 사람들이 청소년의 사춘기를 겪다가, 사회에 적응해야 한다는 향후의 비전 때문에 그 관심을 다른 곳으로 돌린다. 그러다 보면 성적인 것에 대해 무관심 속에서 지나가기도 한다. 그리고 이렇게 하여 어느 정도의 사회적인 지위를 시작할 수 있게 되면, 그때 비로소 결혼을 위해서 성적인 면에 관심을 갖게 된다. 이렇게 성적인 것은 항상 보류되기도 한다. 그리고 정상인은 항상 성적인 것을 생각하며 생활하지 않는다.

항상 성을 생각하는 사람은 그 성욕에 사로잡힌 비정상적인 사람들이다. 이들은 십중팔구 신경증에 걸릴 것이다. 프로이트의 신경성 질환자의 임상을 정상인에게 무차별적으로 적용하는 것은 항상 재검토 되어야 한다.

나. 유아기부터 시작되는 성

프로이트는 신경증 환자들에게서 보이는 이러한 성도착증적인 증세의 근원을 추적하는데, 프로이트는 그들의 증세가 유아기적으로부터 시작되었음을 발견하게 되었다고 말한다. 그는 어린 아이의 배가 부름에도 불구하고 젖꼭지를 빠는 행위나, 배설행위 등의 모든 행위를 성적인 행위의 일환이라고 부른다. 그런데 우리가 이러한 것을 인식하지 못하는 이유는 사회가 설정한 교육 과제들 때문이라고 한다. 사람들의 이상적인 목표는 어린 아이의 삶을 성과 무관한 것으로 설정하는 것이었기 때문이었다. 프로이트에 의하면, 우리 인간의 성행위는 유아기 때부터 시작되었는데, 우리는 교육에 의해서 이것을 망각하였을 뿐이라고 말한다.

① 유아기부터 발원한 성
정신분석학의 탐구 내용에 바로 이런 어린이의 성생활도 포함시켜야만 했는데, 그 이유는 증상들을 분석하는 과정에서 검토한 기억들과 연상들이 대체로 유아기에서부터 발원한 것이었기 때문입니다. 우리가 추론했던 사실들은 하나하나 어린아이들에 관한 직접적인 관찰들에 의해서 입증되었습니다.
② 유년기부터 나타나는 성 도착적 충동들
그리고 모든 성 도착적 충동들은 유년기에서부터 그 원인이 발생하고, 어린이 모두가 그런 기질적 요인을 지니고 있을 뿐만 아니라, 완전히 성숙하지 않은 단계에 상응하는 형태로 그 기질이 존재한다는 것이 드러났습니다. 간단히 말해서, 도착적 성생활은 유년기의 성생활이 더욱 확장되고, 개별적인 충동들로 분리되어 나타나는 현상에 지나지 않습니다. (『정신분석 강의』, 420)
③ 어린 아이들의 성생활 : 생식기능에 대한 관심
어린 아이들은 성생활, 이를 테면 성적인 자극들이나 욕구들, 그리고 일종의 성적 만족감이라고 말할 수 있는 것들을 가지고 있지 않으며, 12세에서 14세 사이의 기간에 갑자기 성생활을 시작한다는 주장은 모든 분석적 관찰은 제외하더라도, 생물학적 관점에서는 전혀 개연성이 없습니다. 그렇습니다. 그런 주장은 마치 그들이 성 기관 없이 세상에 태어나서 사춘기에 이르러서야 비로소 성 기관이 형성되었다는 주장과 마찬가지로 이치에 맞지 않습니다. 이 시기에 호기심을 자극하는 것은 생식기능입니다. 생식 기능은 이미 존재하는 육체적이며 정신적인 소재들을 자신의 목적을 달성하기 위해서 사용합니다. 여러분은 성과 생식을 서로 혼동하는 오류를 범함으로써 성과 성도착들, 그리고 신경증들을 이해할 수 있는 길을 차단하고 있습니다.
④ 성 충동을 제한하는 교육
그러나 이런 오류에는 모종의 의도가 숨겨져 있습니다. 오류는 놀라웁게도, 여러분들 자신이 어린 시절을 보냈으며, 어린이로서 교육의 영향력을 받았다는 데서 기인합니다. 사회가 설정한 가장 중요한 과제들 중에는 생식의 충동으로 분출하는 성 충동을 억제, 제한하고, 개인적인 의지 하에 종속시키는

과제가 포함되어 있습니다. 이는 사회적 명령과 동일합니다. 사회는 어린아이가 일정한 수준의 지적인 성숙 단계에 도달할 때까지 성적 충동의 발달을 지연시키는 데 관심을 가집니다. 왜냐하면 성적 충동이 완전히 분출되면, 아이들을 교육시킬 수 있는 가능성도 없어지기 때문입니다.…
새로운 세대들의 성적 의지를 조절하는 과제는, 이들에 대한 교육적 영향력을 매우 일찍 행사할 때만 달성될 수 있습니다.… (『정신분석 강의』, 421-422)

보통 우리의 성에 대한 관심은 사춘기 때에 이르러서 시작된다. 그리고 결혼 직전에 절정을 이루며, 결혼 후 아내와 가정에게 집중을 하다보면, 그 성은 스스로의 자원함에 의해 절제를 당한다. 향후 노인의 때가 이르면, 그 성 기능은 쇠퇴하기도 한다.

그런데 프로이트에 의하면, 성은 우리 인생들 평생의 생체 에너지이다. 유아기 때에도 아이들은 성을 알며, 성과 관련한 행위를 한다는 것이다. 그러나 이것은 확정된 것은 아니다.

다. 리비도의 개념

그는 여기에서 '리비도'의 개념을 찾을 수 있다고 말하는데, '리비도'는 배고픔과 마찬 가지로 본능을 드러내는 힘인데, 성적 충동을 불러일으키는 힘이라고 말한다. 그에 의하면, 이러한 성적충동은 유아기 때부터 시작된다. 특히 어린이들의 무엇을 빠는 행위는 이것을 나타낸다고 말한다.

① 리비도의 개념 : 본능(성적충동)을 드러내는 힘
이제 나는 여러분에게 어린이의 성생활을 가장 명확하게 보여주는 사태를 소개할 예정입니다. 이런 의도를 효과적으로 달성하기 위해서 '리비도' 개념을 소개할 생각입니다. 리비도는 '배고픔'과 마찬가지로 본능을 드러내는 힘을 나타냅니다. 즉 배고픔이 영양을 섭취하려는 충동을 불러일으키는 힘인 것처럼, 리비도는 성적 충동을 불러일으키는 힘입니다. 다른 개념들, 가령 성적 자극과 만족은 더 이상 설명이 필요 없습니다. 유아의 성적 활동성의 경우,

그것을 해석하기 위해서는 많은 노력이 요구된다는 사실은 여러분 자신이 쉽게 간파할 수 있습니다.…

② 어린 아이의 성적 자극들

최초의 성적 자극들은 유아의 경우, 생명의 유지에 긴요한 다른 기능들과의 연관 속에서 나타납니다. 여러분이 알다시피, 유아의 주된 관심은 음식의 섭취에 있습니다. 만약 그가 어머니의 젖으로 배를 불린 후 잠이 든다면, 이는 행복한 만족의 표현이며, 이 같은 현상은 성인이 된 후 극도의 성적 쾌감을 체험한 후에 반복됩니다.…

여기서 그의 행동은 어떤 배고픔의 충동에 의해서 좌우되는 것이 아닙니다. 우리는 "그가 무엇을 빤다"고 말합니다. 그리고 그가 이런 행위를 하면서 다시 행복한 표정으로 잠이 든다면, 빠는 행위 자체가 그에게 만족감을 가져다 주었다고 봅니다.… (『정신분석 강의』, 423-424)

어머니의 유방을 빠는 행위는 일생에 걸친 성생활의 단초입니다.…(『정신분석 강의』, 425)

③ 자가 성애적인 유아기의 성

유아기의 성은 '자가 성애적'인 양상을 보입니다. 다시 말해서, 유아기의 성적 대상은 자신의 신체에서 찾아지고 발견됩니다. 음식의 섭취에서 가장 분명하게 볼 수 있는 현상은 부분적으로 배설행위에서도 반복됩니다. 우리는 유아가 대소변의 배설행위에서 쾌감을 느끼며, 이 과정에서 성감대의 점막 부위를 적절하게 자극함으로써 최대한의 쾌감을 이끌어 내는 방식을 채택한다고 추정했습니다. (『정신분석 강의』, 425-426)

위의 내용은 프로이트가 어떻게 '리비도'로서의 '성'을 발견했는지에 대한 프로이트 자신의 논증이다. 우리는 위의 논의에서 많은 논의들이 재기될 수 있다.

먼저, 리비도란 삶과 관련하여 나타나는 에너지를 말한다. 우리는 이것을 본능이라고 한다. 프로이트는 우리 안에 있는 성욕이 바로 리비도라고 말한다. 인간의 의식이 아직 깨어나기 전에는 그에 맞는 욕구가 나타난다. 이 시기에는 사고의 능력이 존재하지 않는다. 이 시기에 나타나는 리비도는 본능이다. 이 본능을 프로이트는 성욕이라고 말하고 있다. 어린 아이가 자신의 몸의 부위를 빠는 것을 보고, 어린아이가 여기에서 쾌감을 느낀다고 말한 것이다. 그리고 이것을 성적 욕구라고 말한다. 이 욕구는 평생토록 유지될 것인데, 강화되기도 하고 쇠퇴하기도 한다. 그러나 이것이 인생들의 욕구의 전체가 아니다.

이 어린아이가 자라난다. 그러면서 앞날을 예측하면서 열심히 공부를 한다. 이제 이 어린아이는 앞날을 예측하면서 스스로 인생의 짐을 진다. 그리고 사회인이 되며, 결혼을 한다. 그리고 사회인으로서 열심히 살아간다.

또 성인이 된 이 아이는 신앙생활을 한다. 그러면서 신을 찾아 성경을 읽고 기도를 하면서 열심히 신앙생활을 한다.

이렇게 우리의 인생을 영위할 수 있는 힘을 생체 에너지의 리비도라고 말한다. 이것 모두를 성적행위라고 지칭할 수 있을 것인가? 여인을 사랑하는 힘, 가정을 섬기는 힘, 공부를 하고, 직장생활을 하고, 신앙생활을 할 수 있는 힘, 이 모두를 성적행위라고 지칭할 수 있겠는가? 성적행위는 리비도의 부분인 것으로 보인다.

라. 성(性)의 발달

프로이트는 이제 인간의 성이 어떻게 발달하는 지를 설명한다. 결국 다음의 성의 발달은 리비도의 발달과정이 된다. 이 성이 성기기에 이르러서 정점에 이른다.

① 유아기의 성적 행위

세 살이 되면, 어린이의 성생활에 대한 이 모든 의심은 사라집니다. 이 시기에 이미 생식기들이 자극을 받기 시작합니다. 일반적으로 유아기 단계의 자위, 즉 생식기를 통해 만족을 느끼는 시기가 다가오는 것입니다. 또 성생활의 심리적이며 사회적인 표현들을 간과해서는 안 됩니다. 이를 테면 성적 대상을 선택하는 것, 특정인을 부드럽게 대하면서 좋아하는 행위, 남성과 여성 중 하나를 성생활의 대상으로 선택하는 것,… 등에 의해서 확인될 수 있습니다.…

② 잠재기로서의 유년기의 성

대략 여섯 살이나 여덟 살 이후가 되면 어린이들의 성적인 성숙 과정이 정체되거나 오히려 퇴보한다는 사실을 관찰할 수 있습니다. 문화적 조건들이 가장 유리한 방향으로 작용하는 경우, 우리는 이 시기를 잠재기로 부를 수 있습니다.…잠재기 이전에 느꼈던 대부분의 성적 체험들과 심리적 자극들은 결국 유아기 망각에 희생됩니다. 이미 언급했던 망각증에 의해서 최초의 유년기는 은폐되고, 우리에게서 분리됩니다. 이 잊혀진 인생의 시기를 기억 속으로 다시 환원시키는 작업이 모든 정신분석의 과제입니다. 이 최초의 시기에 겪은 성생활의 체험들이 그런 망각의 동기를 제공해 주었으며, 따라서 이 망각은 억압의 결과라고 추정하지 않을 수 없습니다.…

③ 사춘기의 성

성 기관은 잠재기 이전, 유아기 초기의 준비단계를 거쳐서 사춘기가 지나면 지속적으로 성생활에서 우위를 차지합니다. 이처럼 이른 시기에는, 전성기적(前性器的)이라고 부를 만한, 성기관의 조직은 다소 느슨하게 이루어져 있습니다.…

④ 성기기의 성

만약 우리가 성기기의 단계에서 관찰한다면, 이 시기의 행위들 가운데 우리에게 남성적인 것으로 보이는 것은 상대방을 장악하려는 충동임이 드러납니다.…(『정신분석 강의』, 440-442)

위의 내용은 인간 안에 있는 성의 발달과정이다. 프로이트는 이것을 리비도의 발달과정이라 부르고자 한다.

그런데 우리 안에 있는 욕망은 이것이 전부인가? 인간의 행동이론을 연구하는 사람들은 인간의 본능에는 이러한 것만 있는 것이 아니라고 한다. 가장 기본적인 것으로서 생존욕구가 있다. 이 생존욕구 중에 성적 욕구도 자기보존 욕구로서 포함된다. 두 번째, 사회적 욕구이다. 인생들은 함께 사는 존재로서 그 안에서 사귐을 갖는 것을 즐거워한다. 그 욕구로 인해서 인간들은 가정을 이루고, 사회생활을 한다. 성행위를 목적으로 결혼을 하는 것이 아니며, 성행위를 목적으로 이웃과의 사귐을 갖는 것이 아니다. 세 번째, 자아실현욕구이다. 영원한 내세를 소망하며, 인생의 참된 가치를 위해 하나님을 찾는다. 이것이 성적 욕구는 아니다.

우리는 이것 모두를 삶을 위한 생체 에너지 곧 리비도라고 말해야 한다. 우리는 성적 욕구만 있는 것이 아니다. 이 성욕을 제어하면서 누리는 영적 자기 만족의 쾌락이 존재하는 것이다. 우리는 거룩이라는 종교적 윤리를 위해, 그리고 가정을 지키기 위해 성적인 요소를 스스로 차단한다. 그러면서 우리는 쾌락을 누리는 것이다. 이 성욕을 제어하는 것도 자아실현을 위한 리비도이다. 성욕만을 리비도라고 부를 수는 없다.

마. 오이디푸스 콤플렉스와 양가감정

프로이트의 정신분석은 정상인들은 이해하지 못할 부분들이 대거 존재한다. 그 중에서도 특히 오이디푸스 콤플렉스인데, 어린 아이는 위와 같은 성의 발달 단계에서 그의 무의식이 오이디푸스 콤플렉스를 거쳤다고 주장한다.

프로이트에 의하면, 리비도의 발달과정은 다른 각도에서 추적될 수도 있는데, 그것은 바로 성적 부분 충동들이 대상에 대해서 지니는 관계에 대해서라고 말한다. 프로이트에 의하면, 어린이는 처음에 구순기적 단계에 있다가 차츰 사랑의 대상을 설정하기 시작하는데, 그 최초의 대상은 어머니라고 한다. 그리고 여기에서 그 어린 아이는 아버지와 경쟁관계에 서게 되고 여기에서 오이디푸스 콤플렉스가 발생한다고 말한다. 프로이트는 자신의 이러한 주장은 많은 저항을 받았다고 말한다.

① 어린아이의 성적 충동의 대상들

이런 발달 과정의 다른 측면을 추적해 봅시다. 다시 말해서 그것은 성적 부분 충동들이 대상에 대해서 지니는 관계입니다.… 성적 충동의 몇 가지 요소들은 처음부터 대상을 가지고 있고, 거기에 단단하게 결부되어 있습니다. 가령 대상장악 충동, 대상을 엿보고 싶은 충동, 알고 싶어하는 충동 등이 그런 것들입니다.…

② 어머니의 유방

이렇게 해서 성적 충동의 구순기적 요소들과 관계하는 최초의 대상은, 유아의 음식에 대한 욕구를 충족시켜 주는 어머니의 유방입니다.…

만약 그 과정이 잠재기 이전의 유년기에 어느 정도 완결되었다면, 후에 발견된 대상은 최초의 의존적 관계 속에서 획득했던 대상, 즉 구순적 쾌감 충동의 대상과 거의 동일하다는 것입니다. 그 대상은 비록 어머니의 유방은 아니지만, 어머니임에는 분명합니다. 우리는 어머니를 최초의 '사랑' 대상으로 부릅니다.… 어머니가 사랑 대상으로 설정되는 시기에 다다르면, 이미 어린아이는 억압이라는 심리적 과정을 겪기 시작하며, 이를 통해서 그는 자신의 성적 목표들 중에서 일부를 알지 못하게 됩니다.

③ 오이디푸스 콤플렉스

어머니를 사랑의 대상으로 선택하는 현상은, '오이디푸스 콤플렉스'라는 명칭으로 우리가 신경증을 정신분석학적으로 규명하면서 매우 중요한 의미를 부여했던 그 모든 사항들과 결부됩니다.

④ 사람들의 저항

그리고 바로 이 부분이 정신분석학에 대한 사람들의 저항을 불러일으키는 데 적지 않은 역할을 담당했습니다. (『정신분석 강의』, 445-446)

프로이트는 신경증 환자들의 임상을 통해서 저희의 성적 행위가 어린 아이의 그것과 유사함을 발견하였으며, 더 나아가서는 어린 아이의 빠는 행위들을 통해서 그것이 바로 유아들의 성행위라고 말한다. 그리고 우리는 이제 그것을 정죄하는 세상의 교육에 의해서 그 경험을 망각하였다고 말한다. 그리고 이제 그는 추정을 통해서 어린 아이의 성적 욕구의 변화과정을 재구성한다.

이때 그는 오이디푸스 신화를 통해서 이것을 재구성한다. 따라서 오이디푸스 콤플렉스와 이로 말미암은 양가감정은 전적으로 프로이트의 상상력이다. 따라서 이것은 검증할 수도 없다. 우리는 이에 대한 아무런 기억이 없는데, 프로이트는 우리가 그 기억을 상실하였다고 말할 뿐이다. 프로이트의 오이디푸스 콤플렉스 이론에 대해 다음과 같은 반론이 재기될 수 있다.

일반적으로 유아의 욕망은 성적 욕망이 아니라, 식욕일 수 있다. 성욕은 이성이라는 것을 인식한 후부터 본격적으로 자라나기 시작하기 때문이다. 어린아이의 욕구는 식욕이며, 엄마의 유방은 식욕을 채워준다. 그리고 풍성하게 채워준다. 아버지가 자신의 먹을 것을 빼앗고 있지는 않다. 따라서 아버지가 어머니를 빼앗았다는 생각을 하지 않을 수 있다.

바. 오이디푸스 콤플렉스를 통한 죄의식의 탄생

한편, 프로이트는 오이디푸스 콤플렉스를 통해서 인간의 죄의식이 탄생했다고 말한다. 그에 의하면, 우리의 전의식, 혹은 슈퍼 에고는 오이디푸스 콤플렉스에서 출현하였다. 그는 그 내용을 다음과 같이 소개한다.

> ① 오이디푸스 왕
>
> 여러분은 모두 오이디푸스 왕에 대한 그리스 전설을 알고 있을 것입니다. 그 사람은, 신탁을 모면하기 위해서 모든 노력을 다했지만 어쩔 수 없는 운명에 의해서 자기 아버지를 죽이고, 자신의 어머니를 아내로 취해야만 했습니다. 자신도 알지 못하는 사이에 이 두 가지 범죄를 저질렀다는 사실을 안 그는 스스로를 장님으로 만들었습니다.… 오이디푸스의 어머니이자 아내인 이오카스테는 정신이 나간 상태로, 조사가 계속되는 것을 거부합니다. 그녀는 많은 사람들이 꿈속에서 자기 어머니와 동침을 하지만, 이런 꿈들을 무시해야 한다고 말합니다. 우리들은 꿈들을 가볍게 보지 않습니다. 특히 많은 사람들이 꾸는 그런 전형적인 꿈은 더 그렇습니다. 그리고 이오카스테가 언급한 꿈은, 의심의 여지 없이 전설이 담고 있는 낯설고 소름끼치는 내용과 긴밀하게 관련되어 있습니다.…(『정신분석 강의』, 447)
>
> ② 신경증 환자들을 괴롭히는 죄의식
>
> 신경증 환자들을 그렇게도 자주 괴롭히는 것은 죄의식인데, 이를 불러일으키는 가장 중요한 원천들 중 하나가 오이디푸스 콤플렉스 속에서 발견된다는 것은 의심의 여지가 없습니다.…
>
> ③ 오이디푸스 콤플렉스를 통한 죄의식의 출현
>
> 나는 인류의 종교와 도덕의 단초들에 관한 연구의 결과를 1913년에 『토템과 터부』란 제목으로 발표했는데, 여기서 나는 아마도 인류 전체가 종교와 도덕의 궁극적 원천인 죄의식을 역사의 시발점에서 오이디푸스 콤플렉스를 통해 습득하지 않았을까 하는 추정에 도달했습니다. (『정신분석 강의』, 448-449)

기독교의 교리를 세운 사도 바울은 로마서 7장에서 인생들은 육의 소욕을 이길 수 없다고 말한다. 여기에서의 육의 소욕이란 정욕을 말한다. 그래서 인생들은 이 정욕의 노예로 살아간다고 말한다. 이 정욕의 문제는 인생들이 아무리 극복하고자 하여도 극복할 수 없다. 이 정욕의 이면에는 사단의 강력한 힘이 존재하기 때문이다.

그런데, 우리 마음에는 끝없이 이 문제로 인하여 죄의식이 일어난다. 그래도 아무리 노력을 해도 또 다시 그 죄에 빠진다. 사도 바울은 "오호라, 나는 곤고한 자로다. 누가 나를 이 사망의 몸에서 건져내랴"라고 탄식을 한다. 그러면서 우리를 위해 십자가를 지신 예수 그리스도의 영(정신)을 영접하여 그의 영으로 거듭 태어남을 통해서 이 죄의 문제를 해결할 수 있다고 말한다.

그리스도인들은 이 정욕의 문제인 오이디푸스 콤플렉스를 이렇게 해결한다. 기독교 신앙은 오직 이 문제의 해결을 가장 우선적인 목표로 제시하고 있다. 이 정욕의 문제를 해결하여야 우리는 우리의 현업에 충실할 수 있다. 이 정욕을 다스리지 못하면, 그는 계속하여서 이 정욕의 노예가 되어서 살아간다. 이 정욕의 죄 문제를 해결하지 못했을 때, 여기에서 죄의식이 출현하고, 이것이 깊어지면 신경증으로 나타나는 것이다.

사. 양가감정의 출현

프로이트에 의하면, 어린 아이는 어머니를 사랑의 대상으로 여기고 그것을 독점하려고 한다. 그래서 아버지의 존재를 거추장스럽게 여긴다. 그에 의하면, 이러한 것이 관찰된다고 말한다. 그러면서도 이와 반대로 아버지에 대해서 깊은 애정을 보이기도 한다고 말한다. 프로이트는 바로 이러한 상호대립의 감정을 '양가감정'이라고 부른다. 이러한 감정은 여자 아이에게서도 동일하게 발생한다고 말한다.

> 잠재기가 도래하기 전에 사랑의 대상을 스스로 선택하는 어린이를 직접 관찰했을 때, 결국 어떤 현상을 통해서 우리는 어린 아이가 오이디푸스 콤플렉스를 가지고 있다는 것을 확인합니까? 이제 우리는 이 조그만 남자 아이가 어머니를 독점하고 싶어 하고, 아버지의 존재를 거추장스럽게 느낀다는 것을 쉽게 볼 수 있습니다. 어린 남자 아이는 만약 아버지가 어머니에 대해서 사랑을 표시하면 언짢게 여깁니다. 하지만 아버지가 여행이라도 가거나 부재중

일 때는 만족감을 표시합니다. 종종 그는 자신의 감정들을 직접 말로 표현하는데, 어머니와 결혼하겠다는 약속도 합니다. 사람들은 오이디푸스의 행위들에 비하면 그것은 대수롭지 않다고 말하겠지만, 사실 이것만으로도 충분하며, 근본적으로는 다 같은 것입니다.

우리는 같은 아이가 동시에 다른 상황에서는 아버지에 대해서도 깊은 애정을 보이는 것을 관찰할 수 있으며, 이런 정황에 의해서 종종 관점이 흐려지기도 합니다. 바로 그런 상호 대립적인 감정, 좀더 정확하게 말하면 '양가감정'이 성인들에게는 심리적 갈등으로 이어질 수 있지만, 어린 아이에게서는 오랜 기간 동안 충돌하지 않고 잘 병존합니다. 이는 상반된 감정들이 나중에 무의식 속에서 지속적으로 함께 존재하는 것과 마찬가지입니다. (『정신분석 강의』, 449-450)

한편 프로이트는 위의 오이디푸스 콤플렉스를 가족 전체에게 확산시켜서 또 다시 가족 오이디푸스 콤플렉스라는 용어를 창안한다. 그는 온갖 근친상간적 관계로 가족을 바라보고 있다.

기독교에서는 죄의식의 출발점을 "아담의 선악과 타락"에서 찾았는데, 프로이트는 그것을 오이디푸스 콤플렉스에서 찾았다.

4. 리비도의 갈등, 고착, 그리고 승화

가. 신경증의 원인 : 고착과 퇴행

프로이트는 인간의 본능으로서의 리비도를 성과 동일시했기 때문에 그의 모든 관심은 이 성을 어떻게 자유하게 할 것인가에 모든 관심을 두고 있다. 이 성으로서의 리비도가 전의식의 체계에 저지를 당하지 않고 의식으로 드러나야 한다. 그런데 이 리비도는 일부는 의식화 되어 그 궁극적인 목표에 도달하지만, 또한 일부는 성적 발달과정의 전단계에 잔류할 수도 있다. 이것을 프로이트는 고착이라고 말한다.

① 성적 충동의 잔류로서의 고착

> 우리는 단도직입적으로 모든 개별적인 성적 충동의 경우, 충동의 일부분이 성적 발달과정의 전단계에 잔류할 수 있다고 말하고 싶습니다. 물론 충동의 다른 부분들은 궁극적인 목표에 도달할 수도 있습니다.… 이제 부분적인 충동이 그처럼 발달 과정의 초기 단계에 머물러 있는 현상을 (충동의) 고착이라고 부릅시다.
>
> ② 퇴행
>
> 그런 발달과정이 안고 있는 두 번째 위험은, 지금까지의 발달을 가능케 했던 충동의 부분들이 쉽게 전 단계들 중의 한 단계로 돌아갈 수 있다는 데 있습니다. 우리는 이를 퇴행이라고 부릅니다. 충동의 기능은 목표에 도달하여 만족을 가져다 주는 것인데, 만약 후에 더 높은 발달 단계에 이르러서 충동이 거센 외부의 장애물들에 직면하게 되면, 이것이 퇴행의 동기로 작용합니다.
>
> ③ 고착과 퇴행
>
> 우리는 고착과 퇴행이 서로 무관하지 않다고 간주합니다. 발달 과정에서 고착이 강해질수록, 기능은 과거에 집착했던 지점까지 퇴행함으로써 외부의 난점들을 회피합니다.…
>
> ④ 신경증의 원인 : 고착과 퇴행
>
> 신경증을 이해하기 위해서는 여러분은 고착과 퇴행 사이의 이런 관계를 계속 주목해야만 합니다. 여러분은 이제 신경증의 원인에 대한 물음과 관련해서, 그리고… 신경증의 병인론에 대한 물음과 관련해서 확실한 발판을 마련한 것입니다.… (『정신분석 강의』, 460-461)

나. 고착과 퇴행이 발생하는 이유 : 전의식의 억압

그렇다면, 이제 이러한 '고착' 그리고 '퇴행'이 왜 발생하는 것인가? 그것은 '전의식'에 의한 '억압'에 의해서 이루어진다. 궁극적으로 프로이트에 의하면, 사람들이 신경증에 걸리는 것은, 그들이 자신들의 리비도를 만족시킬 수 있는 가능성을 박탈당하는 경우(좌절)의 경우이다. 그리고 그 신경 증상들은 바로 좌절된 만족감을 대체하는 것을 의미한다.

① 억압 : 전의식이 무의식에 밀어 넣는 행위

나는 여러분이 '퇴행'과 '억압'을 혼동하지 않기 바랍니다. 그리고 이 두 과정들 사이의 관계를 규명함으로써 여러분을 돕고자 합니다. 여러분이 기억하듯이 억압은 전의식 체계에 속해 있는, 의식 가능한 행위를 무의식의 체계 속으로 밀쳐 넣음으로써 무의식적인 것으로 만드는 과정입니다. 그리고 우리는 무의식적인 정신 행위 일반이 가까운 전의식 체계로 진입해 들어오지 못하고, 검열의 통제에 의해 차단되는 현상도 억압이라고 부릅니다.

② 순수한 심리적 과정으로서의 억압

따라서 억압의 개념에는 성과의 관련성이 전혀 없습니다. 이 점을 여러분은 특별히 유념하기 바랍니다. 억압은 순수한 심리학적 과정입니다. 이를 우리는 일종의 '지형적인' 개념으로 부름으로써 그 특징을 더욱 잘 표현할 수 있습니다. 이 표현을 통해서 우리는 억압이 앞서 추정한 심리적 공간성과 관련한다는 사실을 말하려는 것입니다. 이 같은 거친 보조 개념을 사용하지 않고 말하자면, 억압이란 분리된 정신 조직들로 구성된 심리 기제의 구조와 관련한다는 것입니다. (『정신분석 강의』, 461-462)

③ 신경증에 걸리는 이유 : 리비도의 좌절

말하자면 사람들이 신경증에 걸리는 것은, 그들이 자신들의 리비도를 만족시킬 수 있는 가능성을 박탈당하는 경우 -나는 이것을 좌절이라고 표현하고 싶습니다 -입니다. 그리고 그 증상들은 바로 좌절된 만족감을 대체하는 것입니다. 물론 그렇다고 해서 리비도적 만족이 좌절된 모든 사람들이 신경증에 걸리는 것은 아닙니다. 단지 신경증의 모든 연구 사례들에서 좌절이란 계기가 입증되었을 뿐입니다. 따라서 이 명제의 전후 순서를 뒤바꾸어, 모든 리비도 충동의 좌절이 신경증을 발생시킨다는 식의 해석은 성립하지 않습니다. 여러분은 아마도 그 주장이 신경증의 병인론에 관한 모든 비밀들을 규명한 것은 아니며, 단지 하나의 중요하고도 필수적인 조건을 부각시킨 것이라고 이해했을 것입니다. (『정신분석 강의』, 464)

프로이트도 그것이 무엇이었건 간에 억압이 발생하면, 그것에서 신경증이 출현한다고 말한다. 그것이 반드시 성에 관한 것이 아닐 수도 있다. 그러나 대체로 프로이트는 이 모든 것을 성으로 본다. 우리의 성적 욕구가 억압을 당했을 때, 신경증이 발생한다.

다. 리비도의 '좌절'과 '탄력성'

프로이트에 의하면, 모든 '좌절'이 모두 신경증을 유발하는 것은 아니라고 한다. 여기에는 성격적인 요인도 있고, 더 나아가서는 이 좌절을 다른 리비도적인 만족으로 대체하여 다른 만족으로 승화시켜낼 수 있기 때문이다. 만약 하나의 충동을 만족시키려는 시도가 현실에서 좌절되었을 때, 다른 충동의 만족을 통해서 그 좌절은 완전하게 보상될 수 있다. 이 충동들은 마치 서로간의 의사소통이라는 그물망 속에 존재하는 것처럼 움직이며, 유동성 물질로 채워진 운하들처럼 보인다. 예컨대, 어떤 성적 대상에 좌절을 인식하면 다른 성적 대상으로 그 대상을 교체하는 경우이다. 그런데, 정작 프로이트가 주목하고자 하는 것은 이러한 리비도의 좌절과 변화 중에 다른 목적으로의 전환을 통해 문화적인 욕구가 달성될 수도 있다는 것이었다.

① 리비도의 좌절 때 견디어 내는 방법들

이제 이 명제를 계속 논의하기 위해서는 과연 좌절의 성격에 주목해야 할지, 아니면 좌절을 경험한 당사자의 성격적 특징을 주로 다루어야 할지 현재로서는 가늠하기 어렵습니다. 어찌됐든 좌절이 전면적이며 절대적인 형태로 나타나는 경우는 아주 드뭅니다. 좌절이 병의 원인으로 작용할 수 있으려면, 당사자만이 갈구하고 있고 또 그만이 유일하게 누릴 수 있는 만족의 방식이 좌절에 직면해야만 합니다. 리비도적인 만족이 주어지지 않을 때, 병에 걸리지 않고서도 이를 견디어 내는 방법들은 일반적으로 매우 다양합니다.

② 칸력적인 성충동

무엇보다 우리는 그런 결핍을 상처받지 않고 감당해 낼 수 있는 사람들을 알고 있습니다. 그들은 이때 행복하다고 할 수는 없고, 성적 만족의 대상에 대한 향수를 느끼면서 번민을 하지만 그렇다고 병에 걸리는 것은 아닙니다. 나아가서 우리는 바로 이 성적 충동의 자극들은 특히, 이렇게 말하는 것이 허용된다면, '탄력적'이라는 사실을 고려해야만 합니다.

③ 다른 충동으로 나타나는 성충동

어떤 성 충동은 다른 성 충동을 대신해서 나타나며 다른 충동의 강렬함을 대신 짊어질 수도 있습니다. 만약 하나의 충동을 만족시키려는 시도가 현실에서 좌절되었을 때, 다른 충동의 만족을 통해서 그 좌절은 완전하게 보상될 수 있습니다. 이 충동들은 마치 서로간의 의사소통이라는 그물망 속에 존재하는 것처럼 움직이며, 유동성 물질로 채워진 운하들처럼 보입니다. 물론 이들은 성기 위주의 성 충동 밑에 놓여 있기 때문에, 성 충동들이 이런 방식으로 작용하는 모습을 하나의 통일된 형태로 연상하기란 결코 쉽지 않습니다. 나아가서 성의 부분 충동들은 이 부분 충동들에 의해서 구성된 성적 충동과 마찬가지로, 한 성적 대상을 다른 대상과, 이를 테면 좀더 용이하게 달성할 수 있는 대상과 교체할 수 있는 뛰어난 능력을 보입니다. 이처럼 특정한 대상에 대한 성적 충동의 시도를 지연시키거나 대상 자체를 교체함으로써, 성적 좌절이 초래할 수 있는 병적인 요인의 영향력에 과감하게 맞설 수 있는 것입니다.
대상의 결핍에 의한 병의 발생을 저지하는 심적 과정들 중에서 하나는 매우 중요한 의미를 지닙니다. 그 과정 속에서… 다른 목적을 겨냥하게 됩니다. (『정신분석 강의』, 465-466)

어떤 사람이 사랑하는 사람으로 인해 실연을 당하였다. 리비도의 좌절이 온 것이다. 이것을 방치하면, 이것은 이제 그에게 신경증으로 다가오는 것이다. 이때 어떤 강직하고 지혜로운 사람은 자신의 욕구를 다른 곳으로 돌린다. 그래서 성적인 불만족의 그 열정이 다른 곳에 투여된다. 이렇게 하여 다른 곳에서 이에 대한 보상을 받는다. 아마 프로이트는 이것을 말하는 것으로 보인다.

그런데, 이것이 리비도의 전환인가? 성욕이 종교적 욕구로 변화할 수 있는 것인가? 어떤 사람이 실연을 당하였다. 이 사람은 종교인으로서 이 문제를 하나님께 기도하며, 그 문제를 작게 여기는 지혜를 습득하여서 치유를 받았다. 그래서 더욱 종교에 헌신한 사람이 되었다. 그렇다면, 이 성욕이 변하여서 종교적 욕구가 된 것인가? 그렇지 않다. 자아실현적인 종교적 욕구로 성욕을 제어하여 이긴 것이다. 또 다른 자아실현적 생체 에너지가 분출되어 성욕을 이긴 것이다.

어떤 사람이 실연을 당하였다. 이 사람은 이제 제 정신을 차리고 다시금 자신의 본연의 임무로 돌아와 열심히 공부를 하여 떳떳한 사회인이 되었다. 그렇다면, 이제 성욕이 변하여서 사회적 욕구로 승화한 것인가? 그렇지 않다. 사회적 욕구로 성욕을 제어하여 이긴 것이다. 성욕이 변한 것이 아니다. 또 다른 사회적 에너지가 분출되어 성욕을 이긴 것이다. 리비도는 변하는 것이 아니다. 각각의 리비도의 종류가 있을 뿐이다.

라. 리비도의 '승화'

프로이트는 위의 리비도의 다른 목적으로의 전환에 대해서 '승화'라는 표현을 사용한다. 이것은 사회적인 욕구와 조화를 이루는 것이었다. 이렇게 하여 성적결핍이 무의미한 개념으로 전락되어 그 좌절을 극복하는 것이다.

① 승화 : 성적 쾌락의 포기와 다른 목적 설정

대상의 결핍에 의한 병의 발생을 저지하는 심적 과정들 중에서 하나는 매우 중요한 의미를 지닙니다. 그 과정 속에서 성적 만족의 달성을 위한 노력은 부분적인 쾌락이나 생식에 대한 쾌락을 포기하고, 다른 목적을 겨냥하게 됩니다. 그것은 발생적으로는 포기한 목적과 같은 연관 속에 놓여 있지만, 더 이상 성적인 것이 아니라 사회적인 성격의 것이라고 불려야만 합니다. 우리는 이 과정을 '승화'라고 부릅니다. 여기서 우리는 사회적 목표들이 사실상 자기 탐닉적인 성적인 목표들보다 어 높은 위상을 차지한다는 일반적인 평가와 견해를 같이 합니다. 한편으로 성적 만족을 위한 노력이 성적인 것이 아닌 하나의 사례에 불과합니다.

② 성적결핍이 무의미한 개념으로 전락

지금 여러분이 받게 되는 인상은, 결핍을 견디어 내는 여러 가지 수단들로 인해서 성적 결핍 자체가 거의 무의미한 개념으로 전락했다는 것입니다. 하지만 그렇지는 않습니다. 그에 대항하는 수단들은 일반적으로 충분하지는 않습니다. 사람들이 충족되지 않은 리비도를 평균적으로 감당할 수 있는 정도에는 한계가 있습니다. 리비도의 탄력성과 자유로운 운동성이 모든 사람들에게 완전한 정도로 유지되고 있는 것은 아닙니다.

③ 일정 부분만을 처리하는 승화의 능력

승화의 능력이 많은 사람들에게 매우 조금밖에 주어져 있지 않다는 사실은 제외하더라도, 승화는 항상 리비도의 일정한 부분만을 처리할 수 있습니다.… (『정신분석 강의』, 466-467)

프로이트가 말하는 위의 본문에 의하면, 성적결핍이 무의미한 개념으로 전락하여 그 문제가 해결되었다고 하며, 이것을 승화라고 한다. 이것은 좀더 면밀히 검토되어야 한다. 이것은 승화가 아니라, 그 성적인 좌절의 문제가 작은 문제가 되었다는 것이다. 다른 리비도가 출현하여 성적 리비도를 절제시킨 것이다. 이러면서 인간이 성숙하게 되는 것이다. 절제 속에 성숙이 존재하는 것이다. 성욕을 무차별적으로 만족시켜서 성숙을 이루는 것이 아니다.

마. 리비도 '고착'을 일으키는 외부적 요소

프로이트에 의하면, 신경증은 리비도의 고착에 의해서 일어나는데, 이때 그 고착이 일어나기 위해서는 위에서 살펴본 바와 같은 '심리적 좌절'이라는 '내생적 요인'과 그 고착을 구체적으로 일으킨 '외생적 요인'이 함께 있다고 말한다.

① 고착의 내재적 요인과 외재적인 요인

여러분은 리비도 고착이란 현상에서 좌절이라는 요인과 함께 질환을 일으키는 두 번째 강력한 요인을 인식할 수 있습니다. 도식적인 설명으로 간략하게 정리하면, 리비도 고착은 신경증의 병인 가운데 기질적이며 내재적인 요인이며, 좌절은 우연적이며 외재적인 요인에 해당한다고 말할 수 있습니다. (『정신분석 강의』, 467)

② 내적 요인에 의해서 일어나는 신경증

심리적 갈등의 의미는 다른 방식의 표현에 의해서도 적절하게 이해할 수 있습니다. 이는 '외적인' 좌절이 병의 원인으로 작용하기 위해서는 '내적인' 좌절도 첨가되어야 한다고 말함으로써 가능합니다. 내적이며 외적인 좌절은 자연히 서로 상이한 만족의 방법들 또는 대상들과 관련합니다. 외적인 좌절은 리비도를 만족시킬 수 있는 하나의 가능성을 박탈합니다.

③ 리비도를 내부에서 억제하는 요인들

내적인 좌절은 다른 가능성을 배제하고, 이렇게 됨으로써 갈등이 발생합니다. 나는 이런 유형의 서술이 일종의 비밀스러운 내용을 함축하기 때문에 선호합니다. 즉 이 같은 서술은 리비도를 내부에서 억제하는 요인들이 인류 발달의 초기 시대에서 현실의 외적인 장애들을 통해 발생했다는 개연성을 암시합니다. (『정신분석 강의』, 472)

실연을 당하면 리비도를 발출할 수 있는 외부적 요인이 상실을 당하였다. 그런데, 이것이 신경증이 되기 위해서는 그의 심성에 집착과 같은 내적요인의 기질이 있을 때이다.

바. 자아 본능과 성적 본능 사이의 '갈등'

프로이트는 병인으로 작용하는 '갈등'은 리비도적 충동을 거슬러서 반론을 제기하는 힘들에 의해서 발생하였다. 따라서 그것은 성적인 본능들의 힘이 아니다. 그것은 바로 자아 본능들이었다. 따라서 프로이트는 결국 갈등은 자아본능과 성본능 사이의 갈등이라고 말한다.

그런데, 프로이트는 이 자아본능도 성본능 중의 하나라고 말한다. 즉 성본능 중에 있는 자아보존본능이라고 말한다. 그리고 이 양자는 서로 병행하여 발달하지만, 또 한편에서는 여기에서 신경증을 일으키는 모든 갈등이 발생한다고 말한다.

① 리비도적 충동을 거스르는 자아본능들

그런데 리비도적 충동을 거슬러서 반론을 제기하는 힘들은 어떤 것들입니까? 병인이 되는 갈등의 당사자인 다른 한쪽은 어떤 존재입니까? 아주 일반적으로 말해서, 그것은 성적인 본능들이 아닙니다. 우리는 이를 자아본능들이라고 정리합시다.…병인으로 작용하는 갈등은 결국 자아 본능과 성본능 사이의 갈등입니다. (『정신분석 강의』, 473)

② 자아와 성욕 사이의 갈등

일련의 많은 사례들은, 서로 다르긴 하지만 순전히 성 본능들 사이의 갈등도 존재할 수 있다는 인상을 줍니다. 그러나 근본적으로 이 갈등의 성격은 앞의 경우와 동일합니다. 왜냐하면 갈등 속에 놓여 있는 두 가지 성적인 충동들

중에서 하나는 항상 자아에 충실하며, 반면에 다른 하나는 자아가 자신을 방어하도록 만드는 것입니다. 따라서 이것도 자아와 성욕 사이의 갈등 속에 있는 것입니다.

③ 자아본능들의 발달과정

… 즉 이 자아 본능들의 발달과정은 리비도에서 완전히 독립한 것도 아니며, 리비도에 대한 반작용과 무관한 것도 아니라는 사실을 보여 주었던 것입니다. 물론 우리가 자아의 발달에 관해서 알고 있는 것은 리비도에 대해서 알고 있는 것보다 훨씬 적습니다.…

④ 자아발달 단계들의 이론적 구성

페렌치의 주목할 만한 시도가 제시된 바 있습니다. 그는 자아의 발달 단계들을 이론적으로 구성했으며, 최소한 두 군데서 우리는 이런 발달 과정을 평가할 수 있는 이론적 지침을 확보했습니다.

⑤ 자아발달과정과 리비도적 관심들과의 관계

우리는 물론 어떤 사람의 리비도적인 관심들이 처음부터 자아의 자기 보존에 대한 관심들과 대립한다고 생각하지 않습니다. 오히려 자아는 모든 발달 단계에서 그 단계에 해당하는 성적 조직체계와 조화를 이루고, 이를 자신에게 적응시키려고 시도합니다. 리비도의 발달과정에서 모든 개개의 단계들은 아마도 미리 짜여진 계획대로 새로운 단계에 의해서 지양됩니다. 그러나 이런 전개 과정이 자아로부터 영향을 받을 수 있다는 사실을 부인하기 어렵습니다.

⑥ 자아와 리비도 발달 단계들의 상응관계

자아와 리비도의 발달 단계들은 일정한 상응관계, 즉 일종의 병행 관계를 구축합니다. 그렇습니다. 이런 상응 관계가 장애에 부딪히면 병적인 요인이 발생할 수도 있습니다.

⑦ 좌절-고착-자아와의 갈등

우리에게 중요한 관점은, 만약 자아의 리비도가 자신의 한 특정한 발달 단계에서 강한 고착을 보이고 이를 뒤에 남겼을 때 자아가 어떤 태도를 보이는가 하는 것입니다.… 우리는 이런 경로를 통해서 신경증의 병인론에서 제3의 요인으로 등장한 '갈등의 경향'이 리비도의 발달에 의존하는 만큼 자아의 발달과정에 의해서도 좌우된다는 인식에 도달했습니다. 먼저 가장 일반적인 조건으로서 좌절이 첫 번째 요인이며, 리비도를 일정한 방향으로 몰고가는 리비도 고착이 두 번째 요인입니다. 세 번째로는 자아의 발달과정에서 비롯하는 갈등의 경향인데, 이로 인해서 그러한 리비도의 자극들은 거부됩니다. (『정신분석 강의』, 473-475)

프로이트는 신경증의 발생이 단순한 좌절과 고착에서 일어나는 것이 아니라고 말한다. 어떤 사람은 그러한 좌절과 고착이 있음에도 불구하고 신경증이 일어나지 않고 있기 때문이다. 여기에서 자아와의 관계가 있다는 것을 발견한 것이다. 자아와 조화를 이루면 신경증이 발생하지 않는 것이다.

여기에서 이제 성적충동과 자아가 구분된다. 성적충동 자체가 자아는 아니었던 것이다. 성적충동은 정신이나 무의식 그 자체가 아니다. 그것은 자아의 한 요소일 뿐이다. 리비도의 일부분인 것이다. 프로이트는 이것을 스스로 밝힌 것이다.

이 자아는 그 자신의 욕구로서 사회적 욕구를 일으키면서, 성적욕구를 무의미하게 만들어 버린다. 또는 이 자아는 자아실현적 종교적 욕구을 일으키면서, 성적욕구를 무의미하게 만들어 버린다. 이것이 본질적 자아로서의 정신의 모습이다. 우리 정신에는 이 세 가지 욕구가 모두 본질로서 존재한다. 리비도는 성욕의 한 본질만 있는 것이 아니다. 이 세 가지가 동시에 존재한다.

이때 자아 혹은 정신은 삼위일체로 되어 있다. 한 본능은 그것만을 산출한다. 육의 소욕인 성욕이 자아실현 욕구로 나타나는 양심을 발생시킬 수는 없다. 그리고 사회적 욕구 혹은 현실적 욕구로 나타나는 합리성을 발생시킬 수 없다. 이 셋은 각각의 본질을 가지고 있으며, 우리 자아는 이 셋으로 구성되어 있다. 사도 바울은 영·혼·육을 말한다. 이때 영은 영의 소욕(절제)을 발현하고, 육은 육의 소욕(성욕)을 발산한다. 이 두 자아가 우리의 의식 속에서 싸운다고 말한다.(참조: 로마서 7장) 성경은 프로이트의 오류를 지적한다.

사. 리비도의 경제성 : 쾌락 원칙에서 현실 원칙으로

한편, 프로이트는 성적 본능들과 자기 보존 본능들이 현실상의 역경에 대해서 동일한 방식으로 대처하지 않는다는 사실에 주목해야 한다고 말한다. 그리고 그는 한 사건에 대해 두 가지 다른 방식으로 대처한 사람들을 소개하는데, 하나는 계속 성적인 문제에 집착하였고, 또 다른 사람은 이 문제는 가볍게 여기고 오직 자신의 현실 문제에 집중하였다. 전자는 정신병에 걸려서 평생을 고통 속에 살았으며, 후자는 새로운 삶을 열었다. 전자는 성적 본능의 원칙인 쾌락의 원칙에 따랐으며, 후자는 쾌락의 원칙에서 현실의 원칙으로 이행하였던 것이다.

① 현실상의 역경에 대한 각 본능들의 대처
그런데 성적 본능들과 자기 보존 본능들이 현실상의 역경에 대해서 동일한 방식으로 대처하지 않는다는 사실에 주목해야 합니다.…(프로이트는 한 사건에 대한 두 소녀의 상반된 다른 태도를 예시함)…
② 경제적 관찰
위에서 예시한 두 가지 본능 집단들 간의 차이가 어떤 의미를 지니는지 완전하게 평가하기 위해서 우리는 논의의 지평을 널리 확대해서 이전에 '경제적 관찰'이라고 불렀던 내용을 소개해야 하겠습니다.…
③ 정신활동의 주요목적 : 쾌락원칙
우리의 물음은 심리적 장치의 주요 목적을 인식할 수 있는가의 여부였습니다. 그리고 정신 활동의 주요 목적은 쾌락의 획득을 겨냥한다는 견해에 기울어졌습니다. 우리의 모든 정신 활동은 쾌락의 획득을 지향하고 불쾌감은 피하려는 것처럼 보였으며, 이 활동은 자동적으로 '쾌락의 원칙'에 의해서 조절됩니다.…
④ 성적쾌감
사람에게 가장 강렬한 쾌감, 즉 성행위의 과정에서 느끼는 쾌감을 연구해 보면, 이 점에 대해서는 의심의 여지가 없습니다. 그러한 쾌락의 과정들에서 문제의 모든 운명적 관건은 심리적 자극의 양들, 즉 심리 에너지의 양에 달려 있기 때문에, 우리는 이런 유형의 관찰을 경제적 관찰이라고 표현했습니다.… 성적 충동들은 그 발달 과정의 처음부터 마지막에 이르기까지 쾌락의 획득을 위해서 활동한다는 것이 분명합니다. 이 충동들은 이 같은 원래의 기능을 변함없이 유지합니다.

⑤ 현실의 역경이라는 교사, 변형된 원칙

다른 본능들, 즉 자아 본능들 역시 처음에는 같은 목적을 지향합니다. 그러나 현실의 역경이라는 교사의 영향으로 자아 본능들은 곧 쾌락 원천을 변형된 원칙으로 대체하는 방법을 익힙니다. 자아 본능들에게 불쾌감을 모면해야 한다는 과제는 쾌락의 획득이라는 과제와 거의 같은 정도의 비중을 지닙니다. 자아는 직접적인 만족을 포기하거나, 쾌락의 획득을 지연시킬 수밖에 없다는 것을 압니다. 혹은 어느 정도의 불쾌감은 그냥 견디거나, 특정한 쾌락의 원천은 아예 완전히 포기할 수 없다는 것을 체험합니다.

⑥ 사려깊은 사람, 현실원칙

그 같은 교육을 받은 자아는 '사려 깊은' 사람이 됩니다. 자아는 더 이상 쾌락의 원칙에 의해서 지배 당하지 않고 '현실 원칙'을 따릅니다. 현실 원칙 역시 근본적으로는 쾌락을 얻기 위해 노력하는데, 그 때의 쾌락은 비록 지연되거나 감소된 것이지만 현실에 의해서 보장된 쾌락입니다.

⑦ 쾌락원칙에서 현실원칙으로 이행

쾌락 원칙에서 현실 원칙으로 이행하는 것은 자아의 발달과정에서 가장 중요한 진보 중의 하나입니다.… (『정신분석 강의』, 479-482)

위의 본문들에 의하면, 성적 쾌락이 현실에 의해 막힐 경우(현실역경이라는 교사에 의해), "자아 본능들은 곧 쾌락 원천을 변형된 원칙으로 대체하는 방법을 익힌다"고 하며, "자아는 쾌락의 획득을 지연시킬 수밖에 없다는 것을 안다"고 말한다.

이 문장들에 의하면, 먼저 자아본능들이 성욕 외에 다른 것도 존재한다. 이 자아본능들이 곧 리비도이다.

프로이트에 의하면 성적 쾌락이 정신의 작동원리인데, 이것을 변형된 원칙으로 대체한다고 말한다. 이에 의하면, 성적 쾌락 자체의 욕구가 사회적 욕구로 변하는 것은 아니다. 그 자리를 대체하고 있는 것이다. 그래서 쾌락의 원칙은 여전히 한 켠에 남아 있다. 그래서 사회적 욕구를 이룬 후 그것을 또 다시 취하려 한다. 이 본문들에 의하면, 성적 욕구가 있고, 사회적 욕구도 있다.

여기서 변형된 욕구로서 사회적 욕구라고 말하는데, 성적욕구 외에 사회적 욕구가 있다는 것을 알아야 한다. 그리고 쾌락이 성욕만 쾌락을 유발시키는가?

잔잔한 일상중의 평화의 쾌락은 존재하지 않는가? 신앙생활 속에서 기도와 성경을 통해 믿음으로 신을 만나면서 누리는 쾌락은 존재하지 않는가? 공부할 때 새로운 것을 알아가면서 누리는 쾌락은 존재하지 않는가? 또 국가고시를 합격하였을 때 나타나는 쾌락도 존재한다. 그리고 사업이 성공하여서 누리는 쾌락도 존재한다. 오직 성적인 만족을 위해 사회생활을 영위하는가? 그렇지 않다. 쾌락의 종류는 다양하며, 내가 그것을 스스로 선택하는 것이다. 그리고 지혜로운 자는 성욕의 쾌락을 선택하지 않는다.

리비도의 경제성을 다시 설명하자면, 여기서의 리비도는 성욕을 포함한 자아본능들이다. 여기에는 사회적 욕구와 자아실현욕구(종교적 욕구)가 별도로 존재한다. 성적쾌락이 막히면, 사람들은 사회적 욕구로 나아간다. 그렇다고 하여서 성적 욕구가 사라진 것은 아니다. 절제되고 보류될 뿐이다. 그리고 성적 욕구가 사회적 욕구로 변화된 것도 아니다. 그리고 종교적 욕구로도 나아간다. 이 세 가지 욕구를 항상 추구한다. 성적쾌락의 기회가 막히면, 그것은 또한 잠시 보류한다.

아. 리비도의 승화

프로이트는 우리 안에 일정량의 리비도가 있는데, 먼저 성에 리비도를 투입한다. 그런데, 이 성의 욕구에 제한이 가해지면, 남아 있는 리비도를 '승화'에 투입하는데, 대표적인 예로서 '환상' 혹은 '예술'에 투입한다. 그리고 여기에서 나름대로의 쾌락을 느끼기도 한다. 그리고 이것을 통해서 여성들의 사랑을 추구하기도 한다.

"증상형성의 길"이라는 장에서 위의 문제를 발전시켜서 논의하는데, 그것은 "리비도의 경제성"이라는 주제로서 병인론에는 위에서 역동적으로 움직이는 '갈등' 등의 질적인 요소 뿐만 아니라, "신경증상의 형성"에는 에너지의 양이 더욱 중요하다고 말한다. 그러면서 그는 이 양을 '이드'의 '승화'를 통해서 '예술'로 분산시킨 사례를 설명하고 있다. 그것은 백일몽이라는 환상을 예술로 승화시킨 사례이다.

① 두 충동들 간의 갈등과 에너지들의 양(크기)

여러분은 병인론의 체계적인 틀 속에 새로운 요인을 도입했다는 것을 확실히 알아챘습니다. 그것은 바로 문제의 관건인 에너지들의 양, 즉 에너지의 크기라는 요인입니다. 우리는 이 요인을 도처에서 고려해야만 합니다. 병인론적 조건들에 대한 질적인 분석만으로는 충분하지 않습니다. 혹 달리 표현한다면, 이 심리적 과정들을 단지 '역동적인' 관점에서만 파악하는 것만으로는 부족합니다. 즉 '경제적인' 관점에서 파악할 필요가 있다는 것입니다.

우리는 에너지의 리비도 집중이 일정한 강도에 도달하기 전에는, 이 두 충동들 간의 갈등이 분출되지 않는다고 말해야만 합니다. 물론 갈등의 내용적 조건은 이미 오래 전부터 존재했을 수 있습니다. 마찬가지로 기질적 요인들이 지니는 병인으로서의 의미는, 기질 속에 존재하는 부분 충동들 가운데 어떤 부분 충동이 '더 많은'가에 달려 있습니다. 우리는 심지어 모든 사람들의 기질이 질적으로는 동일하며, 단지 양적인 관계들만 서로 차이가 있다고 생각해 볼 수 있습니다. 신경증 질환에 대한 저항력과 관련해서도 이 양적인 크기는 적지 않게 결정적인 의미를 지닙니다.

② 리비도의 배분 : 성에 배분되지 않은 리비도를 승화에 투입

문제의 관건은, 사용되지 않은 리비도 중에서 '어느 정도의 분량'을 사용하지 않고 그대로 보유할 수 있는가의 여부입니다. 그리고 리비도 중에서 '얼마나 많은 부분'을 성이 아닌 승화라는 목표들을 지향하도록 조종할 수 있는가에 달려 있습니다. 질적인 관점에서 정신 활동의 궁극적 목표는 쾌락을 구하고 불쾌감을 피하려는 충동으로 표현할 수 있습니다. 경제적인 관점에서 볼 때, 이 목표는 심리적 기제 속에서 작용하는 흥분의 양(자극의 양)을 통제하고, 불쾌감의 원인인 정체 현상을 지연시켜야 하는 과제를 의미합니다. (『정신분석 강의』, 505)

③ 환상에 투입된 리비도 : 예술

환상 활동이 지닌 한 측면에 대해서 잠시 주목해 주시길 바랍니다. 환상 활동의 이 같은 측면은 일반의 폭 넓은 관심을 끌 만한 가치가 있습니다. 다시 말해서 환상에서 다시 현실로 돌아갈 수 있는 길이 있다는 것이며, 그것은 바로 예술이라는 것입니다. 예술가는 기본적으로 내향적인 사람이며, 이런

사람들은 신경증과 그다지 멀리 떨어져 있지 않습니다. 예술가들은 매우 강한 충동의 욕구들에 의해서 움직이며, 명예, 권력, 부, 명성, 그리고 여성들의 사랑을 갈구합니다. 하지만 그에게는 이런 만족에 도달할 수 있는 수단이 없습니다.…
④ 무의식적 상상을 통한 기쁨(쾌락)
나아가서 그는 특정한 소재를 자신이 상상한 표상에 그대로 부합되는 형상을 갖출 때까지 가공할 수 있는 신비스러운 능력을 지니고 있습니다. 또 그는 그 자신의 무의식적 상상의 표현을 통해서 큰 기쁨을 느낍니다. 그래서 그런 예술적 표현들은 최소한 일시적이나마 억압들을 능가하고 지양합니다.… 이렇게 해서 예술가는 다른 사람들의 감사와 경탄을 불러일으킵니다. 그리고 자신의 상상을 '통해서', 처음에는 오로지 상상 '속에서'만 달성할 수 있었던 것에 도달합니다. (『정신분석 강의』, 506-508)

우리는 위의 프로이트의 말에서 몇 가지 중요한 단서를 발견한다. 먼저, 프로이트는 리비도를 성적 욕구에 투입하고 남은 여분의 리비도가 있다고 말한다. 그렇다면, "리비도=성욕"은 아닌 것이다.

두 번째, 리비도의 일부가 이제는 "환상·예술"에 투입된다. 이때 리비도는 성적 에너지가 변하여 환상 혹은 예술이라는 에너지가 된 것은 아니다. 프로이트의 말처럼 남은 리비도를 투입한 것이다. 그렇다면, 리비도의 본성에는 "환상·예술"의 리비도가 있는 것이다. 우리는 환상을 종교라고 표현해도 된다.

세 번째, 프로이트는 이 예술가는 자신의 성위를 보고 그곳에서 쾌락을 느낀다고 말한다. 즉 환상의 쾌락이 존재하는 것이다. 그리고 이 쾌락을 리비도라고 하는 것이다.

결국 우리 안에서 리비도를 발산하는 주체는 "영-혼-몸"의 세 가지로 볼 수 있다. 하나는 영의 소욕으로 양심과 종교 등이다. 혼의 소욕은 사회생활에서 누리는 쾌락이다. 육의 소욕으로서 성적 욕망에서 누리는 쾌락이다.

자. 리비도의 집중(성욕)과 관심(다른 욕구)

프로이트는 "리비도 이론과 나르시시즘"을 소개하는 장에서 "전이 신경증은 성적 본능이 자기보존 본능과 불화를 빚기 때문에 생기는 것이다"고 설명한다. 즉, 두 본능의 대립이라고 말한 것이다. 이것은 자신의 원래 이론의 모순으로 스스로 밝힌 것이다. 그래서 그는 이제 부랴부랴 이것을 보완하는데, 그것은 성욕이 리비도이고, 다른 욕구들은 리비도의 관심이라고 표현한다. 그 내용은 다음과 같다.

> ① 전이 신경증 : 성적 본능과 자아 본능의 불화
> 성적 본능과 자아 본능을 제각기 추적함으로써 우리는 일단의 전이 신경증을 이해하기 위한 열쇠를 확보했습니다. 우리는 전이 신경증을 성적 본능이 자기 보존 본능과 불화를 빚기 때문에 생기는 것이라고 설명할 수 있었습니다.
> ② 자아(성적본능)와 자아(자아본능) 사이의 갈등
> 이를 달리 생물학적으로 표현하면 자립적인 개체로서의 자아가 지닌 입장과 연속되는 세대 중의 한 구성원으로서 자아가 지닌 입장들 사이의 갈등이라는 근본적인 상황에 의해서 전이 신경증이 발생한다고 설명했습니다. 아마도 그런 분열은 인간에게만 나타날 것입니다. (『정신분석 강의』, 556-557)
> ③ 자아본능과 성본능 사이의 구분
> 지금까지 우리는 자아 본능과 성 본능의 표현 방식들에 따라서 이들을 서로 구별할 수 있다고 전제하고 작업했습니다. 전이 신경증의 경우 이 전제는 어려움 없이 적용되었습니다.
> ④ 자아의 에너지 집중의 리비도, 다른 보존 본능의 관심
> 우리는 자아가 자신의 성적 욕구의 대상들에 쏟는 에너지의 집중을 '리비도'라고 불렀습니다. 자기 보존 본능에서 촉발되는 모든 다른 에너지의 집중들은 '관심'이라고 불렀습니다. 또한 우리는 리비도의 집중과 그 전환 과정, 그리고 최종적인 결말을 추적함으로써 심리적 힘들의 작동 방식을 처음으로 이해할 수 있었습니다. 전이 신경증들은 우리가 이를 탐구하는 과정에서 가장 유리한 소재를 제공해 주었습니다. (『정신분석 강의』, 557-558)

프로이트는 리비도를 성욕으로만 몰아가고 싶다. 그래서 내세운 것이 에너지의 집중과 관심이다. 에너지의 집중이 성욕이며, 리비도이다. 그리고 관심이 다른 욕구들이다. 위에서 말한 사회적 욕구나 종교적 욕구 등의 모든 다른 욕구

를 이렇게 취소하는 것이다. '나르시시즘 이론'을 통해 이것을 비켜가려한다.

차. 자아 리비도와 대상 리비도

프로이트는 이러한 전이 신경증과 다른 신경증으로서 조발성 치매에서 나타나는 "대상들에 대한 리비도 집중이 사라지는 현상"을 발견한다. 그리고 "그것은 다시 자아를 지향한다"고 말한다. 이것을 그는 '나르시시즘'이라고 명명했다. 그리고 그는 여기에서 "자아 리비도와 대상 리비도 사이의 관계"를 알게 된다. 그는 여기에서 리비도의 종류를 '자아 리비도(성욕)'과 '대상 리비도(자기보존 욕구)'로 구분한다.

① 조발성 치매 : 대상들에 대한 리비도 집중이 사라지는 것
우리는 일찍부터 정신분석적 관점들을 다른 감정들에 대해서도 확대 적용해 왔습니다. 이미 1908년에 아브라함은 나와 대화한 후에, 조발성 치매에서 나타나는 주된 특징은 "대상들에 대한 리비도 집중이 사라지는 것"이라고 말했습니다.
② 다시 자신을 향하는 자가 성애적 리비도
이제 대상들에서 등을 돌린 치매 환자의 리비도는 어떻게 되었는가 하는 물음이 제기됩니다. 아브라함은 망설이지 않고 "그것은 다시 자아를 지향한다"고 답했습니다.… 리비도를 이같이 처리하는 방식에 '나르시시즘'이라는 명칭을 부여했습니다.… 이를 우리는 '자가 성애적'이라고 불렀습니다.… (『정신분석 강의』, 557-558)
③ 원형질 덩어리의 위족 돌기들
간략하게 정리하면, 우리는 자아 리비도와 대상 리비도 사이에 모종의 관계가 성립한다고 상정해 볼 수 있습니다. 그리고 나는 이를 여러분에게 동물학과의 비교를 통해서 설명하려고 합니다. 여러분은 거의 분화되지 않은 원형질 덩어리 같은 아주 단순한 생물을 생각해 보십시오. 이 생물은 위족이라고 부르는 돌기를 통해서 자기 몸의 원형질을 흘려 보냅니다. 그러나 이 생물은 돌기들을 다시 몸속으로 집어넣어 몸을 공처럼 둥글게 만들 수 있습니다. 돌기들을 펼치는 동작을 우리는 리비도가 대상들을 향하는 것과 비교할 수 있

습니다. 반면에 대부분의 리비도는 자아의 내부에 머물 수 있습니다. 그리고 우리는 정상적인 상황에서는 자아 리비도가 거침없이 대상 리비도로 전환하며, 이를 다시 자아의 내부로 흡수, 수용할 수도 있다고 간주합니다. (『정신분석 강의』, 558-559)

프로이트는 한참 성적 욕구와 자아 욕구 등을 말하다가 갑자기 또 다시 모든 욕구는 성적욕구 하나이다로 회귀하려 한다. 그러면서 붙인 이름이 자아 리비도(성적 욕구)와 대상 욕구(다른 욕구)이다. 그런데 우리는 욕구라는 큰 주제 안에 성적욕구, 사회적 욕구, 자아실현적 욕구가 있다고 말할 뿐이다. 사회적 욕구와 자아실현 욕구가 성적욕구로 회귀하기 위한 욕구는 아니었던 것이다. 사람이 연로하면 성적 욕구는 사라들고 만다. 그러나 사회적 욕구와 자아실현 욕구는 더욱 왕성하다.

카. 사회적 욕구의 출현

위의 본문 내용은 무엇을 말하는가? 성적 욕구에서 사회적 욕구가 출현하는 장면을 위와 같이 서술한 것이다. 성적욕구가 집중 리비도이다. 여기에서 성적 욕구의 리비도가 좌절을 맞자 관심 리비도 · 대상 리비도가 출현하였다. 그것이 곧 사회적 욕구이다.

그런데, 이 대상 리비도의 출현과정을 프로이트는 어떻게 설명하는가? 원형질의 위족 생물이 자신의 몸의 일부를 떼어낸 후에 그곳에서 대상 리비도가 출현하는데, 결국 성욕에서 사회적 욕구가 출현했다고 말하고 있는 것이다.

그래서 이 사람은 이 사회적 욕구가 예술작품에서의 성공을 추구했는데, 결국 성적인 욕구를 만족시키기 위해서 그 예술작품을 완성했다는 것이다. 그래서 성적욕구에서 사회적 욕구가 파생했다는 식으로 설명하려 한다. 그런데, 그것은 논리적으로 전혀 맞지 않는다.

정신에는 또 하나의 본능이 존재하는데 자아실현욕구 · 양심욕구 · 종교적욕구이다. 이것을 슈퍼에고라고 한다. 이 슈퍼에고도 성적욕구에서 출현하였는가? 특히 종교적 욕구와 양심욕구에서는 정욕을 죄라고 규정하고 있다. 이 성욕에서 성욕과 투쟁을 하는 양심이 출현하는가? 그래서 프로이트는 양심은 정신의 원래적인 기능이 아니고, 사회의 교육을 통해서 새롭게 생긴 욕구라고 말한다.

타. 리비도 검열기관의 출현 : 양심

한편, 그렇다면 이러한 리비도의 변천을 주도하는 것은 무엇인가? 이에 대해서 프로이트는 우리 안에는 이것을 조율하는 '관찰기관'이 있다는 것을 말한다. 그것은 바로 '양심'이었다. 그런데, 프로이트는 이러한 이 '양심'에는 어떤 기준이 있어서 모든 리비도를 끝없이 자신의 '이상적 자아'에 비춘다. 그리고 그것은 자신이 성장하는 동안 이와 같은 '이상적 자아'를 창조하고, 우리의 자아를 억압한다고 말한다. 프로이트는 이러한 기능은 부모와 선생, 그리고 사회 환경 등의 영향에 의해서 비롯한다고 말한다. 즉 이들처럼 모범적인 사람들 개개인과 자신을 동일시함으로써 그런 기관이 만들어진다.

① 리비도를 관장하는 기관

나는 또한 여러분에게, 나르시시즘적인 장애들을 분석함으로써 자아가 어떤 요소에 의해 구성되었는지, 또 여러 개의 심급으로 이루어진 그 구조를 알아낼 수 있기를 희망한다고 말했습니다.… 관찰망상의 분석을 통해서 우리는 자아의 내부에 실제로 이를 관장하는 기관이 존재한다는 결론을 내렸습니다. 이 기관은 지속적으로 관찰하고 비판하고, 또 비교하는 역할을 함으로써 자아의 다른 부분과 대치합니다. (『정신분석 강의』, 574)

② 내부에 존재하는 리비도를 관장하는 힘

환자가 모든 자신의 행동들이 감시와 관찰의 대상이 되고 모든 자신의 생각들이 보고되거나 비판받는다고 불평할 때, 환자는 우리에게 아직 그 의미가 충분히 평가되지 못한 진리를 드러내보여 준다고 생각합니다. 그는 단지 자신을 불편하게 만드는 이런 힘을 자신에게 낯선 무엇으로서 외부에 설정하는 오류를 범할 뿐입니다. 그는 자신을 관장하는 기관이 자아의 내부에서 작용한다는 것을 느낍니다.

③ 현재의 자아를 이상적 자아에 견주는 그 힘

그 힘은 현재의 자아와 그의 모든 행위들을 '이상적 자아'에 견줍니다.

④ 이상적 자아를 창조하는 그 힘

그는 자신이 성장하는 동안 이와 같은 이상적 자아를 창조합니다.
⑤ 이상적 자아 : 유아기의 나르시시즘
또한 우리는 이런 창조물이 원초적인 유아기의 나르시시즘과 관련된 자기 만족감을 다시 회복시키기 위해서 만들어진 것이라고 생각합니다. 그러나 그에 대한 만족감은 유아기 이후부터 계속해서 그토록 많은 장애와 질병에 의해서 침해당해야만 했던 것입니다.
⑥ 검열관 : 양심
자신을 관찰하는 기관을 우리는 자아의 검열관, 즉 양심으로 알고 있습니다. 이것은 밤 동안에 꿈을 검열하는 일을 수행하며, 이로부터 용인될 수 없는 욕망의 자극들에 대한 억압이 발생합니다. 관찰 망상에서 이런 기능은 마비됩니다.
⑦ 부모와 선생, 사회환경에 의해 만들어진 검열기관
그래서 우리는 이 기능이 부모와 선생, 그리고 사회 환경 등의 영향에 의해서 비롯한다는 사실을 발견합니다. 즉 이들처럼 모범적인 사람들 개개인과 자신을 동일시함으로써 그런 기관이 만들어집니다.(『정신분석 강의』, 574-575)

위의 내용은 결국 프로이트는 양심이 교육 등에 의해 후천적으로 만들어졌다는 이야기를 하고 있다. 그런데, 뭔가 성욕 외에 어떤 존재가 별도로 존재한다. 프로이트도 그것을 지금 스스로 말하고 있는 것이다. 프로이트의 말은 앞뒤가 맞지 않는다.

파. 선험적으로 존재하는 양심의 기능

위의 검열관을 만드는 기능이 선험적으로 우리 안에는 존재한다. 그래서 도덕적인 교훈을 들었을 때, 그것을 우리 안에 각종 욕망들을 검열하는 검열기관으로 세울 수가 있었다. 이런 기능이 존재하지 않으면, 양심이나 도덕의 검열기관이 우리 안에 생성될 수 없다. 그래서 양심이나 도덕의 검열기관을 세우는 그 존재가 바로 양심의 기능이다. 이 양심은 선험적이다. 그래서 이 양심은 성욕이 무차별적으로 발생을 하면, 절제를 말하며, 간음 등으로 발전하여 질서를 어지럽혔을 경우 그에게 죄책감을 부여한다. 이 검열관은 나중에 교육에 의해 생긴 것이 아니라, 먼저 존재하는 것이다. 어릴 적에는 모르더라도 차츰 그의 이성이 깨어나면서 이 양심도 깨어나는 것이다. 교육에 의해 만들어진 것이 아니다. 이 양심이 곧 영의 소욕이다.

4장 정신적인 것의 본성

1. 정신 기관

프로이트는 우리 정신의 위치를 파악해 보려고 하는데, 그것은 뇌(신경체계)와 의식행위 사이의 어디쯤으로 본다. 이것은 뇌 아래에 정신을 배치하는 것으로 보아, 프로이트가 유물론자라는 것을 알 수 있다. 그리고 이 두 가지 사이에 있는 모든 것은 우리에게 아무것도 알려진 바가 없으며, 의식의 자료에는 우리 지식의 이 두 극점 간의 직접적인 관계가 드러나지 않는다. 프로이트는 그러한 가운데 자신은 인간 존재의 개별적 발전에 대한 연구를 통해 이 정신적 장치를 인식하게 되었다고 말한다. 그것은 이드와 에고와 슈퍼 에고인데, 그 내용을 그는 다음과 같이 설명한다.

가. 이드

프로이트는 이 정신 기관의 가장 오랜 것을 이드라고 부른다. 이것은 출생시부터 가지고 있었던 것으로서 그 내용은 무엇보다도 신체 조직에 기인하는 본능이다. 그리고 그것은 우리에게 알려지지 않은 방식으로 이드에서 정신적으로 표현된다.

> 우리는 인간 존재의 개별적 발전에 대한 연구를 통해 이 정신적 장치를 인식하게 되었다. 우리는 이 정신적 지역 또는 기관의 가장 오랜 것을 이드라 부른다. 그 내용은 유전되어 출생시부터 가지고 있고, 구조적으로 확정된 것 모두이다. 따라서 그 내용은 무엇보다도 신체 조직에 기인하는 본능인데, 이 본능은 그 형태가 우리에게 알려지지 않은 방식으로 이드에서 정신적으로 표현된다. (프로이트, 『정신분석학 개요』, 414)

프로이트에게 '이드'는 위의 본문에서 언급되는 바와 같이 "신체조직에서 기인하는 본능"이다. 즉 "육의 소욕"이라는 것이다. 그래서 사람이나 짐승이나 거세를 하면, 그 욕구가 현저히 줄어든다.

프로이트는 이 성욕을 어떤 욕망을 일으키기 때문에 어떤 신적인 지위를 부여하고 있는 것이다. 성경에서는 이 성욕이 절제를 받지 않으면, 타락한 죄라고 말한다. 그래서 성욕 이면의 실체는 타락한 천사라고 한다. 성욕이 제 위치를 벗어나면 건전한 정신이 아니라는 것이다.

나. 자아

프로이트는 우리의 자아가 이드의 외피층의 한 부분이 외부세계를 매개하기 위해서 출현한 것으로 본다. 프로이트의 자아는 의식을 지칭한다. 이 자아는 인간 생활의 활동과 관련한 모든 부분을 지배하는데, 이것은 세계 속에서 자기보존의 본능을 지니고 있다. 그것은 자의적인 운동을 할 수 있으며, 외부를 통해서 자극을 배우고 판단함을 통해서 외부세계에 자신을 합목적적으로 적응하도록 변화시킨다.

자아는 내부를 향해서는 본능들과 연결되어 있는데, 이것은 이드와 대립하면서 이 이드의 요구들이 외부적으로 허용될 수 있는지의 여부를 결정하고, 이것을 유리한 시간과 환경 속에서 나타나도록 조절을 한다. 또한 이것은 외부로부터 들어 온 자극에 대해 쾌락을 최대화하는 방향으로 모든 의사결정을 한다.

① 이드의 외피층으로서의 자아(의식적 자아)

우리를 둘러싸고 있는 실재 외부 세계의 영향 하에서 이드의 한 부분이 특별히 발전한다. 원래 자극의 수용을 위한 기관들과 자극 보호를 위한 장치를 가진 외피층이었던 것이 이드와 외부 세계를 매개하는 하나의 특수한 조직으로 형성된다. 우리는 우리 정신생활의 이 영역에 자아라는 이름을 붙인다.

② 육체를 컨트롤하는 자아

자아의 중요한 특징들은 다음과 같다. 자아는 감각 지각과 근육활동 간의 미리 형성된 관계로 인해 자의적인 운동을 할 수 있다.

③ 자아의 본능은 자기 보존의 본능 : 합목적성

그리고 자기 보존의 과제를 지니고 있으며, 외부를 행해서는 자극을 배우고, 그에 대한 경험을 (기억 속에) 저장하고, 과도한 자극을 (도피를 통해) 피하고, 적당한 자극에 (적응에 의해) 대응하고, 마침내 외부 세계를 합목적적으

로 자신에게 이득이 되도록 변화시키는 것을 배움으로써 이 과제를 수행한다.(『정신분석학 개요』, 414)

④ 이드의 요구들이 허용될 수 있는지의 여부 결정

내부를 향해서는 본능의 요구들에 대한 지배력을 획득함으로써 이드에 대립하여 이 요구들의 충족이 허용될 수 있는가의 여부를 결정하고, 외부 세계에서의 유리한 시간과 환경으로 이 충족을 지연시키거나 그것의 흥분을 억제함으로써 이 과제를 수행한다.

⑤ 자아 속에 들어온 자극들에 대한 판단

자아의 활동은 자아 속에 존재하거나 자아 속으로 들어온 자극의 긴장에 대한 주목에 의해 인도된다. 일반적으로 이 긴장의 증가가 불쾌로, 그것의 감소가 쾌락으로 느껴진다. 그러나 쾌락과 불쾌로 느껴지는 것은 아마도 이 자극 긴장의 절대적 수준이 아니라 그것의 변화 리듬에서의 어떤 감정일 것이다. 자아는 쾌락을 추구하고 불쾌를 피하려 한다. 불쾌 증가가 기대되고 예견되는 경우 자아는 불안 신호로 대답한다. 그것의 동인이 외부에서 오든 내부에서 오든 그것을 위험이라 한다. (『정신분석학 개요』, 414-415)

⑥ 수면상태로 되돌아가는 자아

자아는 때때로 외부 세계와의 연계를 끊고 수면 상태로 되돌아 가는데, 여기서 자아는 자신의 조직을 광범위하게 변화시킨다. 수면 상태로부터 추론할 수 있는 것은, 이 조직의 본질이 정신적 에너지의 특수한 분배에 있다는 점이다. (『정신분석학 개요』, 415)

그래서 프로이트의 정신구조는 다음과 같다. 기독교와는 정반대이다.

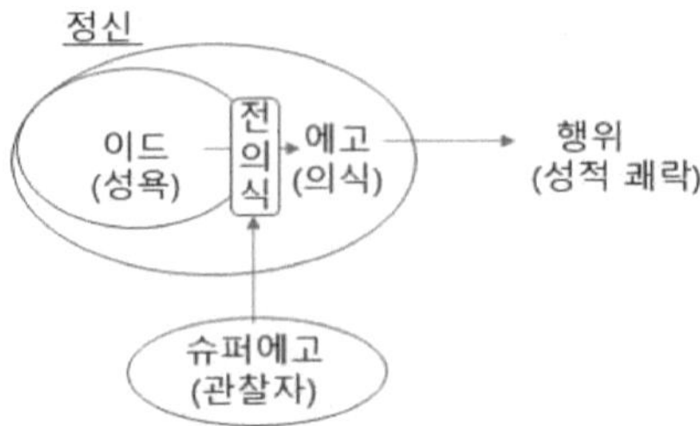

성욕이 가장 중요하게 자리하고 있다. 양심은 후천적으로 발생한 것으로서

사실상 있으나 마나한 자리에 위치하고 있다.

프로이트의 자아는 오직 이드의 이익을 대변한다. "이드의 요구들이 허용될 수 있는지의 여부 결정"한다. 극단적으로 말해서, 에고의 모든 관심사는 항상 이드(성욕)를 만족시킬 수 있는지 여부를 분별한다는 것이다.

다. 초자아

프로이트는 초자아가 긴 유아기의 침전물에 의해 형성된 자아의 산물이라고 한다. 따라서 유아기가 짧은 동물 등은 초자아가 없다는 이야기일 수도 있다. 그는 "인간과 같이 긴 유아적 의존기가 존재하는 모든 것에게 초자아가 있다고 가정할 수 있다"(『정신분석학 개요』, 416)고 말한다. 여기에서 초자아는 '양심'이라고 말해지는데, 프로이트에 의하면 양심은 긴 유아기 때 유아의 무의식이 겪은 오이디푸스 콤플렉스의 산물이다. 자아 안에 있는 생존 본능의 도덕적인 부분일 뿐이다.

이 초자아의 기능은 사회적 환경의 요구를 자아에 반영하는 역할이다. 이것은 처음에 부모에 의해서 주어지는데, 사회적인 요구가 부모를 통해서 아이의 초자아에 반영된다. 이에 대해 프로이트는 다음과 같이 말한다.

> ① 유아기에 생겨난 침전물
>
> 인간존재로 성장해 가는 아이가 부모에 의존하여 사는 긴 유아기의 침전물로 자아 속에는 하나의 특별한 기관이 형성되는데, 여기서 부모의 영향은 지속된다. 이 기관은 초자아라는 이름을 얻는다. 이 초자아가 구별되거나 자아에 대립하는 한에서, 그것은 자아가 고려할 수 밖에 없는 제3의 힘이다. (『정신분석학 개요』, 415)
>
> ② 부모의 영향과 사회적 환경의 요구
>
> 자아의 행위는 그것이 자아, 초자아 및 실재의 요구를 동시에 충족시킬 때, 따라서 이들의 요구를 서로 조화시킬 수 있을 때 올바른 것이다. 자아와 초자아 간의 관계의 세부 사항은 보통 아이의 부모에 대한 관계로 거슬러 올라감으로써 이해될 수 있다. 부모의 영향으로 작용하는 것은 부모의 개인적 존재만이 아니다. 부모에 이어지는 가족, 인종 및 민족 전통의 영향과 부모가

대변하는 각각의 사회적 환경의 요구도 작용한다.
마찬가지로 초자아는 개인 발달 과정에서 나중에 나타나는 전승자와 부모의 대체 인물 편에서 오는 기여도 받아들이는데, 그것은 교육자, 공공의 모범, 사회에서 숭배되는 이상과 같은 것이다.
③ 외부에 의해 형성된 초자아
여기서 알 수 있는 것은 이드와 초자아가 근본적으로 상이함에도 불구하고 하나의 일치점을 보이고 있다는 것이다. 그것들은 과거의 영향을 대변하는 바, 이드는 유전된 과거의 영향을, 초자아는 본질적으로 다른 이로부터 넘겨받은 과거의 영향을 대변한다. 반면 자아는 스스로 체험한 것, 따라서 우연적이고 현재적인 것에 의해 주로 규정된다. (『정신분석학 개요』, 415)

라. 프로이트의 정신구조에 대한 평가

위의 프로이트의 정신구조의 내용은 다음과 같이 도식화 될 수 있다. 다음 도식의 특징은 초자아가 자아의 산물이라는 것이며, 프로이트의 초자아에게는 특별한 자기의 공간이 최소한으로 확보되어 문지기적인 역할 밖에 하지 않는다. 그리고 초자아를 통해서는 유전을 통하든 교육을 통하든 무언가의 외부적 요소가 주입되고 있다. 정신 자체에 관한 것은 성욕으로서의 이드 밖에 존재하지 않는다.

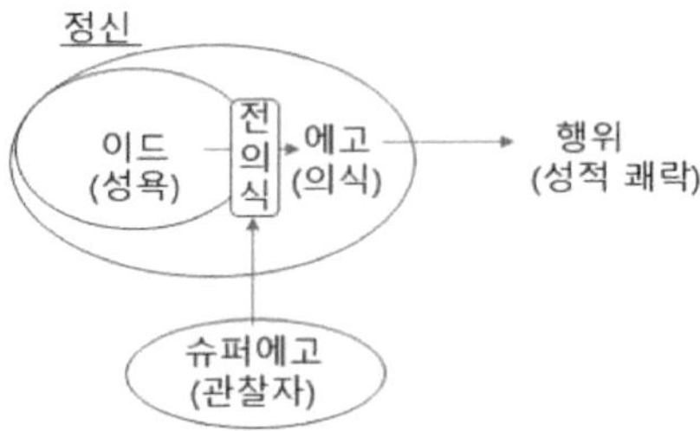

위에서 몇 가지 변형이 주어질 수 있다. 특히 슈퍼에고의 기능에 제 자리를 부여하는 것이다. 이것은 "양심"의 기능인데, 이것은 "자아실현욕구"와 "종교적 욕구"도 여기에 속해야 한다. 이러한 욕구들은 '에고'에 영향을 미친다. 이것은 처음에는 은둔해 있다가 서서히 자아가 깨어나면서 삶의 의미를 찾게 되고, 신적 존재를 찾게 되며, 양심의 소리를 듣기 시작한다. 자신의 친구의 아내에게서 성적인 매력을 느낀다. 그런데, 상대방도 그럴 수 있다. 이때 이 사람은 신속히 그런 상황을 피한다. 일단 정욕이 들어오면 인간은 어느 누구도 그것을 막을 수 없기 때문이다. 그런데 이러한 행위는 고도로 절제생활을 해온 사람에게는 가능하다. 그러나 일반적으로 여기에서 사고가 난다.

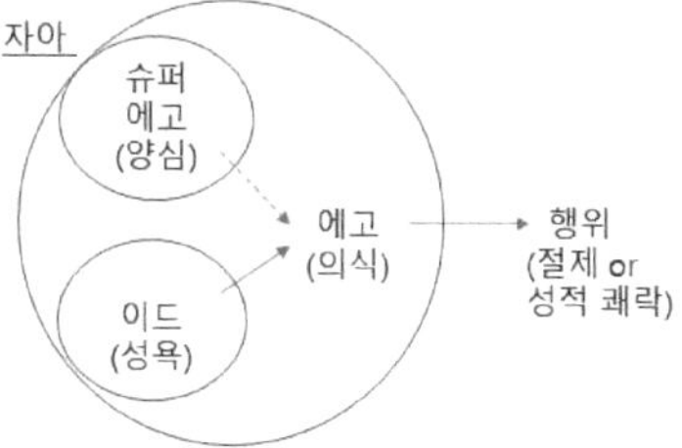

사도 바울은 이 문제를 집중적으로 연구하였는데, 이것은 기독교 신앙의 초석이 되었다. 위의 그림에서 우리의 "자아"는 "영(정신)과 혼(의식)과 몸"의 삼위일체로 구성되어 있다. 양심은 영의 소욕이며, 성욕은 육의 소욕이다. 우리의 마음(의식) 안에서는 이 두 가지 소욕이 서로 치열하게 싸운다. 사도 바울에 의하면, 양심 곧 율법으로는 죄와 정욕을 이길 수 없다고 말한다. 모든 인생들의 정신이 타락을 하였다는 것이다. 이렇게 양심의 소리는 계속 되는데, 정작 자신은 성적 욕구에 빠져있을 때, 죄책감이 들어오며, 신경증에 걸리는 것이다.

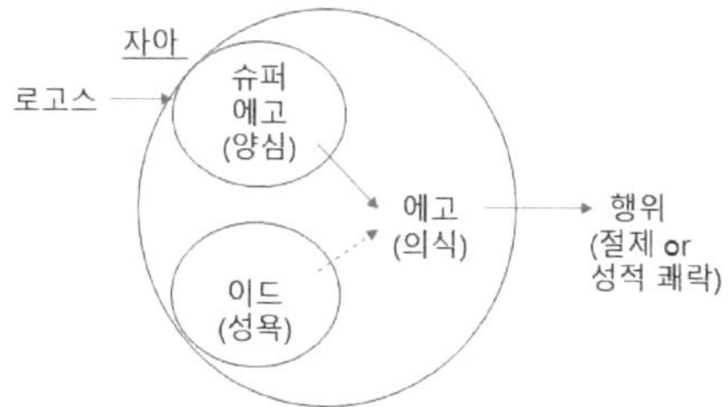

이때 사도 바울은 우리의 영의 소욕이 거듭 태어나야 한다고 말한다. 즉 진리의 영이신 로고스의 성육신이신 예수 그리스도의 영으로 거듭 태어나야 한다고 말한다. 이때에는 영의 소욕이 그를 지배하므로 에고가 양심의 소리에 순응할 수 있다. 그리고 이것이 곧 성욕을 이기는 것이고, 절제이며, 이것을 가리켜서 기독교에서는 거룩이라고 말한다. 이것을 도식화하면 다음과 같다.

2. 본능 이론

가. 각 정신구조의 기능 : 이드 · 에고 · 슈퍼에고

프로이트는 각각의 정신구조에는 그 각각에 해당하는 힘들이 존재한다고 말한다. 즉 각각의 리비도 즉 각각의 욕구가 존재하는 것이다. 이때 프로이트는 이드는 개별 존재의 본래적인 생명의 힘이다. 그리고 이것을 그는 '성욕'이라고 말한다. 그 다음에 자아는 대상 세계 속에서의 생존 욕구이다. 마지막은 초자아의 욕구인데, 그것은 이드를 제한하는 욕구일 뿐이다. 프로이트에게 초자아의 양심 등의 자아실현욕구는 정신의 구조 속에 아예 존재하지 않는다. 그것은 나중에 사회에서 습득하게 되는데, 이드를 제한하는 역할 밖에 하지 않는다. 프로이트는 자신의 양심을 속이는 무신론자가 되었던 것이다. 그 내용을 프로이트는 다음과 같이 말한다.

① 이드
이드의 힘은 개별 존재의 본래적인 생명의 의도를 표현한다. 이 힘의 본질은 이드가 가지고 있는 욕구를 충족시키는 데 있다.
② 에고
생명을 유지하고 위험에 대한 불안으로부터 보호하려는 의도는 이드에 속하지 않는다. 그것은 외부 세계를 고려하여 가장 유리하고 가장 위험이 없는 종류의 충족을 찾아내야 하는 자의 과제이다.
③ 슈퍼에고
초자아가 새로운 욕구를 주장할 수도 있을 것이다. 그러나 초자아의 주업무는 충족을 제한하는 것이다.(『정신분석학 개요』, 417)

프로이트에 의하면, 우리 정신의 본질은 초자아의 양심이 아니라, 이드 곧 성욕이다. 프로이트에게 있어서 내 '정신(영)의 소욕'은 성욕이다.

나. 기본 본능들의 변환

프로이트는 원래의 힘들이 다른 힘들로 그 본능을 변환시킬 수 있다고 하는

데, 그는 이것을 『정신분석 강의』, pp.558-559에서 말하는데, 논리를 위배하고 있다. 즉 그것은 증명일 수 없다. 그가 이러한 힘들의 전환에 대한 아무런 증명 절차 없이 단순한 전제를 내세우고 있다. 프로이트는 여기에서 억지를 부린 것이다. 우리는 그 내용을 앞에서 살펴보았으므로 여기서는 간과하도록 한다.

프로이트의 가장 큰 실수는 자꾸 이드 배후에 또 다른 본능이 있다고 말한다는 것이다. 그렇다면, 그것이 리비도이다. 이 리비도가 이드로 본능을 분출하다가 어떤 상황을 만났을 때, 그것은 사회적 욕구 에너지로 전환한다는 것이다. 한 본능이 다른 본능이 된다는 것이다.

> ① 이드 배후의 본능
> 이드의 욕구 긴장의 배후에 있다고 가정되는 힘을 우리는 본능(*Trieb*)이라 부른다. 이 힘은 정신생활에 대한 신체적 요구를 대변한다. 그것은 모든 활동의 최종 원인임에도 불구하고 보수적인 성격을 갖는다.
> ② 본능의 변환
> 어떤 존재가 도달한 모든 상태로부터 이 상태를 떠나자마자 그것을 복구하려는 노력이 일어난다. 따라서 무수한 수의 본능을 구별할 수 있는데, 우리는 일상적인 실천에서 실제로 그렇게 한다. 그러나 우리에게 중요한 것은, 이 모든 다양한 본능들을 몇몇 소수의 기본본능들로 환원하는 것이 가능하냐는 것이다.
> ③ 다른 한 본능으로의 이전
> 우리의 경험에 따르면, 본능은 그 목적을 (전위에 의해) 변화시킬 수 있으며, 어떤 한 본능의 에너지가 다른 본능의 에너지로 이전됨으로써 본능들을 서로 대체할 수 있다. 이 후자의 과정에 대해서는 아직 잘 이해되고 있지 못하다.
> (『정신분석학 개요』, 417)

어떤 사람이 성적 에너지를 발산하다가 실연을 당하였다. 성적 쾌락의 좌절이 온 것이다. 이때 이 사람은 다른 욕구를 불러일으킨다. 사회적 에너지를 불러 일으켜서 공부를 열심히 하여 좋은 직장을 갖게 된다. 이때 이 사람은 이 성적 에너지를 짓누르고, 사회적 에너지의 분출을 많게 하고 작은 문제가 되게 한다. 그렇게 해서 그 성적 좌절을 극복해 낸다. 이것이 리비도의 전환이며, 승화이다. 이때 성적욕구가 변하여서 사회적 욕구가 된 것인가? 그렇다면, 이 사람에게 그 실연은 상처로는 남지 않는다. 욕구의 변환과 동시에 그 문제는 해결되는 것이다. 그러나 이 사람에게 그 상처는 여전히 계속 된다. 그리고 그 성적 에너지가 감소한 것도 아니다. 그것은 사회적 욕구의 에너지와 성적 에너지 각각의 에너지가 있다는 것이다.

어떤 사람은 신앙의 힘으로 이 성적좌절을 극복한다. 하나님께서 가장 완전한 배필을 마련하기 위해 좌절이 왔다는 것을 깨달은 것이다. 이 경우, 그 고통은 순식간에 사라진다. 이 경우에도 슈퍼에고의 욕구로 성적욕구를 이긴 것이다. 성적욕구가 이렇게 변환된 것이 아니다.

다. 에로스와 타나토스

이러한 에너지의 환원을 검토하기 위해서 프로이트는 두 가지 기본본능, 즉 에로스(리비도)와 파괴본능(타나토스)을 가정하고 이 두 본능 간의 관계를 살펴보기로 하였다.

프로이트는 에로스 내에서 "자기 보존 본능(사회적 욕구)"과 "종족 보존 본능(성적 욕구)"간의 대립이 일어났으며, 또한 "자기애(성적 욕구)"와 "대상애(사회적 욕구)"간의 대립도 일어났다고 앞에서 말하였다. 위족생물에게서 잘려진 몸이 대상이 되어 또 다른 생명체가 되듯이 그것이 바로 이드(성욕)내의 또 다른 욕구라는 것이다. 이제는 이것을 에로스와 타나토스에 적용시킨다.

프로이트는 에로스와 파괴본능 간의 에너지 전환은 그것이 이전의 상태로 복귀하는 차원에서는 가능하다고 말한다. 즉, 에로스가 타나토스(파괴본능, 죽음)로 변하였다. 성적욕구가 좌절을 당한 것이다. 그래서 열심히 공부를 해서 좋은 직장을 얻은 후 다시 성적대상을 찾았다. 결국 "에로스-타나토스-에로스"의 공식이 선 것이고, 이것을 하나의 통일체로 보자고 말한다.

① 에로스와 타나토스(파괴본능)

우리는 한참 동안 주저하고 망설이다가 두 가지 기본 본능, 즉 에로스와 파괴본능을 가정하기로 결정했다. (자기 보존본능과 종족 보존 본능 간의 대립 및 자기애와 대상애 간의 대립은 에로스 내에서 일어난다.) 전자의 목적은 언제나 큰 통일을 이루고 이를 유지하는 것, 즉 애착이고, 반대로 후자의 목적은 연관을 해체하여 사물을 파괴하는 것이다. 우리는 파괴본능의 최종 목적이 생명체를 비유기체로 만드는 것처럼 보인다고 생각할 수 있다. 이런 이유로 우리는 그것을 죽음 본능(*Todestrieb*)이라고 불렀다.

② 부활을 위한 타나토스

생명체가 후에 살아 있지 않은 것으로 되고 여기서 다시 생명체가 생긴다고 가정하면, 죽음 본능에 대해서도 본능은 이전 상태로의 복귀를 지향한다는 앞서 말한 정식이 타당하다.

③ 에로스-타나토스-에로스의 통일체

이렇게 하기 위해서는 살아 있는 실체는 전에 하나의 통일체였는데, 후에 분열하게 되었고, 이제 새로운 통일을 지향한다는 것이 전제되어야 할 것이다. (『정신분석학 개요』, 417)

위의 이야기는 프로이트가 스스로 창작하여 지어낸 에로스와 타나토스에 관한 소설이다. 서로 아무런 연관과 인과관계가 없는데, 마치 에로스 안에 타나토스가 존재하는 것처럼 이야기를 꾸며낸다.

성욕에서 마치 사회적 욕구가 나타난 것처럼 말한다. 그러나 사회적 욕구는 성욕 이전에 이미 그의 자아라는 본능 속에 살아 있었다. 이제 성인이 되면서, 그 욕구가 자연스럽게 발아한 것이다. 성적욕구에 대한 좌절을 회복하기 위해 사회적 욕구를 분화시키는 것이 아니다.

라. 에로스의 초자아(슈퍼에고)를 통한 고착

프로이트는 인간의 정신적인 생활을 이드와 자아의 관계로서만 파악한다. 이 둘이 모든 인간의 정신적인 활동을 구축해 나간다. 이때 그는 이드의 욕구를 성행위로 파악하는데, 이것은 내밀한 통일 의도를 가진 번식을 위한 공격적 성향이며, 자아의 생존욕구는 먹는 행위로서 최종 목적에서의 대상 파괴('식물입장'으로 추정)라고 말한다. 이러한 자아의 생존욕구는 이제 다양하게 발전한다. 그러면서 이 욕구에 초자아가 개입하였을 때, 이제 이 초자아(양심)는 에로스를 제지시키고, 내부에 고착시킨다. 그러면 이제 에로스 내에 있는 그 파괴적인 공격성향이 자신을 죽인다.

프로이트는 에로스의 나타남을 공격성향이라고 말하고 있다. 그런데 그는 우리 안에 있는 초자아가 개입되면서 이것이 발현되지 못하고, 내부에서 고착이 된다. 그리고 이 리비도가 내부에서 소멸되면서 병에 걸린다고 말한다.

① 두 가지 기본본능 : 자기 보존 본능과 종족 보존 본능

생물학적 기능에서 이 두 가지 기본 본능은 서로 대립적으로 작용하거나 서로 결합한다. 그래서 먹는 행위는 섭취하려는 최종 목적에서의 대상 파괴이고, 성행위는 내밀한 통일의 의도를 지닌 공격이다. 두 가지 기본 본능의 조화와 대립 작용으로 인해 삶의 다양한 현상이 일어난다. 생명체의 영역을 넘어서 우리의 이 두 가지 기본 본능의 비유는 비유기체에서 지배적인 인력과 척력이라는 대립쌍에 이른다.

② 본능들의 혼합 비례의 변화

본능들의 혼합 비례의 변화는 가장 확실한 결과들을 가져온다. 성적 공격이 더 강하게 추가되면 애인은 강간 살인범이 되고, 공격적 요소가 아주 감소하면 그는 소심해지거나 불능이 된다. 이런 저런 기본 본능들을 어떤 한 정신적 영역에 제한하는 것은 말도 안 된다. 기본본능들은 어디에서나 만날 수 있다. 우리는 시초 상태를 다음과 같은 방식으로 생각할 수 있다.

③ 자아-이드

이제부터 우리가 리비도라 부르는 에로스가 가지고 있는 에너지 전체가 아직 분화되지 않은 자아-이드에 존재하고, 이것은 이와 동시에 존재하는 파괴적 성향들을 중성화시키는 데 기여한다. (파괴 본능의 에너지에 대해 리비도와 유사한 용어는 없다.) 후에 우리가 리비도의 운명을 추적하는 일은 상대적으로 쉽다. 반면 파괴 본능에서는 이 일이 더 어렵다. (『정신분석학 개요』, 418-419)

④ 에로스의 밖을 향한 공격본능

이 본능이 죽음의 본능으로 우리 내부에서 작용하는 한, 그것은 침묵하고 있다. 그것이 파괴 본능으로 밖으로 향할 때 그것은 비로소 우리에게 등장한다. 이것이 일어나는 것이 개인의 유지를 위해서는 필수적인 것처럼 보인다. 근육 기관이 이렇게 방향을 유도하는 기능을 한다.

⑤ 초자아(양심)의 개입으로 인한 공격적 본능의 고착
초자아가 개입되면서 상당한 양의 공격적 본능이 자아의 내부에서 고착되고 여기서 자기 파괴적으로 작용한다.
⑥ 병의 유발
이는 인간이 문화적 발전을 이루는 과정에서 감수해야 하는 건강에 대한 위험의 하나이다. 공격의 억제는 일반적으로 건강한 일이 아니며 병을 유발한다. 어떤 사람은 공격을 자기 자신에 향하게 함으로써 억제된 공격을 자기 파괴로 이행시키는데, 이를 그는 분노의 발작으로 표현한다.…
⑦ 리비도의 소모
아마도 개인의 리비도가 다 소모되거나 유익하지 않게 고착될 때에야 비로소 이 부분이 내부에 머물러 있지 않을 것이다. 따라서 일반적으로 추측할 수 있는 것은, 개인은 자신 내부의 갈등 때문에 죽는다는 점이다. (『정신분석학 개요』, 419-420)

마. 성욕에 대한 기독교적 대안

기독교에 의하면, 우리의 자아 안에는 세 가지 욕구가 존재한다. 이 세가지 모두가 리비도를 형성한다. 기독교에서도 성을 "생육하고 번성하라"는 말씀의 근간으로서 가정을 이루는 거룩한 속성으로 파악한다. 그러나 그것이 무분별한 욕망의 죄로서의 성욕에 대한 경계이다. 프로이트는 이 성욕을 억제했을 때 리비도가 질식을 당한다고 하는데, 기독교적 방식에서는 도리어 초자아의 리비도가 나타난다.

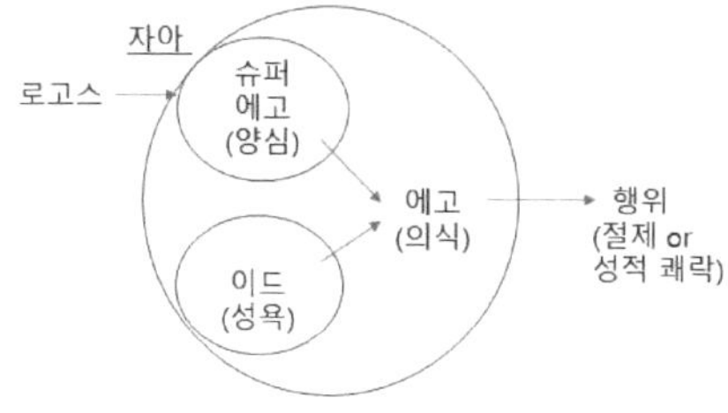

부부의 성관계는 거룩하고 아름답다. 그런데, 이것이 규범 밖으로 뻗어나가는 것에 대한 문제이다. 이 성욕은 결국 가정을 파괴하고, 자신을 파괴한다. 이때 중요한 것은 자신이 아무리 억제를 하고 싶어도 그것이 뜻대로 되지 않는다는 것이다. 이 성욕을 방치하면, 그 사람은 이제 강간범이 되고, 동성애자가 된다. 성욕은 모든 죄의 뿌리이다.

이때 그의 심성 깊은 곳에서 "이것은 죄이다"는 음성이 들려온다. 아무리 프로이트 이론으로 그것을 무시하려 해도, 그 음성은 계속 들려온다. 이것이 초자아, 정신, 양심의 소리이다. 칸트는 이 음성 위에 하늘이 있다고 말한다. 그것은 하늘에서 울려오는 음성인 것이다. 그래서 인간이 그 음성을 지울 수 없다. 이와 같이 초자아가 곧 정신, 영의 소욕이다.

여기에 따르고 싶은데, 내 의식적 자아는 이것을 떨쳐내지 못한다. 어떤 이성이 있다면, 무엇을 하든 그 이성이 생각난다. 내 생각을 내가 결코 주관하지 못한다. 그 이성에 대한 생각이 내 자아의 의식(에고)를 점령해 버리는 것이다. 사도 바울은 모든 인생들이 이와 같다고 말한다. 인간은 정욕을 이겨내는 존재가 아니다.

오직 이 초자아가 양심의 소리만 발하는 것이 아니라, 그 초자아의 소리를 선택하는 힘까지 주어져야 한다. 이것을 기독교에서는 "성육신하신 로고스(예수 그리스도)를 영접하는 것"이라고 말한다. 로고스가 바로 그 양심의 소리에 대한 능력이다. 이러한 초자아의 능력은 기도의 시간을 통해 인생들에게 내려온다. 이러한 초자아의 리비도는 성욕의 쾌락을 뛰어넘는다. 아가서 1:2은 "주의 사랑은 포도주보다 낫습니다."라고 하는데, 이것이 초자아가 누리는 쾌락이다. 이것이 초자아의 리비도(쾌락)이다. 이때 이드의 쾌락도 허용된 가정의 범위에서 또한 극대화된다.

3. 정신기관의 형성

프로이트는 위에서 언급한 정신구조의 발견을 정신에 대한 형이상학적 구조로 볼 수 있다고 생각한다. 그래서 그곳에서 이루어지는 어떤 규칙적인 원리를 발견한다면, 이것은 심리학이 일반 과학과 같은 위치에 서게 된다고 말한다. 그런데, 아직은 이것을 깊이 있게 탐구하지는 못했으며, 앞에서 제기한 세 가지 기능을 자세히 언급하는 것으로 만족을 해야 한다고 말한다.(『정신분석학 개요』, 478-480) 그리고 이제 프로이트는 그 동안의 연구된 사항을 토대로 하여서 이 세 개의 기능이 어떻게 작동되는 지를 다음과 같이 설명한다.

가. '이드'에게 전달된 외부세계

프로이트는 우리 정신의 세 가지 기능 중에서 오직 대상 세계와 관계를 가지는 것은 자아의 의식인데, 이 자아의 의식(에고)을 통해서만 이드는 작동을 한다. 그리고 프로이트에 의하면, 이때 이드는 두 가지 본능들이 혼합되어 있는데, 이것은 곧 에로스와 파괴라고 한다. 이때 여기에서 에로스는 성적 본능을 말하지만, 파괴는 곧 슈퍼에고(초자아)의 제한하고 파괴하는 본능을 말한다. 이 두 기능이 외부의 정보에 대해서 그들의 욕구를 통해 반응을 한다는 것이다.

이드는 어떤 대상이 주어지면 그 자체의 욕망을 향하여 즉각적으로 반응을 하려 한다. 그런데, 그것을 그대로 반영하면 위험한 갈등과 몰락을 초래한다. 이것을 제한하는 정신적 요소가 슈퍼 에고로 작용하는 파괴라는 본능이다.

① 존재의 본질 : 이드

우리 존재의 본질을 이루는 것은 모호한 이드이다. 이 이드는 외부 세계와 직접 교류하지 않으며 다른 기관의 매개를 통해서만 우리의 지식에 들어올 수 있다.

② 이드 안에 있는 두 가지 힘 : 에로스와 타나토스

이 이드에서는 유기적 본능들이 작용하는데, 이 본능들 자체는 두 가지 원초적 힘(에로스와 파괴)이 상이한 정도로 혼합된 것으로 구성되어 있으며, 기관이나 기관의 체계와의 관계를 통해 서로 분화되어 있다. 이러한 본능들이 유일하게 추구하는 것은, 외부 세계의 대상의 도움을 빌어 기관들에서 특정한 변화를 일으킴으로써 기대할 수 있는 충족이다.

③ 이드의 무분별한 본능충족의 위험성

그러나 이드가 요구하는 바와 같은 즉각적이고 무분별한 본능의 충족은 자주 외부 세계와의 위험한 갈등과 몰락을 초래할 것이다.

④ 공포를 알지 못하는 이드

이드는 존속의 보장을 위한 배려, 공포를 알지 못한다. 아마도 더 정확히 말

한다면, 이드는 공포의 감각 요소를 발생시키지만 그것을 사용하지 않는다. (『정신분석학 개요』, 480)

위의 본문에 의하면, 이드 안에 에로스와 타나토스가 함께 존재한다. 그런데, 이 프로이트의 타나토스는 사실은 초자아이다. 프로이트의 위 본문을 도식화하면 다음과 같다.

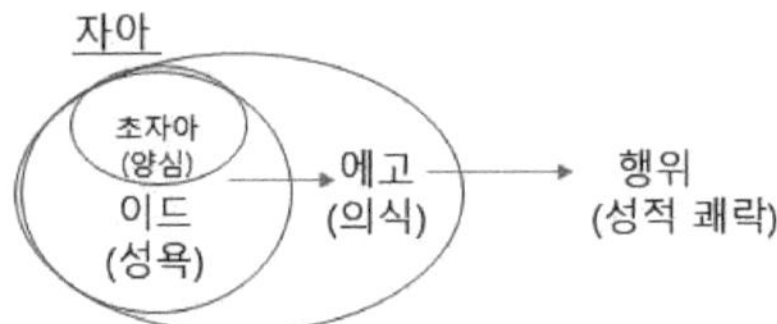

여기에서 이미 프로이트는 자아 내에 초자아의 존재를 상정하고 있다. 기독교의 세계관에서는 위의 그림에서 초자아를 이드 밖으로 옮겨야 한다는 것이다. 성욕 내에 양심의 거룩함이 존재할 수는 없기 때문이다. 성욕·정욕은 공포를 모른다. 에고에 공포를 제공하는 본능은 이드 밖에 존재하는 초자아이다.

나. 이드를 지배하는 '쾌락의 원칙'

자아를 통해 대상 세계를 지각한 이드는 곧바로 그것에 대해 쾌락의 원칙을 좇아 행하려 한다. 이 쾌락의 원칙은 아무것도 폐기시킬 수 없다. 그렇다고 하여서 이 쾌락의 원칙을 좇아 행하면 파멸을 초래한다. 이때 이 쾌락의 원칙에 작용하는 두 원칙이 있는데, 이것은 에로스와 죽음의 본능 간의 관계이다.

① 쾌락의 원칙을 좇는 이드

외부 세계로부터 차단된 이드는 자기 자신의 지각 세계를 가지고 있다. 이드는 매우 날카롭게 자기 내부에서의 어떤 변화를 감지한다. 특히 그것은 일련의 쾌감과 불쾌감으로 의식되는 그의 본능의 욕구가 갖는 긴장이 동요하는 것을 감지한다.… (이때) 이드는 가차 없는 쾌락의 원칙에 복종한다.

② 폐기할 수 없는 쾌락의 원칙과 변형

그러나 이드만이 그런 것은 아니다. 다른 정신 기관의 활동도 단지 쾌락 원칙을 변형시킬 수 있을 따름이지 그것을 폐기할 수는 없는 것처럼 보인다. 그래서 언제 그리고 어떻게 쾌락 일반원칙의 극복이 이루어지는가라는 이론적으로 가장 중요하고 현재 아직 답이 내려지지 않은 문제가 남는다.

③ 쾌락의 원칙과 죽음본능의 관계

쾌락원칙은 욕구의 긴장이 감소하기를, 아마도 근본적으로는 긴장의 소멸 즉 '열반'을 요구한다는 생각은 아직 평가하지 않은, 쾌락 원칙과 두 원초적인 힘, 즉 에로스와 죽음의 본능 간의 관계로 나아간다. (『정신분석학 개요』, 481)

프로이트는 계속하여 이드 내에 성욕의 쾌락원칙과 파괴본능이 동시에 존재한다고 말한다. 이 쾌락원칙은 공포를 모른다. 그럼에도 불구하고 이 파괴본능이 성욕을 제어한다. 프로이트는 또한 우리 안에는 현실원칙이 존재한다고 말한다. 우리는 이 쾌락의 원칙을 제어하는 파괴본능, 그리고 현실원칙을 제기하는 초자아를 이드와 구분해야 한다고 말하고자 한다.

다. 자아의 '현실 원칙'을 통한 구성적 기능

프로이트에 의하면, 이드의 무차별적인 욕구는 자아의 기능에 의해서 제한을 받는다. 이때 자아 속에는 '현실 원칙'이 지배한다. 자아는 현실성 검사를 수행함을 통해서 자신을 보호한다.

① 외피층 자아의 발전

우리가 가장 잘 알고 있다고 생각하고 그 속에서 우리가 우리 자신을 가장 먼저 인식하는 다른 정신기관, 이른바 자아는 이드의 외피층으로부터 발전해 나왔다.

② 의부세계에 의존하는 자아(의식, 에고)

이 외피층은 자극의 수용 및 자극의 저지의 수행을 통해 외부 세계(현실)와 직접적으로 접촉한다. 자아는 의식적인 지각으로부터 출발하여 이드의 더 많은 영역과 더 깊은 층을 자신의 영향 하에 종속시키며, 외부 세계에 확고히 의존함으로써 자신의 출처에 대한 지울 수 없는 낙인을 보여준다.

③ 자아의 심리학적 기능

자아의 심리학적 기능은 이드 내에서의 과정을 더 높은 역동적 수준에 올려놓는데 있다. (가령 자유로이 움직이는 에너지를 전의식적 상태에 상응하게끔 고착된 에너지로 전환시키는 데 있다.)

④ 자아의 사고활동을 통한 현실원칙

자아의 구성적 기능은 본능의 요구와 충족 행위 간에 사고활동을 개입시키는 데 있다. 이 사고활동은 현재에서 방향을 설정하고 과거의 경험을 평가한 후 시험적 행위를 함으로써 의도한 기도의 결과를 추측하려 한다. 자아는 이런 방식으로 어떤 시도가 충족될 수 있는가 혹은 지연되어야 하는가를 결정한다. (현실 원칙)

⑤ 자아의 불안감각과 현실성 검사

이드가 오로지 쾌락의 획득을 목적으로 하듯이, 자아는 불안 감각을 자신의 본래 모습을 위협하는 위험을 보여 주는 기호로 이용한다. 기억의 흔적이 지각과 마찬가지로 언어적 잔재와의 연상을 통해 의식될 수 있기 때문에, 여기에 현실의 오인을 초래할 수 있는 혼동의 가능성이 존재한다. 자아는 이러한 혼동에 대해 현실성 검사를 수행함으로써 자신을 보호한다. (『정신분석학 개요』, 481-482)

우리 '자아(의식 · 에고)'안에 있는 '이드(성욕)'은 계속 자신의 욕구를 발생시킨다. 그런데, 이것을 받아든 '자아(의식 · 에고)'는 또한 외부로부터도 이러한 시도가 충족될 수 있는가를 받아들인다. 그러면서 자아의 사고활동이 시작된다. 이때 어딘가에서 불안감각을 제시한다. 이 불안 감각이 초자아의 행위인 것이다. 이 불안감각은 '이드(성욕)' 안에 있는 감각이 아니다. 프로이트가 말한 것처럼 이 성욕은 공포를 모른다. 이 이드(성욕)과 절제를 말하는 초자아(양심)의 두 성질은 별도인 것이다. 이 두 자아는 에고 안에서 서로 싸우는 것이다.

만일 성욕이 변해서 절제가 된다면, 이 사람은 실연을 당해도 마음이 아프지 않다. 그 성질에서 충돌이 일어나지 않기 때문이다. 그래서 우리는 정신의 지형도를 다음과 같이 그려야 한다.

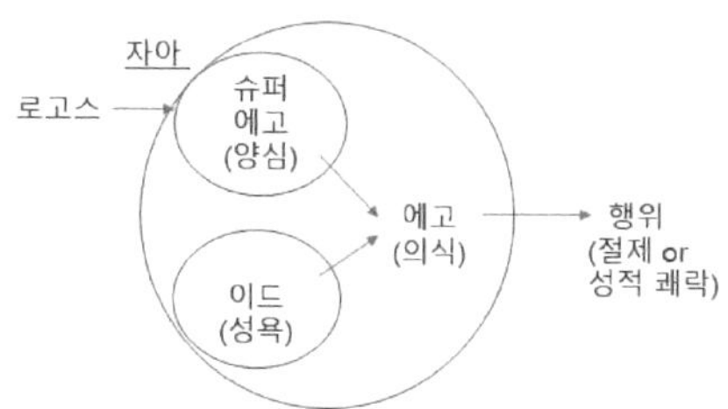

라. 두 자아의 충돌 : 이드와 외부세계의 충돌

프로이트에 의하면, 우리의 자아는 외부의 위험스러운 상황과 접촉하면서 두 가지의 위험에 직면하는데, 하나는 1차적인 외적 현실이며, 또 하나는 내부세계로부터 나오는 본능의 욕구 충족으로서, 이로 인해 또 다시 초래할 수 있는 외부 위험에 대한 예측이다. 이때 내부의 위험이 더 크게 작용을 하는데, 그것은 내부의 위험은 잠시 진압된다고 하더라도 그 위협은 계속적으로 남기 때문이다.

① 현실성 검사 : 강대한 기계적 힘을 갖는 주변환경, 1차적 위험

이러한 현실성 검사가 꿈속에서는 수면 상태의 조건에 따라 깜박 잊혀질 수 있다. 강대한 기계적 힘을 갖는 주변 환경 속에서 자신을 유지하려는 자아에게 위험은 1차적으로 외적 현실로부터 온다. 그러나 위험은 여기에서만 오는 것은 아니다. 자기 자신의 이드가 두 가지 상이한 이유에서 비슷한 위험의 원천이다.

② 과대한 본능의 강도로 인한 자아의 손상

첫째, 과대한 본능의 강도가 외부 세계의 과대한 '자극'과 비슷한 방식으로 자아에 손상을 입힐 수 있다. 이를 통해 자아가 파괴되는 것은 아니지만, 자아에 고유한 역동적 조직이 파괴되어 자아가 다시금 이드의 한 부분으로 전환 될 수 있다.

③ 두 전선에서 싸우는 자아

따라서 자아는 두 전선에서 싸우고 있는 것이다. 자아는 자신을 파괴시키려고 위협하는 외부 세계와 동시에 너무나도 요구가 큰 내부 세계에 대항해 자신의 존재를 방어해야 한다.

④ 절제시 내부의 이드로부터의 공격
자아는 이 둘에 대항해 동일한 방어 방법을 사용하지만, 내부의 적의 방어는 특별히 부족하다. 자아는 이 내부의 적과 원래 동일하였고 후에도 그것과 긴밀하게 공생하기 때문에 이 내부의 위험으로부터 도망치기 어렵다. 이 내부의 위험은 잠시 진압된다 하더라도 위협으로 계속 남는다. (『정신분석학 개요』, 482-483)

프로이트는 위의 본문에서 "두 전선에서 싸우는 자아"라는 표현을 사용한다. 하나는 내부의 이드(성욕의 분출)의 욕구이고, 외부는 이 성욕이 주변환경에 의해 받아들여지지 않는 현실적 위협이다. 윤리와 도덕은 어긋난 성행위를 가정을 파괴하는 죄로 규정하고 있기 때문이다. 이 윤리와 도덕은 사실은 양심이 외면화한 것이다. 기독교의 성경에서는 양심과 윤리(십계명 · 율법)이 같은 것이라고 말한다.

위에서 프로이트는 외부의 위협이라고만 말한다. 그런데, 이것을 좀더 정치하게 말하자면 윤리와 도덕을 의미한다. 그리고 그 윤리와 도덕은 사실은 양심이 외면화한 것이다. 따라서 위의 본문에서 프로이트가 말한 "외부의 위협"은 사실은 "내면의 초자아"라고 바꾸어야 한다. 내면의 초자아가 의식(에고)의 사고활동에서 무언가를 발견하고, 즉각적으로 자신의 절제욕구를 발산한 것이다. 그래서 이제 우리의 에고는 이 '이드'(성욕)와 '초자아(절제)'의 두 본능간의 대결이 펼쳐진 것이다.

이때 기독교에서는 우리 인간은 타락하여서 자신이 가진 이 '초자아'만으로는 그 '이드'의 욕망을 이길 수 없다고 말한다. 그 '초자아'의 능력을 배가시키는 절대자의 '초자아'를 받아야 한다고 말한다. 그것이 곧 기독교인들이 말하는 '중생(거듭남)'(요한복음 3장)이다.

마. 오이디푸스 콤플렉스

프로이트는 이러한 사례를 어린아이의 오이디푸스 콤플렉스에서 찾는다. 프로이트는 우리가 기억하지 못하는 유아기 때 일어난 것으로 추정한다. 사실 이것은 아무도 기억하지 못하고 있다. 이것은 오직 프로이트의 추정일 뿐이다.

그런데 얼마든지 가능한 시나리오이다. 프로이트에 의하면, 유아기의 자아는 너무도 작고 왜소하며 연약하다. 이러한 아이가 어머니의 유방에서 시작된 사랑에 빠졌는데, 이 어린 아이는 이 어머니를 아버지에게 빼앗겼다. 이것이 외부적인 위험요소이다. 그러면서 아이는 이제 자신의 이드로부터 나오는 이러한 성적인 욕구를 자아를 통해서 절제해야만 했다. 자아는 성적인 전 시기의 흥분을 처리하는 과제에 실패를 한 것이다. 프로이트는 이러한 현상으로 인해 리비도의 발전에 비해 자아의 발전이 이렇게 뒤처지게 되었으며, 이것이 신경증의 본질적 요건이 되었다고 말한다. 그 내용을 다음과 같이 말한다.

① 오이디푸스 콤플렉스

초기 유아기의 약하고 미성숙한 자아가 그에게 부과된 노고, 즉 생애의 이 시기에 고유한 위험에 대해 방어하기 위한 노고로 인해 지속적으로 손상된다는 것을 우리는 앞에서 보았다. 외부 세계가 위협하는 위험에서 아이는 부모의 보살핌에 의해 보호된다. 아이는 이러한 안전의 대가로 사랑의 상실에 대한 불안을 지불하는데, 이 상실에 의해 아이는 속수무책으로 외부 세계의 위험에 내맡겨질 것이다.

② 아버지에 의한 남자 아이의 좌절

남자 아이가 거세에 의해 강화된 선사 시대로부터의 자기애에 대한 위협이 그를 엄습하는 오이디푸스 콤플렉스의 상황에 빠지면, 위의 요소는 갈등의 결말에 결정적인 영향을 미친다. 현재 등장한 실제적 위험과 계통적으로 기억된 결과 갖게 된 위험이라는 두 영향력이 함께 작용함으로써, 아이는 어쩔 수 없이 방어 시도(억압)를 한다.

③ 성생활 실패의 이유

이 시도는 순간 목적에 부합하는 것이지만, 성생활이 나중에 부활한 결과 그 당시 거부되었던 본능의 요구들이 강화되면, 이 시도는 심리학적으로 부족한 것이었음이 입증된다. 자아가 성적인 전(前)시기의 흥분을 처리하는 과제에 실패한다는 것은 생물학적 고찰에 의해 설명되어야 한다. 그 당시 자아의 미성숙으로 인해 자아는 그런 능력을 갖고 있지 못했다. 리비도의 발전에 비해 자아의 발전이 이렇게 뒤쳐진다는 것에서 우리는 신경증의 본질적 조건을 본다.

④ 어린아이의 성생활 장려
따라서 우리는 어린 아이의 자아에 이 과제를 부여하지 않는다면, 즉 많은 원시인에서 그렇듯이 어린 아이의 성생활을 자유로이 보장한다면, 신경증은 피할 수 있다는 결론에서 벗어날 수 없다. (『정신분석학 개요』, 483-484)

프로이트는 성적좌절이 이미 어린 아이 때에 아버지로 인하여 어머니를 빼앗기는 오이디푸스 콤플렉스가 발생했다고 말한다. 그리고 이것이 나중에 그가 성생활을 할 때, 실패하는 이유가 될 수 있다고 말한다. 그러면서 어린 아이의 성생활이 자유로이 보장될 필요가 있다고 말한다. 이 내용이 오늘날 차별금지법에 적용되고 있다. 기독교에 의하면, 차별금지법은 악의 법이다.

기독교 세계관에 의하면, 초자아의 이면에는 로고스의 하늘이 존재하며, 성욕의 이면에는 사단의 지옥이 존재한다.

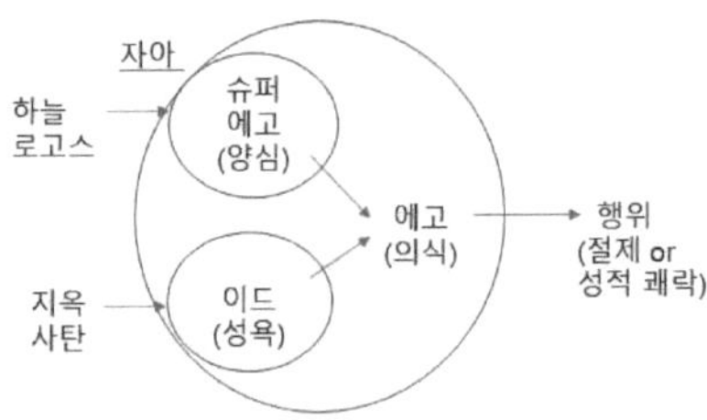

바. 이드 희생을 통한 문화의 발달

한편, 프로이트에 의하면, 자아의 이드에 대한 이러한 행위는 직접적인 충동으로부터 밀려난 본능의 요구들이 대리 충족을 가져올 새로운 길 걷기를 강요한다. 이로써 우리의 문화적 유산 중 많은 것은 이러한 성욕의 희생에 의해, 성적 추동력의 제한을 통해 획득된 것이라는 주장을 말하고 있다.

그러나 프로이트에 의하면, 이러한 자아와 외부세계의 관계는 위와 같은 선순환적인 관계로도 드러나지만, 이것이 정신병 발병의 원인이 되기도 한다. 즉 현실에서의 강한 고통이 있거나 아니면 본능이 매우 강력해 졌을 때 정신병의 발병 원인이 된다.

① 성적본능의 억제
다른 한편으로 이렇게 전 시기에 시도된 성적 본능의 억제, 즉 유아 성욕의 금지에서 볼 수 있듯이 젊은 자아가 내부 세계에 반하여 외부 세계를 단호히 편드는 것이 개인이 나중에 문화를 받아들이는 자세에 아무 영향을 미칠 수 없는 것은 아니라는 통찰이 우리에게 다가온다.
② 성욕억제를 통한 문화의 발달
직접적인 충족으로부터 밀려난 본능의 요구들은 대리 충족을 가져올 새로운 길 걷기를 강요받는다. 이 요구들은 이 우회로를 걷는 동안 성적 특징이 억제되어 그것의 원래 본능적 목적과의 결합이 느슨해 질 수 있다. 이로써 우리는 매우 귀중한 우리의 문화적 유산 중 많은 것이 성욕의 희생에 의해, 성적 추동력의 제한을 통해 획득된 것이라는 주장을 선취하고 있다. (『정신분석학 개요』, 484)
③ 정신병의 발생원인
자아의 발생과 그것이 획득한 성격 중 가장 중요한 것들이 실재 외부 세계와의 관계 덕택이라고 우리가 이제까지 반복해서 주장했다면, 우리는 다음과 같은 가정에 대한 준비를 한 것이다. 그것은 자아가 이드에게 다시금 가장 근접하는 자아의 병적 상태는 이 외부세계와의 관계를 폐기하거나 느슨하게 한 데 원인이 있다는 가정이다. 임상적 경험을 통해 우리가 알게 된 다음과 같은 사실이 이 가정과 일치한다. 정신병의 발병 원인은 현실이 참을 수 없을 정도로 고통스럽게 되었거나 아니면 본능이 매우 강력해 졌다는 데 있다는 것이다. 이 둘은 이드와 외부 세계가 자아에 대해 갖는 서로 경쟁하는 요구들에서 동일한 결과를 가져올 수 밖에 없다. 자아가 현실에 의해 남김없이 대체될 수 있다면, 정신병의 문제는 단순하고 투명할 것이다.… (『정신분석학 개요』, 484)

리비도가 제한을 받을 때, 에고(자아)는 병이 든다. 그런데, 기독교에서는 성적 리비도보다 훨씬 강력한 에너지를 제공하는 초자아의 리비도를 말하고 있다. 아가서의 술람미 여인은 “당신(로고스)의 사랑은 포도주(세상의 쾌락)보다 낫습니다”라고 고백하고 있는 것이다.

사. 초자아의 구성요소가 되는 자아

프로이트에 의하면, 내부세계를 구성하는 양심과 같은 기관은 자아가 외부세계와 관계된 일부를 포기하고 내부 세계의 구성부분이 된 것이다. 즉 슈퍼에고가 출현한 것이다.

① 내부세계의 구성요소가 되는 초자아

이드와 외부 세계를 매개하는 자아, 이드의 본능적 요구를 충족시키기 위해 이 요구를 떠맡고 외부 세계로부터 지각을 끌어내어 기억으로 이용하는 자아, 양측으로부터 오는 과도한 요구에 대해 자기 보존을 생각하여 방어하고 이때 자신의 모든 결정에서 변형된 쾌락 원칙의 지시에 의해 인도되는 자아, 이러한 자아에 대한 상(像)은 원래 초기 유아기의 마지막(대략 5세)에 이르기까지의 자아에 대해서만 적절하다. 이 시기에 중요한 변화가 일어난다. 외부세계의 일부가 대상으로서 최소한 부분적으로 포기되고, 대신에 (동일화를 통해) 자아 속으로 수용되어 내부 세계의 구성 부분이 된다.

② 새로운 정신기관의 초자아, 양심

이 새로운 정신기관은 외부 세계의 저 인격들이 행했던 기능을 계속한다. 즉 이 기관은 그가 대신한 부모와 같이 자아를 관찰하고 자아에게 명령하며 자아의 방향을 지정해 주고 자아에게 벌로 위협한다. 우리는 이 기관을 '초자아'라고 부르며, 그것이 갖는 재판관의 기능 때문에 우리의 '양심'으로 느낀다.

③ 초자아의 엄격함

주목할 만한 것은, 초자아가 실재의 부모가 그 모범을 제시한 적이 없는 엄격함을 보여 준다는 것이다. 또한 초자아는 자아를 행위의 측면에서만 고려하는 것이 아니라 그가 알고 있는 보이는 사고와 자아의 사고와 실행되지 않은 의도의 차원에서도 고려한다.

④ 오이디푸스 콤플렉스의 유산

이는 신탁의 강제로 인해 우리의 판단에서나 그의 판단에서 무죄이어야 함에도 불구하고, 오이디푸스 전설의 영웅도 그의 행위 때문에 죄책감을 느꼈고 스스로 처벌을 받았다는 것을 상기시킨다. 실제로 초자아는 오이디푸스 콤플렉스의 유산이며 이 콤플렉스가 제거된 후 성립한 것이다. 따라서 초자아의 과도한 엄격성은 실재의 모범을 따른 것이 아니라 오이디푸스 콤플렉스의 유혹에 대항하는 방어의 강도에 따른 것이다.

⑤ 도덕과 종교

도덕감은 인간에게 교육되거나 공동생활에서 습득한 것이 아니라 더 높은 곳으로부터 인간에게 이식된 것이라는 철학자와 신앙인의 주장의 근저에는 이러한 사태에 대한 예감이 놓여 있다.…(『정신분석학 개요』, 489-490)

⑥ 이드-초자아-의식

이렇게 초자아는 이드와 외부 세계 사이에서 일종의 중간적 위치를 점하며, 자신 속에서 현재와 과거의 영향을 통일시킨다. 초자아의 개입에서, 우리는 말하자면 어떻게 현재가 과거로 전환되는가에 대한 실례를 체험하게 된다. (『정신분석학 개요』, 491)

프로이트는 우리의 초자아·양심을 5-6세경에 외부에 있던 것이 내면화된 것이라고 한다. 그런데, 기독교에서는 이 양심이 이때 비로소 지각이 발달하면서 깨어난 것이라고 말한다. 없었던 양심이 새로 생긴 것이 아니다. 어린 아이에게 일순간에 지각이 생겨나는 것이 아닌 것처럼 성숙하면서 깨어나는 것이 있다. 그 중에 초자아는 인간들의 판단력이 모두 갖추어지면서 서서히 그 모습을 드러낸다. 나중에는 이 양심이 신과 연결된 것까지 발견한다. 프로이트는 어리석게도 도덕과 종교를 한 순간에 뒤엎으려 한다.

프로이트의 철학은 성욕에 지배되어 사는 자들에게는 그것이 맞아 보인다. 자기 자신을 관찰해 보았을 때, 성욕 외에는 존재하지 않기 때문이다. 그리고 그러한 죄를 지을 때마다 내면에 들려오는 양심의 소리는 하나의 부분처럼 보이기 때문이다.

5장 성과 문명의 충돌

프로이트의 사상은 성을 중심으로 한 리비도에 대해 이해에 근거하고 있다. 이 성을 인간의 본성으로 파악한다. 문명을 비롯한 우리의 현실적인 삶이 본능 곧 성을 억압을 하면, 그것은 신경병의 원인이 될 수 있다. 그 중 대표적인 것으로 프로이트는 종교를 꼽는다. 이 종교가 우리 안에서 중요한 슈퍼 에고로 출현하여, 양심의 기능을 일깨우며, 우리의 본능을 가장 억압한다는 것이다. 그래서 그는 종교의 본질을 파헤치는데, 그것은 신은 존재하지 않는데, 인간이 환상으로 만들어낸 것이라고 말한다. 프로이트는 말년에 이 리비도가 타나토스로 승화할 수 있다고 말한다.

1. "성욕에 관한 세 편의 에세이"

프로이트의 《성욕에 관한 세 편의 에세이》(1905)는 성욕과 인간 발달에 관한 그의 주요 이론을 담은 중요한 저작이다. 이 책은 성적 본능이 인간 심리와 발달의 중심에 있다는 프로이트의 견해를 제시하며, 정신분석학의 기초 이론을 확립하는 데 큰 역할을 했다.

가. 첫 번째 에세이 : 성적 일탈

프로이트는 인간의 성적 본능이 단순히 생물학적 생식의 목적만을 가지지 않으며, 다양한 형태로 표현될 수 있다고 주장한다.

인간의 성적 본능은 목표와 대상에서 다양하게 벗어날 수 있다. 그는 다음과 같은 형태의 일탈을 설명한다.

먼저, 성적 대상의 변화이다. 전통적인 이성애 대상에서 동성애나 무생물 대상과 같은 비전통적 대상으로 변화한다.

두 번째, 성적 목표의 변화이다. 성적 본능이 전통적인 생식 행위를 넘어, 접촉, 관찰, 지배 등으로 다양하게 표현된다.

프로이트는 이러한 일탈이 병리적인 것이 아니라, 인간 성적 본능의 자연스러운 다양성의 일부라고 보았다.(챗GPT, 성욕에 관한 세 편의 에세이, 2024.12.31.)

성적 본능은 인간 심리의 중심적 요소이다. 즉 성욕은 단순히 생물학적 생식의 목적이 아니라, 다양한 형태로 표현될 수 있는 심리적 에너지입니다.

나. 두 번째 에세이 : 유아성욕

프로이트는 인간이 출생부터 성적 본능을 가지고 있다고 주장하며, 이를 유아 성욕(Infantile Sexuality)이라고 명명했다. 이 유아기의 성적 본능은 성인과 다르게 성기 중심적이지 않으며, 다양한 신체 부위를 통해 쾌락을 경험한다. 프로이트는 이 성적 발달 단계를 다음과 같이 말한다.

먼저, 구강기(Oral Stage)는 입을 통해 쾌감을 얻는 시기로서, 젖을 빠는 행위 등이 여기에 속한다.
두 번째, 항문기(Anal Stage)로서 배변 활동과 관련된 쾌감이다.
세 번째, 남근기(Phallic Stage)로서, 성기에 대한 관심이 증가하고, 성 정체성이 형성되는 시기이다.
네 번째, 잠복기(Latency Stage)로서, 성적 에너지가 억제되고, 사회적 기술과 학습에 집중하는 시기이다.
다섯 번째, 생식기(Genital Stage)로서, 성적으로 성숙해지고, 성적 에너지가 성기 중심으로 통합되는 시기이다.(챗GPT, 성욕에 관한 세 편의 에세이, 2024.12.31.)

유아 성욕의 발달은 성인의 성적 행동과 성격 형성에 중요한 영향을 미친다고 보았다. 성적 본능은 유아기부터 존재하며, 단계적으로 발달하면서 성인의 성격 형성에 영향을 미친다.

다. 세 번째 에세이 : 성적 본능의 변태와 정신분석

프로이트는 성적 본능이 억압과 변태 과정을 통해 사회적으로 수용 가능한 형태로 나타난다고 설명한다.

① 리비도의 승화(Sublimation)
성적 에너지가 사회적으로 수용 가능한 활동(예: 예술, 학문)으로 전환되는 과정이다.
② 성적 억압(Sexual Repression)
사회적 규범과 초자아(Superego)가 성적 본능을 억제함으로써 심리적 갈등이 발생한다. 이러한 억압은 신경증과 같은 심리적 문제로 이어질 수 있다.
③ 정신분석의 역할
정신분석은 무의식 속에 억압된 성적 충동과 갈등을 탐구하여 개인의 심리적 문제를 해결하려는 시도이다.(챗GPT, 성욕에 관한 세 편의 에세이, 2024.12.31.)

프로이트는 성적 일탈은 병리적이지 않다고 말한다. 전통적 성적 규범을 벗어난 행동은 인간 성욕의 다양성을 나타낸다고 한다. 그리고, 성적 본능은 억압되거나 승화되어 예술, 과학, 문화적 활동으로 전환될 수 있다.

라. 학계의 비판

프로이트는 인간 심리의 대부분을 성적 본능으로 설명하려 했다. 그리고 신경증과 같은 질병들은 이 본능에 대한 억압에서 나온다고 말한다. 이렇게 모든 것을 성적본능과 연결시킴을 통해서 많은 다른 요인들을 무시하기에 이르렀다. 이에 따라 다음과 같은 비판에 직면하고 있다.

① 성욕 중심주의
프로이트는 인간 심리의 대부분을 성적 본능으로 설명하려 했다는 점에서 과도하게 단순화되었다는 비판을 받습니다.
② 과학적 검증 부족
그의 이론은 주로 임상적 관찰에 기반하며, 현대 심리학에서 과학적으로 검증하기 어렵다는 문제가 있다.

③ 유아 성욕 개념의 논란
유아기의 성적 본능에 대한 주장은 당대와 현대 모두에서 논란이 되었다.
(챗GPT, 성욕에 관한 세 편의 에세이, 2024.12.31.)

마. 프로이트 정신분석과 기독교의 충돌

프로이트는 인간의 심리적 구성요소를 이드 · 에고 · 슈퍼에고로 구분한다. 이때 이드가 곧 원초적 본능으로서 성욕에 해당한다. 에고는 현실적 판단을 내리는 의식적 자아이다. 이 에고에 의해서 이드가 통제를 받으며, 변화를 일으키며, 분출이 된다. 그리고 슈퍼 에고는 양심이나 도덕이나 법률과 같은 규범이다. 이것이 성욕을 제어한다. 그래서 신경증과 같은 질병이 일어나는 것이다.

이것을 좀더 들여다보면, 기독교의 “영(정신)-혼(마음 · 의식)-몸”과 정확하게 대비를 이룬다. 사도 바울은 로마서 7장에서 영의 소욕이 있다고 하고, 육의 소욕이 있다고 말한다. 이때 영의 소욕은 절제와 거룩함이며, 육의 소욕은 정욕이다. 이때 예수께서는 요한복음 3장에서 사람이 육으로만 태어나는 것이 아니라, 영으로도 태어난다고 말한다. 그리고 이렇게 거듭난 영의 소욕으로 육의 소욕인 정욕을 절제한다는 것이다. 그러면 이 육의 소욕에 정상적인 삶의 에너지로 작동을 한다. 그리고 이렇게 거듭난 사람의 경우에는 영의 소욕, 즉 양심에 따른 절제나 자기실현의 욕구가 더 자연스럽다. 프로이트는 양심과 절제와 자기시련 욕구가 이드(의식적 자아)를 핍박한다고 말했는데, 도리어 기독교인들은 절제와 양심을 좇아 행할 때, 의식적 자아에게 기쁨이 충만해 진다.

기독교에서는 프로이트의 논리를 이단으로 취급한다. 양심을 좇지 않고도 양심의 가책을 받지 않게 하는 미혹의 이론으로 간주한다. 이 프로이트의 이론에서 오늘날의 동성애를 조장하는 차별금지법이 출현하였다.

2. “성도덕과 현대인의 신경병”

지그문트 프로이트의 《성도덕과 현대인의 신경병》은 1908년에 발표된 짧은 에세이로, 문명이 인간의 성적 본능을 억압하면서 발생하는 신경증의 문제를 다루고 있다. 이 글은 문명과 개인의 성적 욕망 간의 갈등에 초점을 맞추고 있다. 그 개략적인 내용은 다음과 같다.

① 문명과 성적 억압
프로이트는 문명이 발전하면서 성적 본능과 관련된 억압이 점점 더 강해졌다고 주장한다. 문명은 사회 질서를 유지하기 위해 개인의 본능적 욕구, 특히 성적 욕망을 규제하고 제한한다. 이러한 억압은 개인의 심리적 갈등을 초래하고, 신경증과 같은 심리적 장애로 이어질 수 있다고 본다.
② 성도덕의 역할
사회적 규범과 도덕은 문명 유지에 필수적이지만, 이는 본능적 욕구를 억제함으로써 개인에게 심리적 부담을 가중시킨다. 성적 자유가 제한될수록 개인의 심리적 건강은 악화될 가능성이 높다. 프로이트는 특히 당시 사회에서 성에 관한 금기가 과도하게 강화되고 있음을 비판하며, 이를 현대인의 정신적 고통의 주요 원인으로 지적했다.
③ 현대인의 신경증
프로이트는 성적 억압이 현대사회에서 신경증의 주요 원인 중 하나라고 주장했다. 문명이 요구하는 성적 절제와 금욕은 개인의 심리적 긴장을 증가시키고, 이는 불안, 우울증, 신경증 같은 문제로 나타날 수 있다. 그는 현대인의 심리적 고통이 성적 욕망과 사회적 요구 간의 갈등에서 비롯된다고 보았다.
④ 문명과 개인의 갈등
프로이트는 문명이 인간의 본능을 억압함으로써 발전해 왔다고 주장하지만, 이 과정에서 개인의 행복이 희생된다고 말한다.(챗GPT, 성도덕과 현대인의 신경병, 2024.12.31.)

프로이트 이와 같은 성에 대한 담론은 그 후 푸코와 같은 포스트 모더니즘으로 이어진다. 이에 대해 기독교에서는 다음의 몇 가지를 통해 프로이트의 말이 틀렸다고 말한다. 다음의 내용은 필자의 판단이다.

① 인간성을 파괴하는 방치된 성욕
만일 우리가 성적 욕망을 자유롭게 풀어놓으면, 이 욕망은 이제 온갖 무질서한 모습으로 자라난다. 그 성적 욕망은 너무도 강력한 것이어서 이제 정상적

인 성관계로는 만족을 하지 못하고, 동성애 등 온갖 무질서한 행태로 발전을 한다. 그리고 그 성욕이 그 사람을 포로로 잡고, 타락으로 이끌어 간다.

② 거듭남을 통한 성욕의 제어

성경에서는 일찍부터 이 문제를 다루었는데, 사도 바울이 이것을 체계화하였다. 사도 바울에 의하면, 거듭 태어남을 통해서 이 문제를 해결해야 한다고 말한다. 인간에게는 영의 소욕과 육의 소욕이 있는데, 거룩함으로 나타나는 영의 소욕이 나에게 나타나게 하여서 이 영의 소욕으로 육의 소욕에 대해 절제를 이루는 것이다. 이때 이 성욕은 도리어 우리 삶 속에서 정상적인 에너지로 작동을 한다.

③ 율법으로 제어할 경우 나타나는 현상 : 프로이트의 성 억제

사도 바울은 로마서 7장에서 인간의 힘과 능력으로는 이 성욕을 어느 누구도 이길 수 없다고 말한다. 결국 그 성욕은 폭발을 하고 마는데, 그 과정에서 위와 같은 신경증을 일으킬 수도 있겠다. 사도 바울은 거듭남을 통해 영의 소욕을 극대화함으로써 이 성욕을 정상적인 리비도로 승화시킬 수 있다고 말한다. 이것은 기독교 신앙의 핵심에 속한다.

3. 종교론 :『환상의 미래』

지그문트 프로이트(Sigmund Freud)의 『환상의 미래』(1927)는 종교의 본질과 사회적 역할, 그리고 그것이 개인과 문명에 미치는 영향을 심리학적 관점에서 분석한 중요한 작품이다. 이 책에서 프로이트는 종교를 인간의 환상(Illusion)으로 간주하며, 그것이 문명 발전과 개인의 심리적 상태에 어떤 영향을 미치는지 탐구한다.

가.『환상의 미래』의 내용

프로이트는 종교에 대해서 마르크스와 동일한 내용을 말한다. 신에 대한 믿음을 인간이 만들어낸 환상이라는 것이다. 그러나 기독교는 이 믿음은 실제 존재하는 것에 대한 믿음으로 이것은 표적과 기사를 통해 증거된다고 말한다. 프로이트의 『환상의 미래』는 다음과 같이 정리된다.

① 종교의 기원

프로이트는 종교가 인간의 "심리적 욕구와 두려움"에서 기원한다고 주장한다. 자연현상(예: 천둥, 지진)에 대한 무력감과 공포, 삶의 불확실성과 죽음에 대한 불안 등에 대해 종교는 이러한 공포를 완화하기 위해 초자연적 존재(신)를 창조하고, 그 존재가 세상을 통제하고 인간을 보호한다는 믿음을 갖는다.

② 종교와 부모 관계

프로이트는 종교를 "아버지-자식 관계의 심리적 투사"로 설명한다. 어린아이는 강력하고 보호적인 아버지의 존재를 필요로 한다. 성인이 된 후에도 인간은 여전히 세상에 대한 불안을 해소하기 위해 신이라는 강력한 '아버지'를 상상하며 의존합니다. 따라서 신은 심리적으로 부모의 대리물이라고 볼 수 있습니다.

③ 환상(Illusion)으로서의 종교

프로이트는 종교를 환상으로 정의한다. 환상이란 현실에 근거하지 않지만 심리적 욕구를 충족시키기 위해 만들어진 믿음이다. 종교는 과학적 사실에 기반하지 않고, 인간의 희망과 욕망에서 비롯된 산물이다. 그는 종교가 망상(Delusion)과는 다르다고 말합니다. 망상은 사실과 완전히 단절된 반면, 환상은 심리적 기능을 수행한다.

④ 종교의 사회적 역할

종교는 인간 사회에서 다음과 같은 중요한 역할을 해왔습니다. 도덕적 질서를 유지하였다. 종교는 도덕적 기준을 설정하고, 사람들에게 규율을 따르도록 한다. 프로이트는 종교가 인간의 공격성과 반사회적 행동을 억제하는 데 기여했다고 인정한다. 그리고 사회적 안정을 제공한다. 공동체의 연대감을 강화하고, 사회적 규범을 정당화하는 역할을 한다.

⑤ 종교의 문제점

프로이트는 종교가 문명의 발전을 방해한다고 보았다. 종교적 믿음은 과학적 탐구와 이성을 제한한다. 그래서 그는 문명이 발전하기 위해 종교적 환상을 넘어서는 것이 필요하다고 주장했다. 그리고 종교는 개인의 본능적 욕구를 억제하고, 죄책감을 강화시킨다. 이것은 개인의 심리적 갈등과 고통으로 이어질 수 있다.

⑥ 대안으로서 과학과 이성

프로이트는 종교의 비합리성을 비판하며, 종교를 대체할 수 있는 것으로 과학과 이성을 제시한다. 과학은 객관적 사실에 기반한 지식을 제공하며, 인간이 자연을 이해하고 통제할 수 있는 도구를 제공한다. 그는 인간 사회가 종교적 믿음에서 벗어나 이성과 과학에 기반한 새로운 질서를 구축해야 한다고 주장했다.(챗GPT, 환상의 미래, 2024.12.31.)

위의 내용은 이미 포이엘바하와 마르크스가 말하였다. 그들은 신은 인간이 자기의식을 투사하여 만들어낸 환상과 같은 존재하고 말하였다. 그 내용이 프로이트와 동일하다. 프로이트는 유대교인이며, 나름대로 유대교를 신봉한 것으로 알려지는데, 그의 본질은 무신론자였다.

나. 기독교인의 믿음

기독교는 이렇게 환상으로 만들어 내지지 않았다. 역사 속에서 표적을 통해서 성립된 것이다.

① 기독교에 존재하는 무수한 표적들

그러나, 기독교의 출현과정을 보자. 가장 큰 당사자가 바로 모세이다. 모세는 출애굽시의 온갖 하나님의 표적을 이스라엘 백성들과 함께 경험을 하였다. 이때 출애굽이라는 나라는 궁극적으로 홍해에 수장이 되어서 그 왕조가 종말을 가져오기도 하였다. 성경에는 이 하나님에 대한 믿음에서 나오는 온갖 표적이 가득하다. 예수 그리스도에 이르러서 이 표적과 기사는 절정을 이루었다. 그 표적은 사도행전에서도 동일하게 나타난다. 기독교 2천년의 역사 속에서 이 하나님의 살아 계심과 그의 역사하심에 대한 표적은 지금도 여전하다.

② 믿음이면에 존재하는 실제

즉, 믿음 이면에 실제가 있다는 것이다. 그리고 그 실제에 대한 표적이 나타나는 것이다. 이 믿음에 대한 표적은 지금도 많은 그리스도인들이 동일하게 맛보고 있다.

③ 실제에 의해 주어지는 믿음

히브리서 기자는 이 믿음은 그 이면의 실제가 주는 것이기 때문에, 그 이면에 실제가 존재하지 않으면 마음 속에 그 믿음이 생기지 않는다고 말한다. 즉, 지어낸 환상을 투사해서 믿고자 했을 때, 그 믿음이 마음에 생성되지 않는다는 것이다. 하나님에 대한 존재도 투사해서 믿으면, 그 믿음이 생기지 않고, 표적도 나타나지 않는다. 그런데, 하나님이 살아 역사한다면, 이 믿음이 생성되고 표적으로 나타나는 것이다. 히브리서 기자는 심지어 창조까지지도 이 믿음으로 확인해 낸다고 말한다.

4. 『문명 속의 불만』

프로이트의 『문명 속의 불만』(1930)은 문명이 인간의 본능과 욕망을 억압하면서 불만족과 고통을 초래한다고 주장하는 철학적이고 심리학적인 논의이다. 이때 여기에서 말하는 '문명'은 거창하게 말하고 있지만, 결국 우리의 현실적인 삶을 의미한다. 이 현실적인 삶이 우리의 성적 본능을 억압한다는 것이다. 이 책은 인간 본성, 문명의 발전, 그리고 그로 인한 심리적 갈등을 탐구하며, 프로이트 후기 사상의 중요한 작품으로 간주된다.

가. 『문명 속의 불만』의 주요 내용

프로이트에게 문명은 우리 인생들의 치열한 삶을 말한다. 이것을 통해 인생들은 문명을 발달시켜 왔기 때문이다. 인생들이 접하고 있는 이러한 현실적인 삶은 우리에게 상당한 억압으로 작용하는데, 그것은 자연스러운 것이다. 프로이트는 이것을 성적 본능에 대한 억압으로 본다.

이때 이 문명을 대표하는 것이 양심이며, 자아성취 욕구이며, 종교심인데, 이것이 성욕을 억제한다는 것이다. 우리 안에서 본능으로서의 성적 욕구는 끝없이 일어나는데, 이러한 현실적인 문제로 인해 우리 안에서는 이것을 절제하라고 한다. 사실 정욕적인 삶을 사는 사람이 현실에 적응하기는 어렵기 때문이다. 이 문명에서 나타난 슈퍼에고가 우리의 이드를 억압하는 것이다. 이것이 문명의 본질이다.

우리 안에 있는 리비도가 이렇게 문명으로부터 억압을 당하는 것으로 본다. 이때 우리 안에 있는 리비도는 타나토스(파괴적 본능)로 전환을 한다. 우리의 현실적인 삶 혹은 우리의 문명은 우리의 본능과 이러한 관계에 있으며, 이것은 피할 수가 없다. 그리고 도리어 이러한 억압으로 인해 문명이 발달하고 있다.

① 문명의 기원과 목적

프로이트는 문명을 개인의 본능적 욕구를 억제하고 사회적 질서를 유지하기 위해 만들어진 구조로 정의한다. 문명의 주된 목적은 "안전과 안정", 그리고 "개인의 욕망이 공동체의 이익과 조화를 이루도록 하는 것"이다. 그러나 이러한 문명의 발전 과정은 본능적 충동을 억압하고 규제하기 때문에 개인에게 불만과 고통을 초래한다.

② 이드 : 본능과 문명의 갈등

프로이트는 인간의 본능을 이드(Id)로 표현하는데, 이것은 인간의 본능적 충동을 말한다. 이에 의하면, 인간은 본능적으로 쾌락을 추구하며, 이는 주로 성적 욕망과 공격적 충동으로 나타난다. 그리고 이 본능은 개인의 욕망을 충족시키는 데 초점을 맞춘다.

이에 반하여 문명은 개인의 본능적 욕망(특히 성적 충동과 공격성)을 억제하고 규제한다. 이것은 법, 도덕, 종교, 사회적 규범과 같은 제도를 통해 이루어진다.

그래서 그 억압의 결과 본능적 욕구가 억압되면서, 개인은 내적 갈등과 불안을 경험하게 된다. 프로이트는 이것을 "문명 속에서 느끼는 불만족의 근원"으로 본다.

③ 초자아(Superego)와 죄책감

문명의 억압은 초자아(Superego)의 발달을 촉진한다. 초자아는 사회적 규범과 도덕적 기준을 내면화한 부분으로, 개인의 본능적 욕구를 억제한다. 이는 문명의 질서를 유지하는 데 필수적이다.

초자아는 이드(Id)의 본능적 충동을 억압하며, 개인에게 죄책감을 느끼게 한다. 문명이 발달할수록 초자아의 억압도 강해지고, 죄책감의 강도 역시 증가한다.

④ 이드 억압시 : 공격성과 파괴적 충동

프로이트는 인간 내에 있는 타나토스(Thanatos, 죽음 본능)를 강조하며, 문명이 이 본능을 억압하는 과정에서 발생하는 문제를 논의한다. 문명은 개인의 공격성을 통제하기 위해 법과 질서를 세우지만, 이로 인해 개인은 내면에 더 큰 갈등과 고통을 경험한다.

⑤ 행복의 문제

프로이트는 문명이 개인의 본능적 욕구를 억제하기 때문에, "개인과 문명 간의 갈등은 불가피"하다고 주장한다. 문명은 행복을 보장하기보다는 오히려 개인에게 불만과 심리적 고통을 초래한다. 그는 문명의 억압이 인간의 고통의 주요 원인 중 하나라고 보며, "완전한 행복은 인간과 문명 모두에게 불가능"하다고 결론짓는다.

나. 기독교의 반론

프로이트는 기독교의 대척점에 서 있다. 프로이트는 우리 개인의 본성을 구분할 때 "이드-에고-수퍼에고"로 구분하는데, '이드'가 본능에 속하며, 이것을 개발해야 한다. 이 '이드'가 억압을 당하면 신경증과 같은 정신질환이 온다. 그런데, 이 이드의 본성은 무엇인가? 어린아이가 성장한 후에 이 이드는 이제 성욕으로 자리잡는 것이다. 그런데 이 성욕은 온갖 죄악으로 나타난다.

프로이트가 말하는 이드는 기독교에서는 육의 소욕이다. 에고는 의식으로서 우리의 의식적 자아라고 말할 수 있으며, 혼이라고 표현한다. 슈퍼에고는 초월적 자아로서 정신 혹은 영이라고 말한다. 이것의 대표적인 소욕은 신을 향한 종교적 욕구이며, 가치를 추구하고, 양심으로 나타난다. 이중에서 기독교 신앙은 이 정신 혹은 영이 죄에 빠져서 제 기능을 상실하고 있으므로 거듭 태어나야 한다고 말한다. 그러면 영의 소욕이 그에게서 나타나기 시작한다. 그리고 오직 이 영의 소욕으로만 육의 소욕으로서의 정욕이 절제된다고 말한다. 이렇게 영의 소욕에 의해 육의 소욕인 성이 통제가 될 때, 이것이 곧 리비도의 승화이다.

그런데, 만일 이렇게 영으로 거듭나지 않고, 당위성을 좇아서 성욕에 대한 절제를 추구할 경우, 프로이트가 말하는 그 현상이 나타난다. 이런 측면에서는 프로이트의 말을 수긍할 수 있다. 그러나 프로이트는 신앙인이 아니었기 때문에 이것을 알 수 없었다. 더 나아가서 아무리 육의 소욕이 본능에 해당하더라도, 그것은 '죄의 본능'은 '죄'라는 것을 그의 양심이 스스로 증거하고 있는데, 이것을 타당화할 수는 없는 것이다.

다. 푸코의 '성'

푸코는 처음에는 비이성의 영역으로 연구하다가, 어느 시점인가에 위의 프로이트의 성에 대한 개념을 고스란히 받아들였다. 그렇게 해서 출현한 것이 포스트 모더니즘으로서 탈구조조의이다. 구조주의를 이탈해 버렸다는 것이다. 그런데 그가 이탈한 곳은 위의 정욕의 어둠의 세계였다. 그래서 그는 동성애자가 되었으며, 소아성애자가 되었고, 끝내 에이즈로 죽었다.

라. 마르쿠제의 『성과 문명』

이러한 프로이트와 푸코의 포스트 모더니즘은 이제 마르쿠제에 의해서 공산주의 사상과 결합을 하게 되었다. 그렇게 해서 출현한 것이 '정치적 올바름'의 pc이론이며, 성평등의 차별금지법이다.

[정리] 프로이트 심리학에 대한 평가

프로이트의 사상은 후에 라캉에 의해서 또 한 번의 비약을 이룬다. 그리고 융에 의해서도 또한 조정을 받는다. 어떤 사상이 옳은 것으로 확정이 되면, 그것은 지렛대처럼 되어서 또 다른 논리를 구축하기 때문에 어떤 이론이 확정되어 다른 이론으로 나타나기 전에 후대의 사상들을 기반으로 하여 그것을 평가해 보는 것이 필요하다.

무의식 세계의 발견

프로이트는 『꿈의 해석』을 통해 무의식의 세계를 발견해 낸다. 꿈이 곧 이 무의식적 자아의 활동이라는 것이다. 정신의 모습인 것이다. 이것은 현대사에서 가장 큰 업적으로 꼽힌다.

프로이트의 심리학 혹은 철학은 신적 존재를 인정하지 않는 무신론자들의 정서에 매우 부합한다. 그리고 아직 미성숙한 사춘기의 청소년들의 정서에 부합한다. 이 시기는 성적으로 발달하는 시기이기 때문이다. 프로이트는 인간의 본능을 '성'이라고 표현한다. 그래서 인간은 끝없이 성을 생각한다는 것이다.

그러나 인간의 성장과정에서 이제 현실을 접하면서 우리 안에는 양심의 기능이 활발히 전개된다. 그래서 이것을 절제하고, 다른 사회적 욕구의 출현을 맛본다. 양심의 기능이 깨어난 것이다.

이 전체를 가지고 판단을 해야 하는데, 프로이트는 미성숙단계에 있는 인간을 분석하였다. 주로 신경증 환자들을 임상으로 하여 심리학을 구축했기 때문이다.

프로이트의 심리치료

프로이트는 심리치료사이다. 의식 속에 숨어있는 그 감취인 것을 발견해서 밖으로 끌어내면, 그 신경증이 치유된다는 놀라운 원리를 발견하였다.

프로이트의 심리학적 조직화

프로이트는 자신이 발견한 이러한 원리들을 조직화하기 위해 많은 노력을 하였다. 그러한 연구의 결과 이드와 에고 속에 있는 슈퍼에고(초자아)를 발견하였다. 이때 프로이트의 도식은 "이드(성욕)-슈퍼에고(초자아 · 양심)-에고(의식)"이다. 끊임없이 내적갈등 속에 빠진 인생을 그려낸 것이다.

이드(성욕)의 제약을 슈퍼에고(양심)이 해준다. 그리고 그 제약이 통하는 만큼 문화가 발달한다. 그 대신이 이드는 제약을 받고 신경병이 든다.

이 문제를 해결하기 위해 마련된 철학이 마르쿠제의 『성과 문명』이다. 공산주의를 통해서 사람들 사이의 경쟁을 제거해 버리면, 더 이상 이드를 억제할 것이 없기 때문에 맘껏 이드(성욕)가 산출되어도 된다는 것이다. 이들은 성욕을 본능이라고 말함을 통해서 성적요망으로만 가득한 세계를 이상향의 세계라고 말하고 있다. 기이한 철학이 탄생한 것이다. 그리고 이 철학이 오늘날의 차별금지법의 원전이 되어 있다.

초자아-에고-이드

기독교 철학에서는 인간의 자아를 삼분법으로 도식화한다. "영(양심)-혼(의식)-몸(육)"의 3분법으로 구분한다. 이때 혼은 의식인데, 여기에는 두 가지 소욕이 주어지며, 양자 간의 싸움이 펼쳐진다. 영의 소욕과 육의 소욕이 주어지는 것이다. 그런데, 이때 육의 소욕이 얼마나 강력한지, 모든 인생들은 이 성욕에 빠진다. 그래서 이제는 성욕의 노예가 되어 버린다. 그래서 현실을 망각하고 살며, 가정이 파괴된다.

이 육의 소욕을 이기는 방법은 무엇인가? 그것은 초자아의 원래의 능력을 회복하는 것이다. 그 능력은 절대자로부터 주어지며, 그것을 기독교에서는 거듭남이라고 말한다. 이것 외에는 인생들에게 정욕을 해결할 방법이 없다는 것이다. 그리고 많은 사람들이 이 문제에 사로잡혀 있다.

그러나 그가 거듭 태어나면, 이 문제가 일순간에 해결이 된다. 그에게는 새로운 초자아의 리비도가 산출되어, 그에게 성적쾌락과 비교할 수 없는 차원 높은 쾌락을 제공한다. 그러면서 성적 본능을 제자리에 위치하게 한다. 그래서 정상적인 부부간의 성관계 속에 거하게 한다.

라캉과 칼 융을 통한 조정

프로이트의 심리학은 무의식세계의 발견이라는 측면에서 중요한 공헌을 하였지만, 이드에 대한 과도한 집착이 자크 라캉에 의해서 조정을 받게 된다. 인간정신의 가장 깊은 곳에는 원초적 자아가 있다. 이것이 곧 양심인 것이다.

그리고 프로이트의 꿈은 단순한 정신의 표현에 불과하였다. 이에 반하여 칼융의 꿈은 형이상적 세계와 연결이 되어 있다. 외부적인 신족 존재와의 교감도 존재한다는 것이다.

2부 자크 라캉

1장 자크 라캉의 생애와 저술 등

1. 라캉(1901-1981)의 생애와 저술[5)]

가. 1901-1932년, 출생과 학업

라캉은 1901년 파리에서 출생하여 파리 의과대학에서 수학하였다. 그는 “편집증적 정신병과 성격과의 관계”라는 논문으로 박사학위를 받았으며, 1932년에 진료소장이 되었다.

1901년, 파리에서 가톨릭 신앙을 가진 중산층 가정에서 태어남
1920년대, 파리의대 입학과 정신의학전공
1920년대에 파리 의대에 입학하여 정신의학을 전공
1930년대 초반부터, 프랑스 초현실주의 운동에 참여
1932년, “편집증적 정신병과 성격과의 관계”로 박사 학위
1932년, 진료소장이 됨

나. 1933-1952년, 정신분석학과 거울 단계 이론

1934년에 그는 파리정신분석학회에 가입하고, 1936년에 “거울단계”에 관한 논문을 발표하였다. 라캉 사상의 첫 번째 단계는 이때로부터 1950년경까지로, 그는 이 시기에 상상계와 상징계의 관계에 주안점을 두었다. 이 시기에는 아직 라캉 고유의 색채를 띤 정신분석학이 뚜렷하게 나타나지는 않았다.

라캉은 이 시기에 프랑스 지성계에서 활동하며 장 폴 사르트르, 레비스트로스, 알튀세르와 같은 철학자 및 학자들과 교류했다. 특히 이 시기에 그는 구조주의와 언어학(소쉬르의 기호학)을 접목해 자신의 이론을 발전시켰다.

1934년, 파리정신분석학회에 가입.
1936년, 매리언배드에서 열린 국제정신분석 학회에서 「거울단계」에 관한 논

---

5) 이곳의 ‘자크 라캉 연보’는 권택영이 편집하고 공동 번역한 『자크 라캉 욕망이론』과 맹정현·이수련이 번역한 『자크라캉의 11번째 세미나』에서 인용함.

문발표.

1936년, 「현실원리를 넘어서」, 『정신의학의 진보』에 게재.

1945년, 「논리적 시간과 선취된 확실성의 단언」, 『예술노트』에 게재.

1948년, 「정신분석에서의 공격성」, 『프랑스 정신분석회지』에 게재.

1949년, 「나 기능의 형성자로서의 거울 단계」, 『프랑스 정신분석회지』 게재.

1951년, 「전이에 대한 소견」, 『프랑스 정신분석회지』에 게재.

1936-52, 이후 1952년까지 프랑스 정신분석학계의 뛰어난 회원으로 활동함, 파리철학회를 통해 메를로-퐁티, 레비-스트로스와 지적 교분을 쌓음.

다. 1953-1966년, 세미나 시기 : 사상계 · 상징계 · 실재계의 질서 제안

1953년 로마회의에서 발표된 그의 논문이 파리정신분석학회에서 논란이 일어났다. 라캉은 그 자신이 열렬한 프로이트에 대한 신봉자라고 자처하고 있지만, 어떤 측면에서 그는 프로이트 철학에 대대적인 수정을 가하였다. 예를 들어, 그는 프로이트의 여러 논의들을 인용하여 자신의 사상을 전개하지만, 그는 프로이트의 '성적 본능'으로서의 무의식에 소쉬르의 '언어 체계'를 삽입한 것이 그렇다. 이때 라캉은 기존의 정신분석학계를 비판하며 국제 정신분석학회(IPA)를 떠나 프랑스 정신분석학회(SFP)를 설립했다. 그리고 1953년부터 1980년까지, 그는 파리에서 정기적으로 세미나(Séminaires)를 열며 자신의 이론을 발표했다. 이 두 번째 시기는 1950년부터 1960년대 중반에 이르는데, 이때 그는 구조주의 언어학의 영향을 받아 상징계의 메커니즘에 주목했다.

1953년, 로마회의에서 「정신분석에서의 말과 언어의 기능과 장」을 『정신분석』에 게재, 이로써 파리정신분석학회 내에서 논란이 일어남. 다니엘 라가슈를 지지하여 새로운 프랑스 정신분석학회를 창설케 함. 라캉의 세미나가 만들어짐.

1954년, 「프로이트 '부인'에 관한 이폴리트의 논평에 대한 소개」, 「프로이트 '부인'에 관한 이폴리트의 논평에 대한 응답」을 『정신분석』에 게재.

1955년, 「표준 치료의 변형태들」을 『의학-백과사전』에 수록.

1955년, 「도둑 맞은 편지에 관한 세미나」, 『정신분석』에 게재.

1955년, 「프로이트적 물 또는 정신분석에서 프로이트의 복귀의 의미」, 『정신의학의 진화』에 게재.

1957년, 「무의식에서의 문자의 심급 또는 프로이트 이후의 이성」, 『정신분석』에 게재.

1958년, 「남근의 의미와 작용」, 막스 플랑크 연구소에서 발표.

1960년, 「여성 섹슈얼리티 학회를 위한 지침들」, 『정신분석』에 게재.

1960년, 「프로이트적 무의식에서의 주체의 전복과 욕망의 변증법」, '국제철학 콜로키움'에서 발표.

1960년, 「무의식의 위치」, 본느발 병원에서 발표한 논문.

1962년, 「사드와 함께 칸트를」, 『비평』에 게재.

1953~60년, 1960년대 초반까지 주로 로마회의에서 개략적으로 제시되었던 사상들(여기에는 정신분석과 언어학이 포함됨)을 계속 발전시킴.

1960년, 「주체의 은유」, 프랑스 철학회에서 강연에 대한 토론문.

1963년, 비정통적인 분석치료와 교습방법을 이유로 국제정신분석학회로부터 축출 당함.

1964년, 자신의 분석학회를 재구성해서 파리 프로이트 학교를 세움.

1964년, 「프로이트의 충동과 정신분석가의 욕망에 관해」, 로마 대학교 콜로키움에서 발표.

1966년, 『에크리』가 출판됨. 그 후 프랑스 사회에 막강한 영향력을 미치게 되며, 곧 문화적 현상이라고까지 일컬어짐.

라. 1966-1981년, 후기 생애, 실재계의 출현에 관심

마지막으로 1960년대 중반부터 그는 상징계로는 파악할 수 없는 실재계의 출현에 관심을 가졌다.

1966~80년, 프랑스를 비롯 해외에서 그의 연구에 많은 관심이 모아짐.

1968년, 5월 혁명이 일어나고 라캉은 학생들의 저항운동을 지지함, 이 해에 빈센느대학 정신분석학과 과장이 됨.

1973년, 『11번째 세미나, 정신분석의 네 가지 개념』, 1963-64년 고등사범학교에서 시행된 세미나로서 1973년에 출간됨.

1980년, 파리 프로이트학교 해체, 프로이트적인 원인을 결성함, 이전에 절친했던 동료들이 많이 축출됨으로써 법정 투쟁이 발생.

1981년, 사망.

2. 라캉의 사상

라캉의 사상은 세미나에 따라 나뉘는데 초기 세미나에서는 주로 신경증자들이 상징계에 적응하고자 하는데 있어 어떻게 정신분석이 치유를 할 수 있는지에 대한 연구들이다. 후기 세미나는 라캉의 중점이 상징계에서 실재계로 이동하며, 실재계에 대해 탐구하게 된다. 이후 세미나에서는 기존의 상징계로의 회귀뿐만 아니라, 오이디푸스 콤플렉스를 넘어 자신만의 상징계를 창조하는 기제에 대한 일련의 연구 결과들이다.(나무위키, 자크라캉, 2025.1.6.)

가. 거울단계 이론

라캉의 거울 단계는 인간의 주체 형성과 자아 형성 과정을 설명하는 중요한 개념으로, 특히 인간이 자신의 정체성을 어떻게 형성하고 타자와의 관계를 어떻게 이해하는지를 탐구한다. 라캉은 이 개념을 처음 1936년 국제정신분석학회에서 발표했으며, 이후 그의 정신분석학 이론 전반에 걸쳐 중요한 기초로 자리 잡았다.

① 거울 단계란?

거울 단계는 어린아이가 약 6개월에서 18개월 사이에 자신의 거울 속 이미지를 인식하며 자기 자신에 대한 첫 번째 '자기 동일시'를 경험하는 과정이다. 이 단계에서 아기는 거울 속 이미지를 보며 자신을 통합된 존재로 인식하기 시작하지만, 이는 본질적으로 환상에 기반한 경험이다.

② 자아의 탄생

거울 속 이미지는 아기가 자신의 신체를 "전체적이고 통합된 모습"으로 보게 한다. 이로 인해 아기는 "나는 하나의 존재이다"라는 개념을 처음으로 형성한다. 그러나 이 통합된 이미지는 실제 아기의 상태(신체적으로 미숙하고 분열된 상태)와는 다르며, 따라서 이 동일시는 환상적이다.

③ 타자(Other)와의 관계

거울 속 이미지(또는 타자)는 주체에게 자신의 존재를 반영하는 역할을 한다. 이 이미지는 주체가 자신을 이해하는 데 있어 중요한 외부 참조점이 되며, 이후 타자와의 관계 형성에 영향을 미친다.

④ 자기 동일시

아기는 거울 속 이미지를 '자신'으로 동일시하며 자아를 형성한다. 그러나 이 과정에서 자아는 항상 이미지에 의존하며, 이는 본질적으로 '외재적'인 성격을 띤다. 따라서 자아는 외부 세계(타자)와의 관계를 통해 구성되며, 본질적으로 결핍과 분열을 내포한다.

⑤ 상상계의 기초

거울 단계는 라캉의 상상계의 시작점으로 작용한다. 이 단계에서 아기는 자신과 타자의 경계가 모호한 상태에 있으며, 이후 상징계로 진입하면서 이 관계가 더욱 복잡해진다.…(챗GPT, 라캉의 거울단계, 2025.1.6.)

거울 단계는 어린아이가 거울 속 이미지를 통해 자아를 형성하는 과정이다. 이 단계에서 형성된 자아는 환상적이며, 타자와의 관계를 통해 만들어진 외재적인 자아이다. 거울 단계는 주체의 분열, 욕망, 그리고 언어와 사회적 규범에 의해 규정되는 인간 경험의 기초를 설명한다. 라캉의 거울 단계 이론은 인간이 자신의 정체성과 타자성을 어떻게 형성하는지를 심층적으로 탐구하며, 현대 정신분석과 철학의 중요한 기초를 제공한다.

나. 상상계, 상징계, 실재계

라캉의 이론에서 상상계(Imaginary), 상징계(Symbolic), 실재계(Real)는 인간의 주체성, 욕망, 언어와의 관계를 설명하는 핵심 개념이다. 이 세 가지는 인간 경험의 구조를 이해하기 위한 틀로 제시되며, 각각 독특한 특징과 기능을 가진다.

① 상상계

상상계는 주체가 언어 이전에 경험하는 단계로, 주로 시각적이고 상징화되지 않은 세계이다. 이 단계는 거울 단계와 밀접하게 연관되어 있다. 영아가 거울에 비친 자신의 이미지를 통해 자기 자신을 통합된 주체로 인식하는 순간이 상상계의 시작이다.

이 과정에서 주체는 자신의 분열된 상태(신체적 무능력, 의존성)를 초월하려는 욕망으로 거울 속 이미지를 동일시한다. 그러나 이 이미지는 실제 자신과는 다르며, 결국 일종의 환상으로 작용한다.…

② 상징계

상징계는 언어, 법, 사회적 규범과 관련된 영역으로, 주체가 사회적 존재로 자리 잡는 단계이다. 주체는 언어를 통해 자신의 욕망을 표현하고 타자와 관계를 맺지만, 동시에 언어의 한계와 억압을 경험한다. 라캉은 "무의식은 언어처럼 구조화되어 있다"고 주장하며, 상징계에서 주체는 언어의 규칙과 법칙 속에 위치하게 된다고 보았다.

핵심 개념으로서, ⓐ대타자(The Big Other)는 상징계를 구성하는 근본적인 규범과 질서를 상징하며, 언어와 사회적 법칙의 매개체이다. ⓑ결핍(Lack)은 상징계에 들어가는 과정에서 주체는 자신의 근원적인 욕망(실재계에 대한 접근)을 상실하게 된다. 이는 인간 욕망의 원천이 된다. ⓒ욕망(Desire)은 상징계에서 주체는 대타자의 욕망을 반영하며 자신의 욕망을 형성한다.

예컨대, 언어, 법, 문화적 규범, 가족 구조(특히 아버지의 이름)가 상징계의 표현이다.

③ 실재계

실재계는 언어와 상징화로는 절대적으로 파악할 수 없는 영역으로, 결핍이나 욕망의 근원이 되는 세계이다. 상상계와 상징계가 인간 경험을 구조화하는 데 비해, 실재계는 이 구조화의 바깥에 존재한다. 실재계는 항상 경험에서 탈락하거나 결여된 것으로 나타난다. 따라서 인간은 실재계를 완전히 이해하거나 경험할 수 없다.

핵심 개념으로서, ⓐ언어적 불가능성이란, 실재계는 언어로 표현될 수 없기 때문에 인간에게는 근본적으로 접근 불가능한 세계로 남는다. ⓑ실재계는 때로 트라우마와 같은 방식으로 경험된다. 이는 주체가 상징계로 완전히 통합될 수 없음을 상기시키는 경험이다.

예컨대, 죽음, 성적 차이, 언어로 설명할 수 없는 무언가, 또는 억압된 욕망이 실재계의 일부로 간주될 수 있다.

④ 이 세 가지의 상호작용

라캉의 이론에서 상상계, 상징계, 실재계는 독립적으로 존재하는 것이 아니라, 서로 얽혀 주체의 경험을 구성한다. 상상계는 통합성과 자기 동일시의 환상을 제공한다. 상징계는 이 환상을 언어와 사회적 규범 속에서 조직하지만, 동시에 주체를 결핍으로 이끈다. 실재계는 항상 상징화되지 않은 잉여로 남아, 주체의 경험과 욕망을 끊임없이 흔들어 놓는다.(챗GPT, 상상계 · 상징계 · 실재계, 2025.1.6.)

라캉의 이 세 가지 질서는 인간 존재의 구조적 복잡성을 탐구하는 강력한 틀이며, 그의 철학과 정신분석 이론의 핵심이다.

다. 라캉의 '주체' 개념

라캉의 주체 개념은 그의 정신분석학에서 핵심적인 위치를 차지한다. 라캉의 주체는 고정적이거나 독립적인 존재가 아니라, "언어, 욕망, 상징적 질서"와의 관계 속에서 구성되는 "분열된 존재"이다. 그는 프로이트의 정신분석학을 기반으로 하되, 주체를 철학적이고 언어학적인 관점에서 재해석했다.

① 분열된 주체

라캉은 주체가 본질적으로 분열되어 있다고 주장했다. 이는 프로이트의 무의식 개념에서 비롯된 것으로, 주체는 자신의 무의식을 완전히 인식하거나 통제할 수 없기 때문에 항상 자신과 단절된 상태에 있다. 주체는 "나는 내가 생각하는 내가 아니다(I am not what I think I am)"라는 패러독스를 내포하며, 무의식의 영향 아래 자신의 정체성을 끊임없이 재구성한다.

② 언어와 주체

라캉은 "무의식은 언어처럼 구조화되어 있다"고 주장하며, 언어가 주체 형성에 핵심적인 역할을 한다고 보았다. 주체는 상징계로의 진입을 통해 언어를 습득하며 사회적 존재로 자리 잡지만, 이 과정에서 자신의 욕망과 충동의 일부를 억압해야 한다. 이러한 억압은 주체의 분열을 초래한다.

③ 욕망의 주체

라캉은 인간을 "욕망하는 존재"로 정의했다. 주체의 욕망은 항상 결핍에서 비롯되며, 이는 상징계에 들어갈 때 경험하는 근본적인 결핍에서 기인한다. "욕망은 타자의 욕망이다(Desire is the desire of the Other)"라는 라캉의 명제는 주체의 욕망이 항상 타자(대타자)의 욕망과 연결되어 있음을 강조한다. 주체는 타자가 원하는 것을 욕망하거나, 타자가 자신을 어떻게 바라보는지에 의해 자신의 욕망을 형성한다.

④ 주체와 대타자

라캉의 주체는 대타자(The Big Other), 즉 언어, 사회적 규범, 법 등의 상징적 질서 속에서 형성된다. 주체는 대타자의 언어 체계 안에서 자신을 위치시키며 자신의 욕망과 정체성을 구성하지만, 대타자는 또한 주체에게 억압과 결핍을 부과한다.

⑤ 거울 단계와 주체 형성

라캉의 거울 단계는 주체가 처음으로 자신의 자아를 인식하는 과정으로, 주체 형성의 기초를 제공한다. 이 단계에서 주체는 거울 속 자신의 이미지를 통해 통합된 자아를 상상하지만, 이 이미지는 환상에 불과하다. 따라서 주체는 항상 자기 자신과의 차이를 내포한다.

⑥ 주체의 세 가지 차원: 상상계, 상징계, 실재계

라캉은 주체를 상상계, 상징계, 실재계의 세 차원 속에서 이해했다. 상상계의 주체는 거울 단계에서 형성된 상상적 자아를 포함한다. 상상계에서 주체는 타자와의 관계에서 환상적 동일시를 통해 자신의 정체성을 형성하지만, 이는 항상 불완전하다. 상징계의 주체는 상징계에서 언어와 규범을 통해 자신을 사회적 존재로 자리 잡게 한다. 그러나 상징계로의 진입은 주체가 근본적인 결핍(상실된 실재계의 일부)을 경험하는 과정이다. 실재계의 주체는 언어와 상징으로 포착할 수 없는 영역이며, 주체는 실재계와의 접촉에서 불안을 경험한다. 실재계의 주체는 자신의 언어적, 상징적 한계를 깨닫는 지점에서 드러난다.

⑦ 주체와 욕망의 메커니즘 : 결핍 · 욕망 · 주이상스

먼저, 주체는 태어날 때부터 결핍된 상태로 존재한다. 이는 상징계로의 진입에서 심화되며, 이 결핍이 주체의 욕망을 끊임없이 자극한다. 두 번째, 주체의 욕망은 실재계의 어떤 결여된 대상을 추구하지만, 그 대상은 결코 완전히 도달할 수 없다. 이것을 라캉은 대상 a(object a) 또는 리비도적 대상으로 설명했다. 끝으로, 주체는 쾌락을 추구하지만, 동시에 고통스러운 즐거움(주이상스)을 경험한다. 이는 주체가 욕망을 충족하려는 과정에서 겪는 모순적 경험이다.(챗GPT, 주체, 2025.1.6.)

라캉의 주체는 고정적이고 완전한 존재가 아니라, "분열된, 욕망하는, 결핍된 존재"이다. 주체는 상징계, 상상계, 실재계와의 상호작용 속에서 형성되며, 항상 대타자의 욕망과 규범에 의해 구성되고 제약받는다. 라캉의 주체 개념은 인간의 욕망, 결핍, 무의식의 역동성을 심층적으로 이해하는 데 중요한 이론적 틀을 제공한다.

라. 주이상스

라캉의 주이상스(Jouissance)는 그의 정신분석학에서 핵심적인 개념으로, 일반적인 쾌락을 넘어서는 "과잉의 즐거움" 혹은 "고통스러운 쾌락"을 의미한다. 이는 단순한 만족감이 아니라, 욕망과 결핍 사이에서 발생하는 복잡하고 모순적인 감정 상태를 설명한다.

① 주이상스의 정의

주이상스는 프랑스어 단어로 '즐거움' 또는 '쾌락'을 의미하지만, 라캉은 이를 프로이트의 쾌락 원리와는 구별되는 개념으로 사용했다. 쾌락 원리는 고통을 회피하고 쾌락을 추구하는 인간 본능을 설명하지만, 주이상스는 고통을 수반하는 즐거움으로, 쾌락 원리를 초과하거나 거스르는 경험을 의미한다. 주이상스는 금지된 것, 접근할 수 없거나 초과된 것과 연관되며, 주체에게 매혹적이면서도 불쾌하거나 위험한 경험을 제공한다.…

② 실재계(Real)와의 관계

주이상스는 라캉의 실재계와 밀접한 관련이 있다. 실재계는 언어로 상징화할 수 없는 차원으로, 주체가 본질적으로 접근할 수 없는 영역이다. 주이상스는 실재계의 흔적으로, 주체가 상징계나 상상계에서 결코 온전히 다룰 수 없는 경험으로 남는다.

③ 라캉의 주이상스와 대타자

라캉은 주이상스를 대타자(The Other)와 연결지어 설명한다. 주이상스는 대타자의 법칙(상징계)과의 긴장 속에서 나타나며, 주체는 대타자의 욕망과 충돌하면서 주이상스를 경험한다. 예를 들어, 주체는 대타자가 금지한 것을 욕망하면서 동시에 그것을 두려워한다. 이 과정에서 주이상스는 갈망과 금지 사이의 간극에서 발생한다.

④ 주이상스의 유형

라캉은 주이상스를 여러 유형으로 나누어 설명한다. ⓐ상징적 주이상스는 언어와 사회적 규범(상징계) 안에서 주체가 경험하는 주이상스이다. 이는 억압된 욕망이 언어적 틀 속에서 나타나는 방식이다. ⓑ상상적 주이상스는 상상계에서 경험되는 주이상스로, 주체가 환상적 동일시나 이상화된 대상과의 관계를 통해 경험한다. ⓒ실재적 주이상스는 상징화되지 않은, 본질적으로 접근 불가능한 주이상스이다. 이는 실재계와 관련되며, 주체에게 혼란과 고통을 야기한다. ⓓ성적 주이상스는 성적 쾌락과 관련된 주이상스로, 욕망과 결핍의 갈등에서 발생한다. 라캉은 이것이 남성과 여성 주체에서 다르게 나타난다고 보았다.(챗GPT, 라캉의 주이상스, 2025.1.6.)

주이상스는 단순한 쾌락을 넘어 고통과 즐거움이 혼합된 모순적 경험을 의미한다. 이는 욕망과 결핍, 금지된 것과의 관계 속에서 발생하며, 인간 존재의 본질적 갈등을 드러낸다.

3. 라캉 전후의 사상가들

가. 프로이트와 라캉

라캉과 프로이트의 가장 큰 차이는 리비도와 주이상스의 차이일 것이다. 이때 프로이트는 리비도를 성으로 보았고, 라캉은 주이상스를 욕망의 충족을 통한 쾌락으로 보았다. 그런데, 이 욕망은 상황에 따라 달라진다. 유아기의 주이상스는 어머니의 편안한 품이다. 이것이 진정한 라캉의 주이상스이다.

이때 주체가 상징계에 진입을 하면, 이때의 주이상스는 세상에서의 성취욕이다. 그리고 그 성취가 이루어졌을 때, 주이상스가 극대화된다. 라캉은 오히려 이것이 윤리라고 말한다.

주체가 실재계에 진입을 하면, 고통을 수반한 쾌락이라는 애매한 표현을 쓰고 있는데, 여기에서의 고통은 상징계에서 나오는 것들을 극복하는 과정에서 나온 것이다. 이 시기의 욕망은 단순한 사랑만 존재하는 것이 아니라, 자아실현욕구 등도 존재한다. 라캉의 주이상스는 윤리적 쾌락이다. 반면 프로이트는 쾌락과 윤리는 서로 분리되어 있다.

나. 기독교적 주이상스

라캉의 주이상스의 발전적인 개념이 기독교의 신비주의일 수 있다. 라캉의 주이상스는 실재계 속에서의 주체의 모습인데, 이때의 모습은 초자아의 출현으로 시작된다. 이러한 초자아의 출현을 기독교 세계에서는 초자아의 재탄생(영혼의 거듭남, 중생)이라고 한다. 초자아가 인간의 진정한 정신이며, 그 본질은 양심으로 되어 있고, 여기에서 신과의 교통이 일어난다.

라캉이 찾고자 하는 진정한 주이상스는 아가서에 잘 나타나 있다. 이 아가서에서는 신랑과 신부의 만남이 묘사되어 있는데, 여기서의 신랑은 인간으로 성육신한 로고스이다. 결국 이 아가서는 신과의 연합을 말하고 있다. 이 아가서는 남녀간의 깊은 내밀한 관계로 묘사된다. 이때 성적인 표현이 사용된다. 그런데, 그것은 성관계를 비유로 한 것이며, 성관계는 아니다. 신과의 합일을 말하는 것이다. 이렇게 우리의 자아가 거듭 태어날 때, 이것이 곧 주이상스의 시작이다. 우리의 주체가 신과의 연합을 통해 실재계에서 탄생하는 것이다.

라캉이 추구했던 진정한 주이상스는 곧 이것일 수 있다. 초자아가 누군가와 깊은 사랑에 빠지는 것이다.

다. 포스트 모더니즘과 주이상스

그런데, 라캉의 실재계는 또 하나 있다. 그것은 성욕으로 이어지는 음부이다.

그 주이상스를 이 세상에서 성욕을 통하여 누리고자 할 경우, 그 영혼은 타락의 끝자락에 이른다. 음부에 이른다는 것이다. 결국 라캉의 실재계는 하나는 하늘이고, 또 다른 하나는 음부이다. 그 실재계는 칼 융의 경우, 하늘로 이어지며 신화 구조주의로 나아간다. 반면, 그 실재계를 성욕으로 해석한 푸코의 실재계는 죄의 구렁텅이인 포스트 모더니즘으로 이어진다.

라캉이 의미하는 주이상스는 분명 윤리적이다. 그래서 이것을 성욕이라고 보면 안 된다. 그런데, 당시 프로이트 계열에 있는 학자들은 이 주이상스를 자꾸 프로이트의 성으로 해석하려는 경향이 있었다. 그들은 이것을 성욕으로 해석하려고 하는데, 그것은 라캉을 잘못 이해한 것으로 보인다.

2장 주체의 형성과정

1. 『도둑맞은 편지』의 세 관점

가. “도둑맞은 편지‘의 내용

자크 라캉의 “도둑맞은 편지”는 에드거 앨런 포의 단편소설을 분석한 정신분석학적 에세이이다. 라캉은 이 작품을 통해 “무의식, 상징계, 욕망, 대타자”의 작동 방식을 탐구한다. 특히, “언어와 상징이 인간 경험을 어떻게 구성하는지”를 설명하는 데 초점을 맞춘다.

『도둑 맞은 편지』의 원작 줄거리는 어떤 귀부인 혹은 왕비가 연인으로 추정되는 사람으로부터 온 편지를 눈 뜬 자리에서 D대신에게 도둑을 맞았다. 그리고 그 대신은 이 편지를 이용해서 귀부인을 압박했다. 이에 귀부인은 G경찰청장을 이것을 회수하려 하였고, 이 경찰청장은 이 사건을 탐정 뒤팽을 통해서 회수한다는 내용이다. 그 개략적인 내용은 다음과 같다.

파리의 한 경찰국장이 오귀스트 뒤팽을 찾아와 중요한 사건에 대해 도움을 요청한다. 사건의 핵심은 권력자가 감추고 싶어하는 매우 민감한 편지가 도둑맞았다는 것이다. 경찰은 범인이 누군지 알고 있다. 그 범인은 파리의 고위층 인물인 D 장관이다. 장관은 이 편지를 이용해 권력자를 협박하고 있으며, 이를 통해 자신의 영향력을 확대하고 있었다.
경찰은 장관의 집을 샅샅이 수색했지만, 편지를 찾지 못했다. 그들은 가구를 해체하고, 장식품을 뜯어보는 등 극도로 치밀한 방법으로 조사를 진행했지만 성과가 없었기 때문에 뒤팽에게 도움을 요청한다.
뒤팽은 경찰의 접근 방식이 지나치게 논리적이고, 숨겨진 물건은 늘 예상치 못한 장소에 있을 가능성이 높다는 심리적 통찰을 제시한다. 그는 장관의 심리를 분석한 끝에, 편지가 가장 평범해 보이는 장소에 감춰져 있을 것이라고 추리한다.
뒤팽은 장관의 집을 방문하여 편지를 자연스럽게 훑어보며, 눈에 띄는 곳에 있지만 전혀 의심받지 않는 방식으로 위장된 편지를 발견한다. 편지는 간단히 보이는 종이 케이스에 넣어져 있었고, 다른 문서들과 섞여 아무렇게나 놓여 있었다. 뒤팽은 이를 이용해 정교한 속임수로 편지를 훔쳐내고, 경찰국장에게 돌려준다.(챗GPT, 도둑맞은 편지, 2025.1.7.)

나. "도둑맞은 편지"의 시사점

위의 "도둑맞은 편지"의 내용을 다음과 같이 『에크리』에서 요약하여 소개한다. 지금 "도둑맞은 편지"라는 기표(드러난 것)에 대해 여기에 의미를 부여하는 자들의 주체가 셋으로 나타난다. 왕과 여왕과 장관이다. 편지에 관한 이들의 관점이 곧 기의(편지가 갖는 의미)이다.

우리가 듣기로 원초적 장면은 왕궁의 내실에서 상연되는데, 그리하여 편지를 받을 때 혼자 있었다고 하는 "어떤 고위층 인사"가 사실은 왕비가 아닐까 하고 짐작하게 된다. 그러한 느낌은 "또 다른 고명한 분이 들어왔을 때" 그녀가 당혹감에 의해 사실로 확인되는데, 우리는 이 이야기 전에 이 인물에 대해 만약 그가 문제의 편지에 대해 알게 되면 다른 아니라 부인의 '명예와 안위'가 위태로워질지도 모른다는 말을 들은 바 있다. 실제로 D-대신의 등장과 함께 시작되는 장면에서 그러한 또 다른 분이 왕이라는 것에 대해서는 즉각 모든 의심이 사라진다.
실제로 그 순간 왕비는 왕의 부주의를 틈타 "수신인이 적힌 쪽이 위로 올라오도록 뒤집어" 테이블 위에 편지를 놓아두는 것 말고는 달리 손쓸 방법이 없다. 하지만 그것은 대신의 살쾡이 같은 눈을 피할 수 없었으니, 대신 또한 왕비의 낭패감을 눈치 채지 못할 리가, 따라서 왕비의 비밀을 냄새 맡지 못할 리가 없었다. 이후 모든 것은 마치 시계 장치처럼 진행된다. 대신은 평상시의 속도와 정신으로 일과를 정리한 후 눈앞의 편지와 겉모습이 흡사한 편지를 주머니에서 꺼내 읽는 척하다 문제의 편지 옆에 놓는다. 그러고는 왕과 왕비의 눈을 속이기 위한 말을 몇 마디 더 던지고는 그 틈을 타 저 당혹스런 편지를 아무렇지도 않은 듯 집어 들고 방을 나간다.… ("도둑맞은 편지…", 『에크리』, 19-20)

두 번째 장면, 장관과 경시청장과 뒤팽 간의 이야기이다.

이 도둑맞은 편지를 소개하면서 라캉은 다음과 같은 해설을 먼저 하였다. 그것은 '주체'가 시니피앙의 여정에서 어떻게 규정되는 지의 논증을 위한 것이라고 한다. 즉 주체를 구성하는 힘을 가진 것은 상징적 질서인데, 여기에서 각각의 주체가 탄생한다는 것이다.

> 오늘 말할 이야기를 통해 주체가 시니피앙의 여정에서 어떻게 규정되는지를 논증함으로써 우리가 연구 중인 프로이트적 사유의 계기로부터 끌어낼 수 있는 진실을, 즉 주체를 구성하는 힘을 가진 것은 상징적 질서임을 보여주려고 생각한 것은 이 때문이다. ("도둑맞은 편지…", 『에크리』, 18)

위의 이야기는 '기표(시니피앙)'와 '기의(시니피에)'의 관계였던 것이다. 여기에서 라캉은 소쉬르의 언어 개념을 도입한 후, 이것을 자신의 것으로 더욱 확장하여, 여기에서 무의식의 세계와 실재계를 도출하였다. 이 '도둑맞은 편지'에서 '편지'는 소쉬르의 언어에서의 '기표' 곧 '시니피앙'을 상징하고 있으며, 여기에 등장하는 세 인물들은 모두 이 '편지'에 대한 '해석자들' 곧 '기의'를 가리킨다.

> 한 해석자는 '왕'으로서, 그는 이 '편지'를 눈에 보여지는 대로 해석(상상계 속의 '기의')을 하여 그냥 간과한다.
> 또 한 해석자로서의 '여왕'은 이 '편지'의 발신인이 들통 날 경우, 자신의 생명까지 위협하는 '편지'로 해석(상징계 속의 '기의')을 한다. 이 '여왕'의 시선은 편지가 아닌 오직 '왕'에게 가 있다.
> 또한 세 번째의 해석자는 '장관'인데, 그는 이 둘 모두를 바라보는 해석자로서 이 '편지'가 갖는 진정한 의미(실재계 속의 '기의')를 이해한다. 하나의 '기표'(시니피앙)에 대해서 여러 형태의 '기의'가 출현한 것이다.

다. '세 주제'에 의한 '세 개의 관점'

라캉은 편지를 바라보는 세 개의 관점을 설정한 것이다. 그리고 그는 이것을 "세 개의 주체에 의해 지탱되는 세 개의 시선"이라고 말한다. 첫 번째 시선은 상상계 속의 자아로서 왕의 시선(또는, 경찰청장)이며, 두 번째는 상징계 속의 자아로서 왕비(또는 장관)의 시선이고, 세 번째는 실재계 속의 자아로서 장관(또는 뒤팽)의 시선이다. 그리고 그러한 복수의 주제가 존재한다는 것을 "주체의 상호반복 과정"이라고 말한다. 한편, 자캉은 이 세 자아의 관계를 다음과 같이 설명한다.

> 그리하여 세 개의 시점이 등장하는데, 그것들이 매번 서로 다른 사람에 의해 구현되는 세 주체에 의해 지탱되는 세 개의 시선에 순서를 부여한다.
> ① 아무 것도 보지 못하는 자의 시선
> 첫 번째 시선은 아무 것도 보지 못하는 자의 시선이다. 왕, 이어 경찰의 시선이다.
> ② 환상에 빠지는 사람의 시선
> 두 번째 시선은 첫 번째 시선이 아무것도 보지 못하는 것을 보고, 그리하여 자기가 감추는 것은 가려져 있다는 환상에 빠지는 사람의 시선이다. 왕비, 이어 대신의 시선이다.
> ③ 전체를 바라보고 있는 시선
> 세 번째 시선은, 앞의 두 시선은 숨겨져야만 하는 것을, 그것을 빼앗으려는 사람 누구에게나 드러내놓고 있다는 것을 보는 자의 시선이다. 대신, 결국에는 뒤팽의 시선이다.…
> ④ 주제들의 상호주체적 반복 과정
> 오늘 우리가 관심을 갖고 있는 것은 주제들의 상호주체적 반복 과정에서 저마다 자리를 바꾸면서 교대되는 방식이다. 그와 같은 자리바꿈은 도둑맞은 편지라는 순수한 시니피앙이 앞의 3인조 속에서 차지하는 자리에 의해 결정되는 것을 볼 수 있을 것이다. 그리고 그것이 바로 그와 같은 자리빠꿈이 자동반복이라는 것을 확인시켜줄 것이다. ("도둑맞은 편지…", 『에크리』, 22-23)

위의 라캉의 해설에 의하면, 우리 안에 있는 상상계 속의 자아는 프로이트식

어린 아이의 자아로서 자신 앞에 드러난 것 외에는 아무것도 모른다. 오직 드러난 기표로만 사건을 이해하고 해석한다. 이것이 그의 기의이다. 상징계 속의 자아는 이 상상계 속의 자아를 바라보고 있으며, 그에 대해서는 모두 파악을 하고 있다. 이것이 우리의 의식적 자아가 곧 상징계 속의 자아인데, 이 자아는 상상계 속의 자아를 잘 안다. 그런데, 이 보다 더 깊은 곳에 실재계 속의 자아가 있다. 라캉에게 이 자아는 '주이상스' 속의 자아이다.

여기에서 '주이상스'는 '향유'인데, 이것을 라캉은 '남근'[6]이라고 칭하는데, 이 '남근'은 기표로서 '육신의 아버지'는 상징일 뿐이며, 그것의 '기의'는 "어머니가 흠모하였던 그 대상과 관련한 세계"로서 "사회와 세상의 법을 지배하는 아버지"를 의미한다. 즉, 이것은 "대타자의 욕망"을 의미하는데, 여기에서 대타자란 심지어는 '절대자'를 의미할 수도 있다.

라캉에게 '상징계' 혹은 '무의식의 세계'는 더 이상 '성적 욕망'이 아니며, '언어의 세계'를 의미하고, 이것은 곧 '대타자의 담론'(『에크리』 23)이었다. 이러한 차이로 인해서 그는 기존의 프로이트 계열에서 파문을 당하였다. 라캉의 '욕망' '쾌락', 더 나아가서 '주이상스'는 프로이트의 '성적 욕망'이 아니다.

다. 무한하게 확장될 수 있는 '시니피앙(기표)'

이와 같이 소쉬르의 '기의'는 '기표'와 일대일로 곧바로 연결이 되며, 오히려 주체는 '기의'가 자의적으로 '기표'를 선택하여 표출되었다. 그런데, 라캉에게 있어서 오히려 '기표'가 '기의'를 자의적으로 선택을 하며, 이 '기의'의 의미는 연쇄를 이루어 확장된다. 심지어 이 '시니피앙'은 "주체가 대타자를 절대자로 구성하는 주관성 자체 말고는 아무것도 파악할 수 없는 곳"("도둑맞은 편지…",『에크리』, 28)에 까지 확장되어 갈 수 있다. 이 '기표'는 그때의 상황에 맞게 그 '기의'를 '중단'하여 그 의미를 구성할 뿐이다. 이에 대해 라캉은 다음

6) 라캉의 '남근'은 이중적 의미를 가지고 있다고 보아야 한다. 상상계에서 이 남근은 성적욕망으로 불리울 수도 있다. 그러나 이 주체가 실재계로 돌아가서의 그 '주이상스'와 '남근'은 어머니의 천국 같은 그 품일 뿐이다. 여기서의 쾌락은 성적인 쾌락이기 보다 신비로운 쾌락이다. 필자의 견해로 이때의 쾌락은 절대자와의 합일에서 나오는 쾌락이다.(필자)

과 같이 말한다.

그러한 순간 우리는 주체에게서 시니피앙이 우위를 차지하고 있다는 것을 간파할 수 있다. (“도둑맞은 편지…”,『에크리』, 28)
시니피앙이 유일무이한 존재의 단위이기 때문인데, 그것은 본성 자체상 그저 부재의 상징일 뿐이다. 도둑맞은 편지에 대해서는 다른 대상들처럼 어디엔가 있어서가 아니면 없을 것이라고 말할 수 없으며 오히려 다른 대상들과 달리 어디를 가든 있으면서도 없을 것이라고 말할 수 있는 것은 이 때문이다. (“도둑맞은 편지…”,『에크리』, 33)

즉, 기표는 하나로서 나타나고 있지만, 그 이면의 의미는 주체의 관점에 따라서 한없이 깊어진다. 상징계에서는 알 수도 감을 잡을 수도 없는 실재계로까지 깊어진다.

2. 라캉의 주체형성 과정

가. 라캉 철학의 주제 : 주체형성 과정

프로이트는 ‘자아’를 중심으로 한 정신구조를 말하였는데, 라캉은 ‘자아’라는 개념 보다 ‘주체’라는 개념을 이용한다. 그는 ‘주체의 형성과정’을 그의 철학의 중심주제로 삼는다. 이것은 그의 철학의 핵심이 무엇인지를 제시하고 있다. 그는 프로이트의 심리학을 계승하였지만, 궁극적으로 그가 머문 곳은 소쉬르의 언어철학일 수 있음을 시사하고 있다.

라캉의 사상을 우리는 ‘주체 이론’이라고 말할 수 있는데, 이것은 인간의 정신이 발달하면서 사회적 ‘주체’로 거듭나는 과정을 말하고 있기 때문이다. 그는 이 과정에 대한 연구에 그의 평생을 몰두하였다. 그의 사상이 갖는 의미에 대해 성지은은 다음과 같이 말한다.

인간은 정신이 발달하면서 무의식을 갖게 되고 사회화되는데, 그 과정에서 필연적으로 신경증, 정신병, 도착증 중 하나의 정신 구조를 택하게 된다. 이

중 가장 일반적으로 신경증을 선택하게 되고, 이를 통해 사회적 '주체'로 거듭나게 되는 것이다.

라캉의 주체 이론은 그의 고유 개념인 상상계, 상징계, 실재를 중심으로 이루어졌다. 서로 맞물리고 공존하며 인간의 정신 구조를 이루고 있는 이 세 가지 질서를 설명하는 데에 라캉은 평생을 바쳤다. 이는 프로이트의 오이디푸스 콤플렉스를 재발견하여 설명하는 라캉의 오이디푸스 콤플렉스 이론과 맞물려, 어린 아이가 주체로 거듭나는 과정을 보여준다.7)

나. 세 주체의 출현과정

라캉 철학의 전체적인 그림은 위의 '도둑 맞은 편지'에 나타난 세 주체의 출현과정을 설명하는 것이라고 말해질 수 있다. 우리는 이것을 먼저 이해하고 라캉 철학의 구체적인 내용들을 살펴볼 필요가 있다. 다음은 필자의 정리이다.

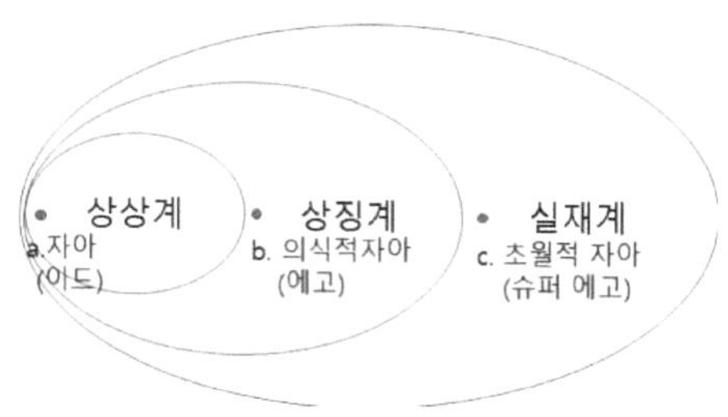

위의 그림에서 'a.자아(이드)'는 어머니의 품속에서 끝없는 안식과 평안을 맛보는 본능적 존재이다. 프로이트는 이때부터 아이의 성이 나타난다고 말한다. 그리고 이때 아버지에 의해 어머니를 유린 당하는 오이디푸스 콤플렉스가 아이에게 주어진다고 말한다. 이것은 프로이트의 추정인데, 우리는 그것을 알 수 없다. 그래도 많은 학자들이 동의하는 바이다.

이 이드적 자아가 이제 언어를 습득하면서 언어 곧 상징계 속으로 진입을 한다. 언어를 하나의 기호 혹은 상징으로 보는데, 이것이 곧 우리가 묘사하고

7) 성지은, "미술작품 의미의 사후적 구성: 라캉 정신분석학의 사후성 개념을 중심으로," 서울대학교 대학원, 문학석사(2013), 20.

이해하는 세계의 모습이다. 이러한 언어로 인하여 우리는 의식적 자아로 깨어나는 것이다. 이 의식적 자아는 이 세계인 상징계에 돌입하면서 어머니로 표현되는 소타자에게 '소외'를 당하면서(오이디푸스 콤플렉스) 동시에 대타자에 종속 되어 'b.의식적 자아'로 나타난다.

이때 이 '소외'는 자아에게 '결여'를 일으켜서, 아이의 어머니의 품과 같은 '주이상스'는 무의식 속에 갇혀 있었는데, 그것은 또 다른 '욕망'의 대상을 산출하며, 주체의 '분리'를 일으켜 'c.무의식적 자아'의 출현을 가져온다. 라캉에게 이 무의식적 자아의 출현은 곧 이드의 재출현인데, 여기에는 슈퍼 에고로서의 초자아도 파괴본능으로 함께 한다. 이것이 진정한 의미의 주이상스이며, 실재계의 욕망으로서의 진정한 의미의 쾌락이다.

한편, 우리는 위의 이야기에서 실재계의 '주이상스'에 대해 알아보아야 할 필요가 있다. 특히 그 욕망이 이드 단계의 성적 욕망의 귀환인가, 아니면 승화된 욕망인가의 여부를 알아야 한다.

라캉의 욕망은 위의 각각의 단계에서의 쾌락이다. 예컨대, 어린아이의 단계 곧 상상계에서의 욕망은 아직 의식적인 것이 발달하지 않았으므로 육체적인 욕망이다. 상징계에서는 이제 의식이 발현되었다. 그리고 세상을 알고 여기에서 받은 욕망이다. 특히 사회생활에서의 성공적 욕망이다. 이것이 그에게는 가장 큰 쾌락이다. 따라서 이 시기에는 성욕이 아니다. 그리고 실재계에서의 욕망은 성적인 것을 포함하되 오히려 자아실현 욕구가 강하다. 여인은 남편의 사랑에서 가장 큰 쾌락을 느낀다. 라캉에게는 이러한 형태의 쾌락이 윤리이다. 얼핏 보면 쾌락인 것 같으나 윤리적 쾌락이다. 라캉은 모든 윤리에는 쾌락을 산출하여야 한다고 말한다. 즉, 이런 측면에서는 쾌락이 윤리보다 우선이다. 라캉의 주이상스는 성욕이 아니라, 각각의 단계에서 불러일으키는 쾌락이다.

다. 상상계 속의 주체

인간의 주체는 상상계, 상징계, 실재계 속에서 각각 주체(자아)로 나타나는데, 어린 아이는 상상계 속에서 살면서 여기에서 자신의 주체를 찾아간다. 이 어린 아이에게는 어머니의 모습이 곧 자신의 모습이다. 그 안에 평안을 누리고, 행복을 만끽한다.

이때 아이에게는 성에 대한 욕구도 자라기 시작한다. 아이의 많은 행동들은 프로이트가 말하는 것처럼 성적 발달과 연관이 있다. 육적 자아가 이렇게 해서 아이에게 생성된 것이다.

그런데, 이때 라캉은 프로이트의 오이디푸스 콤플렉스가 어린 아이에게 들어간다고 말한다. 어린아이는 아버지에게 어머니를 빼앗기지만, 자신의 무력함으로 인해 그것은 무의식 속으로 사그라진다.

라. 상징계 속의 주체

그러다가 이 아이가 언어를 배우기 시작한다. 소쉬르에 의하면, 언어라는 것은 기표와 기의로 이루어진 하나의 상징이다. 이 아이는 기표를 통해 기의를 이해하기 시작한다. 그리고 그 기의가 곧 이 세계의 모습이다. 언어를 통해서 세계를 배우기 시작한 것이다.

언어를 통해서 타자들을 알아가기 시작하는데, 사회에 의해 형성된 욕구들로 대변되는 대타자가 아이의 욕망을 구성하는 것이다. 이때 아이의 의식도 깨어나고, 사회인으로서의 삶을 시작하게 되는 것이다. 이것이 상징계에서의 주체의 모습이다.

그런데, 이 상징계로 말해지는 이 세계는 만만한 세계가 아니다. 모든 인간들에게 공통된 욕망을 제공하는 대타자는 인간을 경쟁 속으로 몰아넣고, 인간은 큰 경쟁 속에서 고단하게 살아간다.

이것이 의식적 자아의 모습이며, 모든 현대인들의 모습이다. 우리 인생들은 이렇게 하여 의식적 주체(자아)가 되는 것이다.

마. 실재계 속의 주체

라캉은 우리 인생들이 이러한 상징계의 고통 속에서 벗어나는 것을 추구하는 듯하다. 어렸을 때 누렸던 그 주이상스가 다시 회복되는 것이 가능한 지를 연구하는 것이다. 이 상징계를 벗어나서 실재계에 나아가고자 하는 것이다. 라캉은 소쉬르의 언어론에 영향을 받았다. 그래서 우리의 발화된 음성(기표) 이면에 기의가 있는데, 이 기의가 완전히 실현된 곳을 실재계라고 한다.

예컨대, 쾌락의 진정한 기의는 하늘이다. 그리고 고통의 기의는 음부이다. 이곳이 실재계이다. 라캉은 이 고달픈 상징계를 벗어나서 이 실재계에 이르고자 한다. 그것이 곧 주이상스이다. 라캉은 우리가 상징계에 대해서 포기를 하고 죽어버리면, 이 세계가 열리는 것으로 말한다. 실제로 이 상징계의 온갖 욕망에 대해서 죽으면, 그러한 자유로운 세계가 펼쳐진다. 이러한 쾌락의 상태를 주이상스라고 부른다. 그런데 이러한 실재계는 알 수도 없고, 도달할 수도 없다는 것이다. 막연한 우리의 추구일 뿐이다.

여기에서 라캉은 어렸을 적을 잃어버린 어머니의 품을 생각한다. 그곳이 가장 행복했으며, 그러한 세계를 꿈꾸는 것이다. 주체는 이제 다시금 이곳을 추구하는 것이다. 라캉은 이에 대해서 철학적 이성으로 이곳을 추구하였지만, 여기에서 종교의 힘이 필요하다. 라캉은 종교인이 아니었기 때문에 이 지점에서 많은 방황을 하면서도 뚜렷한 답은 찾지 못하고 있다. 그래서 라캉의 주이상스는 단순한 어릴적 맛보았던 어머니의 품과 같은 쾌락이라고만 지칭된다.

3. 욕망과 주이상스

가. 자크 라캉의 욕망

상상계에서 상징계로, 실재계로 이행하는 추동력은 욕망이다. 그리고 맨 마지막 실재계에서 나타나는 그것도 또한 욕망이다. 그러나 이것은 승화된 욕망이다. 따라서 우리는 이 자크 라캉의 욕망에 대한 이해를 먼저 하여야 할 필요가 있다. 그 개략적인 내용은 다음과 같다.

자크 라캉(Jacques Lacan)의 욕망(desire)은 그의 정신분석학과 철학의 핵심 개념 중 하나이다. 라캉은 욕망을 인간 존재와 심리적 구조의 중심에 놓고, 이를 통해 인간의 주체성을 설명하려고 했다. 라캉의 욕망은 단순히 욕구(need)나 요구(demand)와는 다른, 복잡하고 추상적인 개념이다.

① 욕망과 욕구(Need), 요구(Demand)의 차이

욕구(Need)는 인간의 생물학적, 물리적 필요를 충족하기 위한 본능적 요구이다. 예를 들어, 배고픔은 음식이라는 욕구로 표현된다. 요구(Demand)는 욕

구가 타자(Other)와의 관계 속에서 언어화되고, 사회적, 심리적 요구로 전환된 것이다. 예컨대, 음식이 단순히 배고픔을 채우는 것에서 사랑이나 인정받기 위한 수단으로 변환될 수 있다.

욕망 (Desire)은 욕구와 요구를 넘어선 것으로, 타자와의 관계에서 생겨나는 결핍(lack)과 결부된 끝없는 추구를 의미한다. 욕망은 본질적으로 결핍에서 시작되며, 완전히 충족될 수 없는 구조를 가진다.

② 욕망의 본질: 결핍과 타자의 역할

라캉은 욕망이 항상 '결핍(lack)'과 관련이 있다고 보았다. 인간은 타자(Other)의 언어와 상징체계 속에서 주체성을 형성하는데, 이 과정에서 자신의 완전함을 잃고 결핍을 경험한다. 이 결핍은 근본적으로 '상상계'에서 어머니와의 융합적 상태를 상실한 데서 비롯된다. 인간은 이 결핍을 채우기 위해 끊임없이 욕망하지만, 욕망의 대상(objet petit a, 소문자 a의 대상)은 본질적으로 '환상적'이고 실재적으로 충족되지 않는다. 욕망은 단순히 무언가를 채우려는 것이 아니라, 타자의 욕망을 욕망하는 형태를 띤다. 즉, 우리는 타자가 욕망하는 것을 욕망한다.

③ 욕망과 상징계

라캉은 인간의 욕망이 언어와 상징체계에 의해 매개된다고 보았다. 욕망은 언어를 통해 표현될 수 있지만, 항상 '과잉'이나 '결핍'을 동반하며 완전히 포착될 수 없다. 상징계는 욕망을 형성하지만 동시에 억압하기도 한다. 즉, 상징계 안에서 인간은 욕망을 표현하면서도 사회적 규범에 의해 그 욕망이 제한된다.

④ "타자의 욕망을 욕망한다"

라캉의 유명한 말 중 하나는 "인간은 타자의 욕망을 욕망한다(L'homme est désir de l'Autre)"이다. 이는 욕망이 항상 타자와의 관계 속에서 정의된다는 뜻이다. 인간은 타자가 자신을 어떻게 바라보는지, 타자가 무엇을 욕망하는지에 의해 자신의 욕망을 구성한다. 즉, 욕망은 근본적으로 사회적이고, 타자의 시선과 기대 속에서 형성된다.

⑤ "소문자 a의 대상(Objet Petit a)"

라캉은 욕망의 대상을 "소문자 a의 대상(objet petit a)"으로 설명한다. 이 대상은 욕망을 일으키는 트리거이며, 근본적으로 도달할 수 없는 환상적 대상이다. 인간은 이 대상을 통해 욕망을 추구하지만, 완전히 소유하거나 충족할 수 없다. 대신 이 대상은 욕망을 지속시키는 역할을 한다.

⑥ 욕망과 주이상스(Jouissance)

욕망과 관련된 중요한 개념 중 하나는 '주이상스'이다. 주이상스는 단순한 쾌락(pleasure)이 아니라, 욕망의 극단적인 충족을 추구하는 과정에서 발생하는 고통스러운 쾌락을 의미한다. 욕망은 결핍을 유지하며 지속되지만, 주이상스는 욕망의 한계를 넘어서려는 과잉 상태를 의미한다.

⑦ 욕망의 끝없는 순환

라캉은 욕망을 충족될 수 없는 것으로 보았다. 욕망은 항상 새로운 대상을 추구하며, 결핍을 채우려 하지만 완전한 충족은 불가능하다. 이 끝없는 순환이 인간 존재의 본질이며, 인간이 끊임없이 의미를 찾고 타자와 관계를 맺는 이유라고 설명한다.(챗GPT, 자크라캉의 욕망, 2025.1.7.)

라캉의 욕망은 단순히 무언가를 원하는 상태를 넘어, 인간이 결핍을 통해 자기 자신과 타자, 그리고 사회적 구조와 연결되는 복잡한 심리적, 철학적 과정을 설명한다.

나. 『세미나 VII, 윤리학』에 나타난 주이상스

자크 라캉의 『세미나 VII : 윤리학』(1959-1960)은 라캉의 세미나 중에서도 윤리학과 욕망의 문제를 심도 깊게 다룬 중요한 작업이다. 이 세미나는 라캉이 인간 욕망의 윤리적 측면을 탐구하며, 프로이트의 정신분석학과 철학적 전통(특히 칸트와 아리스토텔레스)을 연결하고, 주이상스(Jouissance)와 윤리적 선택의 관계를 논의한 책이다.

① 『세미나 VII』의 핵심 질문

정신분석학은 윤리적 실천으로 간주될 수 있는가? 인간 욕망은 윤리적 관점에서 어떻게 평가될 수 있는가? 프로이트의 욕망 개념은 철학적 윤리학(특히 칸트의 의무론, 아리스토텔레스의 행복론)과 어떤 관계에 있는가? 인간은 왜 고통과 고통스러운 즐거움(주이상스)을 선택하는가? 라캉은 이러한 질문들을 바탕으로 윤리학의 근본 문제를 탐구하며, 욕망과 주이상스의 역할을 중심으로 논의를 전개한다.

② 욕망과 윤리

라캉은 욕망의 윤리학(The Ethics of Desire)을 제안한다. 그는 인간이 자신의 욕망을 직면하고 그것을 인정하는 것이 윤리적으로 중요한 행위라고 주장한다. 윤리적 삶은 자신의 욕망에 충실하며, 타자의 욕망이나 사회적 규범에 의해 억압되거나 왜곡되지 않는 상태를 의미한다. 라캉은 프로이트의 정신분석이 욕망의 억압과 억압 해소를 다루는 것에서 더 나아가, 욕망 자체의 윤리적 함의를 탐구한다고 본다.

③ 쾌락 원리와 주이상스

라캉은 프로이트의 쾌락 원리와 주이상스의 관계를 논의하며, 인간이 고통을 동반하는 과잉의 쾌락을 추구하는 이유를 설명한다. 그는 쾌락 원리가 인간의 욕망을 제한하며 고통을 회피하려는 기제를 제공하는 반면, 주이상스는 이를 초과하는 고통스러운 즐거움의 상태라고 본다. 주이상스는 윤리적 선택의 중심에 있으며, 이는 주체가 자신의 욕망을 추구하는 과정에서 필연적으로 마주하는 문제이다.

④ 칸트와 사드

라캉은 칸트(Kant)와 사드(Sade)의 윤리학을 비교하며 독특한 통찰을 제공한다. 칸트는 인간이 도덕적 법칙에 따라 행위해야 한다고 주장했지만, 라캉은 이러한 법칙이 욕망을 억압할 수 있는 위험성을 경고한다. 사드는 쾌락과 고통의 극단적 형태를 탐구하며, 인간 욕망의 어두운 면을 드러낸다. 라캉은 사드의 세계관을 칸트적 윤리학의 숨겨진 면모로 해석한다. “칸트와 사드(Kant avec Sade)”라는 라캉의 표현은 칸트의 윤리적 법칙과 사드의 극단적 주이상스를 통합적으로 분석하려는 시도를 나타낸다.

⑤ 안티고네와 욕망의 윤리

라캉은 그리스 비극 안티고네를 분석하며 윤리적 선택과 욕망의 충돌을 논의한다. 안티고네는 자신의 가족적 의무와 국가의 법 사이에서 갈등하며, 자신의 욕망과 충성에 따라 행동한다. 라캉은 안티고네의 행동이 인간 욕망의 윤리적 측면을 드러내는 사례라고 본다. 그녀는 자신의 욕망을 직면하고 그것에 충실함으로써 “비극적 윤리성”을 구현한다.

⑥ "선의 이름으로 행해진 악"
라캉은 윤리적 이상(예: 선의 실현)이 때로는 억압적이거나 파괴적인 결과를 초래할 수 있다고 지적한다. 윤리적 삶이란 추상적 선이나 도덕적 규범에 복종하는 것이 아니라, 자신의 욕망을 인정하고 그것에 따라 살아가는 것이라는 점을 강조한다.
⑦ 욕망과 상징계
인간의 욕망은 상징계와 얽혀 있으며, 이를 이해하고 직면하는 것이 윤리적 존재로서의 필수 조건이다.(챗GPT, 『세미나 VII : 윤리학』, 2025.1.7.)

위의 내용이 자크 라캉의 주이상스이다. 실재계에서의 자아가 추구하는 욕망으로서의 쾌락이다. 위의 내용에 의하면, 자크 라캉은 욕망과 윤리의 관계에 대해 심도있게 연구한다. 여기에서 욕망은 무엇인가? 성욕인가? 그렇지 않다. 어머니의 품속에서 맛보았던 그 평안함의 쾌락이었다. 라캉의 욕망은 상상계에서도 나타나고, 상징계에서도 사회적 열정으로 나타나고, 실재계에서도 죽음이나 초월자를 향하여 나타난다. 어찌 되었건 라캉은 이 쾌락과 칸트의 윤리가 결합되어야 한다고 말한 것이다. 쾌락이 빠진 윤리는 옳지 않다는 것이다. 여기까지가 라캉의 주장이다.

여기에 기독교의 견해를 추가하자면, 실재계에서 등장한 것이 파괴본능의 절대자를 향한 회귀본능이다. 이것은 초자아가 강력하게 등장함에 따 나타난 현상이다. 여기서의 주이상스는 절대자와의 합일에 대한 열망이다. 이 열망에는 윤리가 자연스럽게 탑재되어 있다. 다른 모든 윤리는 쾌락과 윤리가 떨어져 있다. 그런데, 신비주의는 쾌락과 윤리가 결합되어 있다. 이것이 라캉이 추구하는 바였다.

만일 라캉을 잘못 해석하면, 쾌락이 윤리보다 우선하다고 생각하여 쾌락으로 치닫는다. 이렇게 윤리가 결여된 쾌락은 무엇인가? 그것은 초자아는 짓밟혀진 성 관계이다. 자크 라캉의 후예는 이렇게 성적 무분별의 극치인 포스트 모더니즘으로 나타날 수 있다. 그래서 어떤 사람은 라캉을 포스트 모더니즘과 연결시키도 한다. 그러나 그것은 라캉에 대한 잘못된 이해인 것으로 보인다.

나. 『세미나 XX. 앙코르』에 나타난 주이상스

자크 라캉의 『세미나 XX : 앙코르』(1972-1973)는 그의 후기 사상을 대표하는 중요한 작업으로, 특히 성적 차이, 성적 욕망, 주이상스(Jouissance)에 대한 심층적인 논의를 담고 있다. 라캉은 이 세미나에서 인간 주체와 욕망의 성격을 설명하면서, 여성성과 남성성, 그리고 언어와 욕망의 관계를 탐구한다. 이 세미나는 그의 이전 세미나들에서 다뤘던 개념들을 통합하고 확장한 내용으로 구성되어 있다.

① 『세미나 XX : 앙코르』의 핵심 질문

인간의 욕망은 어떻게 형성되며, 주이상스는 욕망과 어떻게 관련되는가? 남성과 여성의 욕망과 주이상스는 어떤 차이를 가지는가? 인간의 욕망과 주이상스는 언어와 상징계와 어떻게 연결되는가? 사랑은 욕망과 주이상스의 관계 속에서 어떤 역할을 하는가?

② 주이상스의 심화된 논의

라캉은 이 세미나에서 주이상스 개념을 확장하여 남성적 주이상스와 여성적 주이상스의 차이를 논의한다. 남성적 주이상스는 상징계의 구조 속에서 제한되고 규정된 주이상스이다. 이는 언어와 사회적 규범의 틀 안에서 작동한다. 여성적 주이상스는 언어와 상징계를 넘어서는 무한한 주이상스이다. 이는 "대타자(The Big Other)"를 초과하는 경험으로, 언어적으로 설명될 수 없다. 그는 "여성은 존재하지 않는다(Woman does not exist)"라는 도발적인 주장을 통해, 여성적 주이상스가 상징계에서 포착되지 않는 초과적이고 탈중심적인 차원임을 강조한다.

③ 성적 차이와 주체

라캉은 성적 차이를 생물학적 차원이 아니라 상징적 차원에서 이해한다. 남성과 여성은 상징계에서 각기 다른 방식으로 욕망과 주이상스를 경험한다. 여성적 주이상스는 상징계의 경계를 넘어서는 경험으로, 무한성과 연결된다. 남성적 주이상스는 상징계 내에서 규정되고 제한된 욕망과 연결된다. 이는 언어와 법, 규범의 구조 속에서 작동한다. 여성적 주이상스는 무한한 차원에서 발생하며, 상징계의 한계를 넘어선 실재계의 경험과 연관된다.

④ 언어와 상징계

라캉은 "무의식은 언어처럼 구조화되어 있다"는 이전 주장을 반복하면서, 주이상스가 언어의 구조와 얽혀 있음을 설명한다. 그러나 여성적 주이상스는 언어로 완전히 설명될 수 없는 실재계의 영역에 속한다. 이는 상징화되지 않은 초과로 남는다.

⑤ 사랑과 욕망

라캉은 사랑과 욕망의 관계를 탐구하며, 사랑이 상징계의 틀 안에서 주이상스를 초과할 수 있는 방식으로 작동한다고 설명한다. 그는 사랑을 "대타자의 결핍을 인정하는 행위"로 정의하며, 사랑이 주체와 타자 사이의 결핍과 욕망의 균형을 맞추는 역할을 한다고 본다.

⑥ "앙코르(Encore)"의 의미**

앙코르는 프랑스어로 "더, 다시"를 뜻하며, 욕망과 주이상스의 끝없는 반복과 과잉을 나타낸다. 인간의 욕망은 결코 완전히 충족되지 않으며, 주체는 끊임없이 더 많은 주이상스를 추구한다.

⑦ 실재계와 주이상스

실재계는 상징화되지 않는 차원으로, 여성적 주이상스는 이 영역과 밀접하게 연관된다. 주체는 실재계와의 접촉에서 무한한 욕망과 고통스러운 즐거움을 경험한다.

우리는 위의 내용들을 통하여 라캉의 주이상스가 쾌락인데, 이 쾌락은 성적 쾌락이 아니라는 것을 알게 된다. 특히 "남성적 주이상스는 상징계 내에서 규정되고 제한된 욕망과 연결된다. 이는 언어와 법, 규범의 구조 속에서 작동한다."라는 본문을 보면, 남성의 쾌락은 사회에서의 성공이라는 것을 알 수 있다. 그리고 여성의 쾌락은 남편의 사랑이다는 것을 알 수 있다. 이것은 우리 주변에서 관찰되는 바이다. 라캉이 말하는 주이상스는 윤리적 쾌락임을 알 수 있다.

3장 자아와 상상계, 상징계, 실재계의 관계

1. '상상계'의 자아 형성

인간이 개별적인 실체를 갖는 존재임에는 틀림이 없지만, 그럼에도 불구하고 그 실체는 어떤 선행된 구조 속에 던져지듯 태어난다. 그리고, 그 선행된 구조에 의해서 자신의 주체가 생성된다. 이것을 날카롭게 분석한 것이 구조주의이며, 라캉은 이것을 정신분석학을 이용하여서 좀더 구체적으로 체계화시킨다. 이와 같이 라캉은 "삶은 구조로부터 출발 한다"고 하며, 이 구조의 범주로서 "상상계, 상징계, 실재계가 있다"고 한다.

가. '거울단계'에서 출현하는 '이상적 자아'

어린 아이가 태어나서 처음으로 거울을 본다고 하자. 이 아이는 한 번도 자신을 본 적이 없다. 그때까지는 자신의 팔이나 다리 등의 부분만을 보아왔다. 혹은 자신의 엄마의 얼굴만 보아왔다. 그런데, 이제 거울을 통해서 자신의 전체의 모습을 최초로 보게 된 것이다. 이때 아이는 상상을 통해서 저것이 나라고 생각한다. 이제 나라는 이미지가 생긴 것이다. 이제 내 안에 상상의 세계가 생성된 것이고, 이 안에 나라는 주체가 생성되기 시작한 것이다.

우리 안에 상상계는 거울단계(생후 6-18개월)를 통해서 발달하는데, 이러한 거울 단계라는 용어를 최초로 사용한 사람은 앙리 왈롱이다. 그 내용을 이수진은 다음과 같이 정리하고 있다.

> 즉 왈롱은 침팬지와 생후 6-18개월 정도 된 아이를 대상으로 한 실험에서 침팬지는 거울 속 이미지를 빨리 알아보지만 곧 싫증을 내는 반면, 아이는 자신의 이미지에 열광하는 것을 보고 이미지가 인격발달에 결정적인 역할을 한다는 것을 발견한다. 즉, 아이는 거울 속 이미지를 자아로 통합하고 외부 세계와의 관계에 자아라는 통일된 상을 내세움으로서 주체로 성숙한다. 따라서 심리학이론에서 거울단계는 신체라는 개념을 획득하고 사회적 삶을 영위하기 위해 거치기 마련인 인격발달의 한 과정을 말한다.[8)]

라캉은 『에크리』의 "나 기능의 형성자로서의 거울단계"(1949)에서, 이러한 유아의 '아하 체험'을 통해서 어린 아이에게 '이상적 자아'가 출현한다고 말한다.

① 아하 체험
일정시간 지속되는 나이의 유아는 비록 도구적 지능 면에서는 침팬지 보다는 못하지만 그럼에도 불구하고 이미 거울 속에서 자기 이미지를 인식한다. 이 인식은 '아하 체험(*Aha-Erlebnis*)이라는 계시적 모방 행위에 의해 표시된다.
② 18개월
… 우리가 보기에 이 행동은 18개월까지는 우리가 그것에 부여하는 의미를 보유한다.…
③ 동일화
여기서는 거울 단계를 정신분석이 이 용어에 부여하는 온전한 의미에서 동일화로 이해하는 것으로 충분하다. 즉 주체가 어떤 이미지를 받아들일 때 주체에게 생겨나는 변형의 말이다. 이 단계에서 이미지는 분석 이론에서 '이마고(*Imago*)'라는 고대의 용어가 사용되는 것이 잘 보여주듯이 그러한 예정력(predestination)을 갖고 있다.…
④ 이상적 동일화
게다가 이 형태는 또한 이차적 동일화의 근원이 될 것이라는 의미에서 '이상적 자아'라고 불려야 할 것이다. (라캉, "나 기능형성자로서의 거울단계," *Ecrits*, 94)

나. 유사자아와 자신의 동일화를 통한 주체형성

라캉은 위의 왈롱이 말하는 거울이론을 좀더 발전시켜 "이것은 발달과정에서 거치는 하나의 단계나 과업이 아닌 주체 발달의 원초적인 구조이다"고 말한다. 그래서 동물과 인간이 이미지 자아에 대해 반응이 다르다. 또한 이 단계에서는 "유사 자아와 자신과의 동일시 과정에서 '나르시시즘'과 '공격성'이 수반된다"

8) 이수진, "자크 라캉의 이론에 기초한 정신분석적 미술치료 연구," 52.

고 말한다. 이에 대해 이수진은 다음과 같이 정리한다.

① 신체 이미지를 자아로 보고, 주체발달의 구조형성
라캉은 거울 단계를 인간이 자신의 신체 이미지를 자아로 알아보고, 그것을 중심으로 대상화된 세계를 구성하는 '심리적 원형'의 경험으로 설명한다. 즉 라캉은 거울 단계를 발달 중에 거치게 되는 하나의 단계나 과업이 아닌 주체 발달의 원초적인 구조에 가까운 말로 설명을 한다. 따라서 유사 자아와의 동일시를 통해 자아가 형성되는 거울 단계의 효과는 한 번에 끝나는 것이 아니라 주체의 지식 일반과 현실에 대한 관계에서 원형처럼 지속적으로 작용하는 것을 의미한다.
② 주체형성과정에서 동물과의 차이
이러한 거울 단계를 통해 동물은 이미지의 지배에 직접 영향을 받는 반면, 인간은 이미지를 매개로 환경 세계를 자신에 맞게 재구성하는 특이성을 발견할 수 있다.
③ 유사 자아와 동일시 과정에서 나타나는 나르시시즘과 공격성
또한 거울 단계는 유사 자아와의 동일시 과정에서 '나르시시즘'과 '공격성'을 동반한다. 라캉은 거울 단계를 자아가 외부로 투영된 신체 이미지에 대한 나르시시즘적 동일시를 통해 구성되는 것이라고 말한다. 거울단계의 경험들은 인간으로 하여금 외부 세계에서 처음으로 가시화된 자신의 신체를 보면서 존재감을 느끼게 해 주는 데 큰 의의가 있다. 이때 외부로 가시화된 이미지는 내 것이기도 하지만 실은 주체의 파편화된 몸과 통일된 이미지의 대립을 위태롭게 봉합하는 나르시시즘이 투사되는 타자적 대상이다. … 즉, 이미지에 대한 동일시를 통해 형성된 자아는 결코 통일되고 안정된 구조를 제공하는 것이 아니라 오히려 주체의 소외와 분열을 가져오는 '오인'의 구조에 놓이게 되는 것이다.(김석, 2007, p148, 2010a,pp119-121)[9]

다. 유아기에 내재하게 되는 '공격성'

라캉은 『에크리』에 있는 "정신분석에서의 공격성"(1948년)에서 이 시기에 유

9) 이수진, "자크 라캉의 이론에 기초한 정신분석적 미술치료 연구," 53-54.

아에게는 '공격성' 또한 내재하게 됨을 말한다. 이것은 앞에서 언급한 나르시시즘의 동일화 과정에서의 불안감에서 출현한 것이다. 라캉은 이것을 프로이트의 '이드' 안에 있는 '파괴본능'과도 같이 본다. 프로이트는 오이디푸스 콤플렉스에서 주어진 '아버지 살해'라는 죄의식이 다음에 리비도적 규범성과 문화적 규범성 사이의 연결 역할을 하여, 리비도적 본능이 문화적 본능으로 나아가게 하는데, 라캉의 자아-이상 사이에서도 이 '공격성'이 그 역할을 한다고 말한다.

① 라캉의 공격성과 프로이트의 파괴본능
이 간극들은 프로이트가 죽음본능이라는 용어로 표현한 수수께끼 같은 의미에서 합쳐지는 것처럼 보인다.…("정신분석에서의 공격성," *Ecrits*, 101)
② 나르시시즘에서 발견되는 긴장에서 출현
공격성은 주체의 생성 속에 있는 나르시시즘적 구조와 관련된 긴장으로, 이 개념은 아주 간단하게 정식화된 하나의 기능 속에서 주체의 생성에서 등장하는 모든 종류의 우연성과 비정형성을 이해할 수 있도록 해준다.
③ 공격성과 오이디푸스 콤플렉스
여기서 나는 공격성이 오이디푸스 콤플렉스 기능과 어떻게 변증법적 연관성을 맺고 있다고 생각하는지를 언급하고자 한다. 정상적 형태의 오이디푸스 콤플렉스의 기능은 승화 기능으로, 그것은 정확히 주체의 동일화적 재형성과 같은 성을 가진 부모의 이마고의 내사를 통한 이차적 동일화를 가리킨다.…
④ 리비도적 규범성과 문화적 규범성의 연결고리
여기서 우리 관심을 끄는 것은 우리가 '평화를 가져오는' 자아-이상의 기능이라고 부르는 것, 즉 자아-이상의 리비도적 규범성과 문화적 규범성 사이의 연결이다. 이것은 역사의 여명부터 아버지의 이마고와 관련되어 있다. 아버지 살해라는 신화적 사건으로부터 이 사건에 의미 즉 죄의식을 부여하는 주관적 차원을 도출하는 한 저서의 가치를 떨어뜨리게 만드는 신화적 순환성에도 불구하고 프로이트의 저서 『토템과 터부』가 여전히 갖고 있는 중요성이 분명히 여기 있다.("정신분석에서의 공격성," *Ecrits*, 117-118)

라. 시소놀이에 비유되는 거울단계의 욕망

라캉은 그의 초기 『세미나 I』에서 유아기 거울단계의 욕망을 시소놀이에 비유한다. 이것은 오이디푸스 콤플렉스가 사라지는 순간에 이루어지는 '내사' 혹은 '전도'를 의미한다. '전도'란 "외부에 있던 것이 내부가 되는 것"을 의미하는데, "아버지였던 것이 아이의 내적 초자아가 되는 것"을 말한다. 주체는 타자의 형태 이미지를 자기 것으로 떠맡는다. 시소놀이 처럼 외부에 있는 모든 것이 그의 내부에 들어와서 자아를 형성한다. 아이는 자신의 욕망을 이렇게 밖에 표현하지 못한다. 외부에 의해 형성되는 어린 아이의 자아이다.

① 내적 초자아의 출현
오이디푸스 콤플렉스가 사라지는 순간에 '내사'(전도)가 이루어진다. 전도란 외부에 있던 것이 내부가 되고, 아버지였던 것이 아이의 내적 초자아가 되는 것을 말한다(S I, 303).
② 시소놀이
거울단계가 사라지는 시기는 심리발달의 몇몇 시기에 나타나는 시소놀이의 순간과 비슷한 면모를 보여주는데 유아에게서 그의 행동과 타자의 행동이 등가성을 갖는 전이성 현상들 속에서 확인될 수 있다. 유아는 자신이 친구를 때렸으면서도 친구가 자기를 때렸다고 말한다. 이때 유아와 그 동무 사이에 흔들거리는 거울이 놓여 있다.… 주체는 그러한 통제를 완전히 자기 내부로부터 떠맡을 수 있는 능력을 갖고 있는 것처럼 나타난다. 일종의 시소놀이이다.…(S I, 305).
③ 오로지 타자를 통해서만 모습을 드러내는 욕망
자신이 신체라는 빈 형태임을 인간이 터득하게 되는 것은 타자와의 교환운동, 시소운동을 통해서이다. 울음소리 등을 통해 표현되는 욕망 등의 상태로 존재하는 모든 것을 유아가 인정하는 법을 터득하게 되는 것은 타자의 위치로 전도되는 것을 통해서이다. 법을 터득하기 이전에 욕망은 오로지 타자를 통해서만 모습을 드러낸다. 태초에, 언어 이전에 욕망은 거울상의 단계의 상상적 관계 수준에서만, 즉 타자 속으로의 투사된 소외의 형태로만 존재할 수 있다. 따라서 그것이 야기하는 긴장은 타자를 파괴하는 것 말고는 출구가 없는 것이다(S I, 307).[10]

2. '상징계'에서의 자아형성

가. 프로이트와 라캉의 분리

라캉에게 있어서 '상징계'는 무의식의 영역과 관련이 된다. 라캉은 여기에 소쉬르의 언어 이론을 확장시켜서 접목하였다. '기표' 아래에 있는 '기의의 연쇄'가 '무의식의 영역'이라는 것이다. 이것은 어린 아이가 언어를 배우는 사회화의 과정에서 어머니로부터 습득하게 된다. 이렇게 어린 아이에게는 새로운 세계가 열리고 있는 것이다.

그런데, 프로이트의 무의식은 분출하지 못한 '억압된 성욕(이드)'이다. 이러한 프로이트의 정신분석 테크닉은 당대에 일반화되어 있었다. 그러면서 프로이트 정신분석이 진부화되어 가는 경향이 있었다. 무의식 · 성이라는 용어가 모든 일반인에게 맞는 용어가 아니었던 것이다.

이러한 분위기 속에서 라캉의 무의식과 언어가 접목되는 이러한 이론이 1953년 로마대회에서 발표되었다. 그는 이것을 기존 이론(性이론)의 '저항'에 대한 '대안'이라고 생각하였다.

① 언어분석과 정신분석 운동

지난 몇 년 동안 말의 기능과 언어라는 장에 관심을 갖기를 꺼리는 분위기가 존재했던 이유를 추적해 볼 수 있을 것이다. 그것이 정신분석 운동에서 공인되고 있는 '목적 및 테크닉의 변화'의 원인이 되고 있지만, 그럼에도 그것이 피로효과의 감소와 어떤 관계가 있는지는 모호하다.

② 정신분석 이론에서 나타나는 저항

실제로 정신분석 이론과 테크닉에서 대상의 저항을 격상시키는 것 자체를 분석의 변증법에 맡겨야 하는데, 변증법이 그러한 격상에서 인식할 수 있는 것이라곤 주체에게 알리바이를 제공하려는 시도뿐이다.("정신분석에서의 말과 언어의 기능과 장," *Ecrits*, 242)

③ 정신분석에서 무의식 · 성의 쇠퇴

따라서 정신분석에서 분석 경험의 가장 생동감 넘치는 용어들, 즉 무의식,

---

10) 양철목, 라캉의 성이론과 윤리학, 54에서 재인용.

성(性) - 이 용어들은 혹시 언급된다고 해도 바로 지워져 버릴 것처럼 보인다 - 이 쇠퇴하게 된 것은 그와 같은 지위를 유지하는 데 필요한 거리 탓으로 돌릴 수 있을 것이다. ("정신분석에서의 말…," *Ecrits*, 246)

그런데, 위의 발표로 인해 라캉은 기존의 프로이트 주의자들(파리정신분석학회)에게 파문을 당하였다. 그리고 그 결과 라캉을 중심으로 한 프랑스 분석학회가 새롭게 시작되었다. 프로이트의 성 혹은 성욕은 계속 억압상태에 있게 된다. 그러다가 신경병까지 걸리는데도 별도의 대안이 없다. 성행위를 자유롭게 발산하는 것 외에 별도의 대안을 주지 못한다.

그런데, 라캉의 무의식은 이제 성욕이라기보다, 그것은 주체의 욕망이다. 이 욕망은 어린 아이의 단계에서는 신체적인 욕망으로 표현되는데, 이제 언어를 통해 상징계 속에 들어가면, 이 언어를 통해 이 세상의 추구하는 바를 배우게 된다. 그리고 이 상징계 속에서 자신의 욕망을 펼쳐낸다. 이제 이것은 사회인으로서의 욕망으로 나타난다.

이것이 곧 프로이트와 라캉의 욕망의 차이이다. 프로이트는 오직 성적 욕망이고, 라캉은 주체가 처하는 각각의 구조들(상상계 · 상징계 · 실재계) 속에서의 욕망이다.

아이가 자라면서 어머니로부터 언어를 배우게 된다. 그런데, 이제 어린 아이는 이 언어의 습득과정에서 기존의 언어체계를 받아들이면서 그 언어체계가 아이의 세계 속에 들어오게 되는데, 이때 그 언어의 '기의'(의미)가 들어오게 된다. 이것이 곧 세계의 모습인 것이다. 이 언어 체계 내에는 도덕과 법과 질서와 관습 등의 모든 문화가 포함되어 있다. 이 상징계는 이미 펼쳐져 있는 공공의 영역인 것이다.

이제 이 아이는 이러한 공공문화의 세계 속에 나를 접목시키게 된다. 그리고 그 안에서 자신의 욕망을 펼쳐낸다. 라캉의 자아의 본질은 욕망이다. 프로이트는 성욕이다.

이 세계를 환영하여 받아들이기도 하고, 강제적으로 선택되기도 하면서 이 세계에 속하게 된다. 이러한 구조 속에 속하게 된다. 그리고 이러한 세계를 '상징계'[11]라고 한다. 어떻게 보면 이 아이의 주체 속에 이 우주적인 세계의 질서가 들어오기 시작한 것이다.

나. 주체의 정신분석적 현실화 : 언어에 나타난 "좌절, 공격, 퇴행"

프로이트 이전에는 그의 무의식적 강박을 알아내기 위해 최면기법을 사용하였다. 그러다가 프로이트는 꿈과 자유연상 기법을 사용하였다. 이에 반하여 라캉은 언어적 서사를 통해서 그것을 파악하고자 한다. 프로이트의 "좌절, 공격성, 퇴행" 이론을 이 언어 속에 접목하고자 한다. 이것은 정신분석 방법론을 '꿈의 무의식'에서 '언어의 무의식'으로 확장한 것을 의미하였다. 그런데, 이때 등장한 자료들에 의하면, 그것은 프로이트의 말처럼 오직 성적인 것만 그 주제가 아니라, 오히려 삶 속에서의 "좌절, 공격성, 퇴행"을 말한다. 라캉이 말하는 주체의 본질은 성이 아니라, 각 단계마다 나타나는 욕망이다. 이에 대해 그는 다음과 같이 말한다.

> ① 정신분석에서의 말
> 정신분석은 단 하나의 매개물, 즉 환자의 말밖에 갖고 있지 않다. 아무리 명백하다고 해도 이 사실이 그것을 소홀히 해도 좋을 구실이 되는 것은 아니다. 그런데, 모든 말은 응답을 요청한다. 우리는 설령 침묵만 만날 뿐이더라도 청자가 있는 한 응답 없는 말은 없다는 것, 그리고 그것이 분석에서 말이 하는 기능의 핵심임을 보여줄 것이다.…
> ② 텅빔 속의 말, 내성(內省)
> 만약 분석 중에 처음 듣게 되는 것이 텅 빔이라면 그는 자기에게서 그것을 느끼고 말 저쪽에서 이 텅 빔을 채워줄 현실을 찾을 것이다. 그리하여 분석가는 주체가 말하고 있지 않은 것을 찾기 위해 주체의 행동에 대한 분석에 들어간다.…하지만 주체가 자기의 단어들의 텅 빔 저쪽에서 부른 것은 과연 무엇이었을까? 핵심 자체에서의 진실에 대한 부름이 그것으로, 그것을 통해 그보다는 훨씬 더 소박한 요구의 호소들은 흔들린다.… 애매모호한 틈 속에 존재하는 텅 빔에 고유한 부름이 있다. "그렇다. 그것이 바로 내성(內省)"이

---

11) 상징계는 단순하게는 언어 그 자체와 언어를 본떠 구조화된 상징체계라고 생각되는 문화의 모든 영역을 가리킨다. (두산백과)

라고 그에 따른 위험을 너무나 잘 아는 숙련된 전문가는 자기도 모르게 외친다. ("정신분석에서의 말과 언어의 기능과 장," *Ecrits*, 248)

③ 좌절 · 공격성 · 퇴행

이론은 우리에게 3인조를 환기시킨다. 즉 좌절, 공격성, 퇴행이 그것이다.… (*Ecrits*, 249)

④ 좌절 : 욕망의 외화에서의 거절

오히려 앞의 좌절이 어디서 유래하는지를 질문해 보자. 분석가의 침묵으로부터일까? 주체의 텅빈 말에 대한 대답이 그 자체로, 특히 찬의를 표하는 것일 때 종종 결과 면에서 침묵보다 훨씬 더 큰 좌절을 가져오는 것으로 입증된다.… 이와 같은 자아,… 자아는 본질에서 거절이다. 그것은 주체의 욕망 중의 하나에 대한 거절이 아니라 그의 욕망의 외화 되는 대상에 대한 거절로, 이 대상이 정교화 될수록 주체에게서 향유의 외화는 그만큼 더 심화된다.… ("정신분석에서의 말…," *Ecrits*, 250)

⑤ 공격성 : 죽음에의 욕망

여기서 주체가 경험하는 공격성은 욕망을 거절 당한 동물의 공격성과는 아무런 관련이 없다.… 즉, 노동에서의 만족의 좌절을 죽음에의 욕망으로 응답하는 노예의 공격성을 감추고 있다.("정신분석에서의 말…," *Ecrits*, 251)

⑥ 퇴행 : 가벼운 말더듬

퇴행은 이런 식으로 일어날 수 있는데, 퇴행이란 주체의 이야기의 구조가 해체되는 매 단계마다 자아에 의해 방출되는 환상적 관계를 이야기 속에서 현실화하는 것일 뿐이다. 즉 그것은 심지어 언어에서조차 억양, 어투 그리고 심지어 극단적인 경우 성인들 사이에서 '아이들처럼' 이야기하는 어색함을 넘어설 수 없는 '가벼운 말더듬'을 통해 나타난다. ("정신분석에서의 말…," *Ecrits*, 252)

다. 말로만 드러나는 그의 진실

라캉은 주체로 하여금 지금의 현실 속에서 그의 역사(이력)를 서술하게 하였는데, 오직 말만이 제외된 과거의 힘들의 부분을 증언할 수 있기 때문이었다. 라캉에 의하면, 이것만이 진실은 드러낸다고 한다. 그리고 이때 무의식은 우리의 역사(이력) 중 공란으로 표시되거나 거짓말로 채워진 장이다. 즉 검열된 장이다. 그러나 진실은 다시 찾아낼 수 있다. 이렇게 말은 마치 양심의 법정과도 같다.

① 드러냄의 진리란 현재하는 말

드러냄의 진리란 현재 하는 말로서, 그것이 지금의 현실 속에서 그것을 증언해주며, 이 현실의 이름으로 그러한 진리를 정초하기 때문이다. 그런데, 그러한 현실 속에서는 오직 말만이, 사건이 선택했던 각각의 교차점에서 제외된 과거의 힘들의 부분을 증언할 수 있다.("정신분석에서의 말…," *Ecrits*, 256)

② 프로이트의 늑대인간의 사례 : 기억하는 것

프로이트에게서 중요한 것은…기억하는 것, 즉 역사(이력)인데, 오직 그것만이 저울을 날짜의 정확성이라는 유일한 칼날 위에 올려놓을 수 있으며, 그러한 저울 위에서 과거에 대한 추적들은 미래에 대한 약속이 흔들리도록 만든다. 분명히 해두고 싶은 것은 정신분석적 병력에서 중요한 것은 현실이 아니라 진실이라는 것이다. 왜냐하면 과거의 우연한 사건들에 미래의 필연성들의 의미(방향)를 부여함으로써 그러한 사건들을 재정리하는 데 꽉찬 말의 효력이 있기 때문이다. 프로이트가 '늑대인간'의 사례를 설명하면서 따라간 연구의 우여곡절은 앞의 지적들을 확인해주는데, 이 사례에서도 충분한 의미를 얻게 되기 때문이다. ("정신분석에서의 말…," *Ecrits*, 256)

③ 무의식이 채워진 장 : 공란의 말

무의식은 우리의 역사(이력) 중 공란으로 표시되거나 거짓말로 채워진 장이다. 즉 검열된 장이다. 그러나 진실은 자시 찾아낼 수 있다. 대개의 경우 이미 다른 곳에 쓰여 있다. 즉, 기념물 속에:…, 기록보관소의 문헌들 속에도:…, 의미론의 진화 속에:…, 영웅화된 형태로 나의 역사(이력)를전하는 전통들 속에 그리고 심지어 전설들 속에, 마지막으로… 왜곡 속에 보존되어 있는 흔적들 속에:…("정신분석에서의 말…," *Ecrits*, 259)

④ 양심의 심판

사건들은 일차적 역사화 속에서 생겨난다. 다시 말해 역사라는 것은 법정에 의한 재판(외적으로) 뿐만 아니라, 양심의 심판(마음의 깊숙한 곳에서)에서 일단 쓰여진 후 무대에 올려지면 이미 무대 위에서 만들어진다.("정신분석에

서의 말…,"*Ecrits*, 261)

라. 문자(*lettre*, 시니피앙)의 의미 : 시니피앙과 언어체계의 관계

라캉에 의하면, 정신분석적 치료를 통해 우리가 경험하는 것, 즉 우리의 무의식에서 발견하는 것은 말을 넘어 언어의 구조 전체이다(*Ecrits*, 495)는 것이다. 즉, 아이가 어머니로부터 언어를 배우면서 그 아이는 그 언어를 통해서 사회 전체를 배우기 때문이다. 이때 그 사회 전체의 그 공통되는 무엇이 그의 무의식으로 자리 잡는다는 것이다.

그렇다면 이 언어체계에서 빌어다 쓰는 '문자'는 무엇인가? 그것은 주체가 구체적인 이야기를 위해 언어에서 빌려오는 물질적 받침대이다. 언어가 우리 주체의 신체적 · 정신적 기능들에게 '문자'를 제공해 준다. 각 주체가 언어 속으로 들어오기 이전부터 언어체계는 일종의 구조를 가지고 있었기 때문이다. 그리고 이 언어는 '문화'를 의미한다. 라캉에 의하면, 이것이 우리의 무의식이다. 라캉은 이에 대해 다음과 같이 말한다.

① 무의식, 말을 넘은 언어구조 전체

우리 제목(문자의 의미)은 정신분석의 경험이 무의식에서 발견하는 것은 말을 넘어 언어의 구조 전체라는 것을 이해할 수 있도록 해준다. 이것은 선입견을 가진 사람들에게 무의식이란 본능들의 거처일 뿐이라는 생각은 재고할 필요가 있다는 것을 처음부터 경고하기 위한 것이다.

② 문자, 물질적 받침대

하지만 여기서 문자(*lettre*)를 어떻게 받아들여야 할까? 아주 간단하다. 즉 문자 그대로 받아들이면 된다. 우리는 문자라는 말로 구체적 이야기가 언어에서 빌려오는 물질적 받침대를 가리킨다.…그렇게 해야 하는 주요한 이유는 구조를 가진 언어는, 각 주체가 정신 발달의 특정한 시점에 언어 속에 들어가기 이전부터 존재하기 때문이다.

③ 언어를 통한 자연, 사회, 문화의 인간의 조건 이해

그리고 주체 또한 언어의 노예처럼 보일 수도 있지만,… 그리하여 우리는 아래와 같은 결과에 이르게 된다. 즉 자연과 문화라는 지정학적 이원성을 대신

해 인간의 조건에 관한(자연, 사회, 문화라는) 3항적 견해가 지금 등장하고 있는데, 마지막 문화 항목은 언어로, 즉 인간 사회를 자연적 사회들로부터 본질적으로 구분하는 것으로 환원시켜도 좋을 것이다.("무의식에서의 문자의 심급 또는 프로이트 이후의 이성," *Ecrits*, 495)

마. 소쉬르의 시니피앙과 시니피에

한편, 라캉은 소쉬르의 '언어학'의 영향을 많이 받았는데, 소쉬르 언어학의 연산식은 (S/s)라고 말한다. 이것은 시니피앙과 시니피에가 고스란히 서로 가로선에 의해서 서로 일대일 대응이 되기 때문이다. 이에 대해 라캉은 이 언어 사용은 처음 모국어를 학습할 때의 유아적 모습이라고 한다. 이것은 마치 소쉬르의 비유인 "나무/ ♣"와 같다. 그 내용을 라캉은 다음과 같이 말한다.

언어학이라는 분과학문의 출현을 정확하게 나타내기 위해 우리는 현대적 의미의 모든 과학의 경우에서와 마찬가지로 언어학이 이 학문의 토대를 이루는 연산식이 구성된 시기에 나타났다고 말하고 싶다. 이 연산식은 아래와 같다.

$$\frac{S}{s}$$

이 식은 이렇게 읽는다. 즉 시니피앙(S)이 시니피에(s) 위에 있으며, 이 위라는 것은 두 단을 나누는 가로선에 대해서이다.… 이런 식으로 기호를 쓴 사람은 페르디낭 드 소쉬르라고 해야 할 것이다.… 실제로 이후 이 학문의 중심과제는, 의미작용에 저항하는 가로선에 의해 처음부터 분리된 각기 다른 위계로서의 시니피앙과 시니피에의 결정적 위치에 달려 있게 되었다.… 왜냐하면 그와 같은 가장 중요한 구분은 고대의 성찰 이후 정교하게 가다듬어져 온 기호의 자의성에 관한 논쟁을,… 심지어는 명명 행위에서조차 말과 물 사이의 일대일 대응에 반대했던 입장을 훌쩍 뛰어 넘었기 때문이다. 이것은 말 못하는(유아적) 주체가 모국어를 습득하거나 외국어를 학습하기 위해 소위 구체적인 학습방법을 이용할 때 대상을 가리키는 집게손가락이 하는 것으로 알려진 역할에 주어지는 겉모습과는 상반된다.…
이 식의 기능을 이해하기 위해 고전적으로 이 식의 용법을 소개할 때 사용되어온 잘못된 도해를 제시하는 것에서 시작하자. 그것이 바로 이것이다.

나무

♣

("무의식에서의 문자의 심급…," *Ecrits*, 497-499)

바. 기표에 의해 달라지는 기의

이제 라캉은 "기표/기의"의 관계에 대해 다른 그림을 제시하는데, 그것의 '기표'는 하나는 '신사 화장실'이고 또 하나는 '숙녀 화장실'이다. 그리고 그 밑의 '실제 모습' 혹은 '기의'는 똑 같은 모습을 한 화장실이다. 이 경우는 '기의'는 똑 같다. 그러나 '기표'가 '신사'라고 쓴 경우와, 혹은 '숙녀'라고 쓴 경우에 의해 그 진정한 의미가 달라진다. 즉 '기표'에 의해서 '기의'가 달라진 것이다. 이것을 라캉은 "기의에 대한 기표의 우위"라고 말하였다.

이것을 다른 도해로 바꾸었는데,… 여기 그것이 있다.

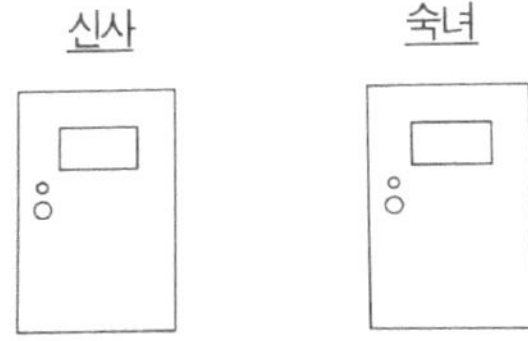

이것은… 시니피앙이 실제로 어떻게 시니피에 속으로 들어가는지를, 즉 무형의(비물질적인) 것이 아니기 때문에 현실에서의 자기의 위치 문제를 제기하는 형태를 취하면서 들어간다는 것을 보여주기 위한 것이다. 왜냐하면 시니피앙을 지탱하고 있는 작은 에나멜 판에 가까이 다가가야 하는 경우 근시안인 사람이 눈을 깜박거리며 시니피앙을 보아야 하는 것은 바로 그곳에서가 아닌가 하고 묻는 데는 정당한 이유가 있을 것이기 때문이다. ("무의식에서의 문자의 심급…," *Ecrits*, 499-500)

라캉은 위에 추가하여서 위의 각각의 시니피앙은 그 시니피앙의 연쇄들에 의해서 구조화되어 있어서, 궁극적으로 기표들의 연쇄가 기의의 총체를 지배한다고 말한다. 즉, 기의의 의미를 최종적으로 결정하는 것은 기표들의 연쇄, 즉 문장이다. 그리고 시니피앙의 질서가 곧 문법이다. 그 내용은 다음과 같다.

> 그런데 시니피앙의 구조는 통상 언어에 대해 말하는 대로 그것이 분절화 되는데 있다. 이것은 시니피앙의 단위들은 어떤 관점에서 그것들 사이의 상호 잠식과 점증하는 포함을 그려내건 최후의 차이적 요소들로 환원되고, 닫힌 질서의 법칙에 따라 그와 같은 요소들을 결합시킨다는 이중적 조건에 종속되어 있다는 것을 의미한다.…
> 시니피앙의 두 번째 속성, 즉 닫힌 질서의 법칙에 따라 결합되는 속성은 위상학적 기체의 필요성을 확인해주는데, 이에 대해서는 내가 통상 사용하는 '의미작용적 사슬'이라는 용어가 얼추 그것이 어떤 것인지를 가늠할 수 있도록 해줄 것이다. 즉 어떤 목걸이가 고리들로 만들어진 다른 목걸이의 고리에 단단히 연결될 수 있도록 해주는 고리가 그것이다.
> 구(句) 바로 위의 문장 단위에 이르기까지 구성 작용을 하면서 모든 것을 잠식하는 시니피앙의 질서를 문법으로, 그리고 구술적 어법에 이르기까지 구성 작용을 하면서 모든 것을 포함하는 시니피앙의 질서를 어휘로 규정하는 구조의 조건은 이러하다.… ("무의식에서의 문자의 심급…," *Ecrits*, 501-502)

사. 무의식 속에서의 문자 : 은유와 환유

프로이트는 무의식을 해석하기 위해서 '꿈'이라는 무의식의 소재에 각종 기법을 반영하여 이 '무의식'을 해석해 낸다. 프로이트는 이 '꿈을 읽는 작업'으로서 '치환'을 말하였는데, 라캉은 이것을 무의식의 문자에 대입하여 '은유(압축), 환유(전치)' 등의 '시니피앙의 법칙'을 유도해 낸다.

> ① 시니피앙으로서의 꿈
> 프로이트는 내가 앞서 말한 대로 그것을 말 그대로(*a la lettre*) 이해해야 한다는 것을 명확히 하고 있다. 그것은 꿈속에서 바로 이처럼 문자화하는(다시 말하자면 음소적인) 구조 - 여기서 시니피앙은 이야기 속에서 분절되어 분석될 수 있게 된다 - 를 채근하는 것(instance)과 관련되어 있다. 프로이트에

의해 분명하게 언급되는 초자연적인 형상들… 등의 꿈의 이미지들은 시니피앙으로서의 가치 때문에만, 다시 말해 꿈의 수수께끼 그림이 내미는 '잠언'을 판독할 수 있도록 해주는 것 때문에만 붙잡을 수 있다. 꿈을 읽는 작업을 가능하게 해주는 이 언어의 구조가 꿈의 시니피앙적 성격, 『꿈의 해석』의 토대를 이루고 있다. ("무의식에서의 문자의 심급…," *Ecrits*, 510)

② 치환

Entstellung, 이것은 치환(transposition)으로 번역되는데, 프로이트는 이것이 꿈이 기능하기 위한 일반적인 선-조건이라는 것을 보여준다. 우리가 앞서 소쉬르와 함께 이야기 속에서 항상 일어나는(이것이 무의식적인 것이라는 것을 지적하자) 시니피에의 시니피앙 아래로의 미끄러짐이라고 지적한 것이 이것이다. 그러나 시니피앙이 시니피에에 미치는 영향의 두 가지 측면이 여기서 다시 나타난다.

③ 압축

즉, *Verdichtung*, 응축(압축). 이것은 시니피앙들이 포개 놓여진 구조로, 은유는 여기서 자기 장을 차지한다. 그리고 자체 안에 창작이라는 말을 응축하고 있는 이 이름은 결국 시 자체에 고유한 전통적 기능까지 포함할 정도로 시와 메커니즘적 동족성을 갖고 있다는 것을 보여준다.

④ 환유

Verschiebung 또는 자리바꿈. 환유가 보여주는 의미작용의 이러한 전위가 독일어 용어에 보다 가까운데, 프로이트에게서 처음 나타난 직후부터 무의식이 검열의 의표를 찌르기 위해 사용하는 가장 적절한 수단으로 제시되어 왔다. ("무의식에서의 문자의 심급…," *Ecrits*, 511)

한편, 은유란 "어떠한 것을 다른 것을 가리키는 하나의 이름으로 바꾸는 것"이며, 환유란 "하나의 기표에 대해 다른 기표를 제시하는 것"을 말한다. 『에크리』에서 말하는 '은유'와 '환유'를 성지은은 다음과 같이 요약하고 있다.

① 은유

일반적으로 은유(metaphore)란 "어떠한 것을 다른 것을 가리키는 하나의 이름으로 바꾸는 것"(Andre Jacob, 1989, p1614)이다. 이를 라캉은 "한 단어를 다른 단어로 대체하는 것"(*Ecrits*, 507)이라고 정의한다. 그가 드는 예는 '사랑은 햇빛에 부서지는 조약돌이다'(*Ecrits*, 508)라는 문장이다. 이 문장에서 사랑은 조약돌과 '같은' 것이 아니다. 그렇다면 사랑은 어떻게 조약돌이 될 수 있을까? 정확히 말하자면, 우리는 어떻게 해서 이 문장이 사랑을 조약돌에 빗대어 표현한 것이라고 이해할 수 있을까? 은유는 '유사성'을 매개로 하여 이루어진다. 사랑은 빛나는 아름다움을 가지고 있고 햇빛에 부서지는 조약돌 역시 빛나는 아름다움을 가지고 있으므로, 우리는 유사성에 의해 사랑이 곧 햇빛에 부서지는 조약돌이라고 표현할 수 있는 것이다.("무의식에서의 문자의 심급…," *Ecrits*, 515)

② 환유

환유(metonimie) 역시 기표의 우위 덕분에 가능한 수사학이다. 환유란 "하나의 기표에 대해 다른 기표를 제시하는 것"(Andre Jacob, 1989, p1630)이다. 라캉은 이를 "단어 대 단어(mot a mot)"라 표현하고 '30개의 돛(trente voiles)'이라는 표현을 예로 들어 설명한다. 이 표현에서 '돛'은 곧 '배'를 상징하는데, 이는 돛이 배의 한 부분이라는 속성에 기반하고 있다. 즉 돛이라는 부분이 배라는 전체를 가리키게 된 것이다. 이처럼 "환유는 이러한 연관관계의 단어-대-단어라는 본성에 기반하고 있다."("무의식에서의 문자의 심급…," *Ecrits*, 505-506)[12)]

아. '은유와 환유'의 "시니피앙 법칙"

라캉은 우리의 무의식은 꿈속에서만 작동하고 각성 상태에서는 작동하지 말라는 법은 없다고 말한다. 따라서 이제는 이 언어를 통한 무의식의 지형학도 또한 규정할 수 있다고 한다. 먼저, 라캉은 이에 대한 대안으로서 소쉬르의 연산식을 하나의 시니피앙에 다발의 시니피에를 엮는 형태의 연산식을 개발한다. 그것의 내용은 다음과 같다.

프로이트가 꿈 분석에서 우리에게 제시하고자 한 것은 가장 일반적인 외연에

---

12) 성지은, "미술작품 의미의 사후적 구성: 라캉 정신분석학의 사후성 개념을 중심으로," 서울대학교 대학원 석사(2013), 29-30)에서 재인용.

서의 무의식의 법칙에 다름 아니었기 때문이다.… 그러나 양쪽 모두에서 무의식의 효력이 각성 상태에서 멈춰서는 일은 없다.…
따라서 이 무의식의 지형학을 규정하는 것이 중요하다. 나는 아래 식에 의해 규정되는 지형학이 그것이라고 말한다.

$$\frac{S}{s}$$

시니피앙이 시니피에에 미치는 힘과 관련해 우리가 지금까지 논의를 전개해 올 수 있도록 해준 것은 이 식을 이렇게 변형시킬 수 있도록 해준다.

$$f(S)\ \frac{1}{s}$$

우리는 시니피에 속에 단순히 횡으로 전개되는 의미작용적 사슬의 요소들뿐만 아니라 종으로 전개되는 부수 사항들이 공존재하는 것에 기반해 그와 관련된 결과들을 보여주어 왔는데, 그와 같은 결과들은 두 개의 기본 구조에 따라 은유와 환유로 나뉘어 진다. 그것은 이러한 기호로 나타낼 수 있다.

$$f\ (S...S')S \cong S(-)s$$

즉 환유 구조로, 이것은 모음 생략을 허용하는 것은 시니피앙-시니피앙의 연결이라는 것을 가리키는데, 이 생략을 통해 시니피앙은 존재-의-결여를 대상관계 속에 놓는데, 이때 시니피앙은 자기가 지탱하는 그와 같은 결여를 겨냥한 욕망을 의미작용의 회송적 가치에 투여하기 위해 그와 같은 가치를 이용한다. 괄호 안의 기호 ㅡ(가로선)은 이 식에서는 가로선이 유지되고 있는 것을 나타내는데, 이 가로선은 첫 번째 식 S/s에서는 시니피앙과 시니피에의 관계 속에서 구성되는 의미화 작용의 저항의 비환원성을 나타낸다. 이제 아래의 식을 보자.

$$f(\frac{S'}{S})\ S \cong S(+)s$$

은유의 구조로, 시작이나 창작에서 볼 수 있는 바와 같은 의미작용의 효과가 생겨나는 것은, 즉 문제의 의미 작용이 나타나는 것은 시니피앙이 시니피앙에 의해 대체되는 것 속에서임을 가리킨다. 이 식에서 ( ) 안의 기호 + 는 가로선 —을 가로지르는 것 그리고 그처럼 가로지르는 것이 의미 작용의 출현을 위해 가진 구성적 가치를 표현하고 있다. ("무의식에서의 문자의 심급…," *Ecrits*, 514-515)

그렇다면, 이제 위의 수식이 갖는 의미는 무엇인가? 그것은 순수차이인 시니피앙의 작용으로 의미의 세계인 '상징계'가 만들어진다는 것이다.(김석, 2007, 116) 프로이트가 리비도 이론으로 무의식을 규명하며 주체형성의 기초로 삼았다면, 라캉은 시니피앙의 순수차이를 통해 무의식을 규명하고 주체의 형성을 증명하였던 것이다.[13)]

자. L 도식으로 설명된 '주체 형성과정'

이렇게 아이가 상징계에 속함을 통해서 이 세계 속에 속하게 되는데, 이 원리를 라캉은 그의 "도둑맞은 편지"에 대한 세미나에서 도식을 통해 잘 설명하였다. 다음의 라캉의 L 도식은 결국 "주체와 대타자"와의 직접적인 소통이 불가능함을 말해주고 있다. 한편, 라캉은 "주체S가 위 도식의 모든 곳에 위치할 수 있다(주체의 탈중심화)"고 말한다. 만일 우리가 정신분석을 한다고 할 경우에 분석가의 분석은 "상상계가 아닌 상징계에서 실행되어야 한다"고 말한다. 한편, 라캉에게서 '대타자'란 주체가 열망하는 미지의 어떤 존재라고 이해할 필요가 있다. 그래서 이것은 수시로 변하기도 한다.

---

13) 윤강현, "라캉의 발달이해와 하나님 이미지 연구," 감리교신학교 대학원, 실천신학 석사(2018), 62.

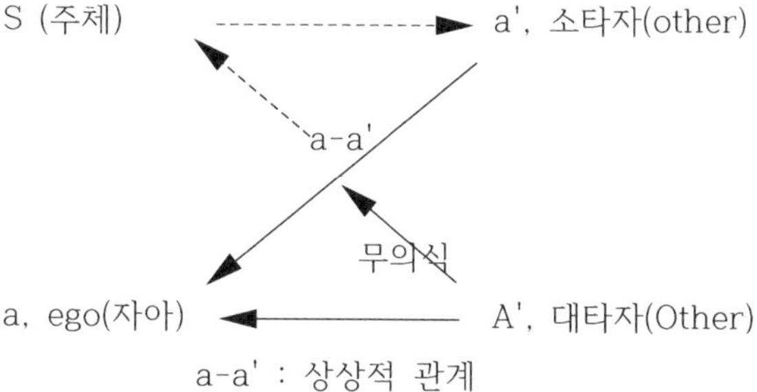

a-a' : 상상적 관계

① 주체와 대타자의 소통불가 : 상상계의 축(자아 vs 어머니의 언어) 때문
위 도식의 의미는 주체(S)와 언어의 장소인 대타자(A)(여기서 대타자란 세상의 구조 혹은 세상을 말한다: 편집자)의 직접적인 소통이 불가능함을 의미하는 것으로, 그 이유는 상상계의 축인 자아와 타자(a와 a')에 의해 교란되기 때문이다. 즉 주체와 대타자 사이의 상징적 관계는 자아와 소타자(거울상) 사이의 상징적 축에 의해 막혀있어, 상징적 관계는 상상적인 '언어의 벽'을 통과하므로 대타자의 담론은 중단되고 전도된 형태로 주체에게 도달된다.(김석, 2007, p151.) 이는 분석에서 분석가가 분석주체의 상상계보다는 상징계에 개입해야 하는 중요성을 가르쳐준다.
② 주체와 대타자(언어의 세계) 사이의 내적구조로서의 L도식
동시에 L 도식은 이와 같은 구조가 주체와 대타자 사이의 '상호주체적인 구조'인 동시에 '주체 내적 구조'를 보여주는 것이다. 즉 도식 L은 주체의 탈중심화를 보여주는 것으로, 그 까닭은 주체가 단지 S로 표시되는 점에만 위치되는 것이 아니라 이 도식의 모든 곳에 위치될 수 있기 때문이다. 이에 대해 라캉은「주체는 도식의 네 곳에 퍼져있다」로 간명히 언급한다.
③ 상징계에서 실행되어야 하는 정신분석의 분석주체
여기서 정신분석과 관련된 상징계의 중요한 의미를 발견할 수 있는데, 라캉은 분석가가 분석주체의 주관적인 위치 변화를 일으킬 수 있는 것은 상징계에서만 가능하다고 본다. 따라서 주체성을 결정하는 것은 상징계이고, 이미지와 외양의 상상적 영역은 상징계의 결과인 것이다. 그렇기 때문에 정신분석은 분석주체의 상상계를 넘어 주체 분열을 보여줄 수 있는 상징계에서 실

행되어야 하는 것이다.(Evans, 1996, p181)"[14)]

차. 대타자에 의한 상징계에서의 주체탄생

라캉의 본능은 욕망이다. 그리고 이 욕망이 맞닿는 곳은 존재이다. 이 존재는 언어를 통해서 오는데, 그 존재는 언어로서의 대타자이다. 이 대타자는 기표들이 오는 장소이며, 언어가 기원하는 장소이다. 이 대타자의 역할을 어머니가 하였다. 그러다가 이제 어머니와 아이 사이에 이제 대타자로서 아버지가 등장한다. 아버지의 개입과 금지, 명령은 아이를 상징계로 끌어들인다. 이처럼 대타자의 매개를 통해서만 주체는 주체로서의 위치를 파악하게 된다. 그러면서 이제 다양한 언어로 된 존재들을 만나면서, 그 언어의 시니피앙의 연쇄가 발생한다. 주체가 상징계에서 탄생하는 장면이다.

① 욕망과 맞닿는 부분은 존재

라캉에게서 욕망은 주체의 결여가 그 근본적인 특성이기 때문에 비록 대상적인 것을 지향을 하기는 하지만 대상관계로서 욕망이 정의되지 않는다. 근원적으로 욕망과 맞닿는 부분은 존재의 부분이다.

② 대타자는 기표들이 오는 장소

대타자는 기표들이 오는 장소이다. 언어가 오고 있는 제 3의 장소가 대타자이다. 대타자가 있기 때문에 상호소통이 가능하다. 이것이 주체 대타자의 변증법이다. 대타자는 언어가 기원하는 장소이다. 주체만의 장소도 아니고 타자만의 장소도 아니고 그 모두가 함께 공유하는 장소이다.

③ 어머니가 대신한 대타자의 역할

우리가 아직 상징계에 편입되지 않았을 때는 어머니가 대신해서 그 역할을 한다. 아직 타자적인 차원이 형성이 되어 있지 않은 아기에게 이름을 부르면서 최초의 말을 해주고 내가 느끼는 것을 엄마는 언어로 조직화한다. 아이가 울음으로 자신의 욕망을 표출할 때 엄마는 그 욕망이 어디에 기인하는 것인지 파악해서 아기의 요구를 충족시켜준다.

④ 대타자가 되는 아버지-상징계 진입

---

14) 이수진, "자크 라캉의 이론에 기초한 정신분석적 미술치료 연구," 57.

이 상상적인 합일의 이자적인 관계는 아버지가 들어오면서 깨진다. 그러면서 아버지가 아이의 대타자가 된다. 아버지의 개입과 금지, 명령은 아이를 상징계로 끌어들인다. 이처럼 대타자의 매개를 통해서만 주체는 주체의 위치를 파악할 수 있다.

⑤ 끊임없이 발생하는 시니피앙의 연쇄

하나의 시니피앙에서 또 다른 시니피앙으로(S1, S2…) 연결되어 나가는 시니피앙의 연쇄가 가능한 것은 결여의 자리에 최초의 시니피앙이라는 하나의 자리가 구멍으로 남아있기에 가능하게 된다. 이 구멍을 메우기 위해서 시니피앙들이 연쇄적으로 발생된다. 그러나 언어로 이 구멍을 메우는 것은 불가능하다. 그렇기 때문에 시니피앙의 연쇄는 끊임없이 발생한다.15)

카. 대타자의 담론으로서의 무의식 세계

언어로서의 대타자가 포함하고 있는 존재의 영역들은 이제 주체의 무의식의 세계를 이루게 된다. 이 상징계는 는 욕망을 규제하는 법의 영역이다. 규범을 좇아서 행해야 한다. 이 세계는 항상 제3자인 대타자에 의해 중재되어 존재를 알아가게 된다. 한편, 이 상징계는 쾌락원리가 마냥 통하는 것이 아니라, 죽음충동과 관련된 장소이다. 이러한 상징계의 역할에 대해 이수진은 다음과 같이 말한다.

① 무의식은 대타자의 담론

또한 라캉은 "무의식은 대타자의 담론이다."(Lacan, 1966, p. 193)와 같은 명제를 천명한다. 이는 상징계는 타자성의 영역으로서 무의식은 대타자의 담론임을 설명하는 것이다.

② 상징계, 욕망을 규제하는 법의 영역

상징계는 오이디푸스 콤플렉스의 욕망을 규제하는 법의 영역이고, 이는 자연의 상상계에 반대되는 문화의 영역이다.

③ 대타자에 의해 중개되는 구조 : 주체-대타자-존재

따라서 상상계가 이자 관계로 특징 지워지는 데 비해 상징계는 삼자구조로

---

15) 윤강현, "라캉의 발달이해와 하나님 이미지 연구," 67.

특징 지워진다. 이는 상호주체적 구조가 항상 제3자인 대타자에 의해 중재되는 원리와 관련된다.

④ 죽음충동과 관련된 영역

나아가 상징계는 쾌락 원리를 넘어서는 죽음 충동과 관련되기 때문에 죽음·부재·결여의 영역이다. 이러한 측면에서 상징계는 자율적인 성격을 띠며, 전체로서 우주의 특성을 내포하기에 보편성을 띤다."(Evans, 1996, pp179-180)[16]

타. 라캉의 의식적 자아와 무의식적 자아

라캉에 따르면, 의식적 자아는 단순히 선천적으로 주어진 것이 아니라, 상징적 질서와 거울 단계를 포함한 심리적, 사회적 과정을 통해 출현한다고 설명할 수 있다. 이 과정은 주체의 무의식적 욕망, 타자(Other), 언어와의 관계에 깊이 뿌리를 두고 있다.(챗GPT, 라캉의 의식적 자아, 2025.1.11.)

그런데, 라캉은 진정한 자아는 상징계에서 출현하는 무의식적 자아이다. 라캉은 무의식적 자아가 진정한 주체이다. 이 무의식적 자아에 의해 의식적 자아가 결정된다. 의식적 자아는 언어를 구사하면서 출현한다. 그러나 이 아이는 그 언어이면을 이해해 가기 때문에 무의식적 자아도 함께 출현한 것이다.

그렇다면, 이때 비로소 의식적 자아와 무의식적 자아가 새롭게 탄행하는 것이냐의 질문도 있을 수 있다. 프로이트는 진실로 존재하는 것은 오직 성욕이며, 초자아의 양심은 사회에서 주입했다든가, 성욕에서 분리되어 나왔다든가라고 말해서, 그러한 것을 모두 성욕에 예속시켜 버린다. 그런데, 라캉은 그렇지 않다. 이렇게 출현한 무의식적 주체가 진정한 주체이다. 그렇다면, 그러한 기능, 혹은 언어기능 등이 그의 내면에 존재했었고, 그것은 차츰 깨어나면서 의식적 자아로 무의식적 자아로 그 모습을 나타낸 것이다.

3. 무의식적 주체의 출현과 실재계

16) 이수진, "자크 라캉의 이론에 기초한 정신분석적 미술치료 연구," 56.

가. 인간과 시니피앙의 관계

라캉에 의하면, 프로이트는 그의 이후에 탄생한 현대 언어학의 발견을 참조할 수 없었다고 말한다. 그런데, 그가 의식과 무의식을 구분한 것은 시니피앙과 시니피에를 구분한 것과 같다고 말한다. 그래서 이 논리를 적용하면, 시니피앙이 시니피에가 출현하는 능동적인 기능을 한다. 즉, 시니피앙의 이런 능동적인 기능이 인간 조건의 새 차원을 여는데, 인간 속에서 그리고 인간을 통해 '그것(무의식)'[17]이 말하기 때문이다. 인간을 재료로 삼는 언어의 구조에 의하여 인간의 본질이 짜인다는 것이다. 즉, 언어 속에는 사회 문화와 가치관이 녹아있으며, 이것은 자연스럽게 그 언어를 통해 그 인간의 본질을 이루고 있다는 것이다. 즉, 인간의 무의식적 자아, 곧 상징계의 자아는 '시니피앙'이 출현시킨다는 것이다. 그 내용을 라캉은 다음과 같이 말한다.

> 결국 우리는, 자신이 발명한 무의식적 현상들의 질서를 알아내는 데 프로이트가 어떤 사람보다 더 잘 준비되어 있었다는 것, 그러나 이 현상들의 성격을 충분히 제시하지 못했기 때문에 추종자들이 다소간 길을 잃었음을 인정하지 않을 수 없습니다. 나는 이런 입장 선택에 따라 7년 전부터 프로이트의 저술을 주해했고, 그래서 몇 가지 결론에 이르게 되었습니다. 그중 가장 중요한 것은 시니피앙의 개념을 분석적 현상의 모든 짜임새에 필수적인 것으로 받아들인 것입니다. 프로이트 이후 탄생한 현대 언어학의 분석을 프로이트는 참고할 수가 없었습니다. 하지만 나는 감히 주장합니다. 프로이트의 발견은 현대 언어학의 정식들을 미리 예견했다는 점에서 더욱 돋보인다고 말입니다. 합당한 실질적 무게를 시니피앙과 시니피에의 대립에 부여한 것은 프로이트의 발견입니다. 이 실질적 무게란 시니피앙의 능동적 기능에 있습니다. 지시될 것을 각인해 그 수동성 때문에 시니피에가 되도록 규정하는 기능이 그것입니다.
>
> 시니피앙의 이런 열정은 이때부터 인간 조건의 새 차원이 됩니다. 단순히 인간이 말하는 것이 아니기 때문입니다. 인간 속에서 그리고 인간을 통해 '그것'이 말하기 때문입니다. 인간을 재료로 삼는 언어의 구조가 행사하는 효과

---

17) 여기의 '그것'을 권택영은 그가 번역한 『욕망이론』에서 '무의식'으로 번역한다.

들에 의해 인간의 본질이 짜이기 때문입니다. (라캉, "남근의 의미작용," *Ecrits*, 688)

나. '남근의 의미 작용'으로서의 '시니피앙'

라캉은 "남근의 의미작용"이라는 글에서, 프로이트는 의식적 자아의 억압이 무의식을 출현시키듯이, 라캉은 상징계에서 주체를 출현시키는 것은 "시니피에를 생성시키는 두 비탈인 은유와 환유가 구성하는, 시니피앙의 조합과 대체의 이중놀이가 규정하는 것이다"고 한다. 즉, 아이는 시니피앙(기표 · 발화)을 듣고, 언어 속의 은유와 환유 때문에 추정을 하여야 한다. 그러면서 언어들의 연쇄를 통해 세계를 이해하게 된다. 이렇게 말을 통해 '그것(우리 안에 내재된 무의식)'은 대타자 속에서 주체를 출현시킨다. 한편, 대타자란 세상의 모든 구조가 녹아들어가 있는 '언어체계'를 말한다. 결국 프로이트의 '남근' 역할을 라캉은 언어에서는 '시니피앙'이 하고 있다고 말하고 있다.

① 시니피에를 생성시키는 은유와 환유

프로이트가 꿈과 관련해 무의식의 무대라고 지칭한 이 또 다른 무대를 지배하는 법칙들 속에서, 언어를 구성하는 물질적으로 불안정한 요소들의 사슬 수준에서 발견되는 효과들을 되찾는 것입니다. 이 효과들이란 시니피에를 생성시키는 두 비탈인 은유와 환유가 구성하는, 시니피앙의 조합과 대체의 이중 놀이가 규정하는 것입니다.

② 주체의 성립을 결정하는 은유와 환유

이 효과들은 주체의 성립을 결정합니다. 이 과정 속에서 수학적 의미의 위상학이 출현합니다. 위상학 없이는 분석적 의미에서 징후이 구조를 단순히 지목하는 것조차도 불가능함을 곧바로 알아차릴 수 있습니다.

③ 그것, 주체가 대타자 속에서 출현

'그것'은 대타자 속에서 말합니다. 말에의 호소가 자신이 개입하는 모든 관계에서 불러내는 장소를 대타자라고 지칭한다면 말입니다. '그것'이 대타자 속에서 말한다는 것은, 주체가 귀로 듣건 말건 다음의 것을 의미합니다. 즉 주체가 시니피에의 모든 깨어남보다 논리적으로 앞서 자신의 시니피앙적 위치를 대타자 속에서 찾는다는 것입니다. 주체가 그 위치에서, 즉 무의식 속에서, 진술하는 것에 대한 발견은, 어떤 분할을 대가로 주체가 형성되었는지를 포착하게 해줍니다. (“남근의 의미작용,” *Ecrits*, 689)

다. ‘남근’에 대한 프로이트와 라캉의 차이

한편, 라캉은 자신을 프로이트의 계승자라고 여긴다. 그래서 그는 여전히 프로이트적인 큰 틀 안에서 자신의 논리를 전개한다. 따라서 그는 유아의 상상계에서의 주체에서 상징계에서의 주체 출현을 말하고자 한다. 이때 유아는 거울 단계에서 상상계에서의 자아가 출현하는데, 이때 L 도식에 의하면, ‘이상적 자아, (moi) a’는 자신의 어머니인 ‘소타자, ⓐ’를 자신의 주체로 수용한다. 그런데, 이때 이 ‘이상적 자아, a’는 오이디푸스 콤플렉스에 의해 자신의 ‘아버지(어머니의 남근)’에게 ‘어머니’를 상실한다. 이때 아이는 ‘어머니의 남근’이 되고자 하나, 곧바로 ‘거세 콤플렉스’에 직면하며, 이러한 시도를 포기하고 도리어 이러한 상황을 수용하며 타협점을 찾게 된다. 이때 타협점으로 제시된 존재가 ‘오브제(대상) a’였다. 이 ‘오브제(대상) a’는 특정한 대상이 아닌데, 아이의 ‘아버지’를 대체하는 삶의 의미를 부여하는 각 사람마다의 ‘비전(꿈과 소망)’을 의미한다. 그리고 그는 ‘세상의 아버지’로서의 ‘대타자’이다. 또한 어머니의 진정한 ‘남근’[18]도 또한 이 ‘대타자’였던 것이다. 어머니도 사실은 아버지를 추구한 것이 아니라, 언어를 통해 이해되는 사회의 가치를 추구하는 자였던 것이다. 이러한 차원에서 라캉은 이 ‘대타자’를 ‘남근’이라고 하였다. 프로이트의 ‘남근’은 라캉에게 ‘시니피앙’이다.

라캉과 프로이트에게서 ‘남근’은 “주체가 추구하는 제1가치”라고 이해할 필요가 있다. 프로이트는 그것이 성욕이었으며, 라캉은 그것이 욕망이었다. 그런에 이 욕망은 그에게 의식이 깨어날 때마다 주어지는 절대가치에 대한 욕망이다. 그래서 어떤 차원에서는 매우 윤리적이다. 그런데, 프로이트이 모든 욕망은 오직 성욕만을 위하여 성욕에 갇혀있을 뿐이다.

라. 라캉의 ‘남근’

18) 감상환, 홍준기의 『라깡의 재탄생』(2002, p.53)에 의하면, 페니스는 육체적 생물학적 기관을 의미하며, 팔루스(phallus)는 “주체의 결여·공허감을 채워준다고 가정되는 무엇에 대한 상징(…결여 자체의 상징)”이다고 말한다.

그리고 더 나아가서 언어학적인 차원에서 이 '남근'의 기능을 하는 것은 '시니피앙'이라고 말한다. 프로이트에게서 '남근'은 '타자(어머니)'의 욕망이었다. 그래서 아이는 어머니를 소유하기 위해서 자신이 '남근'이 되길 소망했고, 이것이 거절 당하자 거절된 '성욕'이 '무의식'을 산출하였던 것이다. 그런데, 언어의 구조에서는 '시니피앙'이 각종 '기의'의 연쇄로서의 '무의식'을 산출한다. 따라서 라캉에게서 '남근'의 역할을 하는 것은 '시니피앙'이었던 것이다. 이에 대해 라캉은 다음과 같이 말한다.

> 여기서 남근의 기능이 해명됩니다. 판타즘(환영)이 상상의 결과라면, 프로이트의 이론에서 남근은 판타즘이 아닙니다. 또한 대상이라는 용어가 어떤 관계에 내포된 현실을 지칭한다면, 남근은 그 자체로서 대상도 아닙니다. 남근은 그것이 상징하는 기관, 즉 페니스나 클리토리스는 더더욱 아닙니다. 프로이트가 남근을 그것이 고대인들에게 의미했던 시뮐라크르에 준거시켰던 것은 아무 이유가 없는 것이 아니었습니다.
> 왜냐하면 남근은 시니피앙이기 때문입니다. 아마도 시니피앙으로서 남근의 기능은 신비 속에서 유지되던 시니피앙의 기능의 베일을 분석의 주체 내적 경제학 속에서 벗기는 것입니다. 결국 시니피앙이 시니피앙으로서의 자신의 현존을 통해 시니피에의 효과들을 조건 짓는다고 할 때, 남근은 시니피에의 효과들을 전체적으로 지시하도록 운명 지어진 시니피앙입니다. ("남근의 의미작용," *Ecrits*, 690)

마. '욕망'으로 출현하는 '무의식적 주체'

어린 아이는 말을 배우면서 '시니피앙'을 구사하는데, 이때 그는 자신의 '욕구'를 시니피앙으로 표현한다. 그런데, 이제 여기에 오이디푸스 콤플렉스와 거세 콤플렉스로 대표되는 '대타자'의 '요구'가 이 '이상적 자아'의 '욕구'를 거절한다. 그러면서 이 아이의 '욕구'는 대타자의 '요구'에 종속되고 그는 인간에게서 '소외'되게 된다. '시니피앙'의 욕구 메시지는 '대타자'의 요구에 의해서 결정된다. 이러한 '소외'는 인간에게 '원초적 억압'을 구성하는데, 이때 이 '억압'을 에너지로 해서 하나의 '새싹'으로부터 '욕망'이 출현한다. 그리고 이 '욕망'

이 곧 '무의식적 주체'로부터 나온 것인데, '새싹'이라고 표현된 그것은 먼저 정신 속에 있었다고 보아야 할 것이다. 이때 라캉은 이 '욕망'은 '욕구'와 구별된다고 말한다. 즉, 처음의 이 '욕구'의 대상은 '타자'로서의 '어머니'였는데, '욕망'은 이에 대한 대체물로서 무의식적 주체로부터 출현하는 '오브제 a'[19]이다.

> ① 인간의 욕구의 어긋남과 대타자의 요구에 종속
> 그러한 현존의 효과들을 검토하기로 합시다. 이 효과들은 우선 인간이 말을 한다는 사실에서 비롯되는 인간의 욕구의 어긋남입니다. 인간의 욕구가 요구[20]에 깊이 종속될수록 인간에게서 소외된다는 의미에서 말입니다. 이 사실은 인간의 실질적 의존의 결과가 아닙니다. 이 사실은 시니피앙적 형태화의 결과이며, 시니피앙의 메시지가 대타자의 자리로부터 발송된다는 사실의 결과입니다.
> ② 소외된 욕구로 인한 욕망의 출현
> 욕구 속에서 이처럼 소외된 것은 원초적 억압을 구성합니다. 가설적으로 말해 요구를 통해 진술될 수 없었기 때문입니다. 그러나 그것은 일종의 새싹 속에서 나타납니다. 이 새싹은 인간에게서 욕망으로 출현하는 것입니다. 분석적 경험에서 도출되는 현상학은 욕망의 역설적, 일탈적, 방랑적, 탈중심적, 게다가 스캔들적 성격을 드러내줍니다.
> ③ 욕구와 욕망의 구분
> 욕망은 이러한 성격으로 인해 욕구와 구분됩니다. 이는 이름에 값하는 도덕주의자들도 언제나 받아들일 정도로 너무나 확실히 입증된 것입니다.… ("남근의 의미작용," *Ecrits*, 690)

바. 욕망적 주체의 탄생과정 : 욕구-요구-욕망

19) 무의식적 주체가 어머니와의 분리, 대상 세계에서 겪게 되는 상실, 상실들을 대체할 수 있는 하나의 대상물을 만들어 여기에 모든 것을 쏟아 붓는데, 그 대상을 '오브제 a'라고 한다.

20) 필자의 사견으로는, 라캉에게 있어서 '요구'는 대타자에 의해 생성된 자아의 '욕구'라고 말하고자 한다. 아이의 욕망은 대타자의 출현으로 인해 좌절을 겪으면서 욕망에서 고유한 속성들이 제거된다.

라캉은 여기에서 '욕구'와 '요구'를 분명하게 구분한다. 어린 아이가 단순하게 어머니를 향하여 가지고 있는 소유욕은 욕구이다. 그런데 여기에 대타자로서의 아버지가 등장하자, 이제 이 '욕구'는 조정을 받아야 한다. 그러면서 등장하는 것이 '요구'이다. 이때 아이의 내면에는 '대타자'도 함께 들어오게 된다. 그러면서 대타자의 특권을 인식하게 되며, 이 아이의 '요구'는 또 다시 거절을 당하며, '욕망'으로 나타나는 것이다. 그래서 처음의 '욕망'은 그것과의 '분할'을 통해서 또 다른 '무의식적 자아'로서의 '욕망'을 출현시킨다.

① 좌절로 인해 고유한 속성들이 제거된 요구
그래서 여기서 우리는 (프로이트가 전혀 사용하지 않은) 좌절개념으로 인해 고유한 속성들이 제거된 요구로부터 출발해서 그 지위를 진술해야 합니다.
② 요구 : 자신의 욕구에서 변화된 어떤 것으로 대타자 내포
요구 자체는 자신이 요청하는 만족이 아닌 다른 것을 향해 있습니다. 요구는 현존 또는 부재의 요구입니다. 이는 어머니에 대한 원초적 관계가 드러내주는 것으로, 이 관계는 대타자를 내포하는 것이며, 대타자는 자신이 충족시킬 수 있는 욕구의 안쪽에 위치시켜야 합니다.
③ 대타자를 자신의 내면에 등장시키는 요구
이 관계는 대타자를, 욕구를 충족시킬 수 있는 특권을 가진 것으로, 그리하여 욕구의 충족을 박탈할 수 있는 권력을 가진 것으로 구성합니다. 그래서 대타자의 이 특권은 자신이 갖지 않은 것을 증여하는 근본 형식을, 즉 우리가 사랑이라고 부르는 것을 지시해줍니다. 그래서 요구는 제공될 수 있는 모든 것의 특수성을 폐기하면서, 그것을 사랑의 증거로 변화시킵니다. 그리고 요구가 욕구를 위해 획득해주는 만족들 조차도 사랑의 요구를 박살내는 것에 불과한 것으로 전락합니다.
⑤ 욕망으로 등장하는 요구
따라서 그처럼 폐기된 특수성은 요구를 넘어선 곳에서 다시 나타날 필연성이 있습니다. 이 특수성은 실제로 요구를 넘어서 다시 등장하는데, 그러나 사랑의 요구의 무조건성은 은닉한 구조를 보존하고서입니다. 단순한 부정의 부정이 아닌 전복을 통해, 완전히 상실된 것의 역능이 말소된 잔해 속에서 솟아오릅니다. 욕망의 '절대적' 조건은 요구의 무조건성을 대체합니다. 이 절대적

조건은 욕구의 충족에 대해 사랑의 증거가 반란을 일으키는 것을 사실상 해결합니다.
⑥ 분할 현상에서 나타난 욕망
그래서 욕망은 충족에의 갈망도 아니고 사랑의 요구도 아니며, 후자로부터 전자의 이탈에서 비롯되는 차이이고, 그것들의 분할 현상 자체입니다. ("남근의 의미작용," *Ecrits*, 691)

위의 내용은 이러한 '무의식의 주체'인 '욕망적 주체'의 탄생 과정을 말한다.

사. 라캉의 실재계

라캉이 어떤 '실재계'에 대한 어떤 논리적인 서술을 하는 것은 아니다. 라캉은 우리의 리비도가 상징계 속의 시니피앙으로 나타나면서 거절 당한 그 성욕이 '욕망'으로 자리 잡는다고 말한다. 그런데 이러한 욕망은 상징계에서의 끝없는 거절의 연쇄 속에서 그 '대상 a'를 대체해가면서 새로운 '대상 a'를 출현시킨다. 그리고 그 변증법적 발전을 이루면서 찾은 '대상 a'는 아이의 리비도가 유성생식의 과정에서 최초로 상실하였던 자신의 그 '잃어버린 부분'이었다.

이러한 논조에 의하면, 라캉은 마치 우리가 어떤 세계에 존재하다가 '유성생식'을 통해서 탄생한 것처럼 말한다. 우리의 '리비도'는 이 '박막'을 뚫고 나온 존재라고 말한다.(『세미나 11』) 그리고 프로이트는 성욕 내에는 이러한 요소가 죽음 본능으로 내재하여 있다고 말한다.

라캉은 그 잃어버린 대상 a가 추구하는 자아가 곧 '실재계의 자아'였다고 말하는 것이다. 라캉은 프로이트의 '성욕' 내에 공존하는 '죽음 충동'을 이렇게 '실재를 향한 충동'으로 재해석을 하였던 것이다. 이것은 라캉의 후기 사상에 속하는 것으로 보인다. 라캉은 그의 『세미나 11』의 결론을 '타자의 장, 그리고 전이로의 회귀'에서 이와 같은 형태로 결론을 맺는다.

라캉의 실재계에 대한 구체적인 서술은 존재하지 않으므로, 실재계에 관하여 간헐적으로 나타나는 발언들을 수집하여 이해할 수밖에 없다. 이에 의하면, 라캉의 실재계는 "칸트의 물자체"였다. 이런 측면에서 라캉은 메를로 퐁티의 현상학을 그의 철학에 고스란히 융합시켰다.

아. 주이상스의 열망을 일으키는 실재계

라캉에게 있어서 상상계와 상징계의 개념처럼 실재계의 개념도 라캉의 사상적 변화에 따라 적지 않은 변화를 거쳤다. 이에 대해 실재계 개념이 포함하고 있는 내용들을 소개하면 다음과 같다. 이것을 이수진은 김석의 글을 인용하여 다음과 같이 세 가지의 특징을 서술하고 있다.

이러한 실재계의 첫 번째 특징적 내용은 "상징계에 동화되지 않은 어떤 여분"인데, "물 자체로서 우리 욕망의 궁극적 대상"으로서의 여분으로서, "언어화되지 않은 부분이어서 우리 안에 주이상스의 열망"을 일으킨다.

첫째, 실재계는 상징계에 동화되지 않은 여분, 혹은 상징화에 대한 저항을 통해 자신을 알리는 것이다. 즉, 실재계의 논리적 불가능성과 상징계의 필연성이 대립하는 것이 인간 삶의 현실로서, 실재계는 상징화가 불가능하기에 상징화에 대한 실재계의 저항을 라캉은 '쓰이지 않기를 멈추지 않는 것'으로 언급하는데, 이는 곧 상징화 저항의 모든 질서를 의미한다. 또한 라캉은 부성 은유의 개념을 통해 오이디푸스 콤플렉스를 재정식화하면서 상징계의 인과적 차원을 중시하지만, 동시에 상징계에서 벗어나는 어떤 것에 대해서도 강조하게 되는데 그것이 바로 실재계이다.

1959-1960년에 진행된 '세미나 7권'에서 그는 실재계가 잃어버린 대상의 모습으로 주체에게 다가오는 것을 물(The Thing, 칸트의 물자체를 의미함: 편집자)이라 지칭하면서, 대상을 물의 지위에 고양시키는 작업을 승화라고 정의한다. 이때 물은 실재계에 의해 뒷받침되는 것으로 욕망의 궁극적 대상이다.

또한 실재계는 언제나 그 자리에 있어, 주체가 도래하기 전에 이미 그곳에 존재하는데, 상징계가 구성되기 위해서는 상징화에 들어오지 않는 부분을 사유로부터 배제할 수 밖에 없이 이 여분은 주체에게 불안의 효과로 작용한다. 상징계 자체는 이종(異種)의 구조이자 여분인 실재계의 배제로서만 유지되는데, 주체는 상징계를 끊임없이 위협하는 실재계를 죽음의 효과로 경험한다. 이는 헤겔이 지적한 것처럼 언어는 '사물의 살해'로서 사물은 상징적인 기호로 대체됨으로써만 언어화가 가능해지기 때문이다. 이러한 상실은 실재계에 대한 열망을 부르는데, 이것이 주이상스(Jouissance, 법과 제도를 파괴하여 처벌을 받더라도 금기를 깨고 싶어 하는 무의식적인 욕망으로서 오이디푸스 신화에서의 안티고네의 행위에서 유래, 한편, 라캉의 주이상스는 향유 혹은 쾌락으로 번역된다)의 토대가 된다. 그렇기 때문에 언어는 주이상스의 원인이 된다.(김석, 2007, pp239-243)

자. 상징계 너머의 그 무엇

실재계를 설명할 수 있는 두 번째 내용은, "실재계는 균열이 없는 충만한 것으로 절대적인 것"이며, "상징계 너머에 있는 그 무엇"이다.

실재계는 균열이 없는 충만한 것으로 절대적인 것이다. 라캉은 1954-1955년의 '세미나 2권'에서 상징계가 상징화에 수반되는 차이와 제한의 질서라면, 실재계는 무한함과 통합의 질서임을 언급한다. 곧 실재계는 안과 밖의 구분도 없는 그런 것이다. 상징계는 이런 실재계의 변별적 질서를 도입하면서 의미의 세계를 구축하는데, 그와 동시에 실재계에 구멍을 내게 된다.

상징계의 효과로 탄생한 주체는 본성상 의미화의 사슬을 벗어나는 실재계에 다가갈 수 없는데, 이러한 불가능성은 주체에게 금지, 즉 법으로 인식된다. 하지만 이 금지가 역설적으로 그 너머에 무언가 있을 것 같은 착각을 만들며 금지를 위반하고 싶은 욕망을 불러일으키는데, 이 불가능한 욕망이 주이상스이다. 또한 주이상스가 지향하는 대상, 바로 절대적 숭고함이 실재계이다. 즉 실재계는 주이상스를 욕망이 통과해야 할 최후의 관문처럼 제시하는 근거가 된다."(김석, 2007, pp239-243)

차. 상징계의 틈을 뚫고 들어옴

실재계를 설명할 수 있는 세 번째 내용은, "실재계는 주체의 원초적 현실"이다. 이 "실재계는 언제든지 상징계의 틈을 뚫고 들어온다"고 한다.

실재계는 주체의 원초적 현실이라고 할 수 있다. 즉 실재계는 상징계에 편입되지 않는 남은 여분, 배제된 것, 억압된 것, 주체의 신체와 연관된 찌꺼기로서의 성적인 것 등으로 볼 수 있다. 이렇게 배제되고 억압된 것은 사라지지 않고 환각적 형태로 상징계에 다시 도래한다. …라캉은 실재계가 상징계의 틈을 뚫고 돌아오는 것을 증상이라고 설명한다.(김석, 2007, pp239-243)

4장 실재계와의 접촉

앞에서의 내용은 『에크리』 중심사상의 요약이다. 여기부터 이어지는 내용은 라캉의 『세미나 11』로서, 프로이트의 "정신분석의 네 가지 근본 개념"에 프로이트 이후에 출현한 언어학적 발견과 메를로 퐁티의 현상학을 삽입하여 새로운 철학으로 탄생시킨 내용이다.

1. 물리학의 기저에 자리잡고 있는 '욕망'

가. 물리학의 기저에 자리잡은 '욕망'

라캉은 물리학의 기저에 '욕망'이 자리 잡고 있는데, 이것은 하나의 확실한 차원으로서 이것을 과학과 같이 충분히 '공식화'시킬 수 있다고 말한다. 그리고 이러한 '공식화'의 일환으로 프로이트가 발견한 '무의식의 메커니즘'을 들고 있는데, 이것은 '욕망'과 '언어'로 구성되어 있다고 한다. 그리고 자신은 이러한 '욕망'과 '언어'의 관계를 더욱 발전시키고자 한다고 말한다. 이것이 『라캉 세미나 11』의 주제이다.

> 오펜하이머 같은 사람이 우리에게 현대 물리학의 기저에 자리 잡고 있는 욕망에 대해 묻게 되려면 실제로 어떤 위기들이 있어야 합니다.… 이를 토대로 저는 하나의 확실한 차원, 즉 '공식화'의 차원을 등장시킬 수 있습니다. 이는 초보적인 수준의 이야기지만 필수적으로 거쳐야 하는 것입니다.…
> …즉, 히스테리증자는 바로 말하는 운동 자체를 통해 자신의 '욕망'을 구성한다는 것이지요. 따라서 프로이트가 바로 이 [히스테리증자라는] 입구를 통해 사실상 욕망과 언어의 관계라고 할 수 있는 것 속으로 들어가 무의식의 메커니즘을 발견한 것은 놀라운 일이 아닙니다. 프로이트에게 욕망과 언어의 관계가 베일 속에 감춰져 있지 않았다는 것은 그의 천재성을 보여주는 일면이지만, 그렇다고 해서 그가 욕망과 언어의 관계를 완전히 해명했다는 뜻은 아닙니다.… ('파문,' 『라캉 세미나 11』24, 27)

나. '무의식'의 장으로 들어가는 입구로서의 '욕망'

라캉은 프로이트는 '욕망'에 대한 연구를 통해 '무의식'이라는 경험의 장으로 들어갔다고 말한다. 그리고 여기에서 프로이트는 '무의식, 반복, 전이, 충동'을 근본개념으로 도입을 하였는데, 이것을 기존의 시니피앙의 기능과 관련하여 더욱 깊이 살펴보고자 한다고 말한다. 그 내용은 다음과 같다.

> 프로이트의 욕망은 도대체 어떤 특권을 갖고 있었기에 그가 무의식이라고 부른 경험의 장으로 들어가는 입구를 발견할 수 있었을까 하고 말이지요. 분석을 바로 세우려면 이러한 기원으로 거슬러 올라가는 것이 필수적입니다. 어찌 되었건 분석 경험의 장을 탐사하는 이 같은 방식은 다음번 강의에서 다음과 같은 질문에 따라 인도될 겁니다. 프로이트가 근본 개념으로 도입한 용어 중 다음 네 가지, 즉 '무의식', '반복', '전이', '충동'에 어떤 개념적 지위를 부여해야 하는가?
> 예전 강의에서 저는 이 개념들을 좀더 일반적인 기능,… 다시 말해 이 개념들의 기저에 함축되어 있는 시니피앙 자체의 기능과 관련시킨 바 있는데, 다음 시간에는 그것을 발판으로 한 걸음 더 나아갈 볼 생각입니다. ('파문', 28)

다. 욕망과 언어의 관계 속에서 발견된 '오브제 a'

라캉은 이와 같이 기존의 프로이트의 근본개념을 언어와 관련하여 면밀히 추적하는 가운데에서 '오브제 a'를 발견하고 있다. 따라서 라캉의 '오브제 a'는 '욕망'과 '언어'의 관계 속에서 출현하였다. 그리고 그는 이러한 '욕망'의 기능을 과학이라고 말하고자 한다.

2. 무의식과 반복

가. '간극의 구조'를 통해 드러나는 '무의식'

라캉은 당시에 형성되고 있었던 '언어학'을 과학이라고 말한다. 그리고 "이 과학은 혼자 자발적으로 작동하는 조합작용"(언어 구조주의를 의미함)인데, 그는 이것을 '무의식'이라고 말한다. 우리의 무의식은 언어를 통해 계속 자체적으로 작동을 하고 있다고 말한다. 그러다가 한 번씩 의식 세계 속에 한 마디를 던지는데, 그것이 진정한 언어이다.

따라서 그는 우리 안에 내재해 있는 이러한 '무의식'의 구조를 과학이라고 말하고자 한다. 반면 그는 프로이트의 '무의식'은 그렇지 않다고 말한다. 왜냐면 프로이트의 '무의식'은 '욕망'의 억압으로서 '단절'인 반면, 자신의 '무의식'은 '동력학적 개념'으로 '원인의 기능'을 하기 때문이다.

> ① 언어처럼 구조화된 무의식
> "'무의식'은 언어처럼 구조화되어 있다"라는 명제를 어느 정도 이해하고 계실 것입니다.…
> ② 저 혼자 자발적으로 작동하는 조합 작용
> 오늘날 우리는 인문과학으로 분류될 수 있지만 여타 심리-사회학과는 명확히 구분되어야 하는 하나의 학문이 형성되고 있는 역사적 시기에 있습니다. 바로 언어학을 말하는 것인데, 그것은 전(前) 주체적인 방식으로 저 혼자 자발적으로 작동하는 조합 작용을 모델로 삼습니다. 무의식에 본연의 위상을 부여하고 있는 것은 바로 이러한 구조입니다. 어쨌든 바로 이 구조가 무의식이라는 명칭 아래 무엇인가가 규정될 수 있고 접근 가능하며 객관화 될 수 있다는 확신을 주었지요.…
> ③ '원인'기능을 가진 라캉의 무의식
> 제가 오늘 설명하고자 하는 프로이트의 무의식 개념은 그런 게 아닙니다.… 무의식이 동력학적 개념이라고 말하는 것만으로는 당연히 충분하지 않습니다. … 오늘 제가 참조점으로 삼게 될 것은 바로 '원인'기능입니다. ('무의식과 반복', 『Semina 11』, 24)

라캉은 자신의 무의식과 프로이트의 무의식의 차이를 '원인의 기능'이라고 말하였는데, 프로이트는 '억압된 욕망'은 '주체의 절단(단절)'과 동일한 것이라고 생각하는데 그쳤는데, 자신의 견해에 의하면, "무의식은 항상 바로 이러한 주체의 절단(단절) 속에서 동요하는 무엇으로서 모습을 드러낸다"고 말한다.

즉, 그는 '무의식적 행위들', 즉 '꿈, 실수 행위, 재담' 등의 행위는 무의식의 '간극'인데, 그 이면에는 '주체'가 자리하고 있는데, 이 무의식적 주체가 '시니피앙'의 형태로 드러난 것이라고 한다. 즉, 그에 의하면, "무의식은 우리에게 간극을 보여주며 신경증은 바로 이 간극을 통해, 결정될 수 없는 어떤 실재에 다시 연결되는 것이다"고 말한다.

나. 간극 : 무의식적 주체의 행위들

먼저 그는 '무의식적 주체의 행위들'을 '간극'이라고 말한다. 그는 이것을 통해서 모든 것의 원인이 되는 '무의식적인 존재'를 알 수 있다고 말한다. 그리고 이것은 '거부'가 아니라. 태어나지 않은 것으로서 실현되지 않은 것의 영역에 속한 것이라고 말한다.

> 무의식은 우리에게 간극을 보여주며 신경증은 바로 이 간극을 통해, 결정될 수 없는 어떤 실재에 다시 연결되는 것이기 때문입니다.…
> 원인에 특징적인 것이라 할 수 있는 구멍, 틈새, 간극 속에서 그는 무엇을 발견한 것일까요? 그것은 바로 실현되지 않은 것의 차원에 속하는 어떤 것입니다. 혹자는 거부(refuse)라는 말을 하기도 하는데, 이는 너무 성급한 발언입니다.… 처음에 무의식은 우리에게 '태어나지 않은 것'의 영역에서 기다리고 있는 어떤 것으로 나타납니다.… 이러한 차원은 당연히 비현실적이거나 탈현실적인 것이 아닌 실현되지 않은 것의 영역 속에서 환기되어야 합니다.…
> 해부학적 배꼽이 그러하듯 그것은 바로 앞에서 언급된 간극을 가리킵니다.
> ('무의식과 반복', 『Semina 11』, 25-26)

다. 간극 : 무의식적 언어인 기의의 기표화

그리고 라캉은 이러한 '간극'은 마치 무의식의 언어인 '기의'에 대한 '기표'의 나타남으로 이해할 수 있다고 말한다. 따라서 여기에는 어떤 '시니피앙의 법칙'이라고 할 수 있는 '언어적 법칙'을 적용할 수 있다고 한다. 따라서 무의식은 분명히 존재의 수준에 있다. 그런데, 그것은 그러한 '언표행위'를 하고 순식간에 다시 사라져 버린다. 그러나 무의식은 이러한 주체의 절단(단절) 속에서 동요하는 무엇으로서 모습을 드러낸다.

① 시니피앙의 법칙
지금의 저는 원인과 관련해 이러한 간극이 발생하는 지점에 시니피앙의 법칙을 도입할 수 있는 위치에 있습니다.… ('무의식과 반복', 26)
프로이트는 무의식의 수준에는 주체의 수준에서 일어나는 것과 전적으로 동일한 무언가가 있음을 보여주었습니다. 무의식도 의식의 수준만큼이나 정교한 방식으로 말하고 기능한다는 것이지요. 따라서 의식은 자신의 특권처럼 보였던 것을 잃고 맙니다.…
② 헛디딤
저는 프로이트가 무엇보다 무의식의 현상이라고 제시한 것의 작동 방식을 하나하나 열거한 바 있습니다. 꿈, 실수행위, 재담 등에서 제일 먼저 우리의 주의를 끄는 것은 무엇일까요? 그것은 바로 이 모든 것들이 어떤 헛디딤이란 양상 아래 발생한다는 점입니다.
③ 헛디딤에서 발생하는 '발견'
헛디딤, 실패, 균열. 말해진 문장이든 쓰인 문장이든 그 속에서 무언가가 발을 헛디디게 됩니다. 프로이트는 이러한 현상들에 이끌려 바로 그곳에서 무의식을 찾게 되지요.… 이 간극에서 발생하는 것은 '발견'처럼 나타납니다. ('무의식과 반복', 27)
④ 간극의 밑바탕은 무의식적 존재
그렇다면 그 밑바탕은 무엇일까요? 부재일까요? 아닙니다. 오히려 결렬, 균열, 열림의 흔적(만)이 부재를 나타나게 하지요.… 무의식은 어떤 존재의 수준, 하지만 모든 것에 적용될 수 있는 한에서의 어떤 존재의 수준에 있습니다. 다시 말해, 무의식이 하나하나의 문장과 화법에 따라 재발견되지만 그만큼 다시 사라져버린다는 점에서, 그리고 감탄문, 명령문, 기원문, 심지어는 말실수 속에서도 항상 자신의 수수께끼를 전지면서 말을 건넨다는 점에서 그 무의식이 위치하는 곳은 바로 언표 행위의 수준입니다. 프로이트가 꿈에 관해 이야기했던 것처럼 무의식은 요컨대 그 속에서 꽃피워진 모든 것이 균사체처럼 하나의 중심점을 놓고 펴져나가는 수준에 있습니다. 언제나 문제의

관건은 결정되지 않은 것으로의 주체인 것입니다.('무의식과 반복', 28)
⑤ 무의식적 존재 : 주체의 단절 속에서 동요하는 그 무엇
그리하여 주체의 절단(단절)이 프로이트가 욕망과 동일한 것이 생각했던 어떤 발견물이 다시 툭 튀어 오르는 지점이라면, 무의식은 항상 바로 이러한 주체의 절단(단절) 속에서 동요하는 무엇으로서 모습을 드러냅니다. ('무의식과 반복', 29)

라. '확실성의 주체'로서의 '무의식적 주체'의 존재

라캉은 간극의 핵심은 어떤 주체에 대한 존재론이라고 한다. 그것은 실현되지 않은 사실에 대한 존재론이다. 그런데 문제는 그 간극 혹은 틈새는 순식간에 자신의 모습을 비치고 사라져 버린다. 그래서 무의식은 달아나는 것이다.

무의식의 간극, 우리는 그것을 '전(前) 존재론적'이라 말할 수 있을 겁니다.… 무의식은 존재하는 것도 아니고 존재하지 않는 것도 아닌, 실현되지 않은 것이라는 사실입니다.… ('무의식과 반복', 31)
무의식의 기능에서 존재론적인 것은 틈새입니다. 이 틈새 사이로 무엇인가가 순간적으로 환하게 드러나지요. 우리의 장 속에서 그것은 극히 짧은 순간 동안만 모습을 드러냅니다. 그 틈새가 금새 닫히면서 그것이 사라지고 있는 모습만 보여주기 때문이지요. ('무의식과 반복', 33)
따라서 존재의 수준에서 볼 때 무의식은 달아나는 것입니다. 하지만 우리는 무의식을 하나의 구조, 그것도 시간적인 구조 속에서 파악하기에 이르렀는데, 그러한 구조는 지금껏 한 번도 진정한 의미에서의 구조로서 해명된 것이 없었다고 말해도 좋을 것입니다. ('무의식과 반복', 33)

그런데, 라캉은 그 달아나는 무의식을 포착해서 해명해 보겠다고 말한다. 이 간극을 지금까지는 무시했는데, 이제는 이것을 끄집어내는 쪽으로 관심을 기울여야 한다고 한다. 그는 이 구조를 끌어내길 원한다고 말한다.

프로이트 이후의 분석 경험이 간극 속에서 출현하는 것에 대해 보여주었던

것은 그것을 경시하는 태도였습니다.… 올해 저는 어떻게 해서 이러한 관심의 이동이 구조를 끄집어내는 쪽으로 좀더 기울여져 있었는지를 보여드리려 하는데,…('무의식과 반복', 34)

마. 프로이트의 무의식적 주체 발견

한편, 라캉은 데카르트가 '생각하는 나'를 통해서 '확실성의 주체'를 발견하였듯이, 프로이트는 '꿈'을 통해서 '무의식적 주체'를 발견하였다고 말한다. 프로이트는 『꿈의 해석』 마지막 장의 '무의식의 위상'에 대한 꿈을 해석하면서 그 꿈의 이야기와 실제로 겪었던 것 사이의 차이가 있을 때, 이 꿈 이야기의 내용을 '의심'한 적이 있었다고 말한다. 그런데, 그는 이러한 '의심' 자체가 바로 그 자신에게는 '확실성의 근거'였다고 한다. 즉, 이러한 '의심' 자체는 이제 그 내용의 확실성이 중요한 것이 아니라, 그것 자체가 '무의식적 주체'의 존재를 증명한 것이었다. 즉 "프로이트의 행보는 확실성의 주체를 토대로 해서 출발한다"는 점에서 데카르트적이라고 말한다.

프로이트의 행보는 확실성의 주체를 토대로 해서 출발한다는 점에서 데카르트적입니다. 우리가 무엇에 관해 확신할 수 있는지를 문제 삼는 것이지요. 우리가 무엇에 관해 확신할 수 있는지를 문제 삼는 것이지요. 이를 위한 첫 번째 과제는 무의식의 내용이라 할 만한 것을 함축하는 모든 것을 넘어서는 것입니다. 특히 꿈의 경험으로부터 무의식을 솟아나게 하는 것기 관건일 때는 더더욱 그렇습니다. 예컨대 주체가 꿈에 대해 이야기할 때마다 이리저리 쓸려 다니는 것, 그 꿈의 텍스트를 얼룩지우고 더립히고 오염시키는 것 -"나는 확신할 수 없다, 나는 의심한다."-을 넘어서는 것입니다.
실제로 겪었던 것과 이야기 되는 것 사이에 명백한 차이가 존재한다면 어느 누가 주체가 하는 꿈 이야기를 의심하지 않을 수 있을까요? 그런데, 의심은 바로 프로이트에게 확실성의 근거입니다. 이것이 바로 프로이트가 가장 힘주어 강조하는 바입니다. 프로이트는 어째서 의심이 확실성의 근거가 되는지를 밝힙니다. 즉 의심 자체는 무언가 지켜야 할 것이 있음을 뜻하는 기호라는 것입니다. 의심은 저항의 기호인 셈이지요.…

> 데카르트는 이렇게 말합니다. "의심한다는 사실로부터 나는 내가 생각한다는 것을 확신한다."… 정확히 이와 유사한 방식으로 프로이트는 자신이 의심하는 바로 그곳에 - 왜냐하면 결국 그것은 '그의' 꿈이며, 처음에 의심을 품었던 것도 바로 자신이기 때문입니다. - 무의식적이라 할 어떤 생각이 존재하고 있음을 확신했지요. 무의식적이라 함은 그 생각이 부재자로서 자신을 드러낸다는 것을 뜻합니다. ('무의식과 반복', 36)

바. 라캉의 무의식적 주체의 발견

그런데, 라캉은 위의 데카르트와 프로이트 사이에는 중요한 한 가지 비대칭성이 존재한다고 말한다. 라캉은 의식적 주체를 발견했지만, 프로이트는 무의식적 장과 그곳에 있는 주체를 발견했다는 것이다.

> 바로 여기서 프로이트와 데카르트 사이의 비대칭성이 드러납니다. 둘 사이의 비대칭은 주체의 확실ㄹ성을 정립하는 최초의 행보에 있는 것이 아닙니다. 비대칭은 프로이트에게선 주체가 거처하는 곳이 바로 그 무의식의 장이라는데 있지요. 프로이트가 세상을 변혁시킬 만큼의 진보를 완수해낸 것은 그가 [주체가 거하는 곳으로서의] 그 무의식의 장의 확실성을 단언했기 때문입니다. ('무의식과 반복', 37)

사. 시니피앙의 그물망

라캉은 '간극'을 '절단(단절, *Unbegriff*)'이라고도 하는데, 이것을 언어의 '시니피앙'이라고 한다. 무의식적 주체의 언어(기의)가 이제 기표로 드러난 것이다. 그는 이제 '언어법칙'을 통해서 이 '기표'를 해석하고자 한다. 그리고 이러한 '기표'에 대한 의미부여는 앞에서 언급한 '주체'에 대한 '최초의 확실성 토대'라고 말한다. 그는 이 '기표'를 무의식의 '박동적 기능'이라고 표현한다. 그는 이것을 '무의식의 사유'라고 표현한다. 이것은 마치 데카르트가 의식 너머의 장에 존재하는 사유하는 주체와 비교된다. 데카르트가 '의심하는 나'를 통해서 '생각하는 나'를 발견한 것처럼, 모든 무의식적 주체도 시니피앙을 제공한다는 것이다.

> 저는 그 절단(단절)을 시니피앙 자체와 구성적인 관계를 맺고 있는 주체의 기능과 긴밀히 연결시켰습니다. 무의식에 대해 말하면서 주체를 언급한 것이 뜬금없는 이야기처럼 들리는 것은 당연합니다. 하지만 저는 이 모든 것이 하나같이 동일한 장소, 주체라는 장소에서 일어난다는 점을 여러분이 이해하실 수 있도록 충분히 설명했다고 생각합니다. 이러한 주체는 최초의 확실성의 토대를 하나의 점으로 환원시키는 데카르트적 경험을 통해 아르키메데스적 가치를 획득하게 되었는데,… 다른 방향으로 나아갈 수 있게 해준 받침점이 되었다는 점에서 그렇습니다.
>
> 저는 지금까지의 논의에서 줄곧 이른바 무의식의 '박동적' 기능을, 어떤 의미에서는 무의식에 내재적인 것이라 할 수 있는 사라짐의 필연성을 강조해 왔습니다.…
>
> 데카르트가 "나는 생각한다"를 포착한 것은 "나는 의심한다"라는 언표 행위를 통해서이지 그것의 언표를 통해서가 아닙니다. 왜냐하면 언표는 여전히 의심에 부칠 수 있는 지식 전체를 담고 있기 때문입니다.… 모든 것이 시니피앙을 제공하게 되며, 프로이트는 그 시니피앙에 근거해 자신의 확실성을 정립합니다. ('무의식과 반복', 44-45)

한편, 라캉은 자신의 이러한 무의식적 주체를 강조하는 논의가 "자아(*Ich*)가 이드를 몰아내야 한다"는 이슈가 아닌 것을 분명하게 밝힌다. "자아는 시니피앙 그물망의 충만하고 완전한 장소, 다시 말해 주체를 가리킨다"고 말한다. 원래 프로이트는 그 주체가 있던 곳은 언제나 그랬듯이 바로 꿈이었다고 말한다. 그런데, 이제 라캉이 여기에서 주의를 기울이고자 하는 것은 "이러한 시니피앙의 그물망에 종종 걸려드는 그 무엇에 있다"고 말한다. 이곳에 '실재'가 걸려든다고 말한다. 그리고 그것을 포착할 수 있는 방법이 있는데, "그것은 우연을 벗어나도록 서로 교차하고 있기 때문이다"고 한다. 이것은 무의식적 기표인 '간극'이 지속적으로 '반복'되고 있다는 것을 의미한다. 그리고 그곳이 곧 "무의식의 주체가 작용하는 곳"이라고 한다.

> "자아가 이드를 몰아내야 한다"가 아닙니다.… 프로이트의 전 저작에서 *Ich*

는 시니피앙 그물망의 충만하고 완전한 장소, 다시 말해 주체를 가리킵니다. 그리고 "그것이 있던 곳"은 언제나 그랬듯이 바로 꿈입니다.…
주체는 "그것이 있던 곳에" 자신을 자리매김하기 위해 거기에 있는 겁니다. 미리 밝혀두자면, "그것이 있던 곳"은 바로 실재입니다.… 제 강의를 들어본 분들은 제가 "신들은 실재의 장에 속한다"라는 공식을 이용하리라는 것을 아실 겁니다.
"그것이 있던 곳"에 *Ich*(심리가 아니라 주체)가 와야 합니다. 그런데, 그곳에 이르렀다는 것을 알 수 있는 방법은 딱 한 가지밖에 없습니다. 바로 그물망을 식별해내는 것입니다. 우리는 어떻게 그것을 식별할 수 있을까요? 우리가 그것을 식별할 수 있다면 이는 우리가 맴돌면서 되돌아오고 지나온 길을 다시 지나기 때문입니다. 다시 말해 항상 동일한 방식으로 교차하기 때문이지요. 『꿈의 해석』 7장에 나오는 다음의 구절만큼 '확실성'을 확증해주는 것은 없습니다. "…그것은 우연을 벗어나도록 서로 교차하기 때문이다."
프로이트가 플리스에게 보낸 52번째 편지를 기억해 보시기 바랍니다.… 이 모델에는 여러 층들이 그려져 있고, 이 층들은 각각의 층마다 다르게 굴절되는 빛과 비슷한 어떤 것을 투과시키고 있습니다. 거기가 바로 무의식의 주체가 작용하는 곳이지요. 프로이트는 그곳은 공간적이거나 해부학적인 장소가 아니라고 말합니다.('무의식과 반복', 45-46)

아. 기억과 지각의 교차

라캉은 프로이트의 말을 통해서 '의식'과 '지각' 사이에는 방대하게 펼쳐져 있는 특수한 스펙트럼이 펼쳐져 있는데, 이 둘은 하나의 체계를 이룬다고 한다. 그런데, 라캉은 여기서 잊지 말아야 할 것은 이 두요소를 가르는 간극이 여기에 존재한다는 것이며, 이 간극이 타자가 위치하는 곳이며 주체가 구성되는 곳이라고 한다. 그리고 더 나아가서 이 '의식'과 '지각'은 분리가 가능한데, 특히 이 '지각의 흔적'을 통해서 '기억'속으로 들어갈 수 있다고 말한다. 이렇게 시간의 경과에 따라서 이루어진 이러한 층(통시태적인 층)은 공시태적으로 이해될 수도 있는데, 이때 무의식의 마지막 층은 분명 인과율과 관련이 된다고 한다. 즉 인과율을 통해서 무의식의 층을 설명할 수 있다는 것이다. 즉, 무의식의 기표(시니피앙)은 무의식적 주체와 인과율로 연결되어 있어서 이 시니피앙을 통해서 그것을 설명해 낼 수 있다는 것이다.

> 그(프로이트)가 우리에게 제시한 바와 같은 무의식 -살과 피부 사이라는 표현처럼 의식과 지각 사이에 방대하게 펼쳐져 있는 특수한 스펙트럼- 을 과연 어떻게 이해할 수 있을까요? 아시다시피, 이 두 요소는 나중에 프로이트가 두 번째 지형학을 구상할 때, '지각-의식(*Wahrnehmung-Bewubtsein*)' 체계를 구성하게 되지요. 하지만 이때 이 두요소를 가르는 간극을 잊어서는 안 됩니다. 그 간극이 바로 타자가 위치하는 곳이며 주체가 형성되는 곳이니 말입니다.
>
> 플리스에게 보낸 편지에 따른다면, '지각의 흔적'(*Wahrnehmungszichen*)들은 어떻게 기능할까요? 자신의 분석 경험으로부터 프로이트는 지각과 의식은 완전히 분리될 필요가 있다는 것을 유추해 냅니다. 즉 지각의 흔적들이 기억 속으로 들어가려면, 우선 그것들이 먼저 지각 속에서 지워져야 하며, 또 반대로 기억이 지각의 흔적 속으로 들어가려면 먼저 기억이 지워져야 한다는 것입니다. 그리고 그는 지각의 흔적이 동시적으로 구성되었음에 틀림없는 어떤 시간을 지적합니다. 이것이 바로 시니피앙적인 공시태가 아니라면 무엇이겠습니까?… 우리는 곧바로 이 '지각의 흔적'에 '시니피앙'에 시니피앙이라는 진정한 이름을 부여할 수 있을 겁니다. 이러한 독법은 프로이트가 『꿈의 해석』 중 그것을 다시 다루는 대목에서, 이번에는 유비를 통해 흔직들이 구성되는 층들이 있음을 지적하고 있다는 점에서 다시 한 번 정당성을 얻을 수 있습니다. 거기서 우리는 통시태를 통해 도입되는 은유를 구성하는 데서 핵심적인 기능을 하는 대비와 유사의 기능들을 다시 발견할 수 있지요.
>
> …하지만 프로이트가 이 공시태에서 문제는 단순히 우연과 인접성의 연합들로 구성된 그물망만이 아님을 명시하고 있다는 사실은 분명히 해 둡시다. 시니피앙들이 동시적으로 구성되려면 구성적 통시태라는 명확히 규정된 어떤 구조가 필수적입니다. 통시태는 구조에 의해 방향 지워져 있습니다. 프로이트는 무의식의 마지막 층에는 기적과 같은 것이 있을 수 없음을 분명히 합니다. 그는 "그것은 분명 인과율과 관련 된다"고 말합니다. ('무의식과 반복', 45-46)

라캉은 교차라는 개념에서 보았듯이 위의 시니피앙이 무의식적 주체의 나타남이라면, 이것은 또 다시 자신에게로 돌아가는 회귀의 기능은 본질적인 기능이다고 한다. 즉, 위의 무의식적 자아의 행위는 회귀하듯이 서로 교차하며, 또한 반복을 한다는 것이다.

> 여러분이 교차라는 개념에서 보았듯이 회귀의 기능은 본질적입니다. 단지 억압되었던 것이 되돌아온다는 의미에서만이 아니라 무의식이라는 장의 구성 자체가 회귀에 근거한다는 의미에서 그렇습니다. 프로이트가 자신의 확실성을 확보한 것도 바로 거기에서입니다. ('무의식과 반복', 48)

3. 반복, 실재와의 만남

가. 투케와 오토마톤

라캉은 '투케'와 '오토마톤'이라는 용어를 아리스토텔레스에게서 차용하는데, '투케'는 '실재와의 만남'을 의미하며, '오토마톤'은 '회귀, 재귀, 되풀이'를 의미한다. 이때 '투케'는 항상 '오토마톤' 너머에 위치한다고 말한다. 한편, 정신분석사에서 '투케'의 기능이 맨 처음에 등장한 곳은 바로 '트라우마'라는 '반복'의 형태였다고 말한다.

> ① 실재와의 만남
> 정신분석만큼 경험의 중심에서 실재의 중핵을 향하고 있는 실천도 없지요. 이 실재를 우리는 어디서 만나게 될까요? 정신분석이 발견한 것 속에서 문제의 핵심은 실제로 만남, 어떤 본질적인 만남입니다. 즉 우리는 달아나는 어떤 실재와의 만남에 항상 불려 나가게 되어 있다는 겁니다.…
> ② 반복 너머에 위치
> 우선 '투케', 이것은 아리스토텔레스가 원인에 관해 연구하면서 사용한 용어에서 빌려온 것입니다. 우리는 그것을 '실재(와)의 만남'이라 번역했지요. '오토마톤', 즉 기호들의 회귀, 재귀, 되풀이가 우리 자신이 쾌락원칙의 명령 아

래에 있음을 보여준다면, 실재는 바로 그런 것들 저 너머에 위치합니다. 실재는 항상 오토마톤 뒤편에 자리 잡고 있는 것으로, 그것이 프로이트 연구 전반에 걸쳐 주된 관심사를 이뤘다는 것은 아주 분명한 사실입니다.…

③ 실재와 반복의 관계

실제로 반복되는 것은 항상 '우연인 것처럼' -이러한 표현은 반복되는 것이 '투케'와 맺는 관련성을 충분히 보여줍니다 - 일어납니다.…

④ 트라우마

'투케'의 기능, 만남으로서의 실재의 기능이 정신분석사에서 처음 등장한 것은 그 자체만으로도 이미 우리의 주의를 끌기에 충분한 형태, 바로 트라우마라는 형태로서 였습니다.… 트라우마는 실제로 자신의 모습을, 그것도 아주 빈번히 베일을 벗은 얼굴로 다시 드러냅니다. 주체의 욕망을 담지하는 꿈이 어떻게 트라우마를 반복적으로 등장시킬 수 있을까요? 결론을 말하자면, 현실 체계는 그것이 아무리 고도로 발달하더라도 여전히 실재에 속해 있는 것의 핵심적인 한 부분이 쾌락원칙의 올가미에 사로잡히도록 놔둔다는 겁니다. ('무의식과 반복', 53-55)

나. 무의식 안에 존재하는 의식적 존재

라캉은 '회귀, 재귀, 되풀이'를 첫 만남이라는 의미에서 1차 과정이라고 한다. 그리고 이러한 1차 과정은 "지각과 의식 사이"에서 포착하여야 한다고 말한다. 그리고 그 사례를 제시한다. 즉 그는 노크 소리를 듣고노 잠에서 깨어나지 못한 사례를 경험하였는데, 그것은 잠 속에서 노크 소리를 가지고 어떤 꿈을 만들어낸 다음이기 때문이었다고 말한다. 즉 의식이 이 소리를 통해서 어떤 표상을 만들어 낸 경우인데, 이것이 곧 '간극'이라는 것이다. 즉 이 구조를 보면, 내 안에는 무엇을 듣고 이것을 표상하는 의식이 존재한다는 것을 알 수 있다.

① 1차 과정

우리는 이 1차 과정을 다시 한 번 그 결렬의 경험 속에서, 지각과 의식 사이에서, 즉 앞서 제가 무시간적이라고 말했던 장소 속에서 포착해야 합니다.

이 1차과정은 언제든지 포착 가능합니다. 어느 날 저는 휴식을 취하려다 잠깐 잠이 들었는데, 그때 잠이 아직 깨지 않은 상태에서 무언가가 문을 두드리는 소리를 들었음에도 결국 잠에서 깨어나지 못한 적이 있습니다.

② 꿈으로 연결되는 1차과정

그때는 이미 제가 그 다급한 노크 소리를 가지고 꿈을 만들어낸 다음이었기 때문인데, 물론 꿈의 내용은 노크 소리와는 상관없는 것이었지요. 잠에서 깼을 때 제가 그 노크 소리 -그러한 지각- 를 의식한 것은 제가 그 소리를 중심으로 저의 표상 전체를 재구축하는 한에서입니다.… 이 노크 소리가 제 지각이 아닌 의식에 전달되었다면 이는 제 의식이 그러한 표상을 중심으로 재구축되었기 때문입니다. 다시 말해, 제가 잠을 깨우는 노크 소리 아래 있다는 사실을, 제가 '노크 당했다'는 사실을 저 자신이 알고 있었던 것이지요.

③ 꿈을 꾸는 존재

하지만 여기서 저는 그 순간에 제가 무엇이었는가에 대해 질문을 던져야 합니다. 바로 그 직전의 순간, 그렇게 확연히 구분된 그 순간, 즉 저를 깨우는 것처럼 보이는 노크 소리 아래서 꿈을 꾸기 시작한 순간의 제가 무엇이었는지 말입니다. 가정하건대, 저는 "제가 깨어나기 전에" 존재하고 있습니다.… 무엇 때문에 표상된 현실이 불쑥 출현하게 되었는지를 포착하다면, 다시 말해 깨어남을 구성하는 현상, 거리, 간극 그 자체를 포착한다면 아마도 우리는 문제의 핵심을 좀더 잘 이해할 수 있을 겁니다. ('무의식과 반복', 55-56)

다. 실재에 이르는 길

라캉은 이제 『꿈의 해석』에 나오는 꿈 중에서 어떤 아들을 잃은 '비운의 아버지'의 꿈을 소개한다. 이 백발의 아버지는 아들을 시신을 옆방에 두고 잠시 쉬고 있었다. 그 노인은 깜짝 놀라 잠에서 깨었는데, 그 노인은 촛불이 넘어져서 아들이 누워있는 침대를 태우는 꿈이었다. 그리고 깨어보니 현실이 그 자체와 거의 흡사하였다. 이에 대해 그는 이와 같은 '꿈'은 단순히 욕망 충족이 아니라고 한다. 그것은 아버지와 아들 사이의 영원히 어긋난 만남의 스쳐 지나감이라고 말한다. 그리고 여기에 실재에 이르는 길이 있다고 말한다. 이에 대해 라캉은 다음과 같이 말한다.

> 여기에는 『꿈의 해석』에서 제시된 프로이트의 테제, 즉 꿈은 곧 욕망의 실현이라는 테제를 뒷받침해주기에 적당치 않아 보이는 무엇인가가 있습니다.…
> 그것은 꿈 '속에 있는' 또 다른 현실이 아닐까요? 즉 프로이트가 다음과 같이 묘사하고 있는 현실 말입니다. "아이가 침대 옆에서 아버지의 팔을 잡고 비난하는 듯한 어조로 속삭인다. '아버지, 제가 불타고 있는 게 안 보이세요?'"…
> 이렇게 꿈과 깨어남 사이에서, 뭔지 모를 꿈을 꾸며 계속 잠을 자고 있는 사람과 오로지 깨어나지 않으려는 이유만으로 꿈을 꾼 사람 사이에서 영원히 어긋난(상실된) 만남이 스쳐 지나갑니다.… ('무의식과 반복', 56-57)
> 우리가 실재를 찾아야 하는 것은 바로 꿈의 저편, 즉 하나의 대리자 만을 갖는 표상의 결여 뒤에서 꿈이 우리에게 감싸 숨기고 있는 어떤 것 속에서입니다. 우리의 다른 어떤 활동보다도 더 많은 것을 지배하고 있는 실재가 바로 거기에 있습니다. 정신분석은 바로 그것을 우리에게 가리키고 있습니다.('무의식과 반복', 59)

결론적으로, 라캉은 프로이트의 '포르트-다 놀이'에 나타난 '반복'은 단순한 욕구의 회귀가 아니라, 이것은 '새로운 것' 즉 '실재'에 대한 요구라고 말한다. ('무의식과 반복', 59-61)

4. '오브제 a'의 응시

가. 기표와 기의 간의 '반복 자동운동'

라캉은 어린 아이의 '포르트-다 놀이'[21]를 통사놀이라고 말한다. 여기에서

---

21) 포르트-다(Fort-da) 놀이는, 프로이트는 그의 손자 에른스트가 실로 묶인 작은 물체(예: 나무 말)를 던지고 다시 끌어당기는 놀이를 관찰했다. 아이는 물체를 던지며 "포르트(Fort)"(사라짐)라고 말하고, 물체를 끌어당기며 "다(Da)"(있음)라고 외쳤다. 이 놀이에서 아이는 엄마가 방에서 나갔다가 다시 돌아오는 상황(부재와 재현)을 상징적으로 재현하고 있었다. 프로이트는 이 놀이를 아이가 "어머니의 부재"를 견디는 방식으로 이해했다. 라캉은 포르트-다 놀이를 주체 형성과 욕망의 작동 원리를 설명하는 데 확장하여 해석했습니다. 주체가 결핍을 상징적 수준에서 다루는

통사놀이란 기표와 기의간의 무한한 반복을 의미한다. 라캉에 의하면, 기표(시니피앙)가 기의를 결정하며, 이 기의는 주체와 결합하여 있다. 그리고 이 기의는 끝없이 미끄러지기 때문에 의미를 확정하는 '고정점(누림점)'이 있고, 그 너머는 또한 무의식의 영역이다. 라캉은 이 기표와 기의 간에 끝없는 '반복 자동운동'이 있다고 말한다. 그리고 그것은 '중핵(실재적인 것)'을 중심으로 조여진다고 말한다. 그 내용은 라캉은 다음과 같이 말하고 있다.

① 반복 : "끌어내다"의 의미

'반복(*Wiederholung*)'에 대해선 여러분에게 환기시킨 바 있듯이, 그것이 어원적으로 '끌어당기다'라는 말과 관련되며 그러한 어원에는 '끈질김'이라는 함의가 내포되어 있다는 점을 이미 강조해서 언급한 바가 있습니다. '끌어당기다, 끌어내다'라는 것인데요. …'강박(*Zwang*)'은 우리를 어쩔 수 없이 뽑을 수 밖에 없는 카드 쪽으로 몰고 갑니다. 게임에 카드가 딱 한 장 밖에 없다면 그것을 뽑는 수밖에 없다는 것이지요.

② 시니피앙과 그물망

시니피앙 '놀이(*partie*)'에 의해 제시되는 수학적인 의미에서의 집합, 가령 정수의 무한정성과 대비되는 (시니피앙이라는) 집합의 성격을 통해 우리는 어쩔 수 없이 뽑아야 하는 카드의 기능이 곧바로 적용되는 어떤 도식을 떠올려 볼 수 있습니다. 주체가 시니피앙의 주체라면 -즉 시니피앙에 의해 결정된다면- 통시성 속에서 선택적 효과들을 발휘하는 공시적 그물망을 상상할 수 있을 겁니다. 여기서 관건은 예측할 수 없는 통계적 효과가 아니라 회귀를 함축하고 있는 그물망의 구조 자체라는 사실을 잘 이해해야 합니다.

③ 반반강박 : 자강운동

아리스토텔레스의 '오토마톤'이 우리가 (게임의) 전략들이라 부르는 것에 대한 해명을 통해 형상화해주는 것이 바로 이것입니다. 마찬가지로 우리는 '반복강박'을 뜻하는 *Wiederholungzwang*에서 *Zwang*을 바로 '자강운동'이라

첫 번째 경험 중 하나이다. 아이가 "포르트"와 "다"라는 언어적 기호를 사용함으로써, 그는 언어와 기호의 세계, 즉 상징적 질서에 들어가는 과정을 시작한다. 욕망의 형성이 놀이를 통해 아이는 결핍과 욕망이 분리되지 않음을 배웁니다. 결핍은 욕망의 근원이 되며, 주체는 욕망의 구조 속에서 계속해서 움직인다.(챗GPT, 포르트-다 놀이, 2025.1.11.)

번역합니다.
④ 통사놀이에 입각한 어린아이의 옹알이
제가 나중에 증거가 될 만한 자료들을 통해 보여드리겠지만, 경솔하게도 자기 중심적인 상태라 규정되곤 하는 유아의 옹알이가 나타나는 몇몇 시기들을 관찰해보면 우리는 그것이 엄격히 통사적인 놀이에 입각한 것임을 알게 됩니다.…
⑤ 무의식과 연결된 통사적 구성
물론 통사적 구성은 전의식적인 것입니다. 그러나 주체가 모르는 사실이 있는데, 그것은 자신의 통사적 구성이 무의식 보호구역과 관계되어 있다는 겁니다. 주체가 자기 이야기를 할 때 그 통사적 구성을 통제하고 점점 더 조이는 무언가가 잠재적으로 작용합니다. 무엇에 대해(대항해) 조이는 것일까요? 바로 프로이트가 심리적 저항에 관해 설명하기 시작했을 때부터 '중핵'이라 부른 것에 대해서입니다. ('대상 a로서의 응시에 관하여', 『Semina 11』, 65-66)

나. '반복'의 근거로서 '주체의 분열'

라캉은 '반복 자동운동'을 프로이트의 '프로트-다 놀이'에서 가져왔다. 즉, 어린 아이는 끝없이 반복해서 실패를 던지고 그것을 끌어당김을 통해서, 없어져 버렸다가 다시 돌아오는 어머니에 대한 트라우마를 해소하고 있었던 것이다. 즉 어린아이의 주체가 이때 어머니로부터 분열되고 있었던 것이다.

바로 이러한 이유에서 우리는 먼저 반복의 근거를 만남과 관련해서 주체에게 일어나는 분열 그 자체에서 찾아야 합니다. 이 분열은 우리로 하여금 실재를 그것의 변증법적 반향 속에서 근원적으로 적당치 않은(잘못 도래한) 것으로 이해하게 만드는 것으로서 분석 경험과 발견의 특징적인 차원을 구성합니다. ('대상 a로서의 응시에 관하여', 67)

라캉은 "주체의 여정이 진리를 탐구하는 것이다"라고 말한다. 즉, '주체의 분열'이 주체가 진리를 찾는 '변증법적 여정'이라는 것이다. 주체인 어린 아이는 어머니에게 좌절을 당하고 거기에서 이것을 대체하는 또 다른 대상물을 찾아가는 것이다. 그리고 그러한 변증법적 운동은 '반복 자동운동'으로 계속된다. 그 내용은 다음과 같다.

> 주체의 여정이 진리를 탐구하는 것이라면, 그 여정은 작위성의 반영이라 할 주체의 투라우마와 더불어 우리의 모험 스타일에 따라 개척되어야 하는 것일까요? 아니면 전통이 늘 그래온 대로 지각의 출발점에서 그 지각이 기본적으로 가지고 있는 관념적이며 감성적이라 할 수 있는 측면으로부터 도출된 진리와 외양의 변증법, 시각에 중점을 두는 것으로 특징지어진 그 진리와 외양의 변증법이라는 수준에 자리매김되어야 하는 걸까요? ('대상 a로서의 응시에 관하여', 68)

다. 응시의 선재성

라캉은 메를로 퐁티의 『가시적인 것과 비가시적인 것』이라는 글을 통해 플라톤이 감성적 세계에서 출발해서 어떻게 이데아에 이르는 지를 보고, 그는 '응시'를 발견해 낸다. 여기에서의 '응시'란 만일 사물 혹은 절대자로서의 물자체가 존재한다면, 그것이 나를 '응시'하고 있다는 것이다. 내가 나의 육안으로 어떤 사물을 바라본다. 그런데, 어떤 예술가는 여기에서 새로운 어떤 무의식적 메시지를 표현해 낸다. 이것은 사물이 나를 응시하며 내게 빛을 비추었기 때문이다. 라캉은 이러한 '응시의 선재성'을 말하게 된다.

① 플라톤의 이데아

> 『가시적인 것과 비가시적인 것』은 우리에게 철학적 전통이 출현한 시점을 가리켜 보여줄 수 있을 겁니다. 이러한 전통은 플라톤이 이데아를 전면에 위치시킴으로써 시작되었는데, 이데아에 관해 우리는 그것이 감성적 세계에서 출발해 존재에 부여된 최고선이라는 어떤 결말(목적)에 의해 규정되고 이로써 마찬가지로 이데아 자체의 한계점인 미에 이르게 된다고 말할 수 있을 겁니다. 그런데, 메를로 퐁티가 이러한 고찰의 길잡이를 눈에서 찾아낸 것은 결코 우연이 아닙니다.…

② 누군가의 눈
그 길은 (이것이 바로 요점인데) 우리 눈에 보이는 것은 누군가의 눈이 우리를 보고 있다는 점에 의존한다는 사실을 재확인하는 쪽으로 나 있으니 말입니다. 그럼에도 이는 좀 지나친 표현일 텐데, 왜냐하면 누군가의 눈이란 제가 오히려 그의 '싹(행위의 원천: 역자 주)'이라 부를 수 있는 것 -그의 눈에 선행하는 무엇- 에 대한 은유에 불과하기 때문입니다.
③ 응시의 선재성 : 실재가 먼저 보고 있음
메를로 퐁티가 일러준 길을 따라 우리가 파악해야 할 것은 응시의 선재성입니다. 나는 단 한 지점에서 볼 뿐이지만, 나의 실존 속에서 나는 사방에서 응시되고 있다는 겁니다. ('대상 a로서의 응시에 관하여', 68-69)

라. 눈과 응시의 분열

한편, 우리의 '보다'는 위의 '응시'에 의해 존재론적인 전환에 이르게 된다고 말한다. 응시는 무의식적인 시각이므로 우리의 '보다'를 완전히 역전하는 관점이 나타난다. 즉, 응시는 우리의 지평에 나타난 경험의 막다른 골목, 즉 거세불안의 구성적인 결여를 상징하는 것으로 모습을 나타낸다. 이에 대해 라캉은 다음과 같이 말한다.

내가 본원적으로 종속되어 있는 이 '보다'가 바로 우리를 이 저서의 야망에, 즉 형태를 좀더 원시적인 수준에서 정립하는 것에 근거한다고 할 수 있는 존재론적 전환에 이르게 하는 것이겠지요.… ('대상 a로서의 응시에 관하여', 69)
…응시는 우리의 지평에 나타난 경험의 막다른 골목, 즉 거세불안의 구성적인 결여를 상징하는 것으로서 기묘한 우발성이라는 형태로만 모습을 드러냅니다. 눈과 응시의 분열, 바로 이것이 시관적 장의 수준에서 충동이 모습을 드러내는 지점입니다.
시각을 통해 구성되고 표상의 형체들 속에 정돈되는 것과 같은, 사물에 대한 우리의 관계 속에서는 무언가가 층에서 층으로 미끄러지고 통과되고 전달되면서 결국 항상 어느 정도는 빠져나가 버립니다. 이것이 바로 응시라 불리는

> 것입니다. ('대상 a로서의 응시에 관하여', 70)

라캉은 이제 '응시'의 상황을 보여주기 위해 곤충에게 있는 '의태 현상'의 예를 드는데, 그는 "의태 현상이 적응을 위한 것이 아니라, 오히려 주변의 환경이 그것을 그렇게 만들었다"고 말한다. 즉 이것이 '응시의 기능'이라고 한다. 그는 어떤 면에서는 이러한 것을 모든 우주에도 적용될 수 있다고도 보는 것 같다. 우리는 세계의 광경 속에서 응시되고 있는 존재들이라고 말한다.

> 의태현상에 대해서는 이미 많은 논의가 이뤄졌지만,… 의태 현상이라 적응을 위한 것이라고 설명해야 한다는 것이 그것인데요, 저는 그렇게 생각하지 않습니다.… 바꿔 말하면, 이와 관련해선 눈의 기능과 응시의 기능을 구분해야 하지 않을까요?… 이 예의 가치는 보이는 것보다 볼거리로 주어진 것이 먼저 존재한다는 것을 알려준다는 데 있지요.('대상 a로서의 응시에 관하여', 70-71)
>
> 메를로 퐁티의 지적처럼, 저는 우리가 세계의 광경 속에서 응시되고 있는 존재들이라고 생각합니다. 우리를 의식하는 존재로 만드는 것은 동시에 우리를 세계의 거울로 위치시킵니다.… 우리를 에워싸는 응시, 자기 모습을 드러내지 않은 채 무엇보다 우리를 응시되는 존재로 만들어버리는 응시, 바로 그러한 응시에 의해 우리는 응시되는 것에서 만족을 느끼는 게 아닐까요? 이런 의미에서 세계의 광경은 모든 것을 훔쳐보는 자처럼 보입니다. ('대상 a로서의 응시에 관하여', 71)

이와 관련하여 라캉은 '그것이 응시한다'에는 '그것이 보여준다'는 의미가 포함되어 있다고 말한다. 그리고 꿈에 보이는 이미지도 그와 같은 것이라고 말한다.

> 세계는 모든 것을 훔쳐보는 자(관음증자)이지만 노출증자는 아닙니다. 세계는 우리의 응시를 촉발하지는 않습니다. 만일 세계가 우리의 응시를 촉발한다면 즉시 생경하다는 느낌을 받겠지요. 이는 무슨 뜻일까요? 소위 깨어 있는 상태에서는 응시가 생략되어 있다는 겁니다. '그것이 응시한다'는 것뿐 아니라

> '그것이 보여준다'는 것 또한 생략되어 있습니다. 반면 꿈의 장 속에서 이미지의 특징은 바로 '그것이 보여준다'는 데 있지요.
> 그것은 보여줍니다 - 하지만 거기서도 역시 어떤 형태로 주체가 미끄러진다는 점이 드러납니다.… ('대상 a로서의 응시에 관하여', 72)

마. 주체와 빛의 관계 : 바라봄과 응시

라캉은 주체와 기관의 관계를 중시 여긴다. 프로이트가 주체와 성기의 관계를 중시여긴 것과 같은데, 라캉은 주체와 눈의 관계를 중시여긴다. 그는 "눈의 기원이 생명체의 출현을 대표적으로 보여주는 종들에게까지 거슬러 올라간다"고 말한다. 프로이트는 성기가 주체를 대표하지만, 라캉은 눈이 주체를 대표한다. 우리의 눈은 빛을 통해서 사물을 인식한다. 그런데 또 역으로 사물은 '빛'으로 표현되는데, 이것을 좀더 본질적으로 이야기 하자면, "빛이 나를 응시하는 것"이며, '사물의 빛'은 본질적으로는 '물 자체'의 응시이다. 즉, 서로의 바라봄이 겹치고 있는 것이다. 이러한 내용들을 라캉은 다음과 같이 말하고 있다.

> 빛의 고유한 성질과 주체의 관게에는 이미 애매모호함이 엿보입니다. 그런데, 우리는 바로 이러한 애매모호함을 서로 반대 방향으로 포개지게 될 두 개의 삼각형 도식에서 확인할 수 있습니다.…
> 이 이야기는 주체가 기하광학이 규정하는 기하광학적 조밍점이 아닌 다른 곳에 위치하고 있음을 보여줄 겁니다. 이 이야기는 실화입니다. … ('대상 a로서의 응시에 관하여', 89)

위의 이야기는 라캉이 20대에 바다에 낚시를 하러 가서 겪은 이야기인데, 저 건너편에 반짝 반짝 빛나는 깡통이 하나 보였다. 이에 대해 어떤 장이라는 꼬마가 "그 깡통은 너를 보고 있지 않아"라고 말했는데, 이때 라캉은 여기에서 큰 임팩트를 받았다. 그리고 다음과 같이 말한다.

> 깡통은 광점에서 저를 응시하고 있습니다. 그 광점에는 저를 응시하는 모든

것이 자리 잡고 있습니다. 이는 결코 은유가 아닙니다.…
저는 지금 주체의 수준에서 구조를 논하고 있지만, 이 구조는 빛에 대한 눈의 자연적인 관계 속에 이미 존재하는 무엇인가를 반영합니다. 나는 단순히 원근법이 형성되는 기하광학적 조망점에서 나타나는 점 형태의 존재가 아닙니다. 물론 내 눈 깊은 곳에서는 그림이 그려집니다. 그림은 분명히 내 눈 속에 있지요. 하지만 나는 그림 속에 있습니다.
빛이 나를 응시합니다. 그리고 그 빛 덕분에 내 눈 깊은 곳에 무엇인가가 그려집니다.… 그것은 기하광학적 관계 속에서 삭제되어 버린 것 - 나의 통제를 완전히 벗어나는 온갖 애매모호함과 변화무쌍함을 가진 그 장의 깊이(심도) -을 개입시킵니다. 오히려 그것이 나를 사로잡고, 매 순간 나를 유혹하며, 풍경을 하나의 원근법이 아닌 다른 어떤 것으로, 제가 그림이라 부른 것이 아닌 다른 어떤 것으로 만들어버립니다.
그림과 같은 자리, 즉 바깥에 위치시켜야 할 그림의 상관항은 응시의 지점입니다. 그림과 응시 사이에 있으면서 양자를 중개하는 것에 대해 말하자면, 그것은 기하광학적 공간과는 다른 성질 지니면서 이와 정반대의 역할을 하는 무엇, 가로지를 수 있어서가 아니라 불투명하기 때문에 작용하는 무엇입니다. 바로 스크린입니다.
내 앞에 펼쳐지는 빛의 공간 속에서 응시는 언제나 일종의 빛과 불투명성의 유희입니다. 그것은 언제나 제가 방금 들려드린 짧은 이야기에서 보았던 것과 같은 반짝거림입니다. 그것은 항상 각 지점에서 스크린이 됨으로써, 스크린을 넘쳐 흐르는 영롱한 광채로 빛을 발함으로써 나를 사로잡습니다. 한 마디로, 응시의 지점은 언제나 보석의 애매모호함을 담고 있지요.('대상 a로서의 응시에 관하여', 89-90)

위의 내용을 라캉은 이것을 다음과 같이 도식화한다. 그리고 그 내용을 다음과 같이 설명하는데, 시관적 장에서는 응시가 바깥에 있으며 나는 응시된다는 것이다. 이러한 장에서 나를 근본적으로 결정짓는 것은 바깥에 있는 응시라고 한다. 그리고 더 나아가서 그 '응시'의 '현상 이면'에는 칸트가 말하는 그 본체가 있다고 말한다.

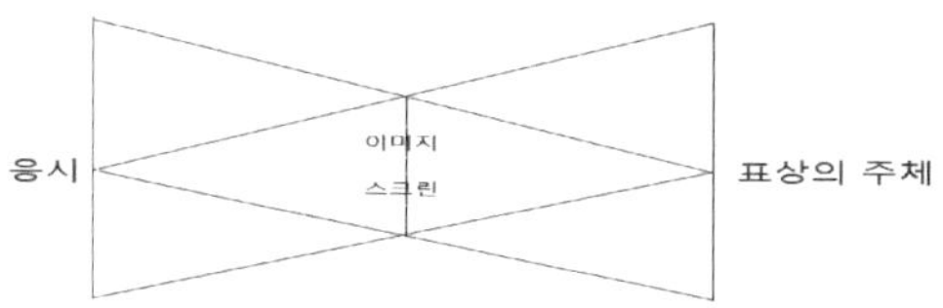

저는 두 개의 삼각형 도식을 그려보았습니다. 첫 번째는 기하광학적 장에서 우리의 자리에 표상의 주체를 위치시키는 것이고, 두 번째는 나 자신을 그림으로 만드는 것입니다. 그에 따라 오른쪽 직선 위에 첫 번째 삼각형의 꼭지점인 기하광학적 주체의 조망점이 위치합니다. 그런데, 내가 응시되고 있는 그림이 되는 곳 또한 바로 그 오른쪽 선 위입니다. 이 때의 응시는 두 번째 삼각형의 꼭지점에 기입됩니다. 여기서 이 두 삼각형은 실제로는 시관적 영역의 작용 속에 있으므로 서로 겹쳐지게 됩니다.

저는 시관적 장에서는 응시가 바깥에 있으며 나는 응시된다는 것을, 즉 나는 그림이 된다는 것을 강조해야겠습니다. 이것이 바로 가시적인 장 속에 주체가 자리잡을 때 가장 내밀한 수준에서 작용하는 기능입니다. 이러한 장에서 나를 근본적으로 결정짓는 것은 바깥에 있는 응시입니다. 응시를 통해 나는 빛 속으로 들어가며, 응시로부터 빛의 효과를 입게 됩니다. 그리하여 응시는 빛을 구현하는 도구가 되며, 그 도구를 통해 나는 '사진-찍히게(빛에 의해 그려지게)' 됩니다.

… 나 자신이 표상은 단지 표상일 뿐이며 그 너머에는 사물, 사물 자체가 있다는 사실을 알고 있는 의식적 존재임을 확신하게 될 겁니다. 예컨대 현상 이면에는 본체가 있다는 것인데요. 당연히 그것은 내가 어찌할 수 없는 것일 텐데, 왜냐하면 칸트가 주장하듯 나의 선험적 범주들이 자기 뜻대로만 작동하면서 사물을 그 범주들에 맞게 받아들이도록 강제할 것이기 때문입니다.… ('대상 a로서의 응시에 관하여', 97-98)

바. 그림이란 무엇인가?

라캉은 위의 '응시'가 잘 나타나는 자리가 예술로서의 '회화'라고 말한다. 여기에는 화가의 창조활동이 나타난다. 이것을 프로이트는 '리비도'의 '승화'라는 차원으로 표현함을 통해서 '욕망의 창조'라고 표현했는데, 이것이 사람들의 영혼을 고양시키는 '응시-길들이기'라고 한다.

비평이란 어느 화가건 어느 시대건 주어진 한 시점에 회화가 어떤 기능을 하는지를 파악하려 합니다. (반면) 저는 그 아름다운 예술의 기능의 근본적인 원리를 묻고자 하는 겁니다.… 이 화가의 창조활동이란 무엇일까요? 그러한 활동으로부터 무엇이 만들어지는 것일까요?… ('대상 a로서의 응시에 관하여', 101)
우리가 다뤄야 할 문제는 프로이트가 말한 의미에서의 창조, 말하자면 승화로서의 창조와 그것이 하나의 사회적 장 속에서 갖는 가치입니다. … 프로이트는 모호하면서도 분명하게 다음과 같이 말한 바 있습니다. 즉 화가 측에서는 순수한 것이었던 어떤 욕망의 창조가 상업적 가치를 갖게 되는 것은 그러한 창조가 사회나 그 영향 아래 있는 것에 유익한 효과를 발휘하기 때문이라는 겁니다.… 작품은 흔히들 말하듯이 사람들의 영혼을 고양시킵니다. 다시 말해, 포기를 부추긴다는 겁니다. 이것이 바로 제가 '응시-길들이기'라 부른 기능을 가리키는 것 아니겠습니까? ('대상 a로서의 응시에 관하여', 102)

사. 이데아의 등가물 대상 a에 대하여

라캉은 "제욱시스와 파라시오스의 우화"의 예를 들면서 플라톤이 회화의 환영에 대하여 반박한 사실을 상기시킨다. 그것은 그 회화의 환영이 이데아가 아니기 때문이었다. 그런데, 라캉은 이 환영이 대상 혹은 이데아에 대한 등가물을 제공한다고 말한다. 물론 이것은 눈속임일 수는 있는데, 그 눈속임은 '이전에 보였던 것'과는 '다른 어떤 것'을 보게 하는데, 그것은 외양 너머의 이데아를 지칭하고 있다. 라캉은 여기에서의 '다른 어떤 것'이 곧 '대상 a'라고 한다. 즉, 빛의 '응시'가 '대상 a'를 만들어낸 것이다.

지난 시간에 저는 응시-길들이기가 또한 눈속임이라는 측면으로도 나타난다고 언급한 바 있습니다.… (이 제욱시스와 파라시오스의 우화는) 플라톤이 왜 회화의 환영에 대해 반박했는지를 이해할 수 있게 해줍니다. 겉으론 플라톤이 그렇게 말하고 있는 듯이 보일지 몰라도 문제의 핵심은 회화가 대상에 대

> 한 환영적인 등가물을 제공한다는 것이 아닙니다. 핵심은 바로 회화의 눈속임은 그 자신이 아닌 다른 어ㄸ너 것을 자처한다는 것입니다.
> … 왜냐하면 그 순간 눈속임은 이전에 보였던 것과는 다른 것처럼 보이거나, 혹은 더 정확히 말해 이제는 그 자신이 아닌 다른 어떤 것을 자처하기 때문이지요. 그림이 경쟁하는 것은 외양이 아니라 플라톤이 자기 활동의 경쟁 상대라도 되는 듯 회화를 공격한 것은 그림이란 외양을 만들어내는 것이 외양 자체라는 점을 보여주는 외양이기 때문이지요.
> 이 다른 어떤 것이 바로 대상 a이며, 이 대상 a를 중심으로 눈속임을 제 영혼으로 하는 어떤 전투가 펼쳐지는 것입니다. ('대상 a로서의 응시에 관하여', 102-103)

아. '주체의 욕망'으로서의 '대상 a'

라캉은 일찍이 "인간의 욕망은 타자의 욕망"이라는 공식을 세웠었는데, 이제 그는 여기에서 이 공식에 변형을 주고자 한다. 어린 아이가 어머니를 자신과 동일한 존재로 여기고, 자신이 어머니(타자)의 욕망이 되고자 했는데, 이제 여기서는 타자 쪽의 욕망이며, 그러한 욕망의 끝에 '볼거리를 주기'가 있다고 한다. 그리고 그 이유는 '보는 자'가 '눈의 욕심'을 가지고 있어서였다. 즉 주체에게 욕망이 있었는데, 이제 그 욕망에 응시가 그 욕망에 적합한 볼거리를 주었다는 것이다. 라캉은 우리의 눈에는 그와 같은 분리의 능력이 있다고 말한다. 즉 주체 안에 있는 '욕망'이 그 '욕망'에 적합한 '응시'의 자리로 나아가서 그 '응시'와 하나가 되었던 것이다.

> 따라서 우리는 여기서 응시가 어떤 하강, 아마도 욕망의 하강 속에서 작용한다는 것을 확인할 수 있습니다. 그러나 이것을 어떻게 말할 수 있을까요? 주체는 이런 상황을 전혀 알지 못하는데, 왜냐하면 그는 원격조종 되고 있기 때문입니다. 제가 무의식적인 것으로서의 욕망에 부여했던 "인간의 욕망은 타자의 욕망"이라는 공식을 변형시켜 말하자면, 이때 문제가 되는 것은 이를테면 타자 '쪽의' 욕망이며 그러한 욕망의 끝에는 "볼거리를-주기"가 있다고 말할 수 있습니다.

어떻게 해서 이 “볼거리를-주기”가 무엇인가를 달랠 수 있는 것일까요? 응시하는 자가 눈의 욕심(식욕)을 가지고 있어서가 아닐까요? 충족시켜야할 이 눈의 욕심이 바로 회화의 매혹적 가치를 만듭니다. 우리는 이 가치를 흔히들 생각하는 것보다 훨씬 낮은 차원에서 찾아야 할 겁니다. 그것은 눈이라는 기관의 진정한 기능인 사악한 눈, 탐욕으로 가득 찬 눈에서 찾아야 합니다.
사악한 눈의 기능이 보편적인 반면 선한 눈, 은혜를 베푸는 눈에 대한 흔적은 어디서도 찾아볼 수 없다는 것은 놀랄만한 사실입니다. 이것은 무슨 뜻일까요? 이는 결국 눈은 분리능력을 타고나며, 그리하여 치명적인 기능을 갖추고 있다는 뜻이겠지요. 그런데, 이 분리 능력은 시각적인 식별기능을 훨씬 넘어섭니다. (‘대상 a로서의 응시에 관하여’, 105)

5장 주체의 출현 : 전이와 충동

1. '전이'의 개념

가. 무의식을 만날 수 있는 기회로서의 '전이'

프로이트나 라캉은 정신분석 치료에 있어서 환자의 '무의식'을 파악할 때 '분석가의 현존'을 중시여겼다. 프로이트는 이 '전이'[22]가 발생하지 않으면 치료가 불가능하다고 까지 말하였던 것이다. 이때 라캉에게 '전이'는 '정동(精動, 감정, affect)'으로서 "주체의 사랑이 전달되는 것"을 의미하며, 여기에는 '사랑'에 해당하는 긍정적 전이가 있고, 양가감정에 해당하는 부정적 전이가 있다.

그런데, 이때 라캉은 전이라는 용어에 때한 또 다른 용법을 소개하는데, 그는 "이 표현이 주체의 행동에 관해 사용될 때는 언제나 괄호 속에 넣어져 유보나 의혹이 있는 듯한 뉘앙스를 주며, 이것은 주체가 느끼고 받아들이는 모든 것이 전이를 중심으로 재편성되었다는 것을 전제한다"고 말한다. 그는 '전이'를 주체 행동의 유보조항으로 해석하여, 그 전이를 통해서 무의식을 파악하겠다는 것이다. 그 내용은 다음과 같다.

① 전이에서 중요한 정동(감정)

통상의 견해에서 전이는 일종의 정동(精動, 감정, affect)으로 제시되고 있습니다. 사람들은 막연히 거기에 긍정적이라거나 부정적이라는 수식어를 붙이는네요, 긍정적 전이는 사랑에 해당한다는 것이 일반적으로 받아들여지고 있는 견해입니다.… 이에 비해 부정적 전이는… 양가감정이라는 용어가 사용되고 있습니다. 긍정적 전이는 해당 분석가에게 뭐랄까 호감을 갖는 경우이며, 부정적 전이는 분석가를 좋지 않게 쳐다보는 경우라고 말하는 편이 차라리 더 정확할 것 같습니다.

② 전이의 역할

22) 다음 백과에 의하면, "전이는 넓은 의미로 보면 내담자가 상담자에 대해 느끼는 감정이나 사고이며, 좋은 의미로 보면 내담자가 유아기나 아동기에 부모들이나 다른 성인들에 대해 지녔던 감정과 사고를 상담자에게 투사하는 것"을 말한다.(『다음백과』,)

전이라는 용어는 앞서 말씀 드린 것과 구별될 만한 또 다른 용법이 있습니다. 즉 전이란 분석가라는 타자와 맺는 모든 특수한 관계들을 구조화하는 것으로, 이 관계를 둘러싸고 발생하는 모든 사유의 가치는 특별한 유보 조항의 표시를 붙여 생각해야 한다는 겁니다. "그는 한창 전이에 빠져있다"라는 표현이 바로 이러한 용법에서 유래한 것인데, 이 표현이 주체의 행동에 관해 사용될 때는 언제나 괄호 속에 넣어져 유보나 의혹이 있는 듯한 뉘앙스를 줍니다. 이는 주체가 느끼고 받아들이는 모든 것이 전이를 중심으로 재편성되었다는 것을 전제합니다. ('전이와 충동', 『Semina 11』, 114)

프로이트나 라캉에게 '충동'의 '욕망'을 의미하며, 이것은 리비도의 본질이다. 그리고 이 '충동'에서 흘러나온 것이 '전이'이다. 프로이트에게 있어서 이 '충동'은 '성욕'이었으며, 이것은 '본능적인 사랑'을 의미하였다. 이에 따라 '전이'도 또한 '정동, 혹은 사랑'이었다. 그래서 이 '사랑'은 정신분석을 행할 때, 늘 분석가에게 달라붙었으며, 이 '전이'를 통해서 분석가는 치료자의 무의식을 파악하였던 것이다. 그리고 라캉은 이제 이것을 환자가 아닌 각각의 개별적인 주체의 무의식적 행위, 즉 '충동'을 판단하는 데에 사용하겠다는 것이었다.

나. 라캉의 전이 : 시니피앙에서 발생

한편, 원래 프로이트가 『꿈의 해석』에서 내어놓은 '전이' 개념은 '자아방어의 기제'로서 이드와 슈퍼에고 사이에 갈등이 일어났을 때, 자아가 스스로를 방어하는 것으로서, 이드가 슈퍼에고에게 눌리게 되면 그 욕구가 무의식으로 들어가버리는 것을 말한다. 『꿈의 해석』에서 전이는 "적대적인 억눌린 감정을 원래 감정을 일으킨 대상보다 덜 위험한 대상에다 발산하는 것"을 의미하였다. 따라서 전이는 그것의 정체를 드러내자 마자 곧바로 사라져 버린다.

라캉에게 전이는 주체의 '언표행위'의 '시니피앙'에서 발생한다. 라캉에게 '언표'는 의식적인 발언이며, '언표행위'란 무의식적인 발언을 의미한다. 라캉은 그 '언표행위'의 이면에 '전이'로서의 '주체의 운동' 곧 '박동'이 있다고 한다. 이 무의식을 프로이트는 꿈에서 주로 찾았지만, 라캉은 이것을 '언표행위'에서 찾으며, 이것이 프로이트를 더 정확한 위치에 놓는다고 말한다. 프로이트의 시기에는 언어학이 출현하지 않았기 때문이다.

> ① 시니피앙 속에서 열리자마자 닫혀 버리는 주체의 운동
> …이것이 바로 제가 (무의식과 관련해) 가장 전면에 놓았던 공식화, 즉 어떤 시간적인 박동 속에서 열리자마자 닫혀버리는 주체의 운동이라는 공식화에 이를 수 있는 첩경입니다. 저는 이러한 박동이 시니피앙 속으로의 삽입보다 더 근본적인 것이라 생각하는데, 왜냐하면 박동을 초래하는 것이 시니피앙이긴 하지만 본질의 수준에서는 시니피앙이 박동보다 우선하진 않기 때문입니다.
> ② 프로이트 무의식과 라캉의 기의
> 저는 산파술적이며 논쟁적인 방식으로, 무의식 속에서 말이 주체에게 끼치는 효과들을 보아야 함을 지적했지요. 그 효과들이 정확히 말해 주체에게 주체로서의 위상을 가능하게 할 만큼 근간의 기초를 이루기 때문입니다. 이는 바로 프로이트의 무의식을 그에 걸맞은 자리로 되돌리기 위한 하나의 제안입니다.('전이와 충동', 『Semina 11』, 115)
> ③ 프로이트와 라캉의 분리
> 저는 로마 강연에서 프로이트의 발견이 지닌 의미와 어떤 새로운 연대를 맺었습니다. 무의식은 주체가 시니피앙의 효과들을 통해 구성되는 수준에서 말이 주체에 대해 발휘하는 효과들의 총체입니다.… 무의식이라는 장과 그 장이 드러난 시점, 즉 프로이트의 시점 사이에는 어떤 연관이 있습니다. ('전이와 충동', 『Semina 11』, 116)

라캉은 이 '전이'가 그 '무의식의 원인'을 만날 수 있는 유일한 기회라고 말한다. 그래서 이것은 고르디우스의 매듭이다.

> 이는 무의식의 원인은 근본적으로 상실된 원인으로 간주되어야 한다는 것을 의미합니다. 전이적인 영향력은 우리가 그 원인을 만날 수 있는 유일한 기회인 것입니다.…
> 이와 관련해 우리는 무의식적 원인은 존재자로 정의해서도 안되고, 비존재자로 정의해서도 안됩니다. 그것은 어떤 존재자로 하여금 아직 도래하지 않은

상태에서 존재하도록 만드는 금지를 뜻하는 'μή ŏv'입니다. 그것은 확실성의 토대가 되는 불가능성의 한 기능이지요. ('전이와 충동', 『Semina 11』, 117) 바로 이곳이 우리가 전이의 기능으로 인도되는 지점입니다.… 전이는 우리로 하여금 주체가 확실성을 추구한다는 사실을 알 수 있게 해주는 고르디우스의 매듭입니다. ('전이와 충동', 『Semina 11』, 118)

다. '전이' 개념이 등장하는 장소인 '대타자'

라캉은 프로이트가 전이개념의 불확실성으로 인해, 그 전이가 이루어진 분석가의 재구성을 거쳐야 한다고 말한 것을 주시한다. 그러면서 이 전이는 "대타자라고 불리는 말의 장소"인 '타자'에게로 권력이 이양되는 중요한 순간이 있다고 말한다. 즉 바로 이 지점에 전이 개념이 등장하는 장소이다. 그렇기 때문에 전이는 이 권력을 이양하기는 커녕 오히려 무의식을 닫아 버린다고 말한다.

① 프로이트의 전이가 등장하는 시점
프로이트에게 책임을 물을 수는 없겠지만, 그의 저작과 가르침 속에 전이 개념이 등장한 시점에는 어떤 혼동의 위험이 도사리고 있었습니다.… 이러한 (반복의) 행동이 무엇을 반복하고 있는지를 드러내기 위해서는 분석가의 재구성을 거쳐야 합니다. 물론 기억하기에 한계가 있는 것이 트라우마의 불투명성 때문이라고 생각할 수도 있습니다.
② 말에서도 나타나는 전이 현상
그런데, 결국 여기에 주체로부터 대타자라 불리는 말의 장소, 잠정적인 진리의 장소인 타자에게로 권력이 이양되는 아주 중요한 순간이 있다는 사실을 알아본다면 우리는 좀더 편안한 마음으로 우리만의 고유한 이론을 구축할 수 있을지도 모르겠습니다.
③ 간극 가운데 나타나는 무의식의 대타자
바로 이 지점이 전이 개념이 등장하는 곳일까요?… 잠재적인 것이건 아니건 타자는 주체가 나타나기 전부터 이미 그곳에 현존하고 있습니다. 타자는 무의식에서 무엇인가가 나타나기 시작하기 전부터 이미 거기에 있는 것이지요. 무의식이라는 것이 제가 말한 것처럼 시니피앙의 놀이라면, 분석가의 해석은

무의식이 꿈, 말실수, 재담, 증상 등과 같은 자신의 형성물을 통해 해석을 수행했다는 사실을 뒤덮어 버릴 뿐입니다. 아무리 순간적인 열림일지라도 무의식이 열릴 때마다 그곳에는 항상 타자, 대타자가 있습니다.

④ 저항점으로서의 전이

프로이트가 초기부터 우리에게 지적한 것은 전이는 본질적으로 저항점이라는 점입니다. 전이저항이라는 것이지요. 전이는 무의식의 소통이 중단되도록 만드는 수단입니다. 전이에 의해 무의식은 다시 닫혀 버립니다. 전이는 무의식에(의) 권력을 이양하기는커녕 오히려 무의식을 닫아버립니다. ('전이와 충동', 『Semina 11』, 118-119)

라. '언표'와 '언표행위'의 분리

라캉에 의하면, 우리의 언어 사용을 보면 '명백한 불일치'가 보인다고 말한다. 이때 분석가의 해석이 필요한데, 이에 대해 라캉은 '언표 행위의 차원'과 '언표의 차원'을 구분한다. 예컨대, "나는 거짓말한다"라는 문장을 분석해 보면, 언표에는 논리적 모순이 있지만, 그것의 언표행위에는 모순이 없다. 라캉은 이것이 시니피앙과 주체의 관계라고 말한다.

① 시니피앙과 주체의 관계

여러분은 제가 왜 분석 이론을 전면적으로 바로 잡는 데 시니피앙과 주체의 관계를 가장 중요한 지표로 제시하고자 했는지를 이해하실 겁니다. 이는 그러한 지표가 무의식의 근본적인 기능을 구성하는 가장 중요한 것인 만큼이나 분석 경험의 정립을 구성하는 데 있어서도 가장 중요한 것이기 때문입니다. ('전이와 충동', 『Semina 11』, 127)

② 언표와 언표행위의 분리

언표와 언표행위의 분리는 실제로 언표의 연쇄수준에 있는 "나는 거짓말한다"는 타자 속에서 어휘의 보고의 일부를 이루는 시니피앙이며, 그 어휘의 보고 속에서 소급적으로 결정되는 '나'는 그것(나)이 언표 행위 속에서 생산하는 것을 통해 언표 수준에서 발생하는 의미효과가 됩니다. 분석가가 주체를 기다렸다가 그에게 그(주체) 자신의 메시지를 되돌려 보내는 지점(공식대로 하자면, 주체의 메시지를 전도된 형태로, 즉 그것의 진정한 의미효과를 담아 되돌려 보내는 지점)으로부터 "나는 너를 속인다"가 나오는 것이지요.
③ 드러나는 주체의 진실
분석가는 주체에게 이렇게 말하는 셈입니다. "'나는 너를 속인다'라는 말로써 네가 보내는 메시지가 바로 내가 너에게 말하고자 하는 바이다. 그렇게 함으로써 너는 진실을 말하고 있는 것이다." ('전이와 충동', 『Semina 11』, 128)

이와 같이 우리의 무의식적 자아는 시니피앙 속에 자신의 말을 섞음으로서 진실을 말하고 있다는 것이다.

2. 전이에서 나타나는 주체의 '이상적 자아'

가. 시니피앙에 대해 2차적으로 구성되는 '빗금 친 주체'

라캉에 의하면, 위의 언표와 언표행위를 확실성 차원에서 놓고 보면, 시니피앙으로 나타난 언표행위가 주체를 구성한다. 그리고 이 경우 언표행위의 주체는 욕망이다. 그렇다면, 이제 데카르트의 '코기토'(생각하는 나) 차원에 '욕망'이 위치되어야 한다. 왜냐하면, 데카르트식의 코기토는 일종의 수레꾼에 지나지 않는 '소인간'에 불과하기 때문이다. 반면, 진정한 의미에서 주체는 시니피앙에 대하여 이차적으로 구성되는 '빗금 친 주체'이다. '욕망'으로서의 '주체'가 '언어의 세계'라는 '타자'의 공간 속에서 주체성을 상실한 상태에서 탄생하였기 때문이다. 그런데, 이러한 기표의 대체로서의 죽음은 계속해서 변증법적으로 일어난다. 그러면서 그 욕망이 승화되며, 또한 주체도 승화되어 나타나는 것이다.

그리하여 저는 감히 데카르트의 "나는 생각한다"의 확실성에 대한 그 노력에도 불구하고 일종의 조산(助産, avortement, 미숙아, 유산)이라 규정하고자 합니다. 프로이트가 발견한 무의식의 차원에 의해 주체에게 부여된 위상의 차이는 '코기토'의 수준에 욕망을 위치시켜야 한다는 사실에서 비롯됩니다. 언표 행위에 생기를 불어넣는 모든 것, 모든 언표 행위의가 언급하는 것은 욕망에 속합니다.… 저는 데카르트의 코기토의 기능을 미숙아 혹은 소인간이라 부를 생각입니다.… 여기서 소인간이라 함은… 인간의 내부에서 그를 지배하고 있다고 그려지는 그 유명한 작은 인간, 일종의 수레꾼을 말하는 것입니다. 오늘날의 용어로는 종합의 지점이라고도 일컫는 이 소인간의 기능은 이미 소크라테스 이전의 사유의 의해 지탄받은 바 있습니다.

반면 주체는 시니피앙에 대해 이차적으로 구성된다는 점에서, 우리의 용어로는 S에 빗금을 쳐서 '빗금 친 S'로 표기합니다.… 최초의 시니피앙은, 가령 주체가 짐승 '한 마리'를 죽였다는 것을 나타내기 위해 새긴 금입니다.… 그는 자신이 얼마나 죽였는지를 일일이 기억할 필요가 없지요. 단항적 표지로 세어볼 수 있기 때문입니다.

주체 또한 단항적 표지로 자신을 표시합니다. 우선 주체는 최초의 시니피앙이라 할 문신으로 자신을 새겨 넣습니다. 이 시니피앙, 이 하나가 확립되면 셈은 하나가 '한 개' 있는 것이 되지요. 주체가 자신을 주체로 표시하는 것은 하나의 수준에서가 아니라 하나가 '한 개'있는 수준, 즉 셈의 수준에서입니다. 이렇게 해서 두 개의 하나가 이미 서로 구별됩니다. 즉 처음에 주체가 주체를 구성될 수 있도록 해준 기호로부터 주체 그 자신을 구별하는 첫 번째 분열이 각인된다는 겁니다. 여기서 '빗금 친 S'의 기능과 대상 a의 이미지를 혼동하지 않도록 주의하시기 바랍니다. 그렇게 되면 주체는 자신을 이중화(redouble)되어 있는 것처럼 보이게 될 테니 말입니다. 다시 말해, 주체는 스스로를 잠깐 동안 일시적으로 비춰진 통제의 이미지를 통해 구성된 것으로 보게 되며, 자신이 상상하는 자기 모습에 따라서만 자신을 인간이라 상상하게 된다는 것이지요. ('전이와 충동', 『Semina 11』, 129-130)

나. 타자를 통해서 조율되는 주체의 이상적 자아

라캉에 의하면, 우리의 무의식은 통발 모양의 배낭처럼 되어 있으며, 여기에는 무언가가 잔뜩 비축되어 있다. 이것이 우리 무의식적 주체의 모습이다. 그리고 이제 여기에 '타자'인 '대상 a'에 의한 응시가 발생한다. 그러면 이제 이 통발 속에서 자유 연상의 첫 언표들이 뒤섞여 만들어진 무언가가 대상이 틀어막지 못한 구멍의 간극을 통해 빠져나온다. 그리고 이것이 바로 주체의 이상으로 구성이 된다.

① 무의식의 '배낭'

저는 여러분에게 무의식을 시간적인 박동 속에서 나타나는 어떤 것으로 제시했습니다. 거기서 여러분은 밑바닥에 물고기가 걸려드는 반쯤 열려 있는 '통발'의 이미지를 떠올려 보실 수 있을 겁니다. 반면 무의식을 '배낭' 모양으로 그리면 무의식은 무언가를 비축할 수 있도록 내부가 폐쇄되어 있고 밖에서 (안으로) 들어가게 되어 있는 것이 됩니다. 따라서 저는 다음과 같은 도식을 제시함으로써 (배낭이라는) 전통적인 비유에서 나타나는 위상학을 뒤집고자 합니다.

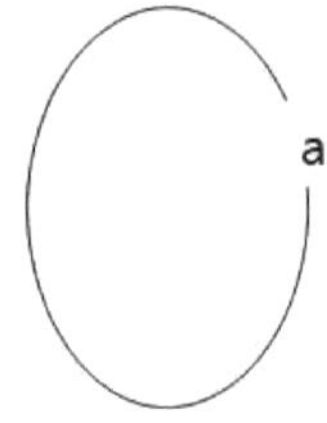

통발도식

② 타자의 응시

우리는 이 도식을 제가 「다니엘과 라가슈 보고서에 대한 논평」에서 제시한 이상적 자아와 자아이상에 관한 광학 모델과 비교해볼 필요가 있습니다. 그 광학 모델에서 우리가 확인해둬야 할 것이 있다면, 주체가 이상으로서 구성되는 것, 예컨대 주체가 자신의 자아나 이상적 자아(자아 이상이 아니라)를 조율해야 하는 것은 바로 타자를 통해서라는 겁니다. 말하자면 타자를 통해서야 비로소 주체의 상상적 현실이 구성된다는 것인데요,

③ 타자의 응시에 의해 형성되는 주체의 이상

이 도식을 통해 우리는 주체가 자기 자신을 보는 곳, 즉 자아의 도식에 주어진, 자기 자신의 몸에 대한 전도된 실상이 생기는 곳은 주체가 스스로를 응시하는 지점이 아니라는 것을 분명히 알 수 있습니다. 저는 최근에 제가 시관충동을 중심으로 제시한 개념들과 관련해 이 점을 강조하고자 합니다.

④ 통발 안쪽에 있는 주체

하지만 분명 주체가 자기를 보는 것도 타자의 공간 속에서이며, 그가 자신을

응시하는 지점 또한 그 공간 속에 있지요. 그런데, 그곳은 또한 그가 말을 하는 지점이기도 합니다. 말을 하는 존재인 한 주체는 바로 이 타자의 장소에서 무의식적 욕망의 성질을 띠는 것의 출발점이라 할 진실한(진실을 말하는) 거짓말을 구성하게 된다는 점에서 말입니다. 따라서 주체는 통발에 대해 안쪽에 있는 것으로 간주되어야 합니다.…

⑤ 통발 구멍 속으로 빨려 들어가는 대상a

우리는 무의식의 닫힘을 셔터 역할을 하는 어떤 것의 효과로 생각할 수도 있습니다. 그 역할을 하는 것이 바로 통발의 구멍 속으로 빨려 들어가는 대상a이지요. 이와 비슷한 이미지로 추첨될 복권 숫자들이 뒤섞여 있는 커다란 둥근 통을 상상할 수도 있을 겁니다. 이 커다란 룰렛 속에서 자유 연상의 첫 언표들이 뒤섞여 만들어진 무언가가 대상이 틀어막지 못한 구명의 간극을 통해 빠져 나옵니다. ('전이와 충동', 『Semina 11』, 132-133)

다. 전이에 의한 무의식적 자아의 출현

무의식적 자아는 대상a를 자신의 이상으로 삼으면서, 여기에서 무의식적 자아가 출현한다.

즉 전이는 무의식의 현실을 현행화하는 것이라는 겁니다. 전이는 환영을 현행화하는 것이 아닙니다.… ('전이와 충동', 『Semina 11』, 133)

결국 언어에 의해 세계가 무의식 세계에 알려지고, 여기에서 출현한 대타자를 대신하는 대상a에 의해 무의식적 자아가 그것을 욕망하면서 출현하는 것이다. 이렇게 하여 전이는 무의식의 현실을 현행화한다.

3. 시니피앙의 행렬들 속에서의 '욕망'

가. 무의식의 내용물

전이의 결론은 "전이는 무의식의 현실을 현행화하는 것"이었다. 그렇다면 이제 중요한 것은 그 '무의식'은 무엇이냐의 문제가 대두된다. 그것의 내용물은 프로이트와 라캉은 '충동'이라고 표현한다. 그리고 이제 그 '충동'의 내용물을 탐구하고자 한다. 라캉의 『세미나 11』의 11-15는 모두 이에 대한 이야기이다.

그런데, 왜 '무의식'의 내용물로서 '충동'에 관한 이야기가 중요할까? 그것은 그 '무의식'을 끄집어낼수록 지속적으로 '시니피앙 1, 2, 3…' 등으로 모두 온전히 나타날 것이기 때문이다. 라캉은 이때 "우리는 프로이트가 가장 중요하게 강조한 것, 말하자면 성욕의 문제를 빠뜨려선 안 된다"고 말한다. 그는 여전히 프로이트의 추종자였다. 라캉은 프로이트가 무의식을 성욕으로 본 것에 대해서도 여전히 이것을 승계하고자 한다. 그런데, 타자의 세계인 언어의 세계는 누가 보더라도 도덕이 중심이 된 슈퍼에고의 세계이며 주체는 이 세계로 적응하여 드러나고 있었다. 여기에 성욕은 설 자리가 없었다.

나. 라캉의 리비도에 대한 재해석

그래서 이제 라캉은 프로이트의 리비도 혹은 에로스를 미화하기 시작한다. 프로이트도 그의 말년에 이러한 부조화를 극복하기 위해서 신화 속에서 에로스 개념 내에 깃든 '죽음 충동'을 끌어들인 후, 에로스의 개념 속에는 '성적 충동'과 '죽음 충동'이 함께 있다고 하였다. 그리고 이 '죽음 충동'이 에로스를 '승화'시킨다고 하였다. 프로이트는 리비도의 '죽음충동'을 통해서 '승화'를 설명하였다.

라캉은 이것을 수용하면서 여기에 한 가지를 더 추가하였는데, 그것은 '부분충동'이라는 개념이었다. 우리 신체의 각 기관은 '충동'과 깊이 연루되어 있다. 성기는 성적 충동과 연관되고, 입은 식욕 충동과 연관되고, 눈은 시관충동과 연관된다. 이 각각의 기관의 부분들이 가진 충동이 부분충동인데, 아이가 자라면서 나타나는 충동은 시기마다 각각 다른 충동들이 '부분충동들의 다양성' 속에서 드러나지 오직 '성적 충동'만은 아니라고 한다. 그런데, 그 근원에는 '성적 충동'이 있다고 하면서 이 문제를 해결하려고 하였다. 라캉의 '무의식'의 내용물, 혹은 '충동'에 관한 이야기의 일정부분은 모두 '프로이트의 성'을 성욕이라고 하면서도, 그것이 이제 승화되어 거룩한 리비도로 바뀌었다는 것을 타당화하기 위한 내용들이다.

필자의 견해에 의하면, 실천적인 차원에서 볼 때 성적욕구와 거룩의 욕구는 평생토록 병존한다. 성인이라고 하여서 성적 욕구가 거룩의 욕구로 변하는 것은 아니다. 영심적 욕구로 절제를 할 뿐이다. 기독교에서는 이것을 가리켜서 영의 소욕과 육의 소욕이 우리 안에서 서로 싸운다고 말한다. 이렇게 인간 본능도 또한 영-혼-몸의 삼위일체론적으로 보아야 한다. 서로 다른 본능이 우리 안에 존재한다.

그런데, 프로이트나 라캉은 본능은 하나이며 에로스가 타나토스로 승화한다. 이들은 계속 한 본능을 염두에 두었기 때문에 그렇다. 그런데, 필자의 견해에 의하면, 우리에게는 영과 혼(의식)과 몸이 있으며, 이들 각각의 소욕이 있다. 특히 영의 소욕은 양심이며, 육의 소욕은 성욕이다. 이 둘의 갈등관계를 이해해야 한다. 성욕에서 거룩이 나올 수는 없는 것이다.

다. '무의식'으로서의 '성욕'

라캉은 "전이는 무의식의 현실을 현행화하는 것이다"라고 말한다. 이때 라캉은 "무의식의 현실은 용납하기 힘든 진리이지만, 그것은 성적 현실이다"고 말한다. 라캉의 무의식의 현실을 성욕이라고 말하는 프로이트를 수용하고 있다. 그런데, 프로이트의 성욕을 죽음 본능과 함께 받아들인다. 이것이 라캉의 절충점이었다.

무의식이 현실화되는 방법은, 먼저 주체의 바라봄이 있는데, 사물로부터 나오는 빛의 응시가 내 안의 무의식을 깨운다. 이때, 시니피앙에 의해서 말의 효과들이 전의식과 무의식에 전개되어 기의를 이룬다. 그리고 이에 맞추어서 그 주체가 결정되면서 무의식적 자아가 구조화된다. 이것이 지금까지 살펴본 내용이다. 그렇다면 이제 그 다음의 단계는 그 '무의식'이 무엇인지가 탐구되어야 한다. 이때 그는 프로이트를 그대로 계승하여 이 '무의식'은 성욕이라고 한다. 그 내용은 다음과 같다.

"전이는 무의식의 현실을 현행화하는 것이다."… 지금까지 제가 무의식에 대해 뭐라고 가르쳐 왔던가요? 바로 무의식이란 주체에 대한 말의 효과라는 것이었지요. 무의식은 말의 효과들이 전개됨에 따라 주체가 결정되는 차원이며, 따라서 언어처럼 구조화된다는 것입니다. 이러한 방침은 무의식을 현실의 관점에서 접근하길 거부하고 오히려 주체의 구성이라는 관점에 맞춰 파악하기 위한 것이었습니다.…

핵심으로 들어가 봅시다. 무의식의 현실, 그것은 성적 현실 -이는 용납하기 힘든 진리이지요- 입니다. 프로이트는 기회가 있을 때마다 고집스럽다고 할 만큼 이 점을 분명히 했지요. 그렇다면 그것은 왜 용납하기 힘든 현실일까요?

성에 대한 문제와 관련해선 프로이트가 무의식의 발견을 공언했던 시기, 즉 1900년대 내지는 그 직전 시기부터 오늘에 이르기까지 과학적 관점에서 일정한 진보가 있었습니다.… 성에 대해 우리는 조금 더 알게 되었습니다.… 우리는 죽음, 즉 개체의 죽음과 성의 연관이 근본적인 것임을 이해할 수 있습니다.…

이러한 조합이 성적 현실 속에 통합되어 있다는 사실은 우리로 하여금 시니피앙이 이 세상에, 인간 세상에 들어오게 된 것은 바로 이런 방식에 의해서가 아닐까 의문을 제기하게 만듭니다.…저는 여기서 대상 a의 기능을 참조하면서 어떤 유비론적 사변 속으로 뛰어들지는 않을 겁니다. 단지 성욕의 수수께끼와 시니피앙의 유희 사이에 일종의 친화성이 있다는 사실만을 지적하고자 할 뿐입니다.… ('전이와 충동', 『Semina 11』, 137-139)

라캉의 성적 쾌락은 욕망이다. 그리고 라캉의 욕망이 아무리 성적 쾌락으로 그 기반을 삼고 있다고 하더래도 나타나는 모습은 상상계, 상징계, 실재계에서 나타나는 대타자를 향한 욕망이다. 라캉의 욕망은 성욕으로만 나타나지 않는다. 그것이 에너지원일 수는 있지만, 드러난 모습은 각계 마다 대타자들이 취하고 있는 모습에 대한 열망이다. 상징계에서는 그 쾌락 혹은 욕망은 사회적 성공으로 나타나며, 실재계를 인식한 사람은 자아실현 욕구로 나타난다.

한편, 다음의 논의에 의하면, 무의식과 성욕을 서로 맺어주는 '결절점(매듭)'이 곧 '욕망'이라고 말한다. 그렇다면, 욕망이 먼저 있고, 이 욕망이 각 단계속에서 성욕과 무의식을 서로 맺어주었다는 것이다. 라캉에 의하면, 이 욕망에 따라 무의식이 성욕으로, 사회적성공 욕구로, 자아실현 욕구로 나타나는 것이다. 라캉이 프로이트에게 다가갈수록 서로 멀어진다.

라. 무의식과 성욕의 '결절점(매듭)'으로서의 '욕망'

라캉은 "요구+욕구=욕망"이라는 나름대로의 공식을 가지고 있다. 여기에서 '요구'는 어린 아기의 울음 속에 내포된 의미이다. 이때 이 울음의 요구에는 현실(생존) 원칙이 적용되는 식욕과 같은 '생존욕구(욕구)'와 쾌락 원칙이 적용되는 성적 본능과 같은 '욕망'으로 구성되어 있다. 라캉은 시니피앙이 이 '요구'를 자기 밑으로 흐르게 하여 주체를 탄생시키는데, 이때 충족되지 못한 부분으로서 성욕과 같은 '욕망'이 존재하며, 이렇게 쌓인 부분(욕망)이 무의식을 구성한다고 말한다.[23] 이에 따라 욕망의 기능은 주체에게 시니피앙이 낳은 효과의 최종적인 잔여물이다. 이것이 프로이트의 '코기토'였다.

① 매듭으로서의 욕망

…저는 무의식의 박동을 성적 현실과 결합시키는 결절점(매듭)이 무엇인지가 바로 분석의 수준에서 드러나야 한다고 주장하는 바입니다. 이러한 결절점(매듭)이 바로 '욕망'이라 불리는 것으로, 최근 몇 년 동안 제가 몰두했던 모든 이론작업들은 임상 경험의 매 단계마다 어떻게 이 욕망이 요구에 의존하고 있는지를 여러분에게 보여드리기 위한 것이었습니다.

② 포착불가능의 요소인 요구

요구는 시니피앙들 속에서 분절됨으로써 환유적 잔여물을 남겨 놓고 이를 자기 밑으로 흐르게 합니다. 이 환유적 잔여물은 미결정된 요소가 아니라 절대적이면서 동시에 포착 불가능한 조건이 되는 요소입니다. 그것은 절대적이면서 동시에 포착 불가능한 조건이 되는 요소입니다. 그것은 필연적으로 막다른 골목에 봉착할 수밖에 없고, 충족되지 못하며, 실현 불가능하고, 몰 인식되는 요소입니다.

③ 몰 인식된 요소로서의 욕망

23) 즉, 이 본문에서의 라캉의 무의식은 본능 그 다음에 구성된다. 필자는 이 본능을 대에로스라고 보며, 이 본능으로 인해 출현한 것을 에로스라고 보고자 한다.

이 요소가 바로 욕망이라 불리는 것이지요. 이것이 바로 프로이트가 1차 과정의 수준에서 성욕의 심급이라 정의했던 장과 접합을 이루고 있는 것입니다. ('전이와 충동', 『Semina 11』, 141)

필자의 사견에 의하면, 위의 이야기에는 한 가지 하자가 있다. 시니피앙이 '요구(욕구+욕망)'를 자기 밑으로 흐르게 한다고 했는데, 이때 이미 언어가 탄생한 것이다. 그리고 동시에 이때 주체도 탄생하는 것이다. 그런데, 라캉은 이때 충족되지 못한 부분이 '욕망'으로서 이것만이 주체를 구성하게 된다고 말한다. 라캉에 의하면, '생존 욕구'는 '리비도'의 구성요소가 아니게 된다. 그런데 우리의 삶 속에서 '생존욕구'는 '성적욕구' 보다 더 크게 작용하기도 한다. 생존이 절박한 사람의 '생존욕구'는 아무런 불편 없이 '성적욕구'를 철저히 절제해 낸다.

마. 탈성욕화 된 리비도

라캉의 이야기를 계속 전개해보자면, 프로이트는 이 성욕을 아주 본질적인 것으로 보는데, 문제는 이 성욕이 현실원칙을 만났을 때 어떻게 대처할 것인가이다. 이에 대해 프로이트는 이 경우에 탈성욕화 된 리비도가 나타난다고 말한다. 그러면서 '안으로 접힌 8'의 모형을 제시한다. 이때 8 전체는 (요구의 선과 연결된)욕망의 선(線)이다. 다만 그것이 접혀서 보이지 않게 된 것 뿐이다. 이 그림은 프로이트의 그림으로서 어떤 이론적 설명이 있는 것은 아니다.

욕망의 기능은 주체에게 시니피앙이 나은 효과의 최종적인 잔여물입니다. '*Desidero*(나는 욕망한다)', 이것이 프로이트의 '코기토'입니다. 1차 과정의 핵심에 자리 잡게 되는 것은 바로 이렇게 해서라고 밖에 할 수 없습니다. 욕망이 본질적으로 환각에 의해 만족되는 장에 관해 프로이트가 뭐라고 말했는지 주목해보시기 바랍니다.

…소위 지각의 동일성이 결정되도록 하는 그 자연적인 은유의 차원을 우리에게 제공하는 것은 오로지 욕망하는 주체, 그것도 성적으로 욕망하는 주체의 현존뿐입니다. 프로이트는 리비도가 1차 과정의 핵심 요소라 주장합니다.…

환각에 현실성이라는 함의가 주어지는 것은 주체가 욕망하는 시점부터입니다. 그런데 프로이트가 현실원칙을 쾌락원칙과 대립시킨다면, 이는 정확히 거기서 현실이 탈성욕화된 것으로 규정되는 한에서입니다. ('전이와 충동', 『Semina 11』, 142)
최근의 분석 이론들은 종종 탈성욕화된 기능에 대해 언급하곤 합니다. 예를 들어 자아이상은 탈성욕화된 리비도의 투자에 바탕을 두고 있다는 식으로 이야기합니다. 저는 탈성욕화된 리비도에 대해 이야기하는 것은 상당히 어려운 일이라고 생각합니다. 하지만 현실에 대한 접근이 어떤 탈성욕화를 포함하고 있다는 생각은 실제로 프로이트가 "심리적 사건을 구분하는 두 가지 원칙들"을 정의할 때 근거가 된 것입니다.
… 무의식이 전개되는 장으로서 정의된 이들 면이 성적 현실이라는 또 다른 면에 겹쳐져 그것을 덮어 감춰버리는 지점, 저는 바로 그곳에 리비도를 위치시켰습니다. 그렇다면 리비도는 이 양자에 속한 것, 논리학에서 말하는 교집합의 지점이 되겠지요. 하지만 그렇게는 되지 않습니다. 왜냐하면 그 표면을 완전히 옆면에서 보면 알 수 있듯이, 두 개의 장이 겹쳐져 있는 듯이 보이는 그 부분은 빈 공간에 해당하기 때문입니다.…(내용은 생략)…

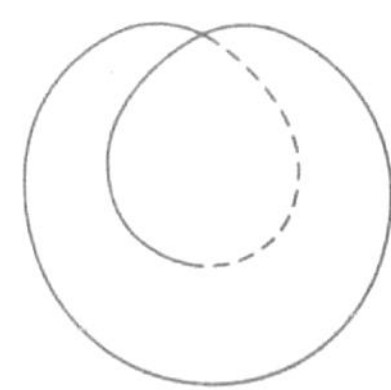

<안으로 접힌 8>

이런 모양을 통해 우리는 요구라는 장(여기서 무의식의 소실이 현전화됩니다)과 성적 현실이 바로 욕망이라는 장소에서 접합되는 모습을 그려볼 수 있습니다. 이 모든 것은 욕망의 선(線)이라 부를 수 있는 것에 달려있지요. 이 선은 요구와 연결되어 있고, 이 선에 요구와 연결되어 있고, 이 선에 의해 성적 효과가 경험 속에서 현전화되는 것입니다. ('전이와 충동', 『Semina 11』, 141-144)

필자의 견해에 의하면, 성욕은 그 본질이 변할 수 없다. 어떤 본질이든 그것은 하나이다. 이 성욕을 차라리 욕망이라고 표현하여야 한다. 이 욕망이 성욕으로 나타나기도 하고, 사회적 욕구나 자아실현욕구로 나타난다. 욕망이 그 본질일 경우, 이 세 욕구는 언제든지 동시적으로 나타나도 된다. 그런데, 성욕 하나에서 파생되었을 경우, 이 셋은 동시에 나타날 수 없다.

바. '욕망의 내용물'에 대한 평가

라캉의 도식에 의하면, 아이가 어머니의 품에 탄생한다. 아이는 미숙할지 몰라도, 그의 본능은 더럽혀지지 않았다. 그리고 그 본능은 사랑의 본능일 것이다. 이것을 라캉은 '주이상스(향유)'라고 말한다. 이때 아이는 타자인 어머니를 바라보면서 마치 어머니를 자신으로 이해한다. 그리고 어머니의 욕망도 또한 자신의 욕망으로 바라본다. 그 '주이상스의 시기'를 라캉은 어린 아이의 '거울단계'의 시기인 약 18개월까지로 보는 것 같다.

그러다가 이제 아이는 아버지를 발견하게 되는데, 어머니의 진정한 욕망이 아버지에게 있으며, 특히 아버지의 남근에 있다는 것을 발견하게 된다. '오이디푸스 콤플렉스'가 시작된 것이다. 만일 프로이트식으로 무의식의 영특한 아이에게 성욕이 들어온 시기를 찾는다면, 이 시기로 찾아야 할 것이다. 그리고 아이는 이때 거세 콤플렉스도 함께 겪으면서 아버지와 화해를 시도한다. 한편, 이때 아이의 이 상실감은 '프로트-다' 놀이에 표현된다.

이제 어머니에게 말을 배우면서 새로운 세계에 진입하게 되는데, 이러한 새로운 세계로의 진입은 기표의 등장을 통해서 이루어진다. 그러면서 이 기표 아래의 기의가 아이의 무의식을 형성하는데, 이때 아이의 욕망은 변증법적으로 발달을 하면서, 이 세계 곧 언어의 세계 속에서 새로운 욕망들을 발견하게 된다. 우리가 성장을 하면서 끝없이 앞날을 바라보면서 꿈을 꾸고, 또 이것을 향해 달려가고 하는 행위를 라캉은 이렇게 표현한 것이다. 아이가 사회인이 되어가면서도 이 행위는 계속 되는데, 이때 인간은 변증법적으로 '대상 a'를 교체 발전시켜가면서 궁극적으로는 '어머니의 그 품'을 대상 a로 삼는다. 이것을 라캉은 주이상스라고 표현을 하였다. 이때 라캉은 아이의 사회인이 되어가면서 품는 꿈을 프로이트와 라캉은 '부분충동' 그리고 '승화'라는 논리로 이 현상을 해석하려 한다. 그러나 궁극적으로 그러한 것들의 근원은 모두 성욕이며, 진정한 의미에서의 무의식적 성욕은 욕망으로 쌓여간다고 말한다.

여기에서 우리는 검토해 보아야 할 것이 발생한다. 아이가 돌아가려고 하는 것은 오이디푸스의 콤플렉스의 시기인가? 아니면 그 이전의 주이상스의 시기인가? 마땅히 주이상스의 시기일 것이다. 성욕으로 발달되기 이전에 어머니의 품속에 아이는 있었고, 이리로 돌아가려 한다는 것이다. 아버지의 남근은 한참 후에 나타난다.

그렇다면, 아버지의 남근은 어디에서 출현하는가? 그것은 오이디푸스 콤플렉스의 시기이다. 이것은 아이에게 상실감이 출현한 장소이다. 그렇다면, 그 오이디푸스 콤플렉스 사건 이전부터 아이에게 본능은 존재하지 않았나? 그 콤플렉스로 인하여 처음 본능이 출현한 것인가? 아닐 것이다. 본능이 먼저 존재하고, 아이는 오이디푸스 콤플렉스를 맞이하면서 어머니를 빼앗겨 버리고, 이때부터 아이는 자신이 어머니의 남근이 되려고 하였다. 이때 생긴 성욕은 강한 질투인 것이지, 원래의 생명력은 아니었다.

주이상스의 시기에는 아버지의 남근이 없이도 행복하였다. 아이는 이때를 소망하고 있는 것이다. 따라서 주이상스의 원초적 사랑을 성욕이라고 보는 것은 바람직하지 않다. 그런데, 프로이트나 라캉은 아이가 평생토록 아버지의 남근이 되려한다고 설명한다. 그들의 주이상스는 아버지의 남근이다. 그런데, 이것을 공개적으로 내세울 수는 없다는 것이 이 세계 혹은 타자의 장에서의 상식이었다. 그래서, 그들은 이 남근을 '부분충동'이라는 논리로 감추고, 또한 '승화'라든지 하는 형태로 미화하려고 애를 쓴다.

이러한 논리는 이미 프로이트의 논리 속에도 존재한다. 프로이트는 어린 아이의 울음에는 '요구'가 있다고 말한다. 그리고 이 '요구'는 식욕과 같은 '욕구'와 성욕과 같은 '욕망'으로 구성된다고 말한다. 그렇다면, 이 아이에게 처음부터 존재하던 것은 이 둘 다였다. 칼 융의 주장이 이런 견해인 것으로 보인다. 우리는 사랑이라는 포괄적인 주이상스적 사랑이 있는데, 이 사랑이 여러 요소에 반영된다. 따라서 사랑의 종류는 다양하다. 성욕은 질투에 반영되었을 때 나타나는 사랑일 뿐이다.

4. 충동에 의해 드러나는 무의식적 주체(자아)

만일 프로이트가 말한 것처럼 분출되지 못한 '욕망'이 '무의식'이라면, 엄밀히 말해서 리비도의 본성에 속하는 '충동'이 무의식을 형성했다. 그리고 이 '충동'은 지속적으로 무의식을 형성할 것이고, 이 무의식이 꽉 차게 되면 이 배낭의 열린 부분은 결국은 표출되어 나타날 것이다. 이것은 프로이트의 논리적 전개인데, 이에 의하면, '충동'과 '무의식'은 다르다. 그런데, 결국은 이 충동이 무의식으로 나타나서 그것을 채울 것이다. 따라서 이 충동의 정체성은 이러한 차원에서 연구될 필요가 존재한다. 이 '충동'은 프로이트의 네 가지 기본개념 중에 마지막 번째이다. (한편, 필자의 견해는 충동이 무의식적 자아를 발현시킨다고 말하고자 한다. 무의식적 자아는 출생시부터 씨앗처럼 이미 우리 안에 기능으로 내재하여 있다.)

가. '충동'의 존재

이 충동은 '물질적인 영역' 곧 '유기체의 영역'은 아니다. 그렇다고 해서 이것을 '관성에 의한 고정' 즉 '고착'에 대한 언급만 가지고 끝낼 수 있는 것은 아니다. 오히려 이 충동은 리비도의 영역으로서, 이것은 물리학의 근본개념일 수 있다. 즉, 물리학과 정신적인 것 양자에 관계된 것일 수 있다는 것이다. 이것은 분명히 존재하는 그 무엇이다.

① 충동의 존재

Trieb(충동)는 심리학이나 생리학에서뿐 아니라 물리학에서도 역사가 오래된 용어입니다. 프로이트가 이 용어를 선택한 것도 분명 단순한 우연은 아니었지요.… 실제로 분석 경험 중에 우리는 억제(repression)를 통해서일지라도 억제 불가능한 어떤 것과 대면할 수도 있을 겁니다. 게다가 거기에 억제가 있는 게 분명하다면 이는 그 너머에서 밀고 올라오는 무언가가 있기 때문이지요.…

② 충동을 일으키는 존재의 사실성

그렇지만 과연 충동과 관련된 문제가 유기체의 영역에 속하는 것일까요? 『쾌락의 원칙을 넘어서』의 한 대목에서 프로이트가 언급한 "충동, *Trieb*'은

유기체의 삶 속에서 관성의 어떤 발현을 대표한다"는 구절은 그런 의미로 해석되어야 하는 것일까요? 충동이 그렇듯 관성에 의한 고정, 즉 고착에 대한 언급만을 가지고 끝낼 수 있는 간단한 개념일까요? ('전이와 충동', 『Semina 11』, 148)

나. 충동구성 : 추동력, 원천, 대상, 목표

라캉은 프로이트를 인용하여 이 충동은 "추동력, 원천, 대상, 목표"라는 네 가지 항목으로 분해된다고 말한다. 한편, 프로이트는 이 충동의 요소들을 모두 성이라는 개념으로 해석을 한다. 심지어 충동의 만족도 성적 만족으로 치환하여 이해하며, 충동의 대상도 모두 젖가슴으로 치환하여 이해한다.

① 충동의 네 가지 항목 : 추동력, 원천, 대상, 목표

프로이트는 충동의 네 가지 항목을 구분하는 것이 중요하다고 지적합니다. 네 가지 항목이란 추동력, 원천, 대상, 목표입니다.…여기서 프로이트가 무엇을 염두에 두고 있는지가 분명히 드러나는데, 그것은 바로 물리학의 근본 개념들입니다.… 힘이나 에너지와 같은 개념은 역사의 흐름에 따라 점점 더 포괄적이 된 어떤 현실에 맞춰 무수히 자신의 테마를 반복해 오지 않았던가요! ('전이와 충동', 『Semina 11』, 149)

② 추동력 : 충동의 살아있는 힘

가장 먼저 추동력, 이것은 방출에 대한 무조건적인 성향과 동일시 될 겁니다.… 충동과 관련된 *Reiz*(자극)는 외부세계에서 오는 여타의 자극들과는 다른 것으로서 내적인 *Reiz*라는 것입니다.('전이와 충동', 『Semina 11』, 149)

저는 여기서 말하는 충격력은 살아있는 힘, 운동 에너지를 가리키는 것에 다름아니라고 생각합니다.… 충동에는 밤낮도, 봄가을도, 성쇠도 없다는 것입니다. 그것은 항상적인 힘이지요.('전이와 충동', 『Semina 11』, 150)

③ 충동의 만족

충동의 만족이란 바로 그 목표에 도달하는 것입니다.… 프로이트는 그 논문에서 승화 역시 충동의 만족이라는 사실을 수없이 반복해서 말합니다.… 지금 저는 섹스를 하고 있는 것이 아니라 여러분에게 말을 하고 있습니다. 하

지만 저는 섹스를 할 때와 똑같은 만족을 느낄 수 있지요. 위의 말은 바로 이런 뜻입니다. 그런데 이는 제가 정말로 섹스를 하고 있는가라는 질문을 던지게 만듭니다. 이 두 용어 사이에는 어떤 극단적인 이율배반이 있습니다. 이 이율배반은 우리에게 충동 기능의 활용이란 오직 충동의 만족이 어떤 것인지에 대해 의문을 제기하도록 만들 뿐임을 상기시킵니다. ('전이와 충동', 『Semina 11』, 152)

④ 대상과 무관한 충동

"충동에 있어 대상은 엄밀히 말해 전혀 중요하지 않다는 점을 분명히 알아야 한다. 대상은 충동과는 전적으로 무관한 것이다." 프로이트를 읽을 때는 반드시 주의를 기울여야 합니다.… 프로이트가 충동의 문제에서 대상은 전혀 중요하지 않다고 말한 것은 아마도 대상의 기능에 관한한 젖가슴을 전혀 다른 각도에서 이해해야하기 때문일 것입니다. 우리는 대상, 제가 개념화한 바와 같은 욕망의 원인으로서의 대상 a의 기능을 수행하는 젖가슴에, 그것이 충동의 만족 속에서 차지한다고 할 수 있을 어떤 기능을 부여해야 합니다. 제 생애에 이에 대한 최고의 공식은 다음과 같습니다. "충동은 그 주위를 맴돈다."('전이와 충동', 『Semina 11』, 154)

⑤ 성

원천의 문제를 살펴보기로 합시다. 왜 이른바 성감대라는 가두리 구조로서 식별되는 지점들에서만 확인되는 것일까요? ('전이와 충동', 『Semina 11』, 154)

프로이트는 우리의 삶 속에서의 모든 열정이나 성취감 등의 쾌락도 성욕으로 치환하려 한다. 학생이 밤늦게까지 공부를 열심히 하고 느끼는 쾌감도 성행위로 보며, 부모형제를 사랑하는 마음도 성행위로 보며, 어떤 사람이 가난한 사람을 돕고 느끼는 쾌감도 성욕으로 본다. 그는 우리의 인생의 모든 성취감을 성행위로 파악한다. 그는 이러한 논리를 "부분충동과 그 회로"로 도식화한다.

부분충동은 하나의 완전한 충동(예: 생식적 성행위)을 구성하는 여러 독립적이고 원초적인 하위 충동들을 의미한다. 부분충동은 독립적으로 작동하며, 특정 신체 부위(예: 입, 항문, 생식기 등)나 활동과 연결된다. 부분충동은 특정 행위를 통해 직접적이고 즉각적인 만족을 얻으려 한다. 이 만족은 생식 행위와 같은 "목표 완성"이 아니라, 국소적이고 일시적인 쾌락(예: 빨기, 씹기, 배변 등)이다. 성적 발달 단계에 따라, 구강기는 입을 중심으로 한 충동(예: 빨기, 물기)에서 만족을 얻고, 항문기 배변 과정과 관련된 충동에서 만족을 얻고, 남근기는 생식기를 중심으로 충동이 나타난다. 이러한 부분충동들이 점차 통합되어 성숙한 성적 충동으로 발전한다.(챗GPT)

라캉은 프로이트의 부분충동이론을 받아들이고 있다. 아이가 상징계에 들어가면, 성욕이 변하여 사회적 욕망이 된다. 더 나아가 실재계에 들어가면 자아실현 욕구가 된다.

기독교적 관점에서는 이 충동이 성욕이라는 것에 반대한다. 욕망이 존재하며, 이 욕망이 상상계에서는 성욕으로 먼저 나타나고, 아이가 성장하여 의식적 자아가 출현하여 상징계에 진입하면 사회적 욕구로, 초자아의 기능이 강해져서 실재계에 진입하면 자아실현욕구로 나타난다. 라캉의 욕망은 사실은 이에 더 가깝다. 혹자는 라캉이 욕망에 대한 대체물이 없어서 프로이트의 이론을 차용했을 것으로 추정한다.

다. 부분충동과 그 회로 : '주이상스'로의 회귀

라캉은 우리의 정신구조를 이해할 때, 맨 꼭대기의 드러난 지점에 언표행위(억압된 것)의 발화로서의 '시니피앙'이 있다. 이 시니피앙은 맨 아래의 저변에 위치하는 해석자인 '충동'에 의한 것이기는 하지만, 결국 이것의 응시가 '욕망'이라는 '무의식적 자아'를 산출해 내었다.

프로이트의 경우, 이때의 '욕망'은 '충동'이 '성'이기 때문에 성적 욕망이다. 그래서 결국 이제 이 둘 사이의 무한한 왕복운동으로 무의식을 가득 채우게 되는데, 그것은 무의식이라는 '성욕'이었다. 그런데, 프로이트도 말하고 있는 것처럼, 우리가 사용하는 모든 '사랑'이 '성욕의 대표자'라는 것은 있을 수 없다. 그래서 이것을 극복하기 위해서 프로이트가 끌어들이는 이론이 부분 충동이라는 개념이다. 그는 이 충동이 경제적인 요인과 결부되어 있다고 한다. 그래서, 이 부분 충동은 인생의 시기마다 다른 양태로 나타나는데, 이때 인생의 시기마다 부분대상에 따라 달리 나타난다.

> ① 프로이트의 부분충동
> 프로이트가 분명히 밝히고 있는 바와 같이, 사랑은 어떤 식으로도 그 자신이 "성욕에 의해서 표출되는 힘의 수렴, 형태들, 성향"이라는 용어로 문제제기 했던 대표자로 간주될 수 없습니다.… 논문전체의 요지는 부분 충동이라는 것입니다.
> ② 경제적 요인과 결부된 부분충동
> 충동은 그 구조의 측면에서, 즉 그 충동이 만들어내는 압력이라는 측면에서 어떤 경제적 요인과 결부되어 있습니다. 이 경제적 요인은 일정한 수준에서 쾌락원칙의 기능이 실행되는 조건들에 종속되어 있는데,…
> ③ 부분충동으로 활동하는 성욕
> 성욕이 부분충동의 형태로만 기능할 수 있는 것은 항상성을 유지하는 체계의 현실 때문입니다 충동이란 정확히 말해 무의식의 구조인 간극 구조에 부합하는 방식으로 성욕을 심리적 활동에 참여시키는 몽타주입니다.
> ④ 시니피앙과 욕망사이의 성욕
> 분석 경험의 양쪽 끝을 살펴보도록 합시다. 최초로 억압된 것은 하나의 시니피앙입니다.… 다른 한 쪽 끝에는 해석이 있습니다.… 해석은 종국에는 욕망을 가리키며, 어떤 의미에서는 그 욕망과 동일한 것입니다. 욕망, 그것은 결국 해석 자체이지요. 그 두 개 사이에 바로 성욕이 있습니다.
> ⑤ 부분충동으로 나타나는 성욕
> 만일 성욕이 부분 충동의 형태를 띠고 양극단 사이의 경제 전체를 지배하는 것으로 자신을 드러내지 않는다면, 우리의 분석 경험은 모두 점술에 그치고 말 것입니다. ('전이와 충동', 『Semina 11』, 160-161)

"모든 충동이 본성상 부분 충동인 이상, 어떤 충동도 성충동의 전체성을 표상할 수는 없다."('타자의 장…,' 『Semina 11』, 185) 이에 따라, 성욕은 이제 인생의 시기마다 다른 양태로 나타나는데, 이때 부분대상(입술-구강충동, 항문-항문충동, 눈-시관충동, 귀-호원충동)의 기관들에다가 이제 인생사의 욕구를 연결시키면 된다. 우리 몸의 전체가 아니라 몸의 일부분에 의해서 그 충동이 시작되기 때문이다. 그는 성욕에다가 프로이트가 말하는 에로스 신화 속에 있는 죽음을 삽입하여 이러한 부분충동의 이론을 타당화한다. 그래서, 성욕에는 모든 욕구가 포함된 것처럼 포장함으로써 이 성욕 이야기를 타당화시킨다.

라. 욕망의 볍증법에 통합되는 성욕

이렇게 욕망이 상상계 · 상징계 · 실재계 각각에서 달리 작용하는 것에 대해, 라캉은 프로이트의 부분충동이론을 삽입한다. 그리고 이에 더하여서 이것을 "성욕이 욕망의 변증법에 통합되는 것"이라고 말하며, 우리의 육체 속에는 보정장치라 불릴 만한 것이 존재한다고 말한다. 여기에는 죽음이라는 타나토스가 반영되어 있기 때문이다. 이렇게 하여 부분충동은 이미 각각의 계에서 작동할 전체의 욕망을 내포하고 있다.

> ① 부분충동들의 개입
> 무의식적 메커니즘들의 해석 속에서 성의 가독성은 항상 소급적으로 주어집니다. 만일 우리가 역사(개인의 이력)의 매 순간마다 부분충동들이 적시적소에 실제로 개입한다는 것을 확신하지 못한다면, 우리는 그저 성에 대한 기본적인 해석에만 그치고 말겠지요.… 유아성욕은…
> ② 보정기(죽음)에 의해 욕망의 변증법에 통합된 성욕
> 성욕이 욕망의 변증법에 통합되는 것은 육체 속에서 장치(보정기)라 불릴 만한 것이 작용함으로써입니다. 여기서 보성하는 장치란 육체들을 짝짓게 하는 것이 아니라, 성욕과 관련해 육체를 두르는 어떤 것을 말합니다.… 즉, 성욕의 최종 종착지가 죽음이라는 것은 놀라운 일이 아닐 텐데, 생명체에게 성의 현존은 죽음과 관련이 있기 때문입니다.…
> ③ 전체를 내포하고 있는 충동
> 충동이 처음부터 자신의 존재 전체 속에 내포하고 있는 것, 그것은 바로 활의 변증법이며 궁술의 변증법이라 할 수 있습니다. ('전이와 충동', 『Semina 11』, 160-161)

라캉이 자칫 욕망을 성욕으로 파악하다보니, 라캉이 포스트 모더니즘의 부류

에 포함시키기도 한다. 라캉이 욕망의 본질을 프로이트에게서 취하다보니 그렇게 간주되는 것이다. 그러나 라캉의 주이상스는 단순한 욕망으로 표현되는 것이 타당하다. 이것은 주체의 처한 환경(구조)에 따라 다양한 욕구로 드러난다.

마. 부분충동의 회로와 주이상스

부분충동의 원천, 추동력, 과정과 목표, 대상을 통해 위의 내용을 도식하면 다음과 같다. 다음의 도식에서 '가두리'는 충동의 원천이랄 수 있는 '성감대'를 의미하며(부분충동의 기관), '화살표'는 '추동력'을 의미하고, 'Aim'은 과정을 의미하고 'Goal'은 목표를 의미한다. 그리고 'a'는 부분충동의 '대상'을 의미한다. 그리고 이 도식과 관련하여 구강충동에서 항문충동으로, 시관충동으로, 호원충동으로 이어진다고 해설한다. 이 그림은 성욕의 욕망이 아이의 성감대와 어머니의 젖가슴에서 출발하여 긴 여정을 거친 후에 다시 그리로 회귀하는 모습을 나타낸다. 즉, 맨 마지막에 라캉은 "이 주체는 자신이 욕망의 그 타자의 주이상스를 낚으려는 우회로일 뿐임을 깨닫게 될 겁니다."라고 말한다. 라캉은 이 마지막 말을 하기 위해서 이러한 논리를 전개하였던 것이다.

이때 라캉은 세 번의 전복을 말하는데, 이것은 상상계, 상징계, 실재계를 의미한다. 이때 세 번째의 시기에 주이상스가 나타난다고 말한다.

① 세 번째의 시기

프로이트가 전회(*Verkehrung*, 전복, 뒤집음)의 차원을 보여주기 위해,… 그는 이 충동들(사도-마조히즘)[24]에 대해, 더 정확히는 마조히즘을 언급할 때, 이 충동들에는 두 개의 시기가 아니라 세 개의 시기가 있다는 점을 강조하게 될 것입니다. 우리는 회로상에서 이루어지는 충동의 회귀를 세 번째 시기에

---

24) 사디즘은 다른 사람에게 고통, 굴욕, 또는 통제를 가하는 행위에서 쾌감을 얻는 성향을 말한다. 마조히즘은 자신이 고통을 받거나 굴욕감을 느끼는 상황에서 쾌락을 얻는 성향을 뜻한다. 사도-마조히즘은 사디즘과 마조히즘이 동시에 존재하거나 교차하는 성향 또는 관계를 설명한다. 프로이트는 쾌락과 고통의 심리적 연결고리로 설명하려 했다. 프로이트는 마조히즘을 본능적인 자기 파괴 충동(죽음 본능, Thanatos)과 연결시키며, 고통과 쾌락이 밀접히 얽혀 있다고 보았다. 그는 사디즘이 공격 본능의 외부화를 통해 나타나는 반면, 마조히즘은 그 공격 본능이 자기 자신에게로 향하는 형태라고 해석했다.(챗GPT)

출현하는 어떤 것과 분명히 구분해야 합니다.

② 세 번째의 시기에 출현하는 하나의 주체

다시 말해, (세 번째 시기에) '하나의 새로운 주체'가 출현한다는 것인데, 이는 하나의 주체, 즉 충동의 주체가 이미 이전부터 있었다는 뜻이 아니라 주체의 출현이 새로운 것(처음 있는 일)이라는 뜻으로 이해되어야 합니다. 엄격히 말해 그 자신이 타자라고 할 이 주체는 충동이 순환의 과정을 끝마치는 한에서 출현합니다. 충동의 기능은 오직 그 주체가 타자의 수준에서 나타남으로써만 실현될 수 있지요. 자, 이제 이곳을 주목해 주시기 바랍니다.

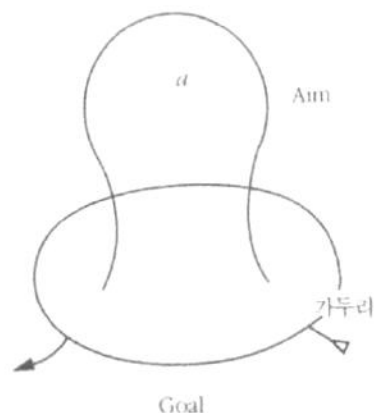

이제 우리에게 문제는 이러한 (순환의) 회로가 어디로 이어지느냐는 것입니다. 문제는 무엇보다 이 회로가 나선형을 이루는지, 다시 말해 구강 충동의 회로가 항문 충동으로 이어지는지, 그리하여 항문 충동이 구강 충동 자음 단계가 될 수 있는지입니다.…

③ 주이상스를 향한 욕망

주체는 자신의 욕망이 그 타자의 주이상스(jouissance)를 낚으려는 헛된 우회로일 뿐임을 깨닫게 될 것입니다. - 거기에 타자가 개입하는 한 주체는 쾌락의 원칙 너머에 주이상스가 있다는 사실을 깨닫게 됩니다.('전이와 충동', 『Semina 11』, 163-165)

라캉의 주이상스로의 회귀가 성욕으로의 회귀인가? 아니면, 순수한 사랑으로의 나타남인가? 라캉의 주이상스는 쾌락인데, 이 쾌락은 성적 쾌락이 아니다.

라캉은 그의 세미나ＸＸ에서 주이상스 개념을 확장하여 남성적 주이상스와 여성적 주이상스의 차이를 논의한다. 남성적 주이상스는 상징계의 구조 속에서 제한되고 규정된 주이상스이다. 이는 언어와 사회적 규범의 틀 안에서 작동한다. 여성적 주이상스는 언어와 상징계를 넘어서는 무한한 주이상스이다. 이는 "대타자(The Big Other)"를 초과하는 경험으로, 언어적으로 설명될 수 없다. 그는 "여성은 존재하지 않는다(Woman does not exist)"라는 도발적인 주장을 통해, 여성적 주이상스가 상징계에서 포착되지 않는 초과적이고 탈중심적인 차원임을 강조한다. 이것은 라캉의 주이상스가 성욕이 아니다는 것을 알 수 있다. 라캉이 말하는 주이상스는 윤리적 쾌락임을 알 수 있다.

바. 대상a 에 의해 이끌려 주이상스에 안착하는 리비도

라캉은 위의 그림이 의미하는 바는, '사랑'이라고 불리운 '성욕'은 이제 '리비도'라는 기관으로 다시 돌아오는 것을 의미한다고 말한다. 그는 마치 리비도를 하나의 보이지는 않지만, 우리 안에 내재해 있는 기관처럼 인식한다. 여기에서 사랑이라고 불리우는 성욕이 출발한 것이다. 그리고 이 사랑의 순환 운동을 이리 저리로 이끈 것은 '대상 a'였다. 그리고 대상 a가 전개되는 장은 대타자의 차원이었다. 그리고 이것이 이르는 곳은 주이상스인데, 이 주이상스는 성욕과 죽음에 대한 욕망이다.

① 기관인 동시에 기구로서의 리비도

오늘 강의는 여러분을 사랑에서 리비도로 인도할 것입니다.… 즉 리비도는 흘러가버리는 유체 같은 것이 아니며, 자기장에서처럼 주체에 의해 마련된 수렴의 중심점들 속에서 축적되거나 분할되는 것도 아닙니다. 리비도는 하나의 기관으로 인식되어야 합니다. 이는 기관이란 단어의 두 가지 의미에서 그렇습니다. 즉 그것은 유기체의 일부분으로서의 기관인 동시에 기구로서의 기관입니다. ('전이와 충동',『Semina 11』, 171)

② 리비도의 가두리로의 순환운동

이러한 순환운동은 성감대의 가두리를 거쳐나온 후 제가 대상 a라 부른 것을 한 바퀴 돈 다음 마치 그 가두리가 자신의 표적이라고 될 듯이 그 가두리로 되돌아갑니다. 저는 주체가 엄밀히 말해 대타자의 차원이라 할 수 있는 것에 도달하게 되는 것은 바로 이러한 순환 운동을 통해서라고 주장하는 바

입니다. ('전이와 충동',『Semina 11』, 177)

③ 대상a : 잃어버린 것의 대표자

이것은 리비도, 삶의 순수한 본능으로서의 리비도입니다. 말하자면 불사의 삶, 억누를 수 없는 삶, 어떠한 기관도 필요로 하지 않는 삶, 단순화되고 파괴 불가능한 삶에 대한 본능입니다. 이는 정확히 생물이 유성 생식의 주기를 따름으로 인해 상실하게 되는 부분입니다. 대상 a로 열거할 수 있는 형태들은 모두 그 잃어버린 것의 대표자, 문양에 불과합니다. 가령 젖가슴은 개인이 태어나면서 잃어버린 자기 자신의 일부, 가장 근원적으로 상실된 대상을 상징하는 데 쓰이는 그 일부를 대표하게 됩니다. 다른 대상들 모두에 대해서도 저는 똑같은 말을 할 수 있을 것입니다. ('전이와 충동',『Semina 11』, 180)

④ 무의식 속에서의 성욕과 죽음의 현전 : 주이상스

박막이 표상하는 바 -이것은 남녀관계라는 성별화된 극성이 아니라 살아 있는 주체가 그가 생식을 위해 성적 주기를 통과해야 함으로써 상실해버린 무엇과 맺게 되는 관계입니다- 를 우리에게 출현시키는 것은 바로 이 타자와의 관계입니다. 저는 바로 이렇게 해서 모든 충동이 죽음의 지대와 맺고 있는 본질적인 친화성을 설명하고 충동의 두 가지 측면을 화해시키려는 것입니다. 즉 충동은 한편으로는 무의식 속에서 성욕을 현전화하고, 다른 한편으로는 본질적으로 죽음을 대표한다는 것이지요. ('전이와 충동',『Semina 11』, 181)

5. '소외'로 인하여 출현하는 "고유한 존재"

가. 타자와 주체의 관계 - 타자로부터의 소외

라캉에 의하면, 우리의 주체가 접하는 세계는 주체의 장과 타자의 장 사이의 분할로 구성되어 있다. 타자는 시니피앙의 연쇄가 위치하는 장소, 곧 언어의 세계인데, 그 타자로 인해 주체가 출현한다. 그런데 이러한 충동이 본래의 모습으로 발현하는 곳은 이러한 생명체 쪽에서이다.

그래서 우리의 본성은 우리의 본성대로 표출되는 것이 아니라, 그 언어의 세계에서 작성되어 있는 시나리오처럼 등장하게 된다. 이것이 바로 아이의 시니피앙이다. 이제 라캉은 오이디푸스 콤플렉스를 여기에도 적용한다. 타자의 욕망에 맞추어진 채로 자신의 시니피앙을 나타낼 수밖에 없다. 그는 그의 전체의 충동을 드러낼 수 없으며, 오직 그의 부분충동으로만 나타낼 수 밖에 없었다. 즉, 성욕이 아닌 형태로만 충동이 나타나는 것이다.

그리고 이때 표출될 수 없는 성욕은 결여라는 통로를 통해 주체의 장 속에 자리를 잡게 된다. 그리고 그것이 그의 욕망이라는 무의식적 자아를 형성하게 된다. 그 내용을 라캉은 다음과 같이 말한다.

> ① 주체의 장과 타자의 장
>
> 우선 저는 주체의 장과 타자의 장 사이의 분할을 강조했습니다. 무의식의 입구와 관련해 이 두 장을 여전히 대립적인 관계로 보는 것이지요. 타자는 주체로서 현전화 될 수 있는 모든 것을 지배하는 시니피앙의 연쇄가 위치하는 장소입니다. 그것은 주체가 출현해야 하는 곳으로서의 생명체의 장이지요. 그런데 저는 충동이 본래의 모습으로 발현되는 것은 바로 주체성의 출현이 요청된 이러한 생명체 쪽에서임을 언급한 바 있습니다. ('타자의 장', 『Semina 11』, 185)
>
> ② 모든 충동은 부분 충동
>
> 모든 충동이 본성상 부분 충동인 이상, 어떤 충동도 성충동 전체성을 표상할 수는 없습니다.…
>
> ③ 타자의 장에 의해 형성되는 주체
>
> 즉, 우리가 남성으로서 또는 여성으로서 어떻게 행동해야 하는지는 전적으로 타자의 장에 속한 드라마나 시나리오에 달려 있다는 것이지요. 이것이 바로 오이디푸스 콤플렉스입니다. 저는 지난 시간에 인간 존재는 남자로서 혹은 여자로서 무엇을 해야 하는지를 하나부터 열까지 항상 타자에게 배워야 한다고 말하면서 이 점을 강조했습니다.…
>
> ④ 정신작용 속에서의 성욕은 성욕과 무관한 것으로부터 도출
>
> 그를 그리로 인도하는 것이 부분 충동이든, 부분 충동만이 정신작용에서 성욕의 결과들을 대표하든, 어쨌거나 그것은 정신작용 속에서 성욕이란 성욕 자체와는 무관한 것으로부터 도출된, 주체의 어떤 관계에 의해 대표된다는 것을 뜻합니다.

⑤ 결여라는 통로를 통해 주체 속에 자리잡는 성욕

성욕은 결여라는 통로를 통해 주체 속에 자리 잡는다는 것이지요. ('타자의 장',『Semina 11』, 186)

위의 내용을 보면, 라캉은 어떤 측면에서는 프로이트의 정신을 고스란히 계승하고 있다. 욕망을 성욕으로 보고 있는 것이다. 그래서 포스트 모더니즘의 성을 추구하는 철학자들이 라캉을 자꾸 자신의 편에 끌어들이려 한다.

나. '고유한 존재(실재계의 자아)'에 도달하는 결여의 변증법

타자의 장에서 출현한 시니피앙은 나의 대표성이다. 이때 나는 나를 상실하고 이 대표성에 맞춰진 존재이다. 그리고 이러한 결여는 주체에게 연속적으로 나타난다. 그런데, 여기에서 라캉은 앞에서 언급한 논리 없는 비약을 이어서 서술한다. 리비도가 생명체로 탄생하면서, 즉 유성생식하면서 상실한 '실재적 결여'를 우리의 주체로서의 '욕망'이 계승한다고 말한다. 프로이트가 신화 속에서 가져온 '성 본능' 속에 존재하는 '죽음 본능'을 여기에 연결시키는 것이다. 즉, 이 세계 속에서의 결여가 우리로 하여금 영원을 희구하게 했다는 논리를 이렇게 엮어낸 것이다. 어찌 되었던 '실재계의 자아'가 이렇게 출현한 것이다. 이 실재계의 자아는 성욕과 죽음본능을 함께 짊어지고 있다. 이것이 실재계에 출현한 주체 혹은 자아의 모습이다. 이것이 라캉의 주이상스의 본질이다.

① "타자-시니피앙-주체"의 변증법

여기서 두 가지 결여가 겹쳐집니다. 우선, 주체로 하여금 타자와의 관계를 통해 자신의 고유한 존재에 도달하게 만드는 변증법이 작동하는 데 중심이 되는 결함이 있습니다. 이는 주체가 시니피앙에 의존하며 그 시니피앙은 무엇보다 타자의 장 속에 있다는 데서 비롯된 것입니다.

② 결여의 계승

그런데 이러한 결여는 더 앞서 있던 또 다른 결여를 계승하는 것입니다. 그것은 선행하는 또 다른 결여, 즉 생명체가 출현하는 순간에 위치하는, 유성생식의 순간에 위치하는 실재적 결여를 계승하지요. 실재적 결여란 생명체가

'유성 생식'[25]을 통해 자신을 재생산하면서 자신의 살아 있는 일부를 상실하는 것을 말합니다. 이 결여를 실재적인 것이라고 하는 이유는 그것이 실재적인 어떤 것과 관련이 있기 때문이지요. 다시 말해, 생명체가 성에 종속된 주체가 됨으로 인해 개체로서의 죽음에 처하게 된다는 점과 관련되어 있기 때문입니다.

③ 성적보완물이 아닌 잃어버린 부분을 찾는 주체의 탐색

자신을 보완해줄 만한 것을 찾아 헤맨다는 아리스토파네스의 신화는 비장하고 매혹적인 이미지를 엮어냅니다. 이 신화는 생명체가 사랑을 찾으려는 것은 바로 타자, 바로 자신의 성적 반쪽이라 설명하고 있습니다. 분석 경험은 사랑의 신비에 대한 이러한 신화적 표상을 주체의 탐색으로 대체하고 있는데, 이때 주체가 탐색하는 것은 성적 보완물이 아니라 자기 자신으로부터 영원히 잃어버린 부분입니다. 이러한 부분은 그가 하나의 유성 생물에 불과하며 더 이상 불멸의 존재가 아니라는 사실에서 비롯된 것이지요.

④ 부분충동은 성적충동이 아닌 죽음충동

어떤 이유 때문에 유성 생물이 미혹에 이끌려 성적 실현으로 유도되었다고 한다면, 이제 여러분은 그와 똑같은 이유에서 충동, 즉 부분 충동은 근본적으로 죽음 충동이며 그 자체로 유성생물 속에서 죽음의 몫을 대표한다는 사실을 이해하실 수 있을 겁니다. ('타자의 장',『Semina 11』, 187)

다. 시니피앙으로부터 출현하는 주체

모든 것은 시니피앙의 구조로부터 출발하는데, 주체가 타자와 맺는 관계는 전적으로 간극의 과정 속에서 발생한다. 이 간극을 통하여 시니피앙이 출현한다. 이것은 지금까지 우리가 살펴본 바이다. 그런데, 이때 출현하는 주체는 시니피앙으로부터 호명 당하고 그것으로 굳어버리게 만들어진 주체이다. 이것은 마치 '아파니시스(사라짐)'과 같은 것이었다.

모든 것은 시니피앙의 구조로부터 출발합니다. 이 시니피앙의 구조는, 제가 처음에는 절단(단절)의 기능이라 불렀고 지금은 제 담화의 전개상 가두리의

25) 암수 생식세포의 결합을 통해 새로운 개체를 만드는 생식 방법

위상학적 기능으로 제시하고 있는 어떤 것에 기반을 두고 있습니다. 주체가 타자와 맺는 관계는 전적으로 간극의 과정 속에서 발생합니다. ('타자의 장', 『Semina 11』, 188)

따라서 정신분석은 시니피앙의 효과로서 규정된 주체의 기능 없이는 인간의 심리적 사태란 생각조차 할 수 없는 것임을 상기시켜줍니다. 물론 여기서 과정은 주체와 타자 사이의 순환적인 것으로서 분절되어야 합니다. 이는 타자의 장에서 호명된 주체로부터, 그 자신이 지켜보는 가운데 타자 -그곳으로 되돌아온 타자 - 의 장에서 출현한 무언가의 주체로 되돌아오는 순환 과정입니다. ('타자의 장',『Semina 11』, 188)

타자의 장에서 생겨나는 시니피앙은 그것의 의미효과에 의해 주체를 출현시킵니다. 하지만 그 시니피앙이 진정한 시니피앙으로서 기능하는 것은 오로지 그것이 이러한 과정 중에 있는 주체를 그저 하나의 시니피앙으로 환원시킴으로써입니다.… 그 운동을 통해 주체를 돌처럼 굳어버리게 만듦으로써인 것입니다. 바로 여기에 말 그대로 시간적 박동이 있는데, 이러한 박동 속에서 무의식 그 자체의 출발을 특징짓는 것, 즉 닫힘이 설정됩니다.… 바로 '아파니시스', 사라짐이란 용어입니다. ('타자의 장',『Semina 11』, 188-189)

라. 소외로 인하여 탄생하는 주체

언어가 주체의 외부에 선행하는 구조라면, 우리의 주체는 여기에서 어떻게 구성이 되어질까? 이에 대해 라캉은 "선재하는 타자(언어) 안에서 우리의 주체가 구성되는 과정을 소외의 과정으로 설명"하고 있다. 이에 대해 박아미는 다음과 같이 설명하고 있다.

주체가 되기 위한 첫 번째 관문을 구성하는 소외는 주체가 근본적으로 낯선 상징적 질서 안에서 자리를 확보하면서 분열을 겪는 과정이다. 라캉의 관점에서 인간이 타자 안에서 주체의 기반을 마련할 수 밖에 없는 '말하는 존재'인 한 이러한 소외는 불가피하다. 즉, 우리는 기계장치와 같이 그 자체의 삶을 갖는 언어에 의해 말해지는 한 소외이며, 이에 따라 말하기를 배우는 모든 인간은 그로 인해 자기 자신으로부터 소외된다.[26]

라캉에 의하면, 우리의 주체를 형성하기 위해, 우리가 상징적 질서(언어체계)에 진입하기 위해서 우리는 언제나 "강요된 선택(소외)"을 접하게 된다. 사실상 "선택은 이미 결정되어 있으며, 주체는 언제나 타자에 대한 종속을 선택할 수 밖에 없는 위치"로 주어진다. 이에 대해 박아미는 다음과 같이 말하고 있다.

라캉에게 있어서 소외는 언제나 본질적으로 '강요된 선택'이라는 관념과 연관된다. 『정신분석학의 네 가지 근본개념』에서 라캉은 이러한 소외의 메커니즘을 서로 배타적인 두 부분 사이의 '강요된 선택'으로 특징지어지는 'either/or'의 관계로 설명하고 있다. 이에 따르면 상징적 질서에 진입하는 관문으로서 타자와의 첫 대면은, 그 자신이 비유로 들고 있는 다소 과격한 예에서와 같이 불공평한 대결로 특징지어 진다. 라캉의 세미나에 등장하는 '돈 내 놓을래, 목숨 내 놓을래"라고 위협하는 강도 앞에서 우리는 목숨을 선택할 수 밖에 없다. 돈을 지키겠다는 무모한 선택을 한다면 돈도 목숨도 모두 잃을 것이기 때문이다. 이처럼 타자와의 첫 대면에서 주체가 직면하게 되는 선택은 우리가 주체와 연관시키는데 익숙한 자유롭고 자율적인 선택과 대립되는 것이다. 선택은 이미 앞서서 결정되어 있으며, 선택의 자유는 존재하지 않는다. 이에 따라 주체는 언제나 타자에 대한 종속을 선택할 수 밖에 없는 위치로 주어진다."[27)]

그리고, 여기에서 "타자에 대한 종속을 선택한다는 것은, '말이 구성되는 장소' 즉 '기표들의 연쇄로 이루어진 상징계에로 종속을 의미"한다. 따라서 "타자에 대한 종속의 선택은 곧 규범적인 언어의 세계로의 진입을 선택하는 것"이며, "주체가 자신을 기표에 위임하는 길을 선택하는 것"이다. 이에 대해 박아미는 다음과 같이 말한다.

라캉에 따르면 이러한 선택에 의해 상징적 질서에 진입한 주체는 기표의 그물망 속에서 '하나의 기표에 의해, (또는) 다른 기표에 대해 대리'되는 위치

26) 박아미, p15.
27) 박아미, p15.

에 놓인다. 그리고, 이처럼 상징적 질서 안에서 기표에 의해 대리됨으로써 주체는 실존을 획득한다. 라캉의 어법에 따를 때, 주체가 실존을 획득한다 함은 상징적 질서 안에 주체의 자리가 마련된다는 것을 뜻한다.

이러한 선택은 주체에게 어떤 상실과 대면할 것을 요구한다. …따라서 라캉이 제시하는 '강요된 선택'의 근저에는 …한쪽을 선택함으로써 다른 쪽을 잃는다는 것을 의미할 뿐 아니라 우리가 선택한 쪽 역시 그 일부가 상실되어 있다는 것이다. 다시 말해, 우리가 선택한 요소는 오직 그것의 일부가 잘려나간 상태로 유지될 수 있으며, 그렇지 않을 경우 둘 다 잃게 된다.…"[28]

마. 타자 속에서 등장하는 주체 - 주체의 '아파니시스 효과'

라캉은 프로이트의 *Vorstellungsreprasentanz(표상+대표)*를 '표상의 대표자'라고 번역하면서, 프로이트의 '정동(精動, 마음)'이라는 용어 이해를 통해, "정동은 자신의 능력이 닿는 곳이면 어디든 다른 곳으로 갈 수 있다"고 말한다. 그래서 이것은 주체가 타자 속에서 등장한다고 생각할 수 있게 해주는 시니피앙의 첫 번째 짝짓기 속에 위치시킬 수 있다. 이때 이 다른 시니피앙은 주체의 '아파니시스(사라짐)'라는 효과를 산출한다.

① 정동의 자리

정동은 자신의 능력이 닿는 곳이면 어디든 다른 곳으로 갈 수 있습니다. 정동이 자기 자리가 아닌 다른 곳에서 의미를 갖는다는 사실을 환자에게 확인시켜주실 심리학 교수들이라면 얼마든지 널려있습니다.

② 욕망으로 표상된 것, 표상의 대표자

그래서 저는 억압되는 것, 그것은 욕망으로서 표상된 것, 즉 의미효과가 아니라 '표상의 대표자'라는 사실을 강조했던 것입니다.…

③ 욕망의 대표자 속에 등장하는 주체

우리는 이 표상의 대표자를 소외의 본원적 메커니즘에 대한 제 도식 속에, 즉 주체가 무엇보다 타자 속에 등장한다고 생각할 수 있게 해주는 시니피앙의 첫 번째 짝짓기 속에 위치시킬 수 있습니다. 이는 최초의 시니피앙, 즉

28) 박아미, p15.

단항적 시니피앙이 타자의 장에 출현하며 그 시니피앙이 다른 시니피앙에게 주체를 대표하는 한에서 그렇습니다.
④ 시니피앙의 연속
이때 다른 시니피앙은 주체의 '아파니시스'라는 효과를 갖습니다. 바로 거기서 주체의 분열이라는 사태가 발생합니다. 즉 주체가 한쪽에서 의미로서 나타난다면 다른 쪽에서는 '페이딩', 즉 사라짐으로서 모습을 드러낸다는 것입니다.… '표상의 대표자'란 바로 이 이항적 시니피앙을 말하는 것입니다.('타자의 장',『Semina 11』)

"자신의 마음이 닿는 곳이면 어디든 다른 곳으로 갈 수 있다"는 정동의 의미에 따라 주체가 타자 속에서 등장한다. 라캉에 의하면, 이런 형태로 하여서 주체가 실재계에도 탄생한다.

바. 평가 : '실재계적 자아'를 출현시키는 '대상 a'

라캉은 우리의 욕망을 매우 숭고하게 다루고 있다. 우리의 그 욕망이 있는 곳에 나라는 주체가 출현한다. 이 욕망의 나의 결핍을 통해서 생겨나는 것이다. 결핍도 없고, 욕망도 없으면 나의 탄생은 존재하지 않는다. 그런데, 우리는 뭔가에 의해 결여를 본능처럼 가지고 있다. 그런데, 이것은 경험을 비추어보았을 때 성욕은 아니다. 인생의 성숙도가 자라날수록 차라리 죽음본능이 훨씬 친숙하다. 이것은 자아실현욕구와도 같으며, 내세를 준비하는 기독교인들에게서 반드시 나타나는 본능이다. 이것은 성욕이라기 보다는 자아실현욕구이다. 라캉의 욕망이 이 실재계에 이르러서는 자아실현욕구로 나타난 것이다.

그런데, 중요한 것은 내 주체가 이제 내 욕망이 있는 그곳에 출현한다는 것이다. 기독교인들의 욕망은 어디에 있는가? 그곳은 하늘나라이다. 기독교인들이 추구하고 있는 부활하신 예수 그리스도의 계신 곳이 하늘 보좌이기 때문이다. 그러면, 우리의 주체(자아)는 바로 그 하나님 보좌 앞에서 출현한다. 이것은 실제로 그러하다.

라캉은 주이상스는 우리 각 사람의 욕망이 최고조에 이른 상태를 말한다. 라캉의 주이상스는 남성의 경우, 대개 사회적 성취욕으로 나타난다. 그의 주체는 그곳에서 출현하는 것이다. 그래서 그러한 사람은 그 방향으로 최선을 다하게 된다. 그의 주체가 그곳에 있기 때문이다. 라캉은 여성적 주이상스는 실재계를 찾는다고 말한다. 실재계는 사실은 다분히 종교적이다.

그래서 라캉의 주이상스는 상당히 윤리적이다. 라캉은 윤리는 반드시 쾌락을 산출하여야 한다고 말한다. 남성이 사회에서 성공을 거루려는 욕망은 상당히 건실한 윤리이다. 여성이 남편의 사랑을 희구하며, 종교적 열망을 갖는 것은 상당히 올바른 윤리적 쾌락이다.

[정리] 라캉에 대한 평가

라캉은 프로이트의 심리철학과 소쉬르의 언어철학을 접목한 철학자이다. 라캉으로 인하여 성욕에 갇혀 있는 프로이트 철학에 새로운 의미가 되었다고 평가될 수도 있을 것이다.

프로이트와 라캉

프로이트 철학이 대단한 것은 꿈의 해석을 통해 무의식의 세계를 발견하였다는 것이다. 무의식을 많은 철학자들이 알기는 하였지만, 꿈 속에서의 그 무의식적 자아의 모습을 보여준 것은 철학사에서 대단한 것이었다.

그런데, 문제는 그 무의식적 자아의 모습이 온통 성욕으로 그려진다는 것이다. 프로이트는 그 생체에너지인 리비도를 오직 성욕으로만 파악하였다. 심리치료사로서 임상을 통해서 온통 발견되는 것이 성욕이었기 때문이다. 그는 병든 사람의 심리구조를 온통 정상인도 그렇게 생각을 하였다. 혹은 그 자신은 어떠하였는지도 의문이 든다. 라캉은 이 프로이트의 사상을 비교적 온전히 받아들였다.

그런데, 해소할 수 없는 어떤 것이 있었는데, 그 리비도를 성욕으로만 해석할 경우, 인생들이 사회인이 되어가면서, 그리고 노년이 되어가면서 변화되는 욕망의 변화를 어떻게 할 것인가? 사회인이 되어서는 사회에 적응하기 위해 최선을 다하며, 연로하여서는 자아실현을 위해 최선을 다하는 정상적인 삶을 사는 사람들을 어떻게 이해할 수 있을까? 이에 대해 라캉은 "성적충동"에 "부분충동"이라는 개념을 도입하고, "에로스"에 "타나토스"의 파괴본능을 도입해서 이 문제를 해결하려 하였다.

소쉬르와 라캉

프로이트 당시에는 소쉬르의 언어학이 소개되기 전이었다. 그런데, 소쉬르의 언어학에 의하면, 기표와 기의가 있는데, 동일한 기표에 대해 해석하는 자에 의해 그 기의가 달라지며, 이 세계가 우리의 무의식 속에 이전되는 것을 알게 되었다. 그래서 시니피앙의 연쇄 속에서 우리의 주체가 형성되는 것이었다.

이때 주체 형성의 원리는 욕망이었다. 그리고 이 욕망은 결여에서 나왔으며, 여기에서 또 다시 프로이트의 오이디푸스 콤플렉스가 동원되었다. 이 욕망이 타자로서의 세계를 만나면서 그곳에서 주체가 출현하였다.

상상계에서는 육적 주체가 출현하였으며 육적 욕망이 아이의 주체를 이루었다. 거울단계의 주체인 것이다. 아이가 상징계에 진입을 하면서 아이는 사회적 욕구를 갖게 되고, 사회적 쾌락을 위해 최선을 다한다. 그러면서 타나토스의 죽음본능 맞으며, 실재계에 이른다. 이곳에서 실재계의 주체가 생성되는데, 그것은 자아실현 욕구로 나타난다.

라캉은 이 각 단계의 욕구를 욕망이라고 표현한다. 프로이트의 리비도는 오직 성욕이 그 모든 것인데, 라캉은 오히려 이것을 욕망이라고 표현한다. 그런데, 그것이 성욕이라는 프로이트의 말을 받아들인다. 그런데, 오히려 부분충동이나 죽음본능을 더 중시 여긴다. 결론적으로 프로이트와 라캉의 욕망은 형식은 같을지 모르지만, 그 내용은 서로 다르다. 프로이트의 욕망은 성욕인 반면, 라캉의 욕망은 윤리적 쾌락이다.

욕망과 주체의 탄생

라캉이 발견한 것으로서 각계에서마다 출현하는 주체의 나타남이다. 이 주체의 나타남은 욕망으로 인한 것인데, 상상계에서는 육적 본능에 따라 주체(자아)가 출현한다. 상징계에서는 사회적 욕구에 따라 의식적 자아가 출현한다. 실재계에서는 죽음본능에 따라 자아실현욕구기 욕망으로 나타나며, 실재계를 추구하는 무의식적 초자아가 출현한다.

따라서 각 단계마다 출현하는 인간의 욕망은 매우 윤리적이다. 인생으로 하여금 그 시기마다 시의적절하게 욕망이 출현하는 것이다. 그 욕망이 이루어질 때 쾌락이 나타나지만, 그것의 성취여부와는 상관없이 인생들로 하여금 자신의 본분에 충실하게 한다.

여기에서 실재계와 관련하여서는 초자아의 욕망과 매우 깊은 연관이 있다. 이때 형이상학 세계 혹은 하늘에 대한 욕망이 생성되기 때문이다. 그리고 그것은 그로 하여금 자아실현 욕구로서 종교적 열망을 갖게 한다. 기독교인들은 이렇게 하여 신비주의를 추구하게 되는 것이다. 우리가 하늘나라에 열망을 가지면, 그 하늘나라 실재계에서 우리의 주체가 탄생한다. 이렇게 우리의 욕망에 따라 우리의 주체가 결정되며, 그곳에서 재탄생한다. 이것이 라캉 철학의 의미 있는 기여일 수 있다.

라캉과 칼 융

라캉은 프로이트의 분기점이다. 라캉에게서 프로이트적인 요소를 중심으로 끌어내면, 그것은 푸코와 같은 류의 성욕중심의 포스트 모더니즘이 출현한다. 그러나 라캉에게서 죽음본능이나 초자아의 윤리적 쾌락을 끌어내면 칼 융과 같은 철학으로 등장한다. 라캉은 1901년생이며, 칼 융은 1905년생이어서 서로 철학적으로 주고 받은 것은 없지만, 사상의 흐름이 그렇다는 이야기이다.

라캉과 기독교 철학

라캉은 욕망을 프로이트의 성욕에 종속시켰다. 그런데, 라캉의 그 욕망을 무색무취의 생체에너지라고 해도 좋을 듯하다. 이 생체 에너지는 이제 환경이라는 구조(상상계, 상징계, 실재계)를 만나면, 그 세계의 에너지를 산출한다. 상상계에서는 육체적 욕망으로 나타나며, 상징계에서는 사회적 욕망으로 나타나고, 실재계에서는 자아실현적 욕망으로 나타난다. 즉, 인간의 자아는 "영-혼-몸"의 삼위일체적 구조를 가지고 있다. 이렇게 인간의 욕망도 각각 다르게 나타난다.

3부　칼 구스타프 융

1장 칼 구스타프 융의 생애와 저술 등

1. 칼 구스타프 융의 생애(1875-1961)

가. 출생에서 대학졸업까지 (1875-1900)

융의 회고록에 의하면, 융은 매우 섬세하고 내성적이며 민감하였다. 그는 10대에 벌써 그는 기독교 교리서적을 읽으면서 이것이 합리적으로 납득되지 않음으로 큰 갈등을 부친과 겪었으며, 성인 입교식의 성찬식에서 교리의 내용과 불일치하는 교회의 모습에 큰 실망을 가졌다. 그리고 그는 평생토록 기억될만한 혼자만의 심리적 체험도 있었다. 그리고 그는 시골 교회 목사의 아들로서 가난하였으며, 21세 때에 부친의 사망으로 그가 가족의 생계를 책임져야 했다. 그는 진로를 고민하던 끝에 대학졸업과 동시에 당시에는 별로 인기 없는 분야였던 정신과 의사가 되었다. 그가 탄생하여서 정신의학자가 되기까지의 생애를 『인물세계사』의 김중서는 다음과 같이 소개한다.

칼 구스타프 융은 1875년 7월 26일에 스위스 북부 투르가우 주의 시골 마을 케스빌에서 개신교 개혁파 목사의 장남으로 태어났다.… 융은 바젤 근교의 클라인휘닝겐에서 성장했고, 11세 때에 바젤의 김나지움에 입학해서 중등 교육을 받았다.

회고록에 따르면 융은 어린 시절부터 상당히 예민한 기질의 소유자였고, 심령 현상에 관심이 많았다.… 사춘기에 접어들면서는 기독교 신앙에 대한 회의로 목사인 부친과 갈등을 빚기도 했다. 특이한 꿈과 환상을 체험하면서 점차 품게 된 인간의 내면에 대한 관심은 훗날 그의 인생 행보를 결정한 요인이었다.

1895년 융은 김나지움을 졸업하고 바젤 대학에서 의학을 전공하게 되었다.

1896년에 부친이 사망함으로써 융은 대학에 다니면서 어머니와 여동생의 생계를 책임지는 가장의 의무를 떠맡아야 했다.

1900년에 의사 자격시험을 앞두고 융은 정신의학자 리하르트 폰 크라프트에빙의 책을 읽다가 정신과 의사가 되기로 작정했다. 이때까지만 해도 정신의

학은 아직 개척 중인 분야였으며, 의과대학에서 정규 과목으로 편입된 지도 얼마 되지 않은 상황이었다. 하지만 융은 정신의학을 통해 본인이 관심을 갖는 정신과 자연이라는 두 가지 영역의 조화가 가능할지도 모른다는 기대를 품었다. (『인물세계사』, 박중서)

나. 취리히 의과대학 교수

융은 대학을 졸업한 후 '정신분열증'이라는 용어를 고안한 정신의학자 오이겐 블로일러(1857-1939) 밑에서 연구와 치료에 전념하던 중, 융은 정신질환자를 치료하는 과정에서 기존의 '자유 연상' 기법을 개선한 '단어 연상' 기법을 제안해서 주목을 받았고, 아울러 환자가 지닌 고통의 근본 원인이 되는 "다양한 생각의 집합"을 일컫는 '콤플렉스'라는 단어를 고안했다. 그리고 1903년에 결혼을 하였고, 1905년에는 취리히 대학의 교수가 되었다. 프로이트는 이 시기에 만났다. 『인물세계사』의 김중서는 이 시기의 융을 다음과 같이 소개한다.

1900년에 대학을 졸업한 융은 취리히 의과대학 부설 부르크횔츨리 병원에 취업한다. 그는 '정신분열증'이라는 용어를 고안한 정신의학자 오이겐 블로일러(1857-1939) 밑에서 연구와 치료에 전념했다. 융은 정신질환자를 치료하는 과정에서 기존의 '자유 연상' 기법을 개선한 '단어 연상' 기법을 제안해서 주목을 받았고, 아울러 환자가 지닌 고통의 근본 원인이 되는 "다양한 생각의 집합"을 일컫는 '콤플렉스'라는 단어를 고안했다(지금은 흔히 '열등의식'과 동의어로 여겨지지만, 모든 콤플렉스가 열등의식까지는 아니다).
1903년에 융은 엠마 라우셴바흐와 결혼했다. 스위스에서도 손꼽히는 시계 제조업자의 딸인 엠마는 막대한 유산을 상속받아서 융의 연구에 독립성을 보장해주었다. 엠마는 훗날 프로이트와 서신을 교환하고 정신분석가로 활동할 만큼 지적이고 명석했기 때문에, 융에게는 이상적인 배우자 겸 동료 노릇을 해 주었다.
1905년에 융은 취리히 의과대학의 교수가 되어 더욱 명성이 높아진다. 그리고 이 시기에 융은 또 한 명의 중요한 인물을 만난다. 바로 오스트리아 빈의 정신의학자 지그문트 프로이트였다. (『인물세계사』, 박중서)

다. 프로이트와의 만남과 결별 (1906-1913)

융은 부르크횔츨리 병원에서 일하는 동안 "도대체 무엇이 정신병자의 내면에서 실제로 일어나고 있는가"의 문제로 고민하였으며, 이 질문과 관련하여서 프로이트의 글을 깊이 있게 접하게 되었다. 그는 개인 병원을 냄을 통해서 이 병원은 사임하였으나, 강의는 계속하여 그의 명성은 알려지는 가운데 프로이트를 조우하게 되었다. 이들의 관계는 급속도로 발전하여 프로이트는 융을 자신의 후계자로 삼고자하였다. 그런데, 정작 융은 프로이트의 이론에서 깊은 한계를 파악했으며, 이들은 갈라설 수 밖에 없었다. 이에 대해서 『인물세계사』에서 박중서는 다음과 같이 소개한다.

> 칼 구스타프 융과 지그문트 프로이트. 존경과 우정에서 시작되어, 사상적 갈등을 거치고, 결국 결별과 반목으로 마무리된 두 사람의 관계는 정신분석학은 물론이고 현대 지성사에서도 가장 유명한 일화 가운데 하나다. 일반적으로는 융이 프로이트의 권위를 인정하지 않았던 것이 갈등과 결별의 이유로 거론되지만, '히스테리'[29] 연구에 근거를 둔 프로이트의 이론과 '정신분열증'[30] 연구에 근거를 둔 융의 이론은 애초부터 근본적인 차이를 드러내고 있었다.
>
> 정신분석 운동의 초기에 융은 프로이트의 『꿈의 해석』(1900)을 읽고 나서, 격렬한 찬반양론을 불러온 이 새로운 이론이 자신의 고찰과도 상당 부분 일맥상통하는 부분이 있음을 깨닫고 흥분했다. 하지만 프로이트의 동조자가 되는 데에는 적잖은 위험이 따랐다. 융이 논문과 저서에서 프로이트의 입장을 지지하자, 주위의 동료들은 자칫 학계에서 매장될 수 있다며 충고를 빙자한

---

29) 히스테리는 자궁을 뜻하는 그리스어에서 온 용어이며, 사람이 어렵고 힘든 상태에서 벗어나기 위한 방편으로 신체적 증상을 발달시키는 방어기제라 할 수 있다. 히스테리는 한때 여성 고유의 질환으로 여겨지지도 했으나, 정신 의학에서는 이 용어를 신경적 행동을 일컬을 때 쓰게 되었다. 프로이트는 자신의 연구에서 무의식적 환상, 갈등, 억압, 동일시, 전이를 발견했으며, 이 발견으로부터 정신 분석이 시작되었다. 그는 히스테리 증후를 성에 대한 기억과 환상이 억압되어 신체적 증후로 바뀐 것이라 설명했다. (박현일, 『아동미술용어사전』)

30) 정신분열증은 현실에 대한 왜곡된 지각, 비정상적인 정서체험, 사고·동기·행동의 총체적인 손상과 괴리 등을 수반하는 정신장애를 일컫는 말이다.…정신(즉, 마음)이 분열, 즉, 갈라져 있다는 것이다.(『네이버 지식백과』, 생활 속의 심리학, 김경일)

위협을 가하기도 했다. 하지만 융은 이렇게 응수했다. "프로이트가 말하는 것이 진리라면, 나는 기꺼이 그의 편에 서겠다."

1906년부터 1913년까지 융은 프로이트와 활발히 서신을 교환했으며, 1907년 2월에 빈으로 찾아가 프로이트를 처음으로 만났다. "우리는 낮 한 시에 만났다. 그리고 열세 시간 동안 정말 쉬지 않고 이야기를 나누었다." 프로이트의 입장에서 융의 지지는 천군만마나 다름없었다. 한편으로는 융의 논리적이고 과학적인 사고방식이 지닌 장점 때문이었고, 또 한편으로는 유대인 위주의 정신분석 운동에 비(非)유대인인 융이 가담함으로써, 이 운동의 성격에 대한 오해가 줄어들 수 있으리라 기대한 까닭이었다.

프로이트는 정신분석 운동에서 융을 기꺼이 2인자, 또는 황태자로 인정하려는 의향을 드러냈다. 하지만 두 사람 사이에는 점차 입장의 차이가 두드러졌다. 가장 첨예한 갈등은 프로이트의 성 이론에 대한 융의 비판이었다. "나는 꿈과 히스테리의 복잡한 메커니즘을 인정하지만, 그렇다고 프로이트처럼 어린 시절의 성적 외상(트라우마)에 유일한 의미를 부여하지는 않는다. 또 프로이트처럼 성을 과도하게 전면에 부각시키지도, 성이 심리적 보편성을 가지고 있다고 생각하지도 않는다."

1909년에 융과 프로이트는 7주간 미국을 방문했다. 이 여행은 두 사람의 결별을 가속화시킨 계기가 되었다. 이때의 경험을 통해서 융은 프로이트가 "진리보다는 개인의 권위"를 더욱 앞세운다는 인상을 받았으며, 프로이트의 이론이 일종의 도그마와 개인숭배로 변질되었다는 점에 거부감을 느꼈다. 프로이트 역시 융이 종교나 신비주의 같은 미심쩍은 "고대의 잔재"에 관심을 보이는 것에 불만을 느꼈다. 1910년에 융은 국제 정신분석 협회의 초대 회장으로 선출되었지만, 양쪽의 갈등은 점점 깊어졌다.

1913년에 이르러 융과 프로이트는 마침내 결별하게 되었다. 프로이트는 "우리의 사적인 관계를 모두 중단하기로 하자"는 내용의 편지를 보냈고, 융도 "더 이상 당신과 함께 일하는 것이 불가능하게 되었다"고 시인했다. 이후로 프로이트는 융에 대한 언급을 가급적 피했지만, 사적인 자리에서는 그 결별을 오랫동안 아쉬워했다는 증언이 있다. 융 역시 프로이트의 사상에서 받은 영향을 기꺼이 인정했다. "프로이트의 정신분석학이 없었더라면, 나는 (심리학 분야의 여러 문제에 대한) 해결의 열쇠를 찾지 못했을 것이다." (『인물세

계사』, 박중서)

라. 독자적인 정신의학 이론의 전개 (1913-1933)

프로이트와의 결별 후에 융은 그의 사상이나 환자의 치료방법에 있어서도 공백상태에 빠졌다. 그리고 이때 그는 '무의식'을 본격적으로 탐구하기 시작하였다. 그는 평생을 '무의식'을 연구하였으며, 또한 '상징'으로서의 '꿈'을 연구하였다. 그는 '영지주의' 제자들의 글과 중국의 '연금술'에 관한 서적이 자신에게 많은 영감을 주었다고 그의 자서전에서 고백한다. 이와 같은 후반의 그의 연구에 대해 『인물세계사』에서 박중서는 다음과 같이 말한다.

> 프로이트와의 결별은 융의 인생에서 중대한 전환점이 되었다. 1913년에 융은 오래 몸 담았던 취리히 의과대학에서 사임했고, 학문적으로나 정신적으로나 일시적인 고립에 빠져들었다. 융은 "방향상실 상태"인 동시에 "완전히 허공에 떠 있는 느낌"으로 무의식의 세계에 대한 본격적인 탐사에 몰두했다. 이 시기에 그는 여러 가지 불가사의한 신비 현상을 체험했다. 가령 제1차 세계대전이 터지기 직전에는 대규모 재앙에 대한 환상을 보았으며, 유령을 목격하거나 의미심장한 꿈을 꾸는 경우도 적지 않았다.
>
> 이때부터 융은 영지주의와 연금술의 연구에 몰두했으며, 무의식의 본질을 탐색하는 과정에서 자기 안의 또 다른 인격의 목소리를 듣고, 만다라를 치료의 도구로 응용하기도 했다. 이 시기에 융은 자신의 내면을 깊숙이까지 들여다보는 작업을 수행했고, 그 부산물로 여러 권의 개인적이고 비밀스러운 기록을 얻게 되었다. 이런 기록 가운데 하나를 읽어보는 특권을 누렸던 한 친구는 다음과 같이 의미심장한 평가를 내리기도 했다. "융은 그 자신이 걸어 다니는 정신병원이었을 뿐만 아니라, 그 병원의 최고 의사이기도 했다."
>
> 융의 이론에 내재된 이중적인 성격은 아마도 그의 관심이 평생 동안 심령과 과학으로 양분된 까닭이었을 것이다. 의사인 동시에 신비체험자였던 그는 과학의 방법만으로는 쉽게 규명할 수 없는 거대한 세계가 인간의 내면에 들어 있다고 확신했다. 그 새로운 세계를 규명하려는 후반기의 저서는 종종 모호하고 혼란스러운 인상을 주기 때문에, 융은 종종 과학자를 빙자한 공상가로

오해되곤 한다. 하지만 과학적으로는 설명이 불가능한 현상에 대해서도 융은 정신의학의 입장에서 최대한 객관적인 해명을 시도했다.
1922년에 융은 취리히 호수 인근의 볼링겐 마을에 땅을 구입하고, 수도나 전기 같은 편의시설을 의도적으로 배제한 소박한 별장을 지었다. 설계와 공사에 직접 참여하여 33년간 증축을 거듭한 볼링겐 별장은 융의 사상적 발전과 업적의 상징이나 다름없었다. 나아가 그는 동양학자 리하르트 빌헬름이 번역한 [황금 꽃의 비밀(太乙金花宗旨)]를 읽고 연금술의 의미에 관해 새로운 시각을 얻게 되었으며, 여러 차례 아프리카와 인도를 여행하면서 유럽 이외의 문화와 사상에 대한 관심을 넓혔다. (『인물세계사』, 박중서)

그리고 그는 1933년에 히틀러가 독일과 오스트리아의 권력을 장악한 이후에도 융은 스위스 국적에 비(非)유대인이라는 이유로 여전히 명성을 유지하며 활동을 펼쳤다. 이로 인해 그는 자연스레 나치 협력자, 또는 반(反)유대주의자로 오해를 받았다. 이에 대해 융은 자신은 그렇지 않다고 말한다. (『인물세계사』, 박중서)

마. 말년과 임사체험(1944-1961)

한편, 융의 생애의 말년에 그는 임사체험을 경험하였으며, 기독교에 대한 분석의 책을 썼고, 신화와 상징에 관한 글들을 썼다. 이에 대해 박중서는 다음과 같이 요약한다.

1944년에 융은 사고로 다리가 부러지고, 심근경색으로 병원 신세를 졌다. 그 와중에 그는 임사체험을 경험했으며, 본인의 회고에 따르면 차라리 이 상태로 세상을 하직했으면 하는 마음이 들 정도로 황홀감을 느꼈다.
1947년에는 두 번째 심근경색으로 병원 신세를 졌지만, 건강을 회복한 다음부터는 다시 활발한 연구에 돌입했다.
1948년에는 취리히에 융 연구소가 설립되었다. 욜란데 야코비(1890-1973)와 마리 루이제 폰 프란츠(1915-1990) 등은 융의 제자들 가운데에서도 가장 주목할 만한 인물이다.

말년의 저서 중에서는 기독교에 대한 분석으로 큰 논란을 일으킨 [아이온](1951)과 [욥에게 보내는 답](1952), UFO 현상을 집단무의식의 발현으로 해석한 [현대의 신화](1958), 융 사상의 입문서로 유명한 [인간과 상징](1961) 등이 유명하다. 82세 때인 1957년부터는 5년간 집필 및 구술을 통해 자서전을 만들었다. "나의 생애는 무의식의 자기실현의 역사다." 이 유명한 말로 시작되는 자서전은 융의 생애와 이력뿐만 아니라 여러 가지 신비 체험에 대한 증언을 담았고, 그의 사후인 1961년에야 간행되었다.

1955년에 취리히에서는 80세 생일을 맞이한 융을 위해 대대적인 축하 행사가 펼쳐졌다. 하지만 그 해 말에는 반세기 넘게 해로한 부인 엠마가 사망하면서, 융도 급속히 노쇠의 기미를 보였다. 1961년 6월 6일 저녁, 칼 구스타프 융은 퀴스나흐트의 자택에서 사망했다. "부르든 부르지 않든, 신은 존재할 것이다." 융의 묘비에 적힌 문구는 언젠가 그가 인터뷰에서 한 말을 상기시킨다. 신을 믿느냐는 질문을 받자, 융은 이렇게 대답했다. "나는 그분을 믿는 게 아니라, 그분을 압니다."(『인물세계사』, 박중서)

2. 융과 분석심리학

융은 직접 프로이트에게 수학하지는 않았지만, 프로이트의 서적에 큰 영향을 받았고, 그의 이론을 수용하고 계승하였다고 보아야 한다. 그런데 그 둘은 본질에 있어서 크게 달랐다.

가. 융의 '분석심리학'의 특징

융은 보편적이고 원초적인 차원의 '집단 무의식'이 있다고 보았다. 인간의 마음은 여러 층으로 나뉜다. 우선 의식에 해당하는 자아가 있고, 그 아래에 개인무의식과 집단무의식이 있고, 마음의 맨 한가운데에 바로 '자기'가 있다. 분석심리학의 핵심은 '개성화 과정,' 즉 자아가 무의식의 여러 측면을 발견하고 통합하는 "무의식의 자기실현 과정"이다. 이에 대해 『인물세계사』에서 박중서는 다음과 같이 소개한다.

① 융의 심리학 : 분석심리학

1913년의 어느 강연에서 융은 자신의 이론을 '분석심리학'이라고 명명했다. 이는 프로이트의 '정신분석학'이나 블로일러의 '심층심리학'과 대비되는 개념이었다.

② 개인 무의식 vs 집단 무의식

프로이트가 '개인 무의식'의 규명에 열중했다면, 융은 보편적이고 원초적인 차원의 '집단 무의식'이 있다고 보았다. 인간의 마음은 여러 층으로 나뉜다. 우선 의식에 해당하는 자아(나, 또는 에고)가 있고, 그 아래에 개인무의식('그림자'가 있는 곳)과 집단무의식('아니마'와 '아니무스,' '원형'이 있는 곳)이 있고, 마음의 맨 한가운데에 바로 '자기'가 있다.

③ 분석 심리학의 핵심 : 무의식의 자기실현

분석심리학의 핵심은 '개성화 과정,' 즉 자아가 무의식의 여러 측면을 발견하고 통합하는 "무의식의 자기실현 과정"이다. 우리가 정신적으로 건강해지기 위해서는 의식과 무의식이 조화를 이루어야 하지만, 개인은 사회생활을 하면서 사회가 원하는 모습, 즉 '페르소나'를 취하게 된다. 이 과정에서 우리의 다른 인격적 측면이 무의식 속에 억압되면, 그렇게 억압된 만큼의 보상을 치러야 한다. 이처럼 의식과 무의식의 관계에서 균형이 깨지면 히스테리와 정신질환 같은 문제가 발생한다.

④ 무의식의 여러 측면

꿈을 통해 우리는 평소에 몰랐던 무의식의 여러 측면을 접한다. '그림자'는 무의식에 들어 있는 자아의 어두운 면, 또는 다른 면이며, 대개 의식이 부정하거나 외면하는 성격이다. 대부분의 사람은 자신의 그림자를 다른 사람에게서 발견하는 '투사' 작용을 행한다. 그림자와 유사한 것이 '아니마'와 '아니무스'이다. 아니마는 남성의 내부에 있는 여성적 경향의 인격화이며, 아니무스는 여성의 내부에 있는 남성적 경향의 인격화이다. 우리는 그림자와 아니마/아니무스의 존재를 인정함으로써 우리 의식에 통합시킬 수 있다.(『인물세계사』, 박중서)

나. '집단 무의식'과 '원형'

사실 융의 진정한 가치는 그가 프로이트와 결별하고, 그의 생애 내내 이루어진 '집단무의식'의 연구와 '상징' 및 '원형'에 대한 연구였다. 이것은 '신화'의 탄생을 밝히는 자료가 되었다. 이에 대해 『인물세계사』에서 박중서는 다음과 같이 소개한다.

> 융의 이론에서 가장 유명한 개념은 바로 '집단무의식'과 '원형'이다. "집단무의식은 모든 사람에게 공통된 것으로, 고대에서 만물의 공감이라고 불렸던 것의 기초"라고 융은 설명했다. 또한 원형은 "집단무의식의 내용"이며, 그 중에서도 "고대의, 또는 원초적 유형, 즉 고대로부터 존재해 온 보편적 이미지"를 뜻한다. 원형은 칸트의 물자체와 마찬가지로 우리가 알 수 없지만, 원형의 이미지는 우리가 알 수 있다. 가령 '모성/부성,' '영웅' 같은 것이 그런 원형의 이미지이며, 신화나 민담에서 쉽게 찾아볼 수 있다. (『인물세계사』, 박중서)

다. 심리유형론

심리학 혹은 상담학에서 사용하는 MBTI 이론은 융의 『심리적 유형론』에서 시작되었다. 이에 대해 『인물세계사』에서 박중서는 다음과 같이 소개한다.

> 융의 사상 가운데 일반인에게 가장 익숙한 것은 심리학적 유형론이 아닐까. 『심리적 유형론』(1921)에서 융은 두 가지 유형(내향성, 외향성)과 네 가지 기능(사고, 감정, 감각, 직관)을 범주로 성격 구분법을 제안했다. 물론 이는 절대적 기준이 아니라 진료의 편의를 돕는 도구에 불과했지만, 상당히 타당성이 있는 것으로 간주되었다. 1921년에 미국의 심리학자인 캐서린 브릭스와 이자벨 브릭스 마이어 모녀가 만들어서 오늘날까지 널리 응용되는 마이어-브릭스 유형지표(MBTI)도 바로 융의 개념을 토대로 한 것이다. (『인물세계사』, 박중서)

2장 리비도 개념의 확장

1. 프로이트 리비도 개념에 대한 비판

가. 프로이트 리비도의 원래 개념

융은 리비도를 성욕으로 보는 프로이트의 리비도 개념을 받아들이지 않는다. 이것이 프로이트와 융이 서로 분리된 이유였다. 한편, 그는 『무의식의 심리학』 "리비도의 개념과 발생론"에서 리비도에 대한 프로이트의 원래 개념은 "모든 것을 성적으로 해석하고 있지 않다"고 말한다. 프로이트는 "그 본질이 알려지지 않은 어떤 힘들의 존재를 인정하고 있다"고 했다. "성적 충동은 충동들의 다발 중에서 하나의 충동으로 여겨졌다"는 것이다. 융은 다음과 같이 말한다.

① 프로이트의 리비도 : 성적 충동(욕구)

리비도의 분석적 개념의 역사를 파악할 수 있는 중요한 자료는 프로이트가 쓴 『성 이론에 관한 3편의 논문』이다. 이 책에서 프로이트는 리비도라는 용어를 성적 충동 혹은 성적 욕구라는 좁은 의미에서 쓰고 있다.

② 성욕과 아무런 관계가 없는 리비도의 전치 능력

현실의 경험은 우리가 리비도의 전치(轉置)능력까지 고려하도록 한다. 왜냐하면 비(非)성적인 힘의 기능도 틀림없이 어느 정도의 성적 충동을, 말하자면 리비도를 받아들일 능력을 갖추고 있기 때문이다. 따라서 기능들 혹은 대상들도 성적인 가치를 획득하며, 정상적인 환경이라면 이 기능들 혹은 대상들은 성욕과 전혀 아무런 관계가 없다.

③ 리비도를 강과 비교한 프로이트

이 같은 사실을 바탕으로 프로이트는 리비도를 강과 비교하고 있다. 몇 개의 줄기로 나눠질 수도 있고, 흐름을 막아 가둘 수도 있고, 여러 개의 가지로 넘쳐흐를 수도 있는 그런 강과 리비도를 서로 비교한 것이다.

④ 프로이트의 원래 리비도 개념

프로이트의 원래 개념은 "모든 것을 성적인 것으로" 해석하고 있지 않다. 단지 비평가들이 그런 식으로 보고 있을 뿐이다. 프로이트는 그 본질이 알려지지 않은 어떤 힘들의 존재를 인정하고 있다. 그러나 프로이트는 평범한 사람에게도 너무나 분명하게 보이는 악명 높은 사실들 때문에 이 힘들에게 "리비도의 흐름"을 받아들일 수 있는 능력을 허용하고 있다. 이 같은 인식의 바탕에 작용하고 있는 가설적 관념은 "충동들의 다발"의 상징이다.
⑤ 부분충동으로서의 성적충동
이 다발 안에서 성적 충동도 전체 체계의 부분적인 충동으로 여겨진다. 리비도가 충동의 다른 영역으로 파고든다는 것은 경험으로 확인되는 하나의 사실이다. (칼융, "리비도의 개념과 발생론", 『무의식의 심리학』, 147)

인간은 가장 근저의 본능은 프로이트의 성욕 이전에 무색무취의 본능이라야 한다. 리비도는 이렇게 해석되어야 할 필요가 있다. 프로이트도 리비도를 당초에는 이렇게 해석하였다. 이것이 융의 주장이었다. 그리고 이것이 융과 프로이트가 갈라선 이유였다.

나. 프로이트 리비도 개념에 일어난 변화

융에 의하면, 리비도를 오직 성으로만 보는 프로이트의 『성 이론에 관한 3편의 논문』(1905)이 발표된 이후, 리비도의 개념에 어떤 변화가 있었다고 말한다. 그것은 위에 소개된 바와 같이 리비도의 적용분야의 확장이었다. 그리고 그 중에서 가장 중요한 역할을 했던 것이 이 책(『무의식의 심리학』)이었는데, 그의 이론이 '전이 신경증'에는 적용이 가능하였지만, '정신분열증'에는 적용될 수가 없었기 때문이라고 말한다.

① 리비도 개념의 변화 : 정신분열증과 관계된 편집증 때문
『성 이론에 관한 3편의 논문』(1905)이 발표된 이후, 리비도의 개념에 어떤 변화가 일어났다. 리비도가 적용되는 분야가 크게 확장된 것이다. 리비도 개념의 이 같은 확장을 극단적으로 보여주는 예가 바로 이 책이다. 그러나 나는 나 자신만 아니라 프로이트도 리비도 개념을 확장할 필요성을 확인했다는 점에 대해 언급해야 한다. 프로이트가 리비도 개념의 한계를 확장하도록 만든 것은 정신분열증과 밀접한 관계가 있는 편집증이었던 것 같다.

② 편집증 환자들에게서 나타나는 임상들

프로이트는 『성 이론에 관한 3편의 논문』에서 편집증 치매 환자들이 흔히 보이는, 현실에 대한 강한 집착을 거꾸로 거슬러 올라가면 '리비도 흐름'이 철회에까지 닿을 수 있는가, 아니면 이 집착이 소위 말하는, 일반적인 것에 대한 객관적인 관심과 일치하는가 하는 문제를 분명히 건드리고 있다. 정상적인 '현실의 기능'이 오직 리비도 혹은 성적 관심의 흐름을 통해서만 유지된다고 보기는 어려울 것 같다.

③ 현실이 완전히 사라져 버린 편집증 환자들

사실은 이렇다. 많은 환자들의 경우에 현실이 완전히 사라져 버린다. 그래서 심리적 적응이나 지향을 말해줄 흔적이 전혀 확인되지 않는다. 이런 상황에서 현실은 억압되고 콤플렉스의 내용물로 대체된다. 여기서는 성적 관심뿐만 아니라 일반적인 관심까지도 사라진다는 점을 반드시 밝혀야 한다. 말하자면 현실에 대한 적응 자체가 멎어버리는 것이다. 혼미상태나 극도의 긴장감 때문에 환자가 자동적으로 움직이게 되는 상태가 이 범주에 속한다. (칼융, "리비도의 개념과 발생론",『무의식의 심리학』, 147)

다. '정신 에너지'로서의 '리비도'

융이 제시하는 리비도의 개념은 '정신 에너지'이다. 이 개념으로는 '전이 신경증'과 '정신 분열증' 모두가 설명이 되었는데, 프로이트의 리비도 개념으로는 '정신 분열증'이 설명이 되지 않았다. 정신 분열증의 경우에는 리비도의 한 가지 속성인 성적인 부분만 상실되는 것이 아니라, 성욕으로는 설명할 수 없는 많은 현실적인 부분들에 상실이 왔기 때문이다. 현실의 기능이 아주 심하게 상실되기 때문에, 동력까지도 그 상실로 인해 크게 훼손된다. 이것을 프로이트의 이론으로는 설명할 수가 없었다. 그 내용을 융은 다음과 같이 말한다.

① 리비도 : 정신에너지

나는 이전에 『정신 분열증의 심리학』에서 '정신 에너지'라는 표현을 사용했다. 왜냐하면 그때만 해도 내가 리비도 흐름의 전치라는 개념을 바탕으로 해서는 이 정신병의 이론을 확립할 수 없었기 때문이다. 그 당시에 나의 경험이 주로 정신의학 쪽에 치우쳐 있었기 때문에 나로서는 이 이론을 제대로 이해하기 힘들었다. 그러나 훗날 히스테리와 강박 신경증 분야에서 경험을 크게 늘리게 됨에 다라 나에게도 신경증, 엄격히 말해 전이 신경증과 관련해서 이 이론의 정확성이 확인되었다.

② 신경증에서 발견되는 성욕

전이 신경증 분야에서는 구체적인 억압을 통해 아껴진 리비도 중 일부라도 거꾸로 그 전에 있었던 전이의 경로들, 예를 들면 부모로의 전이의 경로로 퇴행할 수 있는가 하는 문제가 아주 중요하다. 그러나 그런 식의 퇴행이 일어난다 하더라도, 이전에 있었던 비성적인 심리적 적응은 성욕과 관계없는 것인 한 그대로 지켜진다. 환자들이 결여하고 있는 현실은 리비도 중에서 신경증에서 발견되는 바로 그 부분이다.

③ 정신분열증에서 상실되는 것들

이와 대조적으로, 정신분열증의 경우에는 잘 알려진 특별한 성적 억압을 통해서 아껴진 리비도의 그 부분만 현실에서 상실되는 것이 아니라 엄격한 의미에서 성욕으로 설명할 수 없는 훨씬 많은 것들이 상실된다. 현실의 기능이 아주 심하게 상실되기 때문에, 동력까지도 그 상실로 인해 크게 훼손되는 것이 분명하다. 이 상실의 성적 성격에 대해서 철저히 이의를 제기해야 한다. 왜냐하면 현실이 성적 기능으로 이해되지 않기 때문이다. 게다가 만약에 현실이 성적 기능이라면, 엄격한 의미에서 말하는 리비도의 내향(內向)은 그 결과로 신경증 환자에게 현실의 상실을 불러야 할 것이고 또 그 상실은 정신분열증의 경우에 나타나는 상실과 비교될 수 있을 것이다.

④ 정신분열증에 적용할 수 없는 프로이트의 리비도 이론

이 같은 사실들 때문에, 나는 프로이트의 리비도 이론을 정신분열증에 적용할 수 없었다.… 이유는 이 질병이 현실의 상실을 낳는데, 이 현실의 상실이 이런 식으로 좁은 의미로 정의되는 리비도의 결핍으로 설명되지 않기 때문이다. ("리비도의 개념과 발생론",『무의식의 심리학』, 148)

2. '리비도'의 발생론적 개념 : 정신 에너지

가. ‘현실 기능’과 ‘성적 기능’의 우선성

리비도의 개념에 대한 위와 같은 혼란에 대해, 융은 리비도의 개념을 발생론적으로 접근하고자 했다. 이에 의하면, “리비도는 정신 에너지”이다. 그리고 이렇게 파악하기 위해서 그것은 과연 ‘현실기능’이 우선인가, 아니면 ‘성적 기능’이 우선인가의 문제를 검토하여야 했다. 전자일 경우 ‘정신 에너지’로서 개념 정의가 될 수 있기 때문이었다. 정신에너지 안에 성적 에너지도 포함이 되기 때문이다. 융은 이에 대해 일반적인 판단 만으로는 속단하기가 어려웠다고 말한다. 그 내용을 융은 다음과 같이 말한다.

> ① 리비도 개념의 발생론적 정의
> 분석 작업의 경험이 더욱 많이 쌓임에 따라, 나는 나의 리비도 개념에 점점 변화가 일어나고 있다는 사실을 깨달았다. 『성 이론에 관한 3편의 논문』에 소개된 기술적인 정의 대신에, 리비도의 발생론적 정의가 점점 형태를 갖춰가고 있었던 것이다.
> ② 정신 에너지로서의 리비도
> 리비도의 발생론적 정의를 바탕으로 하면, ‘정신 에너지’라는 표현을 ‘리비도’라는 단어로 바꾸는 것이 가능했다. 그래서 나는 스스로에게 이런 질문을 던져야 했다.
> ③ 현실의 기능
> 지금 현실의 기능은 성적 리비도라는 작은 부분과 다른 충동들의 보다 큰 부분으로 이뤄진 것은 아닐까? 발생론적 차원에서 본다면 현실의 기능이 성적 기원을 갖지 않는 것은 아닐까, 아니면 적어도 현실 기능의 대부분이 성적 기원을 갖지 않는 것은 아닐까 하는 물음은 여전히 매우 중요하다. 이 질문에 대해 현실의 기능을 바탕으로 대답하는 것은 불가능하다. 그러나 우리는 그 질문에 대한 대답을 간접적으로 이해하려고 시도할 것이다. (“리비도의 개념과 발생론”,『무의식의 심리학』, 149)

나. 역사 속에서의 발견 : 성적본능보다 우위에 있는 생존본능

리비도의 개념을 발생론적으로 정의하기 위한 방안으로서 융은 진화의 역사를 살펴보고자 했다. 프로이트는 성적충동을 생존본능 앞에 두어 생존본능이 성적본능에서 분화된 것으로 말하였는데, 융에 의하면, 동물 왕국 밑바닥을 보면 성적 충동이 없이 생식 충동만으로도 종이 유지되는 경우가 발견된다고 한다. 그렇다면 이것을 통해서 원래 성적 성격도 없는 것들이 생식 충동에서 일탈한 것이라는 알 수 있다. 융은 이것을 근거로 하여 생존본능에서 성적본능이 출현한 것이라고 말한다. 예컨대 수정의 불확실성이 약해지자 이에 대한 보호를 위해 매력 등의 성적 메커니즘으로 옮겨졌다는 것이다. 그리고 또한 이러한 성적 본능은 예술적 본능으로 분화한다. 라캉은 자연을 보았을 때, 이러한 인공적인 구분이 존재하지 않으며, 오히려 자연에서는 오직 지속적인 삶의 충동만이 관찰될 뿐이다고 말한다. 인간은 인간이기에 앞서서 먼저 자연이며 동물이다.

① 일반적인 생식충동에서 일탈한 생물체들

진화의 역사만 잠깐 돌아보기만 해도, 오늘날 어떠한 성적 성격도 없는 것처럼 보이는 복잡한 많은 기능들이 원래 일반적인 생식 충동에서 일탈한 것이라는 사실이 쉽게 확인된다. 동물 왕국의 밑바닥에서부터 시작해 발전을 하는 동안에, 생식 본능의 근본 법칙에 중요한 변화가 일어났다. 수정(受精)의 불확실성이 점점 약해지고 그 대신에 수정에 대한 통제와 자손의 효과적인 보호가 두드러지게 되었다.

② 에너지의 이동

이런 식으로 난자와 정자의 생산에 요구되었던 에너지의 일부가 매력과 어린 자식의 보호에 필요한 메커니즘의 창조로 옮겨졌다. 이리하여 인간의 내면에서 최초의 예술본능이 생겨났다. 이런 생물학적 작용들이 원래 지녔던 성적인 성격은 기능이 독립되고 고착되는 과정에 상실되게 되었다.

③ 리비도의 창조의 충동

예를 들어 보자. 음악의 성적 기원과 관련해서 아무런 의문이 제기되지 않을 수 있을지라도, 음악을 성욕의 범주에 포함시킨다면, 그것은 미학적이지 않은 형편없는 일반화로 여겨질 것이다.… 우리가 사랑하거나 좋아하는 거의 모든 것이 종국적으로 생식 본능에 포함된다고 나는 생각한다. 지금 우리는 리비도에 대해 창조의 충동으로 이야기하고 있으면서 그와 동시에 종의 보존의 본능과 자기 보존의 본능을 대립적인 것으로 보는 것과 똑같이 리비도와 갈망을 대립적인 것으로 보고 있다.

④ 삶의 충동만 관찰됨

자연 속에는 이런 인공적인 구분이 존재하지 않는다. 자연에서는 오직 지속적인 삶의 충동만 관찰될 뿐이다. 말하자면 개인의 보존을 통해서 전체 종의 창조를 이루려는 그런 삶의 의지만 관찰되는 것이다.("리비도의 개념과 발생론",『무의식의 심리학』, 150)

프로이트는 오직 성적 본능만을 모든 것의 기원이라고 하였는데, 인간 외의 다른 동물을 보면, 성적본능이 유일한 본능이 아니라, 오히려 삶의 의지, 삶의 충동이 더 기본적이다. 오히려 욕망이나 충동은 이렇게 삶의 에너지인데, 이것이 구조(환경)에 따라 다양하게 표출되어 나온다.

다. 의지라는 개념과 일치하는 리비도의 개념

융은 리비도의 개념을 '정신 에너지'라고 정의했는데, 그의 의하면, 그의 이러한 개념은 쇼펜하우어의 '의지'라는 관념과 일치한다고 말한다. 왜냐하면, "우리가 의지를 객관적으로 어떤 내면적 욕구의 표현으로 생각할 수 있기 때문"이다. 힘이란 개념의 존재에는 '근육의 힘'이기에 앞서서 이러한 '내적 투사'가 먼저 존재하기 때문이다.

① 의지가 내면적 욕구

지금까지의 인식은 쇼펜하우어가 말한 의지라는 관념과 일치한다. 왜냐하면 우리가 의지를 객관적으로 어떤 내면적 욕구의 표현으로 생각할 수 있기 때문이다.

② 심리적 지각의 물질적 투영 : 내적투사

이처럼 심리적 지각을 물질적 현실로 투영하는 것은 철학적으로 '내적 투사(introjection)'라 불린다. 자연히, 세상에 대한 생각은 내적투사에 의해 왜곡되었다.

③ 내적투사로서의 욕망원칙과 현실교정으로서의 현실원칙

욕망원칙이라는 프로이트의 개념은 내적 투사를 공식화한 것인 한편, 그의 '현실원칙'은 기능적으로 보면 내가 '현실 교정'이라고 부른 그것과 일치한다.

④ 내적투사에서 나타나는 파워(힘)

파워라는 존재의 개념은 바로 이런 투사에 힘입은 바 크다. 파워에 대해서는 이미 갈릴레오가 멋지게 잘 표현했다. 그는 파워의 기원을 개인의 근육의 힘에 대한 주관적 지각에서 찾아야 한다고 강조했다.

⑤ 의지의 개념으로 확장이 요청되는 리비도 개념

원래 난자와 정자의 생산에 독점적으로 쓰였던 리비도가 지금은 둥지를 짓는 일 등에도 동원된다는 과감한 가설이 받아들여졌기 때문에, 이 같은 인식은 우리로 하여금 갈망을 포함한 모든 욕망으로 리비도를 확장할 것을 요구하고 있다. 지금으로선 우리는 둥지를 지으려는 의지와 먹으려는 의지를 더 이상 구분할 수 없게 되었다. 이 같은 관점은 우리에게 리비도의 개념을 물리학의 경계를 넘어서 철학적인 측면으로, 말하자면 대체적인 의지의 개념으로 확장하는 것을 허용한다. ("리비도의 개념과 발생론",『무의식의 심리학』, 151)

융은 리비도의 물리적 개념 이면에 내적투사라는 정신적 개념이 있다고 말한다. 이것은 융의 탁월한 업적이라고 볼 수 있다. 우리의 행동은 의식에 의해서 이루어진다. 그리고 이 의식이면에 이와 같은 욕망이 먼저 형성된다는 것이다. 이 욕망은 삶의 욕망이 구조에 따라 달라지는데, 그것이 어린아이의 때에는 식욕으로, 사춘기 때에는 성욕(종족본능의 발현)으로, 사회인의 때에는 사회적 욕구로, 말년의 때에는 죽음을 예상한 자아실현 욕구로 나타난다.

라. 신화적 메타포에 나타난 리비도의 개념

프로이트는 리비도를 항상 신화 속의 에로스로 비유하였다. 융도 또한 리비도를 신화 속의 유비에서 찾고 있다. 먼저, 융은 헤시오도스의 신통기에서 "에로스가 우주론적 법칙으로서의 사랑이었다"고 말한다. 아프로디테의 아들 에로스는 후기적 개념이었다. 그리고 융은 리비도를 플로티누스의 '영'의 개념과 같다고 말한다. 이 플로티누스의 '영'은 후에 기독교의 3위인 '성령'으로 이해되었다. 라캉은 리비도를 '정신적 에너지'인 '영'으로까지 그 개념을 확장시키고 있는 것이다.

> ① 창조시의 에로스(본능)가 곧 리비도
> 나는 여기서 플라톤과 헤시오도스의 글에 나타나는 에로스의 우주론적 의미를 상기함과 동시에 '에로스의 아버지'로 최초로 창조된 '빛나는 자' 파네스라는 신화속의 신비한 인물을 떠 올린다. 파네스는 또한 밀교에서 프리아포스의 의미를 지닌다. 그는 사랑의 신으로 양성애자이며 테베의 디오니소스 리시오스와 비슷하다. 파네스의 밀교적 의미는 인도의 사랑의 신 카마(Kama)의 의미와 비슷하며, 사랑도 또한 우주론적 원칙이다.
> ② 플로티노스의 세계 영혼
> 신플라톤 학파의 플로티노스에겐 세계의 영혼은 지성의 에너지이다.… 플로티노스에 따르면, 세상의 영혼은 나뉘어 존재하는 성격과 모든 변화와 창조, 생식의 절대필요조건인 가분성을 가지고 있다. 세상의 영혼은 "무한한 생명의 모든 것"이며 포괄적인 에너지이다. 그것은 유효성과 실체를 가진 관념들의 살아 있는 유기체이다. 지성은 세상의 영혼의 아버지로서 세상의 영혼을 잉태하고 그 영혼을 사고를 통해 발달시킨다. "지성 안에 들어 있는 것은 세상의 영혼 안에서 로고스로 발달하고, 세상의 영혼을 의미로 채우고, 또 세상의 영혼을 넥타르에 취한 것처럼 만든다." 넥타르는 체세포와 비슷하고, 다산과 생명의 음료수와 비슷하고, 또 정액과 유사하다. 영혼은 지성에 의해 비옥해진다.
> ③ 소령의 아프로디테가 성적인 에로스
> 대령(大靈)으로서 영혼은 천상의 아프로디테라 불리고, 소령(小靈)으로서 영혼은 지상의 아프로디테라 불린다. "영혼은 산고를 알고 있다." 아프로디테의 새인 비둘기가 성령의 상징인데는 그럴 만한 이유가 있다. ("리비도의 개념과 발생론",『무의식의 심리학』, 151-153)

창조신화를 보면 우주창조를 위해 맨먼저 창조된 신이 에로스이다. 이때의 에로스는 아프로디테(비너스)가 데리고 다니는 에로스가 아니다. 후자의 에로스(큐피드)는 사랑의 신으로, 이 에로스의 화살을 맞으면 모두 아프로디테(비너스)에게 홀딱 빠져버린다. 이때 전자의 에로스는 생명의 본능이며, 후자의 에로스는 성적본능이다. 이때 융은 프로이트가 말하는 에로스는 전자의 생명의 본능으로서의 에로스라야 한다고 말한 것이다.

3. 리비도의 분화

가. 기능적인 관점에서의 본 리비도

융은 리비도의 발달단계를 기능적인 관점으로 살펴볼 수 있다고 말한다. 유년 단계에서는 전적으로 신체의 발육을 돌보는 본능에 전념한다. 그러다가 마지막 단계에서는 성욕으로 발달한다. 융은, 이러한 기능적인 관점에서 볼 때에도 리비도의 강력한 힘이 성적인 힘이라고 말하는 것은 근본적으로 틀렸다고 말한다.

리비도는 상당 부분이 성적인 것이었다. 그러나 시간이 흐를수록 성욕이 원래의 목표에서 벗어나고, 성욕의 일부분이 점점 양을 늘리면서 매력과 자식 부호라는 메커니즘의 종족 보존 충동으로 바뀌었다. 성적 리비도가 성적 영역에서 연관된 기능들로 이처럼 전화되는 현상은 지금도 일어나고 있다. 융은 이 과정이 성공적으로 이뤄지는 경우를 우리는 승화라고 부르며, 그렇지 못할 때 억압이라고 부른다.

① 리비도의 다양한 적용

자연현상의 다양성 속에서 우리는 욕망과 리비도가 아주 다양한 형식으로 적용되는 것을 확인하고 있다. 우리는 유년의 단계에서 리비도가 거의 전적으로 신체의 발육을 돌보는, 영양 섭취의 본능에 전념하는 것을 본다. 신체가 발달함에 따라, 리비도가 적용될 새로운 영역들이 연이어 열린다.

② 적용의 마지막 단계로서의 성욕

적용의 마지막 단계가 성욕이다. 기능의 중요성을 따지자면 다른 모든 것을 능가하는 성욕은 처음에는 거의 전적으로 영양 섭취의 기능과 연결되어 있다. (이 기능과 하등 동물이나 식물에서 영양 섭취의 조건이 번식에 미치는 영향을 비교해 보라.) 성욕의 영역에서, 리비도는 리비도라는 용어를 일반적으로 써도 정당할 만큼 엄청난 중요성을 얻게 된다. 이제 리비도는 생식의 충동으로서 매우 적절해 보이고, 성장의 에너지로서 획일적인 일차적 성적 리비도의 형태를 보인다. 이 리비도는 개인이 분리와 발아 등을 추구하도록 만든다. (두 가지 형태의 리비도 사이에 가장 명확한 구분은 영양섭취의 단계가 번데기 단계에 의해 성적 단계와 구별되는 동물들 사이에서 확인된다.) 하나의 작은 생명체가 수백만 개의 알과 씨앗을 낳는 그 일차적인 성적 리비도로부터, 생식력에 한계를 지닌 파생체들이 발달했다.

③ 성적특성을 잃는 리비도

이후 이 분화된 리비도는 난자와 정자의 생산이라는 원래의 기능으로부터 떨어져 나오기 때문에 성적 특성을 잃는다. 또 이 리비도는 원래의 기능을 다시 회복할 가능성도 없다.…

④ 리비도의 변화

이런 식으로 우리는 현실 기능의 원시적인 조건이 어떠했는지에 대한 지식을 얻을 수 있다. 리비도의 강력한 파워는 성적인 힘이라고 말하는 것은 근본적으로 틀렸다. 리비도는 상당 부분이 성적인 것이었다. 일차적인 리비도에서 이차적인 충동으로 변화하는 과정은 언제나 성적인 리비도의 흐름이라는 형식으로 일어났다. 말하자면 성욕이 원래의 목표에서 벗어나고, 성욕의 일부분이 점점 양을 늘리면서 매력과 자식 부호라는 메커니즘의 종족 보존 충동으로 바뀌었다.

⑤ 승화와 억압

성적 리비도가 성적 영역에서 연관된 기능들로 이처럼 전화되는 현상은 지금도 일어나고 있다. 이 과정이 개인의 적응을 해치지 않고 성공적으로 이뤄지는 경우를 우리는 승화라고 부른다. 한편 이 시도가 성공하지 못하는 경우를 우리는 억압이라고 부른다.

⑥ 본능들 중 하나로서의 성적본능

심리학의 기술적인 관점은 본능들의 다양성을 하나의 특별한 현상으로 받아들인다. 성적 본능도 이 본능들에 포함된다. 더욱이, 심리학의 서술적 관점은 비성적 본능에도 리비도가 흐른다는 점을 인정한다. ("리비도의 개념과 발생론",『무의식의 심리학』, 153)

나. 발생론적 관점에서 리비도 : 리비도의 분화

융은 리비도의 개념을 위와 같은 기능적인 관점으로 이해하는 것보다 발생론적 관점으로 이해하길 원한다. 즉, 모든 것의 근원으로서의 일차적인 리비도가 있으며, 여기에서 분화하여 나오는 2차적인 리비도가 있다는 것이다. 이와 같이 리비도의 개념을 분화로서 이해할 필요가 있다고 말한다. 이것은 프로이트의 리비도 개념의 변화와 확장을 의미하는 것이었다.

> 한편 발생론적 관점은 이와 상당히 다르다. 발생론적 관점은 다양한 본능들이 하나의 상대적인 통일체, 즉 일차적인 리비도에서 나오는 것으로 본다. 발생론적 관점은 상당한 양의 일차적 리비도가 갈라져서, 말하자면 새로 형성된 기능들과 결합되고 마침내 그 기능들 안에 흡수된다는 점을 인정한다. 이 결합과 흡수의 결과, 발생론적 관점에서는 서술적 관점이 제시하는, 리비도의 제한적 개념을 엄격히 고집하는 것이 불가능해진다. 발생론적 관점은 불가피하게 리비도 개념의 확장을 낳게 되어 있다. (“리비도의 개념과 발생론”,『무의식의 심리학』, 155)

다. 정신분열증에 대한 진단

분석심리학의 출현과정은 “정신분열증에서 확인된 관계의 결여와 현실 기능의 정지”에 대한 판단이 프로이트의 리비도이론과 자신의 이론에서 나타난 차이 때문이었다. 프로이트에 의하면, 리비도의 히스테릭한 내향은 ‘자기 발정’으로 해석되어야 한다. 그러나 정신분열증 환자의 경우 그 이상이다. 자신의 내면에 현실에 해당하는 심리적 과정이 구축되어 있기 때문이다. 융에 의하면, 이것은 자폐증으로 불리워야 한다.

> ① 정신분열증 환자에서 확인된 현실기능의 정지에 대한 해석
> 아브라함은 프로이트의 리비도 이론을 정신분열증에 적용시키는 실험을 했으며, 그 결과 정신분열증에서 확인된 관계의 결여와 현실 기능의 정지를 자기 발정으로 인식했다. 이 개념 역시 수정이 필요하다. 왜냐하면 이런 환자의 경우에는 적응 기능에 투입되게 되어 있던 리비도의 흐름이 안으로 향하고,

그에 따라서 그의 에고가 그만한 양의 성적 리비도에 지배당하기 때문이다.
② 히스테리 환자의 조건과 다른 정신분열증 환자
그러나 정신분열증 환자는 성적 리비도의 유입으로 설명할 수 있는 것보다 훨씬 심하게 현실을 피한다. 따라서 정신분열증 환자의 내면적 조건은 히스테리 환자의 조건과 크게 다르다.
③ 자기발정이 아닌 자폐증
정신분열증 환자는 자기발정 이상이다. 정신분열증 환자는 자신의 내면에 현실에 해당하는 심리적 과정을 구축한다. 이 목표를 위해 그는 성적 리비도의 유입으로 가능해진 활력 외의 다른 활력도 반드시 동원하게 된다.… 그것을 자폐증으로 대체할 권리를 부여해야 한다. ("리비도의 개념과 발생론",『무의식의 심리학』, 156)

라. 융의 분석 심리학의 탄생

융은 리비도의 개념이 위와 같이 수정됨에 따라 기존의 프로이트식의 리비도 개념을 버렸다. 그랬을 때 그의 이론은 정신분열증에도 적용되었다. 융에 의하면, 뿐만 아니라 기존의 프로이트식의 신경증에 대한 접근도 그 안에서 가능하게 되었다고 말한다. 프로이트의 정신분석에 대하여, 융의 분석심리학은 이렇게 해서 탄생하게 되었다.

① 리비도 개념의 수정
리비도의 개념을 이런 식으로 완전히 수정함에 따라, 나는 예전의 생각을 수정하지 않을 수 없게 되었다. 이런 식으로 고려하다보니, 자연히 리비도 이론을 정신 분열증에 적용하기 위해선 기술 심리학이 생각하는 리비도 개념을 포기해야 한다는 결론에 이르게 된다. 정신분열증에도 리비도 개념을 적용할 수 있다는 점은 프로이트가 독일 판사 슈레버의 공상을 분석한 탁월한 연구에서 확인되었다.
② 신경증에도 적절한 리비도의 발생학적 개념
지금 문제는 내가 제안한, 리비도의 발생학적 개념이 신경증에 적절한가 하는 점이다. 나는 이 물음에 대한 대답이 긍정적일 것으로 믿는다. "자연은

도약하지 않는다"고 했다. 신경증 환자에게도 성적 경계를 넘어서는 일시적 기능 장애들이 다양한 수준으로 나타날 것이라고 예상하는 것이 타당할 뿐 아니라 실제로 그런 장애들이 일어날 가능성이 높다. 어쨌든 정신병 환자들의 에피소드를 보면 이런 일이 일어나고 있다. ("리비도의 개념과 발생론", 『무의식의 심리학』, 156)

이러한 일연의 결과 융의 분석심리학이 출현하게 되었다.

마. 무의식으로서의 공상

프로이트의 정신 분석은 무의식으로서의 '꿈'을 중시여긴다. 라캉은 언어 속에서의 '헛디딤'을 무의식의 주요부분으로 본다. 이에 반하여 융은 무의식으로서의 '공상'을 연구한다. 현실 속에서 '현실 본능'으로서의 리비도가 막혔을 때, 우리의 무의식은 자신의 내부로 들어가서 또 하나의 현실세계를 만들고 그 안에서 '공상'의 세계 속으로 들어간다. 현실의 교란된 기능을 대신하는 공상적인 매체물이 등장한다는 것이다. 이것이 정신분열증이다. 리비도가 이와 같이 공상으로 대체되는 것은 어떤 면에서 보면 상징의 출현을 일으키는 예술의 발견으로 나타나기도 했고, 다수의 중요한 발견을 이루기도 했다.

① 현실기능을 대신하는 공상적인 대체물

현실의 교란된 기능을 대신하는 공상적인 대체물은 옛날 생각의 흔적들을 갖고 있는 것이 분명해졌다.… 이 가설에 따르면 현실은 거기에 딸린 개인의 리비도를 빼앗길 뿐만 아니라 이미 분화되었거나 성적 특성을 잃은 리비도까지 빼앗긴다. 이미 성적 특성을 잃은 리비도는 정상적인 사람의 경우에는 선사시대 이후로 현실의 기능에 속했다. 마지막에 습득된 현실(혹은 적응)의 기능이 사라지게 되면, 그 전의 적응 유형이 그 자리를 반드시 대신하게 되어 있다.…

② 성적 리비도를 대체하는 공상

그 성적 리비도를 대체하는 것은 개인적인 기원과 의미를 지닌 공상이다. 이 공상에는 정신적 장애들에서 발견되는 그런 원시적인 특징의 흔적만 있는데,

이 공상 안에서 고대가 무너진 이후로 일반적인 인간의 현실 기능 중 일부가 조직되었다. (“리비도의 개념과 발생론”,『무의식의 심리학』, 157)

③ 예술의 동기

“따라서 상징이 시작되는 것은 어떤 콤플렉스가 사고의 전체성으로 용해되려고 하는 시점인 것 같다.… 그 콤플렉스는 용해로 인해 개인적인 요소를 빼앗긴다.… 이처럼 용해하려는 모든 개별적 콤플렉스의 경향이 시와 그림을 비롯한 모든 종류의 예술의 동기이다.(“리비도의 개념과 발생론”,『무의식의 심리학』, 158)

④ 성적 특성을 잃게하는 공상의 상관물

공상을 비유적으로 형성하는 이 수단에 의해서 더 많은 리비도가 점차적으로 성적 특성을 잃는 것 같다. 왜냐하면 점점 더 많은 공상의 상관물이 성적 리비도의 원시적 성취를 대신하게 되기 때문이다. 이로써 세상을 보는 시각이 엄청나게 넓어졌다. 왜냐하면 새로운 대상들이 언제나 성적 상징으로 동화되었기 때문이다.… 어쨌든 인간 마음의 발달에서 중요한 역할을 한 한 가지 요소가 유추를 발견하려는 충동이었던 것은 분명하다.…

⑤ 다수의 중요한 발견

리비도가 공상의 상관물로 넘어간 것이 원시인으로 하여금 다수의 중요한 발견을 이루도록 했을 것이라는 이론은 꽤 그럴 듯하다.(“리비도의 개념과 발생론”,『무의식의 심리학』, 159-160)

공상이라는 정신분열증을 치료하면서 융은 위와 같은 리비도의 변화를 발견하였던 것이다.

4. 리비도의 변환

가. ‘무의식적 행위’로서의 ‘구멍 뚫는 행위’

융은 그의 『무의식의 심리학』을 통하여 리비도의 변화를 보여주는 구체적인 사례를 제시하고자 한다. 그는 언젠가 긴장성 장애를 앓는 환자를 치료한 적이 있었는데, 그때의 사례를 통해서 리비도의 변화를 설명하고자 한다. 분석 치료를 처음 시작할 때, 그녀는 꿈 같이 몽롱한 어떤 상태에 빠졌을 때의 이야기를 들려주면서 성적 흥분의 온갖 징후를 다 보였다고 한다. 그때 환자는 자신의 관자놀이를 구멍이 뚫어져라 비비는 이상한 행위를 하였다. 그리고는 곧바로 그 사실에 대한 기억상실증에 빠졌다. 이에 대해 융은 그 행위는 분명 유아기의 성적 훈련의 영역이었다고 말한다. 그것은 그의 어릴 적에 있었던 사건에 대한 그의 부모와의 대화를 통해서 확인되었다. 일찍이 프로이트는 어린 아이가 입이나 코, 귀 등의 구멍에 집착하는 것에 대해서 이것을 성적 행위라고 말하였다. 그리고 이 환자의 경우에는 그것이 관자놀이로 전이가 되었는데, 이 아이는 어렸을 때에도 집 벽의 벽토에 이러한 행위를 하였다고 한다.

융은, 훗날 그녀의 삶의 이야기를 통하여, 외적인 사건들과 밀접히 연결되어 있는 그녀의 발달이 그 같은 정신적 장애를 낳았다고 말한다. 이 장애의 특성은 일반적으로 유아기의 공상적인 사고가 지배하는 데 따른 결과였다. 그런데 이때 융은 이러한 유아기의 공상적 사고는 과거의 시대의 것의 재현이라고 한다. 즉, 이러한 구멍 뚫는 행위는 고대 신화 속에서 공통적으로 나타나는 행위였다는 것이다. 융은 다음과 같이 말한다.

① 공상적인 사고의 지배에 따른 정신분열증

우리는 훗날 그녀의 삶의 이야기를 통해서, 늘 그렇듯 외적인 사건들과 밀접히 연결되어 있는 그녀의 발달이 그 같은 정신적 장애를 낳았다는 것을 알고 있다. 이 정신적 장애는 그 특성과 결과, 즉 정신분열증 때문에 특별히 잘 알려져 있다. 앞에서 강조한 바와 같이, 이 장애의 특성은 일반적으로 유아기의 공상적인 사고가 지배하는 데 따른 결과이다.

② 신화 속에서의 사례들

이런 유형의 사고로부터 신화적인 결과물을 낳을 온갖 접점이 시작되며, 우리가 독창적이고 개성이 탁월한 창작으로 여기는 것들은 종종 고대의 창조물과 비교될 만한 그러한 것들이다. 나는 이 비교를 이 질병의 형성에도 적용할 수 있다고 믿는다.

③ 구멍을 뚫는 행위

아마 구멍을 뚫는 이 특별한 징후에도 적용 가능할 것이다. 이 환자가 자위 행위와 비슷하게 구멍을 뚫는 행위는 아주 어릴 때부터 시작되었다는 사실을 우리는 이미 보았다. 그것은 과거의 시대의 것이 재현되고 있는 것이었다. ("리비도의 변환",『무의식의 심리학』, 163)

나. '태고'적의 원의식

위에 소개되지는 않았지만, 위의 여인의 부모는 이 여인이 어렸을 적에 구멍 뚫는 행위를 먼저 하였고, 그 다음에 성기에 집중된 자위를 하였다고 말한다. 이때 융은 위의 사례에 나타난 구멍을 뚫는 행위는 이 여인이 성기에 집중된 유아기의 자위 보다 앞선 것이었는데, 여기에 중요한 의미가 존재한다고 말한다. 즉, 이러한 궁극적인 행위는 아주 태고 적의 원의식과 일치하고 있다는 것이다.

① 자위의 재발
정신병을 앓은 여자는 결혼하고 몇 년이 지난 뒤 어린 시절의 자위에 다시 빠졌다. 그녀가 집착적인 사랑을 통해 자신과 동일시했던 자기 아이가 죽은 뒤의 일이었다. 그 아이가 죽자, 그때 건강했던 어머니는 구멍을 뚫는 이 행위와 관련 있었던 자위를 하는 형식으로 초기 유아기 징후들에 압도 되었다.
② 유아기보다 앞선 구멍뚫는 행위
이미 관찰한 바와 같이, 구멍 뚫는 행위가 처음 나타난 것은 성기에 집중된 유아기 자위보다 앞선 시기였다. 이 같은 사실은 의미를 지닌다. 이 구멍 뚫기가 성기 이후에 나타난 그 비슷한 행위와 다르기 때문이다.
③ 성기 자위의 대체물
훗날 나타나는 나쁜 버릇들은 대체로 억압된 성기 자위의 대체물을 뜻한다. 그런 것으로서 이런 버릇들은 성인이 되어서도 일정 부분 억눌린 리비도의 징후로 계속 이어질 것이다. ("리비도의 변환",『무의식의 심리학』, 163)

다. 리비도의 발달 : 식욕리비도에서 성적 리비도로

융은 리비도가 발달 과정을 거친다고 말한다. 즉, 개인이 성장하고 그의 신체 장기들이 발달함에 따라, 리비도도 그의 활동 욕구를 충족시킬 새로운 길들을 스스로 만들어낸다. 가장 먼저 나타나는 것은 '식욕 리비도'이며, 이 중 상당 부분이 '성적 리비도'로 바뀐다.

① 어린 아이의 리비도의 변화

어린 아이의 리비도는 처음에 영양 섭취 부위에 나타난다. 이때 음식은 어린 아이가 입을 율동적으로 움직이고 온갖 만족한 표정을 다 짓는 가운데 섭취된다. 개인이 성장하고 그의 신체 장기들이 발달함에 따라, 리비도도 그의 활동 욕구를 충족시킬 새로운 길들을 스스로 만들어낸다. 쾌감과 만족을 낳는 율동적인 행위의 일차적 모델은 이제 종국적 목표를 성욕으로 잡고 있는 다른 기능의 부위로 옮겨갔음에 틀림없다.

② 식욕 리비도에서 성적 리비도로

'식욕 리비도'의 상당한 부분이 '성적 리비도'로 바뀌었다. 이 변화는 일반적으로 생각하는 것과 달리 사춘기에 갑자기 일어나지 않고 어린 시절 내내 매우 점진적으로 일어난다. 리비도는 성적 기능의 특성을 갖기 위해 영양 섭취의 기능으로부터 매우 천천히, 힘들게 벗어난다.

③ 젖을 빠는 시기와 율동적 행위의 시기의 리비도

내가 판단할 수 있는 한도 안에서 말한다면, 이 변환의 상태도 두 개의 시기로 구분된다. 젖을 빠는 시기와 율동적 행위의 시기가 그것이다. 젖을 빠는 것은 여전히 영양섭취의 기능에 속한다. 그러나 이제 더 이상 영양 섭취의 기능이 아니고 쾌감과 만족을 하나의 목표로 가진 율동적인 행위라는 점에서 보면, 젖을 빠는 행위는 영양 섭취의 기능을 넘어서고 있다. 여기서 손이 보조적인 신체 기관으로 등장한다. 율동적 행위의 기간에, 손이 보조적인 신체 기관으로 훨씬 더 분명하게 나타난다. 쾌감의 획득은 구강 부위를 떠나 다른 부위로 이동한다.

④ 리비도의 전진

이제 그 가능성은 다양하다. 대체로, 신체의 다른 구멍들이 리비도 관심의 대상이 된다. 그런 다음에 살갗으로, 또 그 다음에는 특별한 그 부위로 리비도의 관심이 옮겨간다. 부비거나 쑤시거나 후비는 등의 행위로 나타나는, 이들 부위에 표현된 행위는 어떤 리듬을 따르고 쾌감을 낳는다. 이 역(驛)들에서 길거나 짧게 머문 뒤에, 리비도는 계속 나아간다.

⑤ 성적 영역에 다다르는 리비도

그러가 리비도는 마침내 성적 영역에 닿게 된다. 거기서 처음으로 자위가 이뤄질 수 있다. 리비도는 이 이주의 과정에 상당한 정도의 영양 섭취 기능을 성적 영역까지 끌고 간다. 이는 영양섭취의 기능과 성욕 사이의 고유한 상관관계를 설명해 준다. ("리비도의 변환",『무의식의 심리학』, 164)

라. 리비도의 퇴행

융은 이와 같이 발달하던 리비도가 어떤 장애를 만나면, 그 리비도는 바로 직전 단계로 퇴행을 한다고 말한다. 그런데, 이때 융은 그 퇴행적인 현상이 현대인의 마음까지도 리비도의 초기 단계로 퇴행할 수 있다는 사실을 보여주고 있다고 말한다. 그렇다면 그것은 바로 태고적의 그것과 비교될 수 있지 않겠느냐고 말하고 있다.

① 리비도의 퇴행현상

만약에 성적 영역을 점령한 뒤에 어떤 장애가 리비도를 지금처럼 적용하는데 반대하여 일어난다면, 그러면 잘 알려진 법칙에 따라서 뒤쪽에 자리잡고 있는 역 중에서 가장 가까운 역으로, 그러니까 앞에서 설명한 그 두 개의 시기로 퇴행하는 현상이 일어난다. 이젠 율동적 행위의 시기가 마음과 언어의 발달이 이뤄지는 시기와 전반적으로 일치한다는 사실이 특별한 중요성을 지닌다.

② 성 이전 단계

나는 출생에서부터 시작해서 성적 영역의 점령이 이뤄지는 때까지의 기간을 발달의 '성 이전 단계'라고 부를 것이다. 이 단계는 보통 3년차에서 5년차 사이에 일어나며, 나비로 치면 번데기 단계에 비교할 만하다. 이 단계는 영양 섭취 요소들과 성적 기능의 요소들이 불규칙적으로 혼합되는 것이 특징으로 꼽힌다. 어떤 퇴행은 곧장 성 이전 단계로 향하며, 나의 경험을 바탕으로 판단한다면 정신분열증에서 일어나는 퇴행이 그런 것 같다. 간단한 예를 두 가지 제시할까한다.…(생략)…

③ 역사적 고찰의 필요성

이런 퇴행적인 현상은 현대인의 마음까지도 리비도의 초기 단계로 퇴행할 수 있다는 사실을 보여주고 있다. 따라서 인간의 발달이 이뤄지던 초기에는 그 같은 퇴행의 길을 여행하는 것이 지금보다 훨씬 더 쉬웠을 것이라는 짐작도 가능하다. 그렇다면 이 흔적들이 역사에 간직되어 있는지 여부가 대단한 관심거리가 된다. (“리비도의 변환”,『무의식의 심리학』, 165)

마. '불의 탄생'과 연결되는 '구멍 뚫는 행위'

융은 이제 아브라함의 연구를 통해서 '구멍을 뚫는 공상'의 민족학적 의미를 위의 '구멍 뚫는 행위'에 접목한다. 그는 이 행위, 즉 '흔들고, 비벼서 만들어 내는 행위'를 '불을 피우는 행위'로 연계시킨다. 그것은 신화 속에서 인간들에게 불을 가져다 준 프로메테우스와 연관된다는 것이다. 그런데, 이러한 동일한 신화적 존재가 인도의 힌두교에도 존재한다. 한편, 아브라함은 이 프로메테우스는 인도 산크리스트어의 프라만타로부터 기원했을 것이라고 추정한다. 이 프라만타는 만타나(불의 제물)의 도구로서 힌두교에서 순수하게 성적인 것으로 여겨졌다. 즉, 프라만타는 남근 혹은 남자로 여겨지고, 구멍 뚫린 나무판은 여자의 성기 혹은 여자로 여겨졌다. 그리고 이들의 성적인 행위에 따라 일어나는 아이가 신의 아들로서의 아그니였다. 두 조각의 나무는 숭배 의식에서 푸루라바스와 우르바시로 불리며, 남자와 여자의 화신으로 여겨졌다. 이에 따라 신화 속에서 불은 여자의 생식기에서 태어난 것으로 말한다.

① 구멍 뚫는 행위와 불에 관한 인도신화

우리는 아브라함의 소중한 연구를 통해서 구멍을 뚫는 공상의 민족학적 의미에 관한 지식을 많이 얻게 되었다. 아브라함은 또한 독일 민속학자 아달베르트 쿤의 글을 언급하고 있다. 이 조사를 통해서 우리는 인간에게 불을 가져다 준 프로메테우스가 힌두교의 프라만타, 말하자면 비벼서 불을 일으키는 나무 조각 중 수컷 형제일 수도 있다는 것을 배운다. 힌두교에서 불을 갖고 온 존재는 마타리슈반이라 불리고, 불을 피우는 행위는 언제나 신관의 문서에서 '만타미'라는 동사로 쓰이고 있다. 이 단어는 흔들고, 비비고, 비벼서 만들어내는 것을 의미한다. 쿤은 이 동사를 '배우다'라는 뜻을 가진 그리스어 '마누아노(μανυανω)'와 연결시키며, 이 개념적 관계를 설명했다. '비교의 준거'는 리듬, 즉 마음 속에서 앞으로 뒤로 움직이는 것에 있을 수 있다. 쿤에 따르면 어근 'manth' 혹은 'math'는 '마누아노(μανυανω)'에서부터 'προ-μηυεομαι(프로-메우에오마이)'를 거쳐 그리스의 불을 훔치는 자인 '프로메테우스'까지 거슬러 올라감에 틀림없다. 공식적으로 인정 받지 못하고 있는 산크리스트 단어 '프라마시우스'는 '프라만타'를 통해서 오고 또 '비비는 사람'과 '강탈자'라는 이중의 의미를 갖고 있는데, 이 단어를 통해서 프로메테우스로의 이동이 가능했다.…

② 프로메테우스의 불 신화

플레준족도 또한 불 독수리들이다. 프로메테우스 플레준족에 속한다. 프라만타에서부터 프로메테우스에까지 이르는 경로는 단어를 통과하지 않고 관념을 통과한다. 따라서 우리는 프라만타가 힌두교의 불의 상징을 통해 얻은 것과 똑같은 의미를 프로메테우스에게도 적용해야 한다.

③ 프라만타 신화의 구멍뚫린 나무판

프라만타는 만타나(불의 제물)의 도구로서 힌두교에서 순수하게 성적인 것으로 여겨진다. 프라만타는 남근 혹은 남자로도 여겨지고, 구멍 뚫린 나무판은 여자의 성기 혹은 여자로 여겨진다. 그에 따라 일어나는 불은 아이, 즉 신의 아들 이그니이다. 두 조각의 나무는 숭배 의식에서 푸르바라스와 우르바시로 불리며, 남자와 여자의 화신으로 여겨졌다. 불은 여자의 생식기에서 태어났다. 하나의 종교의식으로서 불의 결과물을 특별히 흥미롭게 표현한 사람은 독일 역사학자 베버였다. ("리비도의 변환",『무의식의 심리학』, 166-167)

④ 불 지피는 과정과 성적 상징

불을 지피는 이 과정의 성적 상징은 아주 명백하다. 우리는 여기서 리듬을, 성적인 리듬을 본다. '리그 베다'의 한 노래는 똑 같은 해석과 상징을 전하고 있다. ("리비도의 변환",『무의식의 심리학』, 168)

⑤ 남근신 숭배

의식을 치르면서 불을 피우는 행위는 유럽에서 19세기까지 미신적인 관행으로 이어져왔다.… 이 정화(淨火)의 의식은 근본적으로 남근신 숭배를 분명하게 보여주고 있다. ("리비도의 변환",『무의식의 심리학』, 169)

바. 성적행위의 원의식과 불

융은 이와 같이 기존의 연구자료를 근거로 하여 '성적 행위'의 원 의식을 이와 같이 '불'로 연계시키고 있다. 그리고 이러한 것들은 여기저기에서 나타나고 있다. 그럼에도 불구하고, 융에 의하면, 원래부터 불의 발생이 대체로 성적인 행위였는지는 아직 의문으로 남아있다. 왜냐면, 성행위에서 불의 발견이 이루어진 것으로 논리가 전개되기 때문이다.

① 의문으로 남는 불의 발생 신화

따라서 불의 발생에 담긴 성적 상징을 명확하게 보여주는 이 예들은 다양한 시대에 다양한 사람들 사이에서 확인되고 있기 때문에 불의 발생에 주술적 의미뿐만 아니라 성적 의미까지 부여하는 경향이 보편적으로 존재했음을 증명한다. 매우 오래된 관습이 이런 식으로 의식적 혹은 주술적으로 반복된다는 사실은 인간의 마음이 옛날 형식에 얼마나 강하게 집착하는 지를 잘 보여준다.… 그러나 원래부터 불의 발생이 대체로 성적인 행위였는지, 말하자면 '성교유희'였는지는 아직 의문으로 남아 있다. ("리비도의 변환",『무의식의 심리학』, 170)

② 성교유희와 불의 발생

앞에 언급한 호주의 원주민(와찬디) 부족이 이런 식으로 성교 유희를 치르는 것과 똑같이, 성교 유희라는 행사가 다른 방식으로, 불의 발생이라는 형식으로 치러질 수 있을 것이다. 선택된 두 사람의 인간 대신에, 이 성교는 두 개의 대체물, 이를 테면 푸루바라스와 우르바시, 남근과 질, 구멍을 뚫는 것과 구멍에 의해 표현되었다. 다른 관습들의 뒤에 작용하고 있는 원시인의 사고가 정말로 신성한 성교인 것과 똑같이, 여기에 나타나는 일차적 경향은 성교 행위 그 자체이다. 왜냐하면 성교행위가 그 절정으로 진정한 생명의 축제이고 또 종교적 신비의 핵심이 될 만한 가치가 충분하기 때문이다. 만약 와찬디 부족이 땅의 비옥을 상징하기 위해 대지에 구멍의 상징이 성교를 대신한다는 식으로 결론을 내릴 수 있다면, 불의 발생도 마찬가지로 성교의 대체물로 여겨질 수 있다. 정말이지, 이 같은 추론의 결과 불의 발명은 성적 행위에 어떤 상징을 제공할 필요성 때문에 이뤄졌다는 식으로 결론을 내려도 무리가 없을 것이다.("리비도의 변환",『무의식의 심리학』, 171)

위의 이야기는 '불의 발견'이 '성 행위'에서 비롯되었다는 것인데, 그 논리적 타당성에는 많은 의문을 자아낸다. 다만 융은 이 '불'은 '힘'을 의미하고 '리비도'의 발현을 의미하고자 하였는데, 그와 유사한 메타포가 '성 행위'와 동일하다는 것을 말하고자 한 것 정도로만 이해하여야 할 것 같다. 융은 이 이야기를 통해서 어떤 성인의 리비도의 퇴행이 어린 아이에 이를 수 있고, 이 퇴행은 태고의 원 무의식에 이를 수 있다는 것을 말하고자 하였다.

바. 리비도의 변환

융은 어린 아이의 '구멍 뚫는 행위'를 태고의 '구멍 뚫는 행위'로 연결시키고, 이것을 또한 '에너지'와 관련시키고 싶어서, 무리하게도 '성행위'에서 '불의 발명'이 이루어졌다고 말하였다. 그런데, 융의 진정한 관심은 이러한 리비도의 발달이나 퇴행이 아니라, 리비도의 변화를 말하고자 하였다. 그리고 그 변화의 내용은 이러한 '성적 리비도'가 어떻게 고대세계에서 '종교적 에너지'로 승화하는가를 주장하고, 그 '종교적 에너지'에서 '상징과 신화'가 나타난다고 말하고자 하였다.

먼저, 융은 위의 와찬디 부족의 경우, 성적 행위에 바탕을 둔 의식이 진행되는 행사가 벌어지는 동안 남자들 중 어느 누구도 여자들을 바라보지 않는다고 말한다. 즉, 이때 리비도의 철수가 이루어진다는 것이다. 그리고 이러한 저항에 봉착한 원시인의 성욕은 이제 대체적인 행위, 곧 유추 혹은 상징 등으로 옮겨갔다고 한다. 그리하여 리비도의 변화가 일어난다고 한다. 그 내용은 다음과 같다.

> 남근 숭배 혹은 흥청망청 술판을 벌이는 숭배 의식이 존재한다는 사실이 그 자체로 특별히 음탕한 생활을 암시하지 않는 것은 기독교의 금욕적 상징이 특별히 도덕적인 생활을 의미하지 않는 것과 똑같다.
> 사람은 자신이 갖지 않았거나 갖추지 못한 모습을 존경한다. 앞에서 설명한 내용을 바탕으로 말한다면, 이 충동은 진짜 성적 행위로부터 일정 양의 리비도를 배제하여 그것을 갖고, 이루지 못한 것을 상징적으로 대체할 것을 창조해 낸다. 이 같은 심리학은 앞에서 언급한 와찬디 부족의 의식에 의해 확인

된다. 와찬디 부족의 의식을 보면, 행사가 벌어지는 동안에 남자들 중 어느 누구도 여자를 바라보지 않는다. 이 같은 세부사항은 다시 우리에게 그 리비도가 어디서 철수되는지를 알려준다. 그러나 이것을 중요한 질문을 낳는다. 그렇다면 그 충동은 어디서 오는가? 원시인의 성욕은 저항에 봉착하고, 이 저항은 리비도가 옆길로 빠져서 대체적인 행위(유추, 상징 등)로 옮겨가도록 한다는 점을 우리는 앞에서 암시했다.… 그것은 내면의 저항의 문제이다. 의지가 의지에 맞서고, 리비도가 리비도에 맞서는 것이다.… 리비도의 변환을 일으키는 심리적 충동은 의지의 분할에 바탕을 두고 있다.… 여기서는 리비도의 변화의 문제에만 관심을 두도록 하자. 유추를 통해서 앞에서 거듭해서 주장한 바와 같이, 이 변화는 분명 일어난다. 리비도가 원래 있던 곳에서 철수되어 다른 하부 구조로 옮겨지는 것이다. ("리비도의 변환",『무의식의 심리학』, 173)

3장 공상과 신화

1. 공상적 사고와 신화

가. 공상적 사고

융은 프리드리히 요들(Friedrich Jodl)의 말을 인용하여 "언어와 생각의 동일성을 부정하며, 그 한 가지 이유로 똑같은 정신적 사실이 다양한 언어로 표현될 수 있다는 점을 든다. 요들은 '초언어적 사고'가 존재한다는 결론을 이끌어내고 있다"고 말한다. 그리고 여기에 접근할 수 있게 해주는 것은 '목표지향적 사고'가 아닌 '공상적 사고'라고 말한다. 융은 프로이트가 '꿈'을 무의식적 사고의 발현이라고 보았는데, 그는 '공상적 사고'를 '꿈'과 유사하게 파악하고 있다. 우리의 소망은 현실에서 억압을 당할 때, 꿈이나 몽상을 통해서 현실로부터 벗어나려 한다.

① 꿈꾸기

…이런 식의 사고가 재빨리 우리를 현실에서 끌어내어 과거와 미래의 공상으로 이끌기 때문이다. 여기서, 말의 형식으로 이뤄지는 사고가 중단되고, 대신에 이미지가 이미지를 부르고 감각이 감각을 부르게 된다. 그러면 무엇인가를 창조하고 또 본래의 모습 그대로가 아니라 자신이 바라던 대로 믿으려 하는 경향이 더욱 분명하게 드러날 것이다. 현실로부터 벗어난 이런 생각의 재료는 당연히 수많은 기억의 그림을 갖고 있는 과거일 수 밖에 없다. 우리는 이런 종류의 사고를 대체로 '꿈꾸기'라고 부른다.

② 두 가지 형태의 사고 : 목표지향적 사고와 공상적 사고

…따라서 우리에게 두 가지 형태의 사고가 있다. 목표지향적 사고와 꿈 혹은 공상적 사고가 있는 것이다. 첫 번째 사고, 즉 목표지향적 사고는 언어의 요소들을 갖고 커뮤니케이션을 하는 데 필요한 것으로서 문제를 야기하고 소모적이다. 반대로, 두 번째 사고, 즉 공상적 사고는 별 어려움 없이 이뤄지며 기억을 바탕으로 저절로 일어난다. 목표 지향적 사고는 혁신과 적응을 일으키고, 현실을 모방하며 현실에 영향을 미치려 한다. 반면에 공상적 사고는

현실을 도외시하고, 주관적인 소망들을 자유롭게 풀어놓으며, 적응의 측면에서 보면 완전히 비생산적이다. (“두 가지 유형의 사고”,『무의식의 심리학』, 28-29)

나. 공상적 사고와 신화

융은 이와 같은 두 가지 사고에서 목표지향적 사고는 과학을 낳았고, 공상적 사고는 예술적 걸작과 신화를 창조했다고 말한다. 그리고 그 결과 그것은 현실과 동떨어진 주관적인 공상과 전적으로 일치하는 그런 우주관이 생겨나게 되었다고 한다.

① 고대인의 과학으로서의 신화

현대인의 관심의 초점은 불행히도 물질적 현실에만 맞춰지고 있다. 반면 고대는 공상적인 유형의 사고와 아주 비슷한 그런 사고 유형을 선호했다.… 고대에서 현재 과학의 특징인 간결하고 구체적인 유형의 사고를 찾는 것은 헛된 짓이다. 우리는 고대인의 정신이 과학이 아닌 신화를 창조하는 것을 확인하고 있다.… 고대인들이 신화에다가 현대인이 과학과 기술에 쏟는 만큼의 에너지와 관심을 쏟았다고 보는 수 밖에 없다.

② 공상을 통한 예술적 창조

지금 이 대목에서 우리는 공상의 세계 안에서 움직이고 있다. 이 공상은 사물들의 외적 측면에는 거의 관심을 두지 않은 채 내면의 원천에서 흘러나와서 끊임없이 변화하면서 유령 같은 형상을 엮어내기도 하고 괴물 같은 형상을 엮어내기도 한다. 고대인들의 마음에서 일어난 이 같은 공상이 예술적 걸작을 창조해냈다.

③ 신화적 우주관의 탄생

…이리하여 현실과 크게 동떨어질 뿐만 아니라 주관적인 공상과 전적으로 일치하는 그런 우주관이 생겨나게 되었다. (“두 가지 유형의 사고”,『무의식의 심리학』, 30-31)

다. 꿈과 신화 : 기억의 재료로 움직이는 꿈

융은 꿈과 신화는 비슷한 유형을 보인다고 말한다. 우리의 현실적인 의식은 외부의 자극에 대하여 무의식과 의식의 연상 작용이 있고, 이에 대해 신경이 반응을 일으킨다. 그런데, 꿈은 이와 반대로 무의식에서 지각체계로 흘러 최종적으로 감각에 나타난다. 그래서 꿈 사고는 무의식의 창고인 기억의 재료 쪽으로 퇴행을 한다. 그래서 꿈은 역사적으로 유아기적 재료를 이용하여 유치하기 그지없다. 그리고 이 유아기의 정신적인 삶은 고대의 원시적인 것과 다를 바가 없을 것이기 때문에 고대 원시인들의 사고와 유사할 것이다. 이것이 꿈과 신화의 유형이 일치하는 이유이다.

① 현실적 조건에 관심이 없는 꿈

프로이트를 통해 배우는 바와 같이, 꿈은 이와(신화와) 비슷한 유형을 보인다. 꿈은 사물들의 현실적 조건에는 전혀 관심을 두지 않는다. 그렇기 때문에 꿈은 더없이 이질적인 것들까지도 동시에 끄집어낸다. 불가능의 세계가 현실을 대체한다.

② 프로이트의 꿈 : 현실적 사고의 연장

프로이트는 깨어 있을 때의 사고의 특징 중 하나가 진행이라고 생각한다. 말하자면, 사고 내적 혹은 외적 지각체계로부터 자극을 받고, 이어 의식적이거나 무의식적인 연상의 작용을 거쳐 신경 감응을 일으키게 된다는 것이다.

③ 기억의 재료 쪽으로 움직이는 꿈

꿈에서는 그와 정반대의 현상이 확인된다. 말하자면 사고의 자극이 전의식 혹은 무의식에서 지각 체계로 거꾸로 흐른다. 이 지각 체계를 통해서 꿈은 감각적으로 아주 두드러진 인상을 받으며, 이 인상은 거의 환각을 일으킬 만큼 명료하다. 꿈 사고는 기억의 재료 쪽으로 거꾸로 움직인다. "꿈 사고들의 구조는 꿈의 원재료 쪽으로 거꾸로 나아가는 동안에 해체 된다." 그러나 원래의 지각을 다시 활성화시키는 것은 퇴행의 한 가지 측면에 지나지 않는다.

④ 유아기의 기억으로 돌아가는 꿈

다른 한 측면은 유아기의 기억의 재료로 돌아가는 것이다. 이것도 마찬가지로 원래의 지각으로 퇴행하는 것으로 이해될 수 있지만, 그 독립적인 중요성 때문에 특별히 언급할 필요가 있다. 정말이지, 이 퇴행은 '역사적인' 것으로 여겨질 수 있다. 이 개념에 따르면 꿈은 전이를 통해서 유아기의 장면을 최근의 장면으로 바꿔서 보여주는 것으로 설명될 수 있다.

⑤ 유아기의 정신적 삶과 원시의 삶

…퇴행의 이 같은 역사적인 측면을 고려한다면, 꿈의 결말은 반드시 유치한 성격을 보여주게 되어 있다.… 그래서 오늘날 꿈의 분석을 잘 아는 사람들은 꿈은 어린 시절 영혼의 정복당한 삶의 한 자락을 보여주는 것이라는 프로이트의 주장에 예외 없이 동의한다. 유아기의 정신적 삶이 틀림없이 원시적인 유형일 것이기 때문에, 유치함은 분명 꿈의 두드러진 특징이다.…

⑥ 신화적인 사고와 어린이들의 사고의 유사성

이 모든 경험은 우리가 고대인의 공상적이고 신화적인 사고와 어린이들의 그 비슷한 사고를, 그리고 원시인과 꿈을 서로 비교한다는 점을 암시한다. 이 생각의 기차는 우리에게 낯설지 않고 비교 해부학과 인체 발달의 역사에 관한 지식을 통해서 꽤 익숙하다.… ("두 가지 유형의 사고",『무의식의 심리학』, 32-33)

프로이트가 꿈을 통해 무의식의 세계를 발견하였다. 그래서 프로이트를 통해 무의식을 소개받은 융도 또한 꿈의 본질을 파악하기 위해 깊이 들어간다. 여기에서 융은 새로운 중요한 사실 하나를 발견하는데, 꿈의 재료가 자꾸 과거로 소급해 올라가더라는 것이다. 이런 형태의 꿈을 발견한 것이다.

라. 민족의 '집단적인 꿈'으로서의 신화

융은 신화는 '그 민족의 집단적인 꿈'이라고 말한다. 즉 신화가 꿈과 같은 메커니즘을 가지고 있다는 것이다. 그리고 이러한 현상은 어린아이들의 심리 속에서도 여전히 발견되고 있으며, 더 나아가서는 현대인에게 있어서도 '공상적인 사고'에 빠졌을 경우에도 동일하게 나타난다고 말한다.

① 꿈의 이미지로서의 신화

…신화들을 익숙한 꿈의 이미지로 지각하는 단계로 건너가는 것이 더 이상 큰 도약은 아니다.…

② 집단적 꿈으로서의 신화

랑크는 이와 비슷하게 신화들을 그 민족의 집단적인 꿈으로 이해한다. 리클린은 우화들이 꿈의 메커니즘을 갖고 있다고 주장했으며, 아브라함은 신화에 대해 그와 똑같은 주장을 폈다.

③ 신화와 공상

…신화를 창조했던 시대는 유치하게, 말하자면 공상적으로 생각했다는 결론은 저절로 나온다. 우리 시대에 사람들이 꿈에서 그러는 것처럼 말이다. 신화를 새로 형성하기 시작하고 또 공상을 현실로 착각하는 현상은 아이들 사이에서 쉽게 발견된다. (“두 가지 유형의 사고”,『무의식의 심리학』, 35)

④ 공상적인 사고 : 어린이와 원시인의 한 특징

…우리는 공상적인 사고가 고대와 어린이, 원시인의 한 특징이라는 것을 확인했다. 그러나 지금 우리는 또한 현대의 성인도 목표 지향적 사고가 멈추는 순간 공상적 사고에 빠지게 된다는 것을 알게 되었다.

⑤ 현대인의 공상 : 정신의 현실세계 적응의 결과

관심의 강도를 낮추거나 약간 피곤해지기만 해도 목표지향적 사고가 멈추고 그 대신 공상이 시작된다. 이는 정신이 현실 세계에 적응한 결과이다. 우리는 이 주제에서 약간 옆으로 비켜서면서 우리 자신의 생각의 기차에 길을 양보해 보자. 주의력이 느슨해지면, 우리는 현재의 의식을 점차적으로 잃게 된다. 그러면 의식이 약해진 그 영역을 공상이 차지하게 된다. (“두 가지 유형의 사고”,『무의식의 심리학』, 36)

마. 공상적인 사고의 패턴 : 상상

융에게 꿈이나 공상이나 신화는 같은 패턴이다. 그렇다면, 이제 공상은 어떻게 창조되는가? 여기에는 하나의 전형적인 사이클이 있는데, 우리는 자신이 결여하고 있는 것을 갖추고 있다고 상상한다고 말한다. 이것이 공상적인 사고의 시작이다.

① 공상이 창조되는 방식

여기서 중요한 의문이 하나 제기된다. 공상은 어떤 식으로 창조되는가? 이 문제와 관련해서는 시인들로부터는 배울 것이 많지만, 과학으로부터는 배울 것이 별로 없다.

② 공상의 전형적인 사이클 : 가정하여 상상

프로이트의 정신분석적 방법은 이 물음에 대한 대답을 과학적으로 제시하려고 처음으로 노력했다. 정신분석적 방법은 거기엔 전형적인 사이클이 있다는 점을 보여주고 있다. 말을 더듬는 사람은 자신이 훌륭한 웅변가라고 상상한다.… 가난한 사람이 스스로 백만장자라 상상하고, 아이가 어른이라고 상상한다. 허약한 사람이 야심찬 계획으로 스스로를 고문하거나 스스로를 기쁘게 만든다. 우리는 자신이 결여하고 있는 것을 갖추고 있다고 상상한다. ("두 가지 유형의 사고",『무의식의 심리학』, 37)

바. 상징으로 나타나는 공상적 사고의 표현

이러한 공상적 사고의 표현은 '상징'으로 나타난다. 상징은 마음의 일탈로 한정된 어떤 충동의 표현인 것이다. 그리고 이것은 공상적이고 주관적인 사고에 기반한 것이기 때문에 당연히 왜곡된 세계관을 낳게 된다. 그런데, 이러한 마음 상태는 우리 개인의 과거 속에, 그리고 인류의 과거 속에 있다. 그리고 더 나아가서는 지금도 '공상적 사고'의 형태 속에 남아서 간접적으로만 드러나고 있다. 이 사고는 의식과 무의식의 문턱쯤에 자리잡고 있다.

① 프로이트가 발견한 상징 : 충동의 표현

프로이트가 발견한 상징은 어떤 사고의 표현이고 또 꿈과 그릇된 품행과 마음의 일탈로 한정된 어떤 충동의 표현인 것으로 드러난다. 그런데, 이 같은 형태의 사고와 충동은 과거 한때 가장 강력한 영향력으로서 세상을 지배했다.

② 이기적인 소망에 따른 주관적인 사고에서 출현하는 상징

마음이 스스로를 상징적으로 표현하는 능력과 경향은 어디서 오는가 하는 물음 앞에서, 우리는 두 가지 종류의 사고, 즉 목적 지향적이고 적응된 사고와 우리 자신의 이기적인 소망에 따른 주관적인 사고를 구분해야 한다. 주관적인 형식의 사고는 적응된 사고에 의해 지속적으로 수정되지 않을 것이기 때문에 당연히 주관적으로 왜곡된 세계관을 낳게 되어 있다. 우리는 이런 마음

상태를 유치하다고 생각한다. 이 같은 마음 상태는 우리 개인의 과거 속에, 그리고 인류의 과거 속에 있다.
③ 공상적 사고의 위치 : 의식과 무의식의 경계선
…공상적 사고의 상당 부분은 여전히 의식의 영역에 속할 것이지만, 많은 부분은 의식과 무의식의 경계선에 있을 것이고 또 일정 부분은 무의식의 영역에 속할 것이다. 이 중에서도 무의식에 속하는 공상적 사고는 오직 간접적으로만 드러나게 되어 있다. 목표지향적 사고는 공상적 사고를 통해서 인간 정신의 가장 오래된 바탕과 연결되며, 이 바탕은 의식으로 건너가는 문턱 아래에 오랫동안 있어 왔다. ("두 가지 유형의 사고",『무의식의 심리학』, 41)

사. 몽상, 꿈, 공상, 및 신화의 관계

융은 공상을 몽상과 무의식적인 공상체계로 구분한다. 그리고 그 양자 사이에 꿈을 위치시킨다. 이것이 공상 체계있다. 융은 이때 이 무의식적인 공상체계에서 나오는 산물은 신화와 관계가 있다고 말한다. 즉, 이 무의식은 지층이 있는데, 우선적으로는 유아기의 기억이 있다. 그리고 이것은 더 내부적으로 퇴행을 할 수 있는데, 여기에서는 원시적인 정신적인 특징들이 나타난다. 이 특징들은 어떤 상황에서 한때 분명했던 옛날의 정신적 산물을 불러오게 된다. 그리고 그 지점이 신화와 맞닿는 지점이다.

① 공상적 사고의 산물 : 몽상, 꿈, 무의식적인 공상
의식에서 직접적으로 생겨나는 이 공상적 사고의 산물로는 우선 몽상이 있는데, 프로이트와 스위스 심리학자 플루르누아 등은 이 몽상에 특별한 관심을 기울였다. 그 다음에는, 신비한 외형을 보여주고 또 간접적으로 무의식의 내용물을 추론해 낼 수 있을 때에만 의미를 지니게 되는 꿈이 있다. 마지막으로, 소위 말하는 완전히 무의식적인 공상 체계가 있는데, 이 공상 체계는 분열된 성격을 낳는 경향이 있다.
② 무의식에서 나오는 공상과 신화
앞의 설명은 무의식에서 나오는 산물은 신화와 관계가 있다는 점을 보여주고 있다.

③ 역사적 지층을 가지고 있는 영혼 : 무의식

이 모든 것들을 종합적으로 고려한다면, 영혼은 역사적 지층을 어느 정도 갖고 있으며, 가장 오래된 지층은 무의식에 해당될 것이라는 결론이 가능하다.

④ 퇴행의 결과 나타나는 원시적인 정신

그 결과 프로이트의 가르침에 따르면, 삶의 후반에 나타나는 내향(內向, introversion)은 개인의 과거에 남아 있는 유아기의 기억을 잡고 늘어지게 된다. 퇴보적인 유아기 기억이 길을 가리킨다. 그러면 이어 내향과 퇴행이 더 강해지고, 그 결과 원시적인 정신의 특징들이 나타나게 된다. 이 특징들은 어떤 상황에서 한때 분명했던 옛날의 정신적 산물을 불러오게 된다. ("두 가지 유형의 사고",『무의식의 심리학』, 42)

프로이트의 무의식은 꿈이었는데, 융의 무의식은 결국 공상이다. 그리고 이 공상 중에는 무의식에 의해 이끌리는 공상이 있다는 것이다. 그리고 이러한 무의식의 공상이 꿈과 결합될 때에는 신화적인 메타포를 가진 꿈이 된다.

2. 무의식적 공상과 신화의 사례

융은 위의 공상들이 어떻게 신화에 닿는가의 사례를 소개하고자 한다. 그는 플루르누아의 책을 통해서 미스 밀러(미국 앨라배마주 태생의 연기자)의 글을 접했는데, 그는 그곳에 나타난 "무의식적으로 형성된 몇 가지 공상들"을 소개한다. 미스 밀러의 책에서 제2장은 "신에게 영광을 : 꿈의 시"로 되어 있는데, 이곳에는 그녀가 스무 살 때 오랫동안 유럽을 여행하면서 '무의식적 공상'의 경험 사례가 나타난다.

가. 밀러의 무의식적 공상

융은 미스 밀러의 글을 그의『무의식의 심리학』2-4장까지에 걸쳐서 방대하게 소개하는데, 그 무의식적 공상의 내용과 이 과정 속에서 리비도의 변환이 어떻게 발생하였는지를 소개한다. 먼저 그 내용을 요약하자면 다음과 같다.

미스 밀러는 여행객을 위한 배를 타고 유럽 각지를 오랫동안 여행을 하면서 아름답고 위대한 유럽 문화를 접한다. 그러면서 그는 배의 갑판 위에서 공상 속으로 스스로 젖어들었으며, 그때의 감흥들을 시와 글로 기록을 하였다. 어느 날 밤 밀러는 배의 갑판 위에서 노래하는 남자 가수에 의해 깊은 인상을 받는다. 이것을 융은 '연애 유희'라고 표현한다. 그런데, 그녀의 무의식은 이러한 에로틱한 인상에 대해 강한 금욕적 절제를 하였으며, 그날 밤 꿈을 꾸었는데 그녀의 꿈에는 여러 신화적 요소들이 대거 나타났다. 이에 대해 융은 그녀의 '강한 절제'는 성욕적 리비도에 대한 억압이었으며, 그 결과 리비도의 변환이 있었고, 그것은 그녀의 꿈 속에서 무의식적 상징들로 나타난 것으로 보고 있다.

융은 미스 밀러가 배에서 노래를 듣고, 그 날 밤 꾼 꿈을 다음과 같이 소개한다.

나폴리에서 리보르노까지, 배는 밤에 항해했다. 그 동안 나는 잠을 그런대로 잘 잤다. 그러나 잠은 결코 깊지 않았으며 꿈이 없지 않았다. 다음과 같은 꿈을 꾸다가 어머니의 목소리에 깨어난 것 같다. 처음에 '샛별이 서로 함께 노래할 때'라든가 하는 소리가 어렴풋이 들렸다. 창조의 어떤 혼란스런 표현의 전주이자 우주 널리 메아리를 이루는 힘찬 합창의 전주 같은 소리였다.… 동시에 밀턴의 '실락원'의 기억이 떠올랐다. 그런 다음에 이 혼란 속으로 어떤 단어들이 서서히 생겨나와 3개의 연으로 정렬되었다.… 한 마디로 말해 그 시들은 몇 분 뒤에 현실 속의 나의 책에 쓰인 내용과 똑같아 보였다.

여기서 미스 밀러는 다음과 같은 시를 적고 있다. 다음의 두 문장은 창세기 1장의 말씀을 통한 창조와 맨 먼저 빛을 만든 것에 대한 이야기로 보인다. 그리고 그 다음의 사랑은 바로 에로스이다.

하나님이 처음 소리를 만들었을 때/ 수많은 귀들이 일어나며 들었고/ 그리고 우주 전체에/ 깊은 청량한 메아리가 울려 퍼졌네./ 소리의 신에 모든 영광을!

하나님이 처음 빛을 만들었을 때/ 수많은 눈들이 일어나며 보았네/ 그리고 듣는 귀마다 보는 눈마다/ 다시 한 번 우렁찬 합창이 일어났네./ 빛의 신에 모든 영광을!
하나님이 처음 사랑을 주었을 때/ 수많은 가슴들이 일어나 생명을 얻었네/ 귀는 음악으로 가득했고/ 눈은 빛으로 가득했네/ 사랑으로 충만한 가슴 가득 울리네! ("창조의 찬가",『무의식의 심리학』, 58-59)

나. 밀러에 대한 융의 해설

먼저, 융은 무의식이 특성중 하나로서 의식의 인정을 받지 못한 에로틱한 인상은 전이를 한다고 말한다. 전날 밤에 배에서 노래를 부르던 그 승무원은 당시의 사춘기 소녀와 같은 미스 밀러에게 새로운 세계를 열어주었다. 융은 그녀의 이러한 '새로운 세계'는 그녀의 무의식 속에서 '창조' 관념을 일으켰는데, 그녀의 전이는 창조주에게 이루어졌다는 것이다. 즉, 에로틱한 감정이 강하게 절제(억압)를 당하자 이것이 다른 아버지와 같은 존재에게 전이되었는데, 이때 미스 밀러는 당시의 여행에서 깊은 감명을 받은 유럽의 여러 자연과 신화적 요소를 머금은 문화유산들이었다. 그리고 이 창조주는 소리를, 그 다음에 빛을, 그 다음에 사랑을 창조하였는데, 그녀의 무의식적 상징의 고리는 이와 같이 "가수-노래하는 새벽별-소리의 신-창조주-빛의 신-(태양의 신)-(불의 신)-사랑의 신"으로 이어지는 연상이었다는 것이다. 그리고 이러한 연상은 기존의 고대 신화의 메타포와 정확하게 일치를 하였다. 그 내용을 융은 다음과 같이 소개한다.

① 무의식 안에 있는 역사적 지층으로의 전이

무의식 안에 있는 역사적 지층 때문에 생기는 것 같은 특성이 하나 더 있다. 의식의 인정을 받지 못한 에로틱한 인상은 앞서 버려졌던 어떤 전이를 빼앗아서 그것으로 스스로를 표현한다는 점이다. 따라서 어린 소녀들 사이에서 첫사랑을 할 나이가 되어 사랑을 표현할 능력을 제대로 갖추지 못해 힘들어 하는 예가 자주 보이고, 이들을 분석해 들어가면 아버지의 이미지를 거듭 떠올리는 탓에 사랑의 표현 능력에 장애가 일어난다는 것이 확인된다.

정말로, 미스 밀러의 예에서도 그와 비슷한 것이 보인다. 왜냐하면 남성적인 창조의 신이라는 관념은 정신분석적으로나 역사적으로나 '아버지 이미지'의 한 파생물이고 또 무엇보다도 포기한 유아기 아버지 전이를 대체하는 것을 목표로 잡고 있기 때문이다. 이 대체는 개인이 가족이라는 좁은 울타리 사회라는 보다 넓은 울타리로 보다 쉽고 보다 간단하게 넘어갈 수 있도록 한다. 이 같은 맥락에서, 우리는 그 시와 시에 앞서 소개한 '도입부'에서 종교적이고 시적으로 형성된 내향의 산물이 '아버지 이미지'의 대용물이라는 것을 볼 수 있다.…

② 밀러의 꿈에 등장한 신화적 사실들

그녀에게 영향을 끼쳤음에 틀림없는 인상은 야간 근무를 하다가 "새벽별들이 서로 어우러져 노래를 부를 때" 노래를 부르던 승무원에게서 받은 인상이었다. 이 풍경은 미스 밀러에게 새로운 세상을 열어주었다(창조).

이 창조주는 소리를, 그 다음에 빛을, 그 다음에 사랑을 창조했다. 가장 먼저 창조되었을 것이 소리였을 것이라는 점은 오직 개인적인 생각이었다. 왜냐하면 일반적으로 잘 알려지지 않은 사상 체계인 "헤르메스의 지식"을 제외하고는 그런 경향을 보이는 우주 기원론이 전혀 없기 때문이다. 그러나 지금 우리는 과감히 어떤 짐작을 할 수 있을 것이다. 이미 분명하고 곧 완벽하게 증명될 그런 짐작이다. 말하자면 연상의 고리이다. 가수 - 노래하는 새벽별 - 소리의 신 - 빛의 신 - (태양의 신) - (불의 신) - 사랑의 신으로 이어지는 고리이다.

③ 밀러 안에 일어난 무의식적 창조

이 연상의 고리는 괄호로 표시한 태양과 불을 제외하고는 다 증명된다. 이 모든 표현들은 한 가지만을 제외하고는 모두 에로틱한 언어에 속한다. '창조주'는 처음에는 뚜렷하게 보이지 않지만 에로스의 낮은 목소리, 은은히 울려퍼지는 자연의 합창에 대한 언급을 통해서 이해가 가능해 진다. 이 자연의 합창은 모든 연인들의 짝을 통해서 스스로 부활을 꾀하고 창조의 경이를 기다리고 있다. 미스 밀러는 자신의 마음의 무의식적 창조를 이해하려고 애를 썼으며, 원칙적으로 정신분석과 일치하는 과정을 통해서 정신분석과 똑같은 결과에 닿고 있다.… 미스 밀러는 자신의 무의식적 공상이 창조에 대한 모세의 설명과 달리 소리 대신에 빛을 낸 앞에 내세우지 않는다는 사실에 대해

크게 놀란다. (“창조의 찬가”,『무의식의 심리학』, 61-63)

기본적으로 미스 밀러나 융이나 신화에 깊은 조예가 있는 사람들인 것 같다. 꿈이나 무의식적 공상 속에서 그 세계를 그려낸다는 것은 어떤 이미지가 선재하여 있을 수 있다. 마치 신비주의를 받아들인 그리스도인들이 성경 속의 말씀을 마음에 품고 있다가 기도의 시간에 믿음으로 그것을 펼쳐내는 것과 같다. 그리스도인들은 성경에서 언급하는 것이 사실일 경우, 그것이 믿음의 이미지로 다가온다는 것을 확인하고, 그것의 사실성을 의심없이 받아들인다. 그런데, 그것이 사실이 아닐 경우, 그것은 마음에 믿음으로 다가오지 않는다.

이와 같이 미스 밀러나 융이나 신화를 알고 있으며, 그 신화를 신뢰하고 있다. 그리고 이것이 무의식적 공상과 꿈 속에 등장한 것이다. 그런데, 이렇게 동일한 것이 반복된다는 것은 그것의 실재성 때문이라고 본다. 융은 위대한 형이상학적 사실로 다가가는 방법을 지금 알아낸 것이다.

다. 리비도의 변환으로서의 무의식적 공상

한편, 미스 밀러는 자신의 공상을 다 나열한 다음, 다음의 글로 그녀의 결론을 내린다. 다음의 내용은 미스 밀러의 말과 이에 대한 융의 설명은 다음과 같다.

> “그 꿈은 ‘실락원’과 ‘욥기’와 ‘천지창조’의 개념과 ‘스스로 대상을 낳는 생각’이나 ‘사랑의 선물’ ‘카오스와 코스모스’ 같은 개념이 서로 결합하면서 꾸어진 것 같다.”(미스 밀러)
>
> 형형 색색의 유리 조각들이 만화경 안에서 서로 결합하듯이, 미스 밀러의 마음에서 철학과 미학, 종교의 파편들이 서로 결합한 것처럼 보인다.
>
> “그런 것들이 여행으로 인해 자극을 받고 있었으며, 서둘러 둘러본 나라들은 바다의 무거운 침묵과 형용할 수 없는 매력과 결합되었다. ‘오직 그것 뿐, 그 외의 다른 것은 절대로 아니야!’”(미스 밀러) (“창조의 찬가”,『무의식의 심리학』, 70-71)

한편, 융은 위의 미스 밀러의 무의식적 공상의 경로를 정리한다. 먼저 융은 미스 밀러가 에로틱한 인상과 같은 인상으로 야기된 마음의 동요를 과소평가하였다고 말한다. 그런데, 그것은 프로이트가 말한 '억압'이었다고 한다. 이 '에로틱한 인상'이 무의식에 강하게 작동하면서 대신 의식 속으로 상징들을 밀어 넣었다는 것이다. 즉, '리비도의 변환'이 일어난 것이었다.

① 에로틱한 인상에 대한 억압
그녀는 에로틱한 인상과 같은 인상으로 야기된 마음의 동요를 과소 평가하고 있다. 프로이트가 아주 간결하게 '억압'이라고 정의한 것이 바로 이 과소 평가이다. 바로 이 억압 때문에 에로틱한 문제가 직접 의식적으로 다뤄지지 못한다. 여기서 "심리적 수수께끼들"이 생겨난다.
② 전이가 만들어낸 상징들 : 새벽별들, 실낙원, 천지창조
에로틱한 인상은 무의식에 작동하면서 대신에 의식 속으로 상징들을 밀어 넣는다. 따라서 사람은 자기 자신과 숨바꼭질을 하게 된다. 이 상징은 가장 먼저 "서로 함께 노래하는 새벽별들"이고, 그 다음에는 '실락원'이다. 이어서 이 에로틱한 갈망은 성직의 옷을 입고서 '천지창조'에 관한 암울한 말들을 뱉는다. 그러나 마지막에는 종교적 찬가가 되며, 거기서 마침내 자유로 향하는 길을, 도덕적인 검열관이 더 이상 반대할 것을 전혀 찾지 못하는 그런 길을 발견한다. 찬가는 그 자체의 특이한 성격 안에 그 기원의 표시들을 담고 있다.
③ '콤플렉스 반복의 법칙'을 성취하는 찬가
이리하여 찬가는 '콤플렉스 반복의 법칙'을 성취했다. 아버지 성직자로 감정이 전이되는 이 순환의 고리 안에서, 밤의 가수는 '영원한 존재', '창조주', 소리의 신, 빛의 신, 사랑의 신이 된다. ("창조의 찬가",『무의식의 심리학』, 72)

융은 신앙인들의 금욕적인 삶에 매우 가치를 부여한다. 이 금용적인 삶이 곧 리비도의 변환을 불러일으키는데, 그의 정신을 창조의 세계로 끌어올린다. 이 여인은 그러한 금욕적인 태도와 창조주에 대한 열정으로 창세기 1장의 그 현장에 이른 것이다. 사실은 이것이 곧 기독교 신비주의이다. 히브리서 11장 1절-3

절은 이렇게 믿음으로 창조의 현장에 나아갈 수 있다고 말한다.

라. 성애에 대한 보상으로서의 종교적 찬가 : 리비도의 변환

융은 이제 미스 밀러의 '실락원'의 상징이 구약성경 '욥기'의 상징과 유사하다고 하며, 또한 이것은 '파우스트'와도 유사하다고 말한다. 다만 이것을 욥은 선과 악의 문제로 정의되고 있으며, 파우스트에서는 승화와 에로스 사이의 투쟁이라고 말하고 있을 뿐이라고 한다. 전자는 구약성경의 용어이고, 후자는 분석 심리학적 용어일 뿐이다. 융은 이것은 리비도의 간접적인 경로로서, 리비도의 변환에 관한 이야기라고 한다.

이때 미스 밀러는 욥의 입장에 서있다. 더 나아가 그녀는 욥과 자신을 동일시하고 있다. 그러면서 미스 밀러의 무의식에서 리비도의 변환이 일어나고 있는데, 그녀의 리비도는 에로틱한 인상으로부터 사랑의 본질이랄 수 있는 창조의 힘으로 승화하였다는 것이다. 즉, 그녀의 무의식에서 일어나고 있는 종교적 찬가들은 성애적인 문제에 대한 보상으로 나온 것이었다.

① 리비도의 간접적인 경로 : 욥의 내면세계로 들어감

리비도의 간접적인 경로는 슬픔의 길처럼 보인다. 적어도 '실낙원'과 '욥'에 관한 언급은 그런 결론으로 이끈다.… 욥에게 힘을 행사한 초인간적인 힘들을 우리는 더 이상 형이상학적인 것으로 여기지 않고, 우리는 초심리학적인 힘들을 우리는 더 이상 형이상학적인 것으로 여기지 않고 초심리학적인 것으로 여긴다. 파우스트도 똑같은 신의 내기를 보여준다.… 욥의 내면에서는 두 가지 경향이 오직 선과 악으로만 구분되고 정의되고 있다. 반면에 파우스트의 내면에서 일어나는 문제는 에로틱한 문제이다. 파우스트의 내면에서는 승화와 에로스 사이의 투쟁이 벌어지고 있으며, 이 투쟁에서 악마가 유혹자의 역할을 맡아 에로틱한 모습을 두드러지게 보인다. 욥의 내면에는 에로틱한 면이 부족하다. 동시에 욥은 자신의 영혼 안에서 벌어지고 있는 갈등을 의식하지 않는다.… ("창조의 찬가",『무의식의 심리학』, 72-73)

② 욥처럼 행동하는 미스 밀러

미스 밀러는 욥처럼 행동하고 있다. 그녀는 아무 말도 하지 않으며, 나쁜 것과 좋은 것이 다른 세상에서, 말하자면 초심리학의 세상에서 오도록 내버려두고 있다. 따라서 욥과의 동일시도 이 점에서 중요하다. 더욱 넓고 또 매우 중요한 유사성이 한 가지 더 언급되어야 한다. 자연의 관점에서 제대로 고려한다면, 사랑의 본질이랄 수 있는 창조의 힘은 에로틱한 인상으로부터 승화된 것으로서 신성의 진정한 속성으로 남는다. 그래서 그 시에서 신은 처음부터 끝까지 창조주로 칭송을 받는다.… ("창조의 찬가",『무의식의 심리학』, 73)

③ 리비도의 변환 : 밀러의 무의식에서 일어나고 있는 종교적 찬가들
미스 밀러의 무의식에서 일어나고 있는 종교적 찬가들은 성애적인 문제에 대한 보상으로 나온 것이며, 그 찬가들은 리비도의 내향을 통해 다시 일깨워지는 유아기의 기억에서 재료의 상당부분을 얻고 있다. 이 종교적 창조가 성공하지 않았더라면, 미스 밀러는 에로틱한 인상에, 말하자면 에로틱한 인상의 자연스런 결과나 부정적인 방출에 굴복했을 수도 있을 것이다. 부정적인 방향으로 방출이 이뤄졌을 경우에 그녀는 사랑의 실패로 인해 깊은 슬픔을 느끼게 되었을 것이다. 미스 밀러가 보여준 것과 같은 성애를 둘러싼 갈등을 이런 식으로 표출하는 행위의 가치를 놓고 의견이 크게 엇갈리고 있다는 사실은 잘 알려져 있다. 사랑에 따른 긴장을 종교적 색채가 강한 시를 통해서 아무도 몰래 해결하는 것이 훨씬 더 아름다운 것으로 여겨진다. 그러면 아마 다른 많은 사람들도 그 시에서 기쁨과 위안을 발견할 것이다. 진리에 대한 광신적 믿음이라는 근본적인 관점에서 이 같은 인식에 강력하게 반대하고 나서는 것은 어리석은 짓이다. 나는 리비도의 이상한 경로를 철학적인 눈으로 봐야 하고 또 리비도가 우회적인 길을 취하는 목적도 조사해야 한다고 생각한다. ("창조의 찬가",『무의식의 심리학』, 77)

그리스도인들이 온전한 자기부인의 상태에 이르면 위의 세계가 그의 기도의 시간에 믿음으로 펼쳐진다. 히브리서 11장 1-3절의 이야기가 바로 위의 이야기이다.

마. 융의 리비도 : '리비도의 흐름'으로서의 '종교적 투사'

위에서 살펴본 바와 같이 '성애의 리비도'는 고스란히 그 방향으로 나아가서 내면에 고착을 이룰 수도 있고, 리비도의 승화를 통해서 종교적인 방향으로 분출 될 수도 있다. 융은 리비도의 흐름을 이와 같은 두 가지 형태로 파악한다. 이때 전자는 프로이트가 발견한 리비도의 흐름이었으며, 후자는 자신이 발견해낸 리비도의 흐름이었다. 왜냐하면, 미스 밀러와 같은 형태의 리비도의 변환, 혹은 심리적 투사가 고대와 중세의 신비가들에게서 공통적으로 나타나고 있기 때문이다. 그들은 성욕에 대한 아주 강력한 절제를 하는 과정 속에서 신비체험들을 하였던 것이다. 그리고 이러한 것들 중의 하나가 기독교이다. 그에 의하면, 기독교의 정신치료의 방법과 정신분석에서의 치료 방법이 동일하다. 종교적 투사를 통해서 사람들은 눈앞의 갈등(걱정이나 고통, 불안 등)을 자기 밖에 있는 어떤 대상, 즉 신에게 넘긴다. 그리고 그 대상이 바로 구세주였다.

① 고대와 중세의 기독교 신비주의자들
틀림없이 이런 종류의 리비도의 흐름은 아주 넓은 의미에서 본다면 중세와 고대 신비 숭배들이 내세운 황홀경의 이상이 흐르던 방향과 똑같은 방향으로 흘렀다. 이 고대 신비 숭배 중 하나가 훗날 기독교로 발전하게 된다. 생물학적으로 따지면 이 이상에서 어떤 심리적 투사가 보일 것이다. 투사는 이런 식으로 일어난다. 즉 갈등을 억눌러 무의식 속으로 집어넣고, 억압된 내용물을 객관적인 것으로 꾸며 밖으로 드러나게 하는 것이다. 이것은 편집증이 일어나는 과정이기도 하다.…
② 믿음을 통한 종교적 투사
종교적 투사가 훨씬 더 효과적인 도움을 제공한다. 종교적 투사를 통해서 사람들은 눈앞의 갈등(걱정이나 고통, 불안 등)을 자기 밖에 있는 어떤 대상, 즉 신에게 넘길 수 있다. 복음은 이렇게 가르치고 있다.… 사람은 영혼의 무거운 콤플렉스를 의식적으로 신에게로 넘겨야 한다. 말하자면 영혼의 콤플렉스를 객관적으로 진실인 것처럼 어떤 존재와 연결시켜야 한다는 말이다. 이 같은 내면에 요구에 부응하는 것이 바로 죄에 대한 솔직한 고백과 그 고백의 바탕에 깔린 기독교도의 겸손이다. 이 두 가지는 사람이 자기 자신을 점검하고 자신을 안다는 목적에 이바지한다. 사람이 죄를 고백하도록 하는 것은 이 같은 교육을 가장 강력하게 뒷받침하는 것으로 여겨진다. 이 같은 조치의 목

> 적은 갈등을 의식적으로 인식하도록 하는 것이다. 대단히 정신분석적이다. 갈등을 의식적으로 인식하는 과정은 정신분석을 통한 회복의 절대적으로 필요한 요건이다. 세속적인 방법인 정신분석이 억압된 갈등을 넘겨받아 해결해 줄 대상으로 전이의 대상을 내세우는 것처럼, 기독교는 진정한 존재로 구세주를 내세운다. (“창조의 찬가”,『무의식의 심리학』, 77)

라캉은 그의 욕망이 상상계에서 주체로 출현하고, 상징계에서 출현하며, 실재계에서 출현한다고 하였다. 이때 우리는 이 실재계를 둘로 구분할 수 있다. 하나는 영의 소욕으로 인해 펼쳐지는 실재계가 있고, 또 하나는 육의 소욕에 의해 펼쳐지는 실재계가 있다.

이때 영의 소욕에 의해 펼쳐지는 실재계가 곧 칼 융의 실재계이다. 그리고 그 내용이 이와 같이 종교적 영역에서 펼쳐지는 기독교 신비주의이다. 이들은 실제로 그 창조의 현장으로 나아갈 뿐 아니라, 지금 하늘의 하나님 보좌 앞으로 나아간다.

반면, 육의 소욕 혹은 성욕으로 인해 펼쳐지는 실재계가 있다. 그것은 프로이트와 푸코의 성욕의 실재계이다. 푸코는 성욕 속으로 자신을 던져 넣었다. 그는 동성애자가 되고, 소아 성애자가 되었다. 끝내는 에이즈로 사망하였다. 그의 정신세계에는 음부(지옥)가 펼쳐졌을 것으로 보인다.『늑대와 인간』에 의하면, 프로이트의 만년도 그러하였을 것으로 추정된다.

바. ‘성애의 무의식’과 ‘종교적 무의식’

융은 우리의 무의식이 대표적으로 ‘성애적 무의식’과 ‘종교적 무의식’으로 나뉘고 있음을 말한다. 그리고 이 양자는 우리의 무의식의 세계 속에서, 전자는 ‘원죄’로 불리우고, 후자는 ‘도덕과 종교’로 불리우고 있다. 이 둘은 무의식적 존재의 본질이기 때문에 인간의 의식 속에서 지울 수 없다. 그러나 의식으로 설명이나 증명은 되지 않는다. 이때 전자는 프로이트의 무의식이며, 후자는 자신이 발견한 무의식이라고 말한다.

현대인의 의식이 종교와 완전히 다른 종류의 일들로 바쁜 만큼, 종교와 그 대상인 원죄는 뒤로 밀려나게 되었다. 말하자면 종교와 그 대상인 원죄가 대부분 무의식으로 물러나게 되었다는 뜻이다. 따라서 오늘날 사람은 종교도 믿지 않고 원죄도 믿지 않는다. 따라서 프로이트 학파는 불순한 공상을 품는다는 비난을 듣게 되었다. 그럼에도 고대 종교와 도덕의 역사를 간단히 살펴보아도 인간의 영혼 안에 어떤 종류의 악마가 깃들어 있는가를 쉽게 간파할 수 있다. 이처럼 인간 본성의 잔인성을 믿지 않는 태도는 종교의 힘을 믿지 않는 현상과 깊이 연결되어 있다. 모든 정신분석가에게 잘 알려진 현상, 즉 '성애의 갈등'이 무의식적으로 '종교적 행위로 변환되는 현상'[31]은 도덕적으로 완전히 무가치한 것으로 여겨지고 또 히스테리의 산물에 지나지 않는 것으로 통한다. 그런 한편 종교를 자신의 의식적인 죄의 반대편에 놓는 사람은 누구나 부인할 수 없는 위대한 일을 하는 것으로 여겨진다.…("창조의 찬가", 『무의식의 심리학』, 86)

우리의 무의식이 라캉이 말하는 실재계를 접하게 되면, 그곳에서 자신의 주체를 형성하게 된다. 이때 프로이트의 무의식은 성적 욕망을 도리어 추구하였으므로, 원죄 속에 빠진게 된다.

반면 융의 무의식은 종교적 행위로 변화되는 현상이 발생한다. 그것은 복음으로 거듭 태어나며, 죄 사함을 받고, 그리스도와 함께 하나님 보좌 우편으로 그의 영혼이 들리운다.

3. 리비도의 상징들

가. 종교적 상징으로 나타나는 리비도

융은 우리 안에 있는 에로틱한 인상들이 강력한 절제를 통해서 종교적인 갈망으로 승화할 때, 리비도가 상징으로 나타난다고 말한다. 그것은 앞에서 "가

31) 기독교 종교에서는 여기에서 '리비도의 변환'이라기 보다는 '거듭남'이라는 용어를 사용한다. 그래서, 어떤 사람에게 있어서 '성욕의 무의식'의 뿌리가 뽑히고, 새로운 '종교적 도덕적 무의식'의 탄생으로 본다. 그러면서도 여전히 이 두 요소는 인간의 내면에 함께 존재하는 것으로 본다. 즉, 리비도를 기능적으로 보는 것이 아니라, 발생적으로 파악한다. 한 리비도의 본질 안에 다른 여러 본능들이 존재한다. (필자)

수-소리의 신-노래하는 새벽별-창조주-빛의 신-태양-불-사랑의 신"으로 나타났다. 융은 이러한 주관적인 대상이 곧 신이라고 말한다. 융의 이러한 말을 기독교적 관점에서 말한다면, 우리 안에 있는 승화된 리비도가 신과 연합되는데, 그것은 그 신도 또한 같은 리비도이기 때문이다.

> ① 깊고도 강력한 충동에 대한 칭송
> 미스 밀러가 신이나 태양을 칭송할 때, 그녀는 자신의 사랑을, 말하자면 인간적이고 동물적인 존재의 깊고도 강력한 충동을 칭송하고 있다. 여러분은 다음과 같은 동의어의 고리가 제시되었다는 사실을 기억할 것이다. 가수-소리의 신-노래하는 새벽별-창조주-빛의 신-태양-불-사랑의 신.… 에로틱한 인상이 긍정적인 것에서 부정적인 것으로 변화함에 따라, 빛의 상징들이 중요한 대상으로 나타난다.
> ② 갈망의 대상 : 태양에서 신으로
> 갈망이 노골적으로 표출되고 있는 두 번째 시에서, 그 대상은 결코 속세의 태양이 아니다. 갈망이 현실의 대상에서 거두어졌기 때문에, 갈망의 대상은 무엇보다도 주관적인 대상, 즉 신이 되었다.
> ③ 리비도의 총합으로서의 신
> 그러나 심리학적으로 말하면, 신은 어떤 강력한 감정(리비도의 총합)을 중심으로 형성되는 어떤 콤플렉스의 이름이다. 더 구체적으로 말하면, 그 콤플렉스에 성격과 실체를 부여하는 것이 바로 그 감정이다. 신성의 속성과 상징들은 일관되게 그 감정(갈망, 사랑, 리비도 등)에 속해야 한다.
> ④ 리비도 숭배로서의 신 숭배
> 만약 누군가가 신이나 태양 혹은 불을 숭배한다면, 그 사람은 자기 자신의 생명력, 즉 리비도를 숭배하는 것이다. 세네카가 말한 그대로이다. "신은 자네 가까이에 있네, 신은 자네와 함께하고 자네의 마음 안에 있네." 신은 우리가 신성한 영광을 부여하고 있는 우리 자신의 갈망이다. ("나방의 노래", 『무의식의 심리학』, 101)

칼 융의 리비도는 생명력이다. 그리고 그 생명력의 원천은 신이다. 이것이 기독교 세계에서는 매우 익숙한 용어인데, 이 신의 이름이 곧 성령이다. 이 성령에서 인간의 영이 모든 에너지를 공급 받는다. 융의 리비도는 영 곧 정신이다. 그리고 그 안에 모든 생체 에너지가 내재하여 있다.

나. 기독교 신비주의자들의 리비도

융은 “신은 우리 자신의 갈망이다”라는 발언에 이어서, 그러나 그 이면에는 이 이상의 무엇인가가 있음에 틀림없다고 말한다. 신은 단순히 주관적인 생성물이 아니라는 것이다. 즉 이러한 리비도의 승화는 신과의 연합으로 말미암아 생성되었다는 것이다.

① 우리 내면에 존재하는 신

만약 종교가 대단히 중요했고 또 중요하다는 것이 알려져 있지 않았다면, 이처럼 자기 자신을 갖고 노는 이상한 장난은 터무니없어 보일 것이다. 그러나 거기엔 그 이상의 무엇인가가 있음에 틀림없다. 왜냐하면 그 장난의 부조리에도 불구하고 어떤 의미에서 보면 그것이 목적에 최대한 부합하기 때문이다. 자신의 내면에 어떤 신을 두고 있다는 것은 많은 것을 의미한다. 그것은 행복을 보장하는 것이며, 심지어 전능을 보장하는 것이기도 하다. 이 속성이 그 신에 속하는 한에서 말이다.…

② 기독교 신비주의 : 신과 하나되는 의식

기독교와 밀접히 연결된 신비 종교의 경우에는 “신과 하나 되는” 의식에 그 흔적이 훨씬 뚜렷하게 남아 있다. 이런 신비종교의 경우, 신비주의자 본인의 입회 의례를 통해서 신성한 숭배를 받는 자리에까지 올라간다. 이시스 신비종교의 축성식 중 맨 마지막 행사는 신비주의자에게 종려나무 잎으로 만든 관을 씌워주는 것이었다.…

③ 예수 그리스도와의 연합을 통해 하늘과 하나 됨

신비주의자는 종교적 황홀경에 빠지면 자신을 별과 같은 차원에 놓는다. 중세의 성인이 성흔을 통해서 스스로를 그리스도의 잔열에 올린 것과 똑같다. 아시시의 성 프란시스코는 이를 정말로 이교도적인 방법으로 표현했다. “신과 하나되는” 표현은 역사가 매우 깊다. 옛날의 믿음은 죽을 때까지 신과 하나되는 것을 배제했다. 그러나 신비종교들은 신과 하나되는 것이 이승에서

이뤄지고 있다고 주장한다.… (“창조의 찬가”,『무의식의 심리학』, 101-103)

신약성경의 에베소서 2장에 의하면, “우리가 그리스도와 함께 하나님 보좌 우편에 앉히웠다”라는 표현이 있다. 그리스도인들은 이것을 자신들의 정신의 모습으로 본다. 또 어떤 신비주의를 추구하는 그리스도인들은 이것을 그의 기도의 시간에 실현시켜내려고 한다. 더 나아가서는 그것을 믿음으로 붙잡아서 무의식적 공상을 통해 그리로 들어간다.

다. 신화의 세계에서 리비도의 상징들

융은 니체의 ‘봉화’라는 시를 소개하면서 고대 세계에서 리비도가 어떻게 상징으로 작용하였는지를 설명한다. 대체로 고대의 세계에서는 리비도는, 먼저 태양이나 불꽃에 비유되었다. 두 번째는 남근 혹은 남근을 닮은 뱀에 비유되었다. 세 번째는 발정기의 황소나 숫사자 등으로 비유되었다.

여기서 리비도는 불과 불꽃이 되고 뱀이 된다. “태양의 살아 있는 원반”을 의미한 이집트인들의 상징, 즉 서로의 몸을 감고 있는 2마리의 뱀이 그려진 원반에서, 리비도가 불과 뱀의 상징으로 결합된다. 열매를 맺게 하는 온기를 가진 태양의 원반은 생식을 하게 하는 사랑의 온기를 떠올리게 한다. 리비도와 태양과 불은 서로 닮은 점을 갖고 있다.

리비도에는 ‘인과적인’ 어떤 요소가 하나 있다. 왜냐하면 결실을 맺는 힘으로서 태양과 불은 인간의 사랑을 받는 대상이기 때문이다. 예를 들어, 태양이자 영웅인 미트라는 ‘사랑 받는’ 존재가 불린다. 니체의 시에서도 그 비유는 또한 인과적인 비유이다. 그러나 이번에는 반대의 의미로 인과적이다. 뱀의 비유는 분명히 남근숭배에서 나온 것으로서, 남근의 상징에서 생명과 결실의 정수를 보려 했던 고대의 경향과 완전히 일치한다. 남근은 생명과 리비도의 원천이며, 위대한 창조주이자 기적의 행위자이다. 남근상은 그러한 것으로서 어디에서나 경배를 받았다.

따라서 이제 리비도의 명확한 상징은 3가지 종류가 되었다. 첫째, 리비도는 유추를 통해 태양이나 불에 비유된다.… 예를 들면, 결실을 맺는 태양에 의해 정의되었다. 또 주체를 기준으로 한 비유가 있다. 여기서는 리비도가 기원한 장소에 의해, 예를 들어 남근 혹은 남근을 닮은 뱀에 의해 표현된다. 이 두 가지 기본적인 형식의 비유에 세 번째 비유가 더해져야 한다. 세 번째 형식의 비유에서 '제3의 비유기준'은 육체적 작용이다. 예를 들어, 리비도는 발정기의 황소나 사자, 수퇘지처럼, 그리고 언제나 발정 상태인 당나귀처럼 굴 때에 위험해 진다. ("창조의 찬가",『무의식의 심리학』, 111-112).

위의 그리스의 신화들은 모두 고대와 중세의 시대를 거치면서 기독교 신비주의로 모두 흡수되었다. 모든 신화적인 섬김의 대상들이 예수 그리스도로 통일이 된 것이다.

4장 무의식으로 가는 길

『인간과 상징』에서 융은 "무의식으로 가는 길"이라는 소제목으로 '꿈'으로서의 '상징'과 '신화'를 말하였다. 이것을 여기에서는 전체적인 흐름을 반영할 경우, "상징에서 나타나는 신화"라는 주제가 적절한 것으로 보인다.

1. 꿈의 중요성

가. 꿈-상징-무의식

융은 상징에는 기호나 상이 있다고 한다. 이때 기호는 그것과 결부된 대상을 표시하는 것에 불과한 반면, 상들 혹은 진정한 의미에서의 상징은 "어떤 막연한 것, 미지의 것, 우리가 볼 수 없는 것들을 포함하고 있다"고 말한다. 그리고 이것은 '무의식'적 측면을 갖는다. 그리고 인간은 이때 '꿈'이라는 형태로 무의식적이며 자연발생적으로 상징을 산출하고 있다. 한편, 우리에게 가시적으로 보이는 '상징'들도 결국은 우리 내부에서 먼저 발생한 후에 그것이 가시적으로 표현된 것이다.

① 상징으로서의 언어 · 기호 · 상
사람은 자신이 전하고자 하는 것의 뜻을 표현하기 위해서 말이나 글을 사용한다. 그 언어는 상징들로 가득 차 있다. 그러나 사람은 흔히 엄밀한 의미에서 볼 때 서술적이 아닌 기호나 상들을 사용하기도 한다.… 기호는 그것과 결부된 대상을 표시하는 것 그 이상이 될 수 없다.… 상징들은 어떤 막연한 것, 미지의 것, 우리가 볼 수 없는 것들을 포함하고 있다.…
② 무의식적 측면을 갖는 상징
…또 십자가 같은 것들도 세계적으로 잘 알려져 있지만 그것들은 어떤 상황에서는 상징적 의의를 갖고 있다. 그것이 정확하게 무엇을 상징하는가 하는 것은 아직도 논란의 여지를 안고 많은 추측에 싸여있다. 이처럼 어떤 말이나 이미지가 그것의 명백하고도 직접적인 의미 이상의 어떤 것을 내포하고 있을 경우, 그 말이나 상은 상징적일 수 있다. 그것은 결코 정확하게 정의되거나

또는 남김없이 설명될 수 없는, 보다 넓은 '무의식적'인 측면을 갖는다.… 상징을 탐구하다보면 우리의 마음은 이성의 파악을 넘어서는 관념에 다다르게 된다.…

③ 상징으로서의 꿈

인간이 이해할 수 있는 한계 너머의 것이 무수히 많으므로 우리가 정의할 수 없거나 충분히 이해할 수 없는 개념을 표시하기 위해 우리는 항상 상징적 언어를 사용한다. 모든 종교가 상징적인 언어나 상을 쓰고 있는 이유가 여기에 있다.… 인간은 꿈이라는 형태로 무의식적이며 자연발생적으로 상징을 산출하고 있기 때문이다. (『인간과 상징』16-17)

나. '의식'과 '무의식'의 두 자아의 존재 가능성

융은 그의 어릴적 경험을 좇아 '무의식적 자아'의 존재가능성을 재기한다. 먼저, 그는 우리들의 '현실 지각(의식)'에는 '무의식적 측면'이 관여하고 있다고 말한다. 이와 같이 하여서 우리의 감각의 외부 현실영역이 내부 마음의 영역으로 옮아간다고 한다. 더 나아가, 경험한 것 중에서 의식으로 나타나지 못하고, 무의식적으로 남아 있는 어떤 것들이 존재한다고 말한다. 그리고 그러한 것들의 '정동(emotion)'과 '생동성'은 무의식으로부터 뿜어 나오는데, 예를 들면 '꿈'으로 나타난다. 이때 나타나는 무의식의 면은 합리적인 사고로서가 아니라, '상징적인 상'으로 나타난다. 그리고 심리학자들이 이러한 무의식적 정신의 존재를 가정한 것은 이러한 증거에 따른 것이다. 이것은 동일한 개인 안에 '두 주체'가 존재하는 것을 의미할 수 있다.

① 심적인 사건으로 변하는 현실지각

우리들의 현실지각에는 무의식적인 측면이 관여하고 있다. 우리의 감각이 신체적 현상, 광경, 음향에 반응할 때, 그것들은 어떤 방법에 의해서 외부 현실의 영역에서 내부의 마음의 영역으로 옮아간다는 사실이다. 마음 속에서 그것들은 심적인 사건으로 변하게 되는데, 그것의 궁극적인 본질이 무엇인지는 알 수 없는 일이다. 왜냐하면 정신은 그 자체의 정신적 실체를 알 수 없기 때문이다. 그리하여 우리가 물질 그 자체의 궁극적인 본질을 알 수 없기 때문에, 모든 구체적 대상이 어떤 점에서는 항상 미지의 것이라는 사실은 말할 것도 없거니와, 이렇듯 모든 경험이 무수히 많은 미지의 요소를 내포하게 되는 것이다.

② 의식적으로 주목하지 못한 사건들

그밖에도 우리가 의식적으로 주목하지 못한 사건들이 존재한다. 그것들은 말하자면 의식의 문턱 아래에 남아 있던 것들이다. 그것들은 이미 생겨났으나, 잠재의식적으로 흡수되어 버려서 우리가 의식하지 못한 채로 있던 것이다. 우리는 오직 직관의 순간 또는 깊이 사고하는 과정을 통해서 그러한 일이 일어났어야 했다는 인식을 하게 되는데 그제서야 비로소 이러한 심리적 사건을 의식할 수 있을 뿐이다.

③ 무의식으로부터 뿜어 나오는 것들 : 꿈

그리고 처음에는 우리가 이러한 내용이 지닌 강한 정동(emotion)과 생동성을 무시했더라도, 그것은 후에 추상의 일종처럼 무의식으로부터 뿜어 나오는 것이다. 예를 들면, 그것은 꿈의 형태로 나타날 수도 있다. 일반적으로 어떤 사실의 무의식적인 면은 꿈에서 그 모습을 드러내는데, 그때 그 무의식적인 면은 합리적인 사고로서가 아니고 상징적인 상(image)으로 나타난다. 역사적으로 보면 심리학자가 의식의 정신적 사상의 무의식적인 측면을 처음으로 연구할 수 있게 된 것은 꿈에 관한 연구였다.

④ 무의식적 정신의 존재 : 개인 안에 두 개의 주체

심리학자들이 무의식적 정신의 존재를 가정한 것은 이러한 증거에 따른 것이다. 많은 과학자와 철학자들이 그런 무의식적 정신의 존재를 부정하지만, 그들은 고지식하게 이러한 가정이 동일한 개인 안에 두 개의 '주체' 또는 같은 사람 속에 두 개의 인격이 존재한다는 뜻이라고 반박하고 있다. 그러나 이것이야말로 우리의 가설이 매우 정확하게 암시하고 있는 바로 그것이다.

그리고 많은 사람들이 이 양분된 인격 때문에 고통을 받고 있다는 것은 현대인이 치르고 있는 큰 곤욕 중의 하나이다. 그것은 결코 병적인 증상이 아니고, 어느 시대나 어느 곳에서나 볼 수 있는 정상적인 사실이다.(『인간과 상징』18-19)

다. '의식적 자아'와 다른 '정신'이라는 '무의식적 주체'

융은 '무의식적 주제'를 '정신'으로 보고 있는데, 이것은 결코 '의식적 자아'와 동일한 것이 아니라고 한다. 그리고 과거의 사례를 검토해보면, 이 '정신'은 자신의 주체일 뿐만 아니라, 다른 '존재'와도 '동체성'을 이룰 수 있기도 하다.

> ① '정신'과 '의식'의 구분
> 인간 심성의 허다한 부분이 아직 어둠에 싸여 있다. 우리가 '정신'이라고 부르는 것은 우리의 의식 및 그 내용과 결코 동일한 것이 아니다. 무의식의 존재를 부정하는 사람은, 사실 누구나 우리가 현재 정신에 관한 알고 있는 것이 그 전체인 것처럼 생각하고 있다. 이러한 믿음은 마치 우리가 자연계의 우주에 관해서 알아야 될 것은 전부 알고 있다고 가정하는 만큼이나 잘못 된 것이다.…
> ② 개인의 정신과 집단의 정신
> 의식의 발달이 우리들과는 다른 단계에 있는 사람들은 영혼(soul) 또는 정신(psyche)을 하나의 통일체로 느끼지 않는다. 많은 원시인들은 사람이 자신들의 영혼뿐만 아니라, '숲의 영혼'도 갖고 있고 이 숲의 영혼은 사람 개개인이 어떤 정신적 동일성을 가진 야생동물이나 나무로 구체화된다고 가정한다.…
> ③ 동체성
> 개인이 다른 사람이나 사물과 이렇게 무의식적으로 동체시할 수 있다는 것은 널리 알려진 심리학적 사실이다. 이러한 동체성(identity)은 원시인들 사이에 다양한 형태를 취하고 있다.… 이런 상황은 인류학자의 연구를 통해서 우리에게 잘 알려져 있다. (『인간과 상징』20-21)

라. 무의식의 다양한 정보를 담고 있는 '꿈'

융은 오늘날에 '의식의 단일성'은 여전히 의심스러운 문제이고, 그것은 너무도 쉽게 와해된다고 한다. 이에 따라 이러한 배경 하에서 이 '의식'과 '무의식'의 양자 사이에서 '꿈의 중요성'이 재고되어야 한다고 말한다. 이때 '무의식'의 나타남으로서의 '꿈'에 관한 이론을 융은 프로이트로부터 이어 받았으며, 프로이트는 이 꿈을 해석하기 위해서 '자유연상기법'을 사용하였다. 그런데, 이때 프로이트는 "꿈의 상징이 신경증의 신체적 증상"이라고만 하는 경향이 있었는데, 이에 대해 융은 '꿈'의 상징은 이보다 훨씬 다양하다고 말한다.

① 상징으로서의 신경증 증상들
금세기가 시작되기 전에 프로이트와 브로이어는 신경증의 증상들(히스테리, 어떤 종류의 통증과 이상행동)은 실제로는 상징적으로 의미가 있다는 것을 인정했다. 이런 증상들은 무의식적인 마음이 꿈에서 하는 것과 똑같이 스스로를 표현하는 한 방법이고, 또 그것들은 꿈과 똑같이 상징적이다.… 그런 문제들은 우리의 꿈을 통해서 더 자주 표현된다.… 그것들은 흔히 정교하며 그림 같은 환상들로 구성된다.
② 자유연상 기법을 통한 꿈의 환원
그러나 이러한 꿈의 자료를 접한 분석가가 프로이트의 본래의 '자유연상' 기법을 사용한다면, 그는 꿈이 결국에는 어떤 기본적인 유형으로 환원될 수 있다는 것을 발견하게 된다. 이 방법은 정신분석의 발전에 중요한 역할을 하였다.… 프로이트는 '자유연상'의 출발점으로서 꿈의 중요성을 특히 강조했다. 그러나 얼마 후에 나는 잠자는 동안 무의식이 만들어 내는 그 풍부한 환상들을 이용하는 데 자유연상법이 부적합하고 오도하기 쉬운 것이 아닌가 하고 느끼기 시작했다.
③ 무의식을 끌어내는 다양한 방법들 : 몽상, 꿈 등
내가 이런 의심을 정말 심각하게 느끼기 시작한 것은 한 동료로부터 그가 러시아에서 긴 기차 여행을 하는 동안 겪었던 경험을 들었을 때이다. 그는 러시아 말도 몰랐을 뿐만 아니라 씨릴 문자를 판독할 줄도 몰랐는데, 철도 표지판에 쓰인 이상한 글자들을 즐겨 바라보면서 그것들에 오만 가지 의미를 붙이며 '몽상'에 빠지곤 하는 자신을 발견한 것이다. 생각이 꼬리를 물고 일어났는데 느긋한 기분에서 그는 이 '자유연상'이 옛날의 많은 기억을 들추어 내는 것을 알게 되었다.… 이 이야기는 환자의 콤플렉스를 찾아내려면 '자유연상' 과정의 출발점으로써 반드시 꿈을 사용할 필요는 없다는 사실에 눈을 뜨게 하였다.… 그래서 나는 꿈이 성적인 비유 이외의 다른 어떤 정보를 내포할 수 있다고 추측하게 되었고 그런 예에는 뚜렷한 이유가 있다고 생각하게 되었다. (『인간과 상징』22-24)

2. '무의식'과 '상징'의 관계

꿈의 상징성과 관련하여서 융은 "꿈의 상징성을 취급하고자 할 때, 이와 같은 새로운 소재를 산출하는 인간 정신의 능력이 특히 중요하다"고 말한다. 그 이유로서 "꿈이 내포한 이미지와 관념들은 단지 기억이라는 말만으로는 도저히 설명될 수 없다는 것을 반복적으로 발견했기 때문이다. 그것들은 아직 의식의 경계선에 도달해 본 적이 결코 없는 새로운 생각을 표현하고 있는 것이다"고 말한다. 즉, '무의식'은 단순히 잊혀진 '의식'이 아니라, 새로운 세계를 우리의 '의식'에 나타내는 기능을 한다는 것이다. 이것은 프로이트의 무의식을 뛰어넘는 새로운 발견일 수 있다.

가. '무의식'과 '의식'의 관계

융은 '무의식'에서 나타나는 '꿈'을 "상징을 만드는 인간의 능력"이라고 말한다. 만일 무의식적 자아가 있다면, 분명히 이것은 맞는 말이다. 그래서 우리는 이제 이 '꿈'을 통해 '무의식'을 해석하려고 하는데, 여기에는 상당한 주의가 요청되는데, 이것은 '무의식의 고유한 표현'으로서 '합리성'의 의식을 월등히 초월하기 때문이다.

그래서, 융은 '의식'과 '무의식'의 심리내용들이 서로 결합하는 양식에 대해서 더 자세히 관찰한다. 그 결과 융은 "무의식의 부분은 일시적으로 불명확해진 생각들, 인상들, 이미지 등 많은 것으로 이루어지며, 이것들은 의식에 계속 영향을 주고 있다"고 말한다. 그런데, 의외로 임상실험의 결과 '무의식'은 '의식'이 모르는 많은 것을 알고 있다고 말한다.

① 상징을 만드는 인간의 능력

우리가 상징을 만드는 인간의 능력을 탐구하려면 이런 목적을 달성하는 데 가장 기초가 되고 가까이 접할 수 있는 소재가 꿈이라는 것이 입증된 셈이다.

② 꿈은 무의식의 고유한 표현

꿈을 다루는데 기본이 되는 다음 두 가지 원칙이 있다. 첫째, 꿈은 사실로 취급되어야 하고, 꿈이 어떻든 의미를 지니고 있다는 것 이외에 그것에 대해서 어떠한 억측도 미리 가져서는 안 된다는 것, 둘째, 꿈은 무의식의 고유한 표현이라는 것이다.(『인간과 상징』30)

③ 무의식과 의식의 분리 현상

그러면 의식과 무의식의 심리 내용들이 서로 결합하는 양식에 대해서 좀 더 자세히 관찰해 보자. 누구나 잘 알만한 예를 들어보겠다. 조금 전까지만 해도 생각이 또렷했는데 갑자기 다음에 말하고자 하는 것이 생각나지 않는 경우가 있다. 또는 친구를 소개하려고 할 때, 그의 이름을 말하려는 순간 그 이름이 떠오르지 않는 경우도 있다. 그런 경우 당신은 생각이 안 난다고 말한다. 그러나 실제로는 생각이 무의식이 되었거나, 또는 적어도 일시적으로 의식에서 분리된 것이다. 우리는 이와 같은 현상을 우리의 감각기능에서도 발견한다.…

④ 의식에 영향을 주고 있는 무의식들

그러나 어떤 것이 우리의 의식에서 사라졌을 때, 그것은 모퉁이를 돌아서 사라진 자동차가 흔적도 없이 자취를 감춘 것처럼 그 존재가 없어진 것은 아니다. 그것은 단지 시야에서 사라졌을 뿐이다.… 일시적으로 잃어버렸던 생각들은 다시 떠오르게 된다. 그래서 무의식의 부분은 일시적으로 불명확해진 생각들, 인상들, 이미지 등 많은 것으로 이루어지며, 이것들은 계속 의식에 영향을 주고 있는 것들이다.(『인간과 상징』30)

⑤ 무의식적 자아의 인지능력

의사가 환자에게 최면을 건다면,… 환자는 의식의 상실이 있는 동안에 누가 자기 팔에 바늘을 찔렀다든가, 그가 한 말을 마치 마취나 '망각'이 없었던 것처럼 정확하게 다시 기억해 낼 수 있다. 완전한 의식불명 상태에서 병원에 입원했던 한 여성이 있었다. 다음날 여성이 의식을 회복했을 때 그는 자신이 누구인지는 알았으나, 그가 어디에 있는지, 어떻게 해서, 왜 그곳에 오게 되었는지, 며칠인지 날짜도 몰랐다. 그러나 내가 최면을 걸자 그 여성은 나에게 왜 병에 걸렸고, 어떻게 해서 병원에 오게 되었으며, 누가 그녀를 입원시켰는지를 이야기하였다. 그녀가 말한 모든 자세한 내용은 사실대로였다. 심지어는 그녀가 입원할 당시의 시간까지도 말할 수 있었는데, 그것은 병원 입구에 걸린 시계를 보았기 때문이었다. 최면 아래서 그녀의 기억은 마치 줄곧 의식이 있었던 것처럼 명료하였다.…

잊어버린 생각들이 존재하지 않는 것은 아니다. 비록 그것들이 의지로써 재생해 낼 수는 없지만 잠재적 상태에 존재하며, 잊어버린 생각들은 언제든지 다시 저절로 떠오를 수 있는 것이고, 완전히 잊어버린 채로 몇 년이 지나서야 생각나는 경우도 흔히 있다.… (『인간과 상징』32-33)

나. 자신을 '의식' 속에 드러내는 '무의식'

이 '무의식'은 완전히 잊혀진 것이 아니므로 '의식'의 도중에 무심결에 등장하기도 한다. 그런데, 이 중에는 뜻 밖에도 무의식 속에 있는 창조적인 많은 것들도 또한 이러한 형태로 자신을 나타낸다는 것이다.

① 잠재기억의 출현

우리가 인지했거나 경험한 것을 잊어버리는 데는 많은 이유가 있다. 또한 그것을 기억 속으로 다시 회상해 낼 수 있는 방법 또한 그만큼 많다. 흥미있는 예는 '잠재기억' 또는 '숨겨진 기억'의 경우이다. 어떤 저자가 미리 생각한 계획에 따라서 계속 이야기를 써내려가거나 새로운 토론을 진행하거나 이야기의 줄거리를 전개시키다가 갑자기 옆길로 빗나간다. 아마 새로운 생각이나 다른 이미지 또는 새로운 부차적 줄거리가 그에게 떠올랐을 것이다. 만일 당신이 그에게 무엇이 그로 하여금 탈선을 하게 했는가를 물으면, 그는 대답하지 못할 것이다.…

② 생각이나 이미지가 무의식으로부터 마음으로 되돌아 옴

나는 그 놀라운 예를 니체에게서 발견한 적이 있다.… 나는 그것이 50년이 지난 후에 뜻밖에도 그의 의식의 초점으로 떠오르게 된 것이라고 믿는다. … 똑같은 경우가 음악가에게도 일어날 수 있다. 어린 시절에 들은 농부들의 가락이나 유행가가 어른이 되어 작곡하는 교향곡 악장의 주제로 나타나는 것을 발견할 수 있다. 생각이나 이미지가 무의식으로부터 의식의 마음으로 되돌아온 것이다. (『인간과 상징』36)

다. '무의식'의 자기표현으로서의 '상징'

융에 의하면, 우리의 경험들의 상당 부분이 '무의식' 속에 있게 되는 것은 어

떻게 보면 적절하다. 왜냐면, '의식'만으로는 이 모든 것을 담을 수 없기 때문이다. 이것이 바로 "우리의 의식의 내용이 무의식으로 사라지는 경우"에 해당한다.

① 잠재적 내용들
나는 자연스럽게 산출되는 우리 꿈의 상징들을 통해서 잠재적 내용을 지적하고자 하였다. 이 잠재적 내용은 모든 동인, 충동, 의도 모든 지각과 직관, 그리고 모든 합리적 또는 비합리적인 생각, 결론, 귀납, 연역, 전제 등, 또 모든 다양한 종류의 감정들로서 구성될 수 있다. 이들의 전부 또는 일부가 부분적이거나 일시적이거나 항구적인 무의식의 형태를 취한다.
② 대부분 무의식이 되는 잠재적 내용들
이와 같은 내용은 대부분 무의식이 되는데, 그것은 의식에 그것이 있을 만한 자리가 없기 때문이다. 우리의 생각들 중 어떤 것은 그것이 지닌 정동적인 에너지를 잃고 잠재적인 내용이 된다. 왜냐하면 그것은 재미가 없거나 우리와는 관계없는 것처럼 보이기 때문이거나 또는 우리가 그것을 시야 밖으로 밀어내려는 어떤 다른 이유가 있기 때문이다.
③ 의식의 용량 때문
새로운 여러 인상과 개념을 우리의 의식에 수용할 자리를 만들기 위하여 이런 식으로 '망각'하는 것은 사실 정상적인 것이며 또 필요한 것이기도 하다. 만일 이렇게 되지 않는다면 우리가 경험한 모든 것은 의식의 한계선 위에 그대로 있고, 우리의 마음은 상상할 수 없을 정도로 혼란해질 것이다. (『인간과 상징』36)

라. 새로 발생하는 무의식 : 영감

한편, 융은 우리의 '무의식'에는 "지금까지 결코 의식화 된 적이 없는 새로운 내용도 무의식으로부터 생길 수 있다"고 말한다. 융은 이 사실을 발견하고 여기에 그의 연구를 집중하였다고 말한다. 그리고 그는 이것을 '영감'이라고 하며, 그동안의 모든 예술적, 철학적, 과학적으로 발견한 창조적인 것들은 바로 이것 때문이었다고 말한다.

> ① 새로운 내용의 무의식
> 의식의 내용이 무의식 속으로 사라질 수 있는 것처럼, 지금까지 결코 의식화된 적이 없는 새로운 내용도 무의식으로부터 생길 수 있다. 예를 들어 우리는 어떤 것이 막 의식화 되려고 한다는 것 (무언가 있는 것 같다든가, 또는 낌새를 챘다는 것)을 어렴풋이 느낄 수 있다. 무의식이 단지 과거의 창고에 불과한 것만이 아니고, 미래의 정신적 상황과 생각들의 가능성으로 꽉 차 있다는 발견은 나 자신에게 새로운 심리학적 접근의 길을 열어주었다.…
> ② 영감
> 우리는 이 사실을 일상생활의 고난한 상황이 종종 획기적인 새로운 발상에 의해서 해결되는 데서 발견한다. 많은 예술가, 철학자, 과학자들조차도 그의 최고 업적 중 어떤 것들은 무의식으로부터 갑자기 떠오른 영감 덕분이라고 한다.… (이것은) 일반적으로 천재라고 불리는 사람을 증명하는 조건의 하나가 된다.
> ③ 사례들
> 우리는 과학사 그 자체에서 이와 같은 사실에 대한 명백한 증거를 발견할 수 있다. 예를 들어 프랑스의 수학자 푸앵카래와 화학자 케쿨레는 여러 중요한 과학적 발견이 무의식으로부터 갑자기 그림으로 나타난 '계시' 덕분이라고 했다. 프랑스의 철학자 데카르트의 소위 '신비적 경험'은 그가 일순간에 '모든 과학의 질서'를 보게 된 위와 비슷한 갑작스러운 계시와 관계되어 있다. 영국의 작가 스티븐슨은 '인간의 이중성에 관한 그의 강한 느낌'에 잘 맞는 이야기를 찾기 위해 여러 해를 소비하다가 마침내 『지킬 박사와 하이드 씨』의 줄거리가 그의 꿈에 갑자기 나타났던 것이다. (『인간과 상징』37)

이러한 영감에는 두 종류가 있을 수 있다. 하나는 기존의 무의식들을 이용한 새로운 무의식의 출현이 있으며, 또 하나는 형이상학적 존재들에 대한 새로운 무의식이다. 이 경우 후자를 가리켜서 계시 혹은 조명이라고 부른다. 이러한 계시와 조명은 차원을 달리하는 창조적 영감이라고 할 수 있다.

3. '상징(꿈)'의 기능

융에게 있어서 '꿈'은 '무의식'의 자기표현으로서의 '상징'이다. 이러한 '꿈'이 '융'에게 있어서의 '상징'의 가장 첫 번째 가는 개념이다. 그리고 이 '상징'이 밖으로 나타나서 각종 '형상'으로 표현된다. 그리고 역으로 일반인들은 이 드러난 '상징'을 보고 그들의 '무의식'이 일깨워지며, 그들도 동일한 '무의식'의 세계를 접하게 된다.

가. '의식'화 되기 어려운 '꿈'

'꿈'은 '상징들'이 처음 싹트고 자라는 토양이다. 그리고 이 '상징'은 '무의식의 자기 표현'이다. 따라서 이것을 '의식'으로 이해하려고 하면 큰 오해에 빠진다. 왜냐면, 우리 의식 속의 모든 개념은 그것 자체의 심리적인 연상들이 있기 때문에 만일 '무의식'을 '의식'으로 표현을 하면, 큰 혼란에 빠질 수도 있다. '꿈'에는 '의식화', 즉 '합리적으로 표현'하기가 어려운 요소들을 많이 내포하고 있다.

꿈이 대부분의 상징들이 처음 싹트고 자라는 토양이다. (그러나) 불행하게도 꿈은 이해하기가 쉽지 않다. 이미 지적했듯이 꿈은 의식에서 말하는 이야기와는 매우 다르다.… 꿈은 일반 사람들의 정상적인 각성 시의 경험으로는 뜻이 통하지 않는다.… 오히려 그 관념들을 더욱 세밀히 검토하면 할수록, 그 의미가 더욱 부정확한 것이 된다. 그 까닭은 우리가 들었거나 경험한 것은 어느 것이나 잠재화 (즉, 무의식으로 들어갈 수 있다는 것) 될 수 있기 때문이다.…
간단히 말해서 우리들의 의식 속의 모든 개념에는 그것 자체의 심리적 연상들이 있다. 이런 연상들은 강도에 있어서는 서로 다를 수는 있지만, 그것들은 그 개념의 '정상적'인 성격을 바꿀 수 있다. 그것이 의식의 수준 밑으로 표류하게 되 때 그것은 전혀 다른 것이 될 수도 있다.… 심리학자가 무의식의 표현들을 다루는 꿈의 분석에서는, 그것이 큰 관계를 가지게 된다. 왜냐하면 그러한 잠재적 측면은 우리의 의식적 사고의 거의 보이지 않는 뿌리이기 때문이다. (『인간과 상징』38-40)

나. 무의식의 언어로서의 꿈

융은 꿈에서 만들어진 이미지는 무의식의 언어로서 의식의 개념이나 체험보다 훨씬 더 그림같이 생생하다고 한다. 그것은 의식으로는 표현할 수 없는 것들을 무의식이 표현하고 있기 때문이다. 우리는 간혹 해석하기 어려웠던 꿈을 꾸기도 하는데, 이때의 이 꿈의 화상은 상징적인 것이라고 말할 수 있다. 왜냐면 은유의 방법으로 간접적으로 요점을 표현했기 때문이다.

> 꿈에서 만들어진 이미지들은 그것의 각성 시의 상대자라 할 수 있는 의식의 개념이나 체험보다 훨씬 더 그림같이 생생하다. 그렇게 되는 이유 가운데 하나는, 꿈에서는 이런 개념이 그 개념의 무의식적 의미를 나타낼 수 있다는 데 있다. 의식적 사고에서 우리는 우리 자신을 합리적 표현의 한계 안에 제약하고 있다. 그런 의식의 언어적 표현은 심리적 연상이 제거된 것이므로 그 생동감이 부족한 것이다.
> 해석하기 어려웠던 내 자신의 꿈이 생각난다.… 이 꿈의 화상은 상징적인 것이라고 말할 수 있다. 왜냐하면 그 꿈은 그 상황을 직접 표현한 것이 아니고, 처음에는 내가 이해할 수 없었던 은유의 방법으로 간접적으로 요점을 표현했던 것이다. 이런 현상이 일어나는 것은 꿈에 의한 의도적인 '변장' 때문이 아니라, 단지 우리가 감정이 담긴 회화적 언어를 잘 이해하지 못한다는 사실을 보여주는 것이다. 왜냐하면 우리의 일상경험에서… 우리의 말과 생각 양쪽 모두에서 공상의 장식을 버리는 것을 배워오는 동안에 그 원시적 심성의 특징을 이루고 있는 어떤 특질을 잃어가고 있기 때문이다.… 이에 반해서 원시인은 여전히 이와 같은 심리적 특성들을 잘 알고 있다. (『인간과 상징』 40-43)

다. '신비적 관여'로 말미암은 '꿈'

실질적으로 융이 관심을 가지고 집중하고 있는 것은 경험에서 의식이 잃어버린 그 무의식의 표현으로서의 '꿈'이 아니다. 즉, 프로이트의 그 의도적인 '변장'으로서의 그 '꿈'이 아니다. 융의 관심은 우리가 합리성을 중시하며 현대화되면서 잃어버린 그 원시적 꿈이다. 융에 의하면, 이러한 꿈들을 원시인들은 많이 꾸었는데, 그들은 '심적 동체성' 혹은 '신비적 관여'라는 심리적 특성을 받아들이고 있기 때문이었다.

그런데, 융에 의하면 고등교육을 받은 지식인들도 이러한 특이한 꿈을 꾼다고 말한다. 그는 이러한 사람을 많이 상담하였으며, 그에 의하면 성경 속에서 나타나는 에스겔의 환상이나 모세의 환상은 바로 이러한 종류였다고 말한다. 그에 의하면, 이 꿈은 이미지를 통한 계시의 통로라는 것이다.

> 이에 반해서 원시인은 여전히 이와 같은 심리적 특성들을 잘 알고 있다. 그들은 동물, 식물 또는 돌에 우리가 이상하게 생각하고 받아들일 수 없는 힘들을 부여하고 있다.…
> 심리학자들이 '심적 동체성' 또는 '신비적 관여'라고 부른 것들은 우리 사물의 세계에서 사라져 가고 있다. 그러나 원시인의 세계에서 다양한 색채와 환상적인 속성을 부여하는 것은 바로 이 여러 무의식적 연상의 후광인 것이다. 우리는 그것을 너무도 잃어버리고 말았기 때문에 그것들을 다시 만나도 알아볼 수 없을 정도가 되었다. 그런 것들은 우리 의식의 경계 밑에 보존되어 있다. (『인간과 상징』43-44)
> 고등교육을 받은 지식인들이 특이한 꿈, 공상, 심지어 환영을 보고 깊은 충격을 받은 나머지 나에게 상담해 온 일이 한 두 번이 아니다.…
> 언젠가 어떤 신학자가 에스겔의 환영들은 병적인 증상에 불과하고, 또 모세와 다른 예언자들이 '하나님의 음성'을 들었을 때, 그들은 환청에 시달리고 있었던 것을 내게 말한 적이 있다. 여러분은 이런 종류의 것이 그에게 '느닷없이' 일어났을 때 그가 얼마나 큰 충격을 느끼게 될지 상상할 수 있을 것이다. 우리는 우리들 세계의 겉보기에 합리적인 성질에 너무나 익숙해져 있기 때문에 상식으로 설명될 수 없는 일이 있다는 것을 거의 상상도 하지 못한다. 그러나 원시인이 이런 종류의 충격을 받았을 경우 대부분 정신건강을 의심하지 않는다. 그는 이때 주물이나 정령 또는 여러 신을 생각할 것이다. (『인간과 상징』44)

라. 신화로 이어지는 꿈

그리고 융에 의하면, 이러한 형태의 '꿈'과 '상징'이 곧 '신화'로 이어졌다고 말한다.

> 지금까지 나는 현대인과 원시인을 몇 가지 점에서 비교하였다.… 이런 비교는 상징을 만들어내는 인간의 성향, 그것을 표현함에 있어 꿈이 하는 역할의 일부를 이해하는 데 꼭 필요하다. 왜냐하면 우리는 많은 꿈이 원시인의 관념과 신화와 의식 등과 비슷한 상(이미지)과 연상을 나타낸다는 것을 알기 때문이다. (『인간과 상징』46)

마. '무의식'의 메시지로서의 '꿈'

융은 위와 같은 '신비적 관여'로서의 '꿈'이 아니라고 하더라도 꿈은 결코 생명이 없는 것이나 무의미한 '잔재'들이 아니다고 한다. 왜냐면 그것은 현재에도 작용하고 있으며, 그것이 지닌 '역사적' 성격 때문이다. 즉, '꿈'은 '무의식'의 메시지로서의 기능도 하고 있기 때문이다.

> 그것(꿈)은 결코 생명이 없는 것이거나 무의미한 '잔재'들이 아니다. 그것은 현재도 작용하고 있으며, 그것이 지닌 '역사적' 성격, 바로 그것 때문에 가치 있는 것이다. 그것들은 우리 생각의 의식적인 표현 양식과, 보다 원시적이며 보다 다채로운 회화적 표현 양식 사이를 연결하는 다리를 이루고 있다. 감정(feeling)과 정동(emotion)에 직접 호소하는 것이 또한 이런 표현 형태이다. '역사적'인 연상들은 의식의 합리적인 세계와 본능의 세계 사이를 연결시켜 주는 것이다.
>
> 우리가 각성시에 가지고 있는 '통제'된 생각들과 꿈속에서 만들어지는 풍부한 상상 사이의 흥미 있는 차이는 이미 논의되었다. 이제 우리는 이런 차이를 낳게 하는 또 다른 이유를 알 수 있게 된 것이다. 즉, 우리의 문명화된 생활에서 우리들은 너무나 많은 관념에서 그것이 지닌 정동적 에너지를 박탈해 왔기 때문에, 우리들은 그것에 대하여 더 이상 반응하지 않는다.… 우리의 태도와 행동을 변화시킬 수 있는 만큼 효과적으로 무엇을 똑똑히 자각하게 하기 위해서는 그 이상의 어떤 것이 필요하다. 이것이 바로 '꿈의 언어'가

하는 것이다. 꿈의 상징성은 너무나 많은 심리적 에너지를 가지고 있으므로 우리는 이에 주의를 기울이지 않을 수가 없다. (『인간과 상징』48)

바. 앞날에 발생할 사실을 경고하는 꿈

융의 꿈의 일반적인 기능은 "꿈의 소재를 생성함으로써 심리적 균형을 회복하고자 하는 데 있다. 꿈은 미묘한 방법으로 정신의 전체적인 평형을 이루게 한다"고 한다. 그리고 이 꿈은 어떤 경우에는 우리의 '앞날에 발생할 사실'[32]을 미리 경고를 하기도 한다.

> 꿈의 일반적인 기능은 꿈의 소재를 생성함으로써 심리적 균형을 회복하고자 하는 데 있다. 꿈은 미묘한 방법으로 정신의 전체적인 평형을 이루게 한다. 이것이 바로 내가 우리의 심리적 구성에서 꿈의 보완(complementary, 또는 보상적) 역할이라고 부르는 것이다.
> 이것이 비현실적인 생각들을 갖고 있거나 자신을 너무 높게 평가하는 사람들, 또는 그들의 실제 능력에 어울리지 않는 거창한 계획을 하는 사람들이 왜 하늘을 날다가 떨어지는 꿈을 꾸게 되는가를 우리에게 설명해 준다. 그 꿈은 그들의 성격 특성의 부족한 것들을 보상하고, 동시에 꿈은 그들에게 그들이 현재 가고 있는 길에 놓여 있는 위험을 경고한다. 만일 꿈의 경고를 무시한다면, 실제로 사고가 발생할 수도 있을 것이다. 그때의 희생자는 꿈에서 아래층으로 굴러 떨어지거나 또는 차 사고를 당할 수도 있다. (『인간과 상징』50-51)

사. 무의식과 의식의 통합적 연결의 필요성

융은 '무의식'과 '의식'의 위와 같은 관계로 인해서 이 양자는 통합적으로 연결 되어야 한다고 말한다. 이 양자는 평행적으로 작용해야 한다. 이런 점에서

---

32) 그런데, 융의 견해에 덧붙여서 말하자면, 꿈을 통해 미리를 관찰하려는 이러한 미신적인 행위는 상당히 유의하여야 한다. 꿈은 소중한 것이지만 우리 안에 있는 약한 습성은 우리로 '꿈'이라는 미신에 빠지게도 한다. 특히 꿈이 현실에서 맞았을 때, 그 사람은 심약한 존재가 되어 건전한 이성을 상실해 간다. 이러한 것은 유의하여야 한다. (필자)

'꿈의 상징'은 사람 마음의 본능적인 부분에서 합리적인 부분에 보내는 필요 불가결한 전령들이라고 한다.

> 정신적 안정과 심지어는 심리적인 건강을 위해서도 무의식과 의식은 서로 통합적으로 연결되어야 하고, 따라서 평행적으로 작용해야 한다. 만일 이것들이 서로 떨어져 나가거나 또는 '해리' 된다면, 심리적 장애가 따르게 된다. 이런 점에서 꿈의 상징은 사람의 마음의 본능적인 부분에서 합리적인 부분에 보내는 필요 불가결한 전령들이고, 그것을 해석함으로써 의식의 빈곤함을 풍부하게 하고, 그리하여 의식은 잊혀진 본능의 언어를 다시금 이해하는 법을 배우게 되는 것이다. (『인간과 상징』53)

4. '상징'의 집단성

가. '생성된 것'으로서의 '상징'

융에 의하면, 상징은 생겨나는 것이지 만들어내는 것이 아니라고 한다. 그렇기 때문에 '상징'으로서의 '꿈'은 우리의 모든 지식의 주된 원천이라고 한다.

> 기호는 항상 그것이 표현하는 개념 이하의 것이고, 반면에 상징은 항상 그것의 명백하고도 직접적인 의미 이상의 어떤 것을 나타낸다. 게다가 상징은 자연발생적인 산물이다. 펜이나 붓을 들고 앉아서 "자, 지금부터 내가 상징을 만들어내겠다"고 말한 천재는 아무도 없다. 아무도 논리적 결론이나 계획적인 의도에 의해 도달한, 어느 정도 합리적인 생각에 '상징적' 형태를 부여할 수는 없다.… 꿈에서 상징들은 저절로 생겨난다. 왜냐하면 꿈은 생기는 것이지 만들어지는 것이 아니기 때문이다. 그러므로 꿈은 상징성에 관한 우리의 모든 지식의 주된 원천이다. (『인간과 상징』56)

나. 상징의 다양한 '원천들'

한편, 융은 이러한 '상징'의 원천은 반드시 '꿈'만이라고 하지 않는다. 심지어는 무생물 조차도 무의식과 합하여서 어떤 상징적인 사건을 일으킨다. 예컨대,

주인의 임종 순간에 시계가 멈추었다는 이야기는 수없이 확인되었다.

> 그러나 내가 지적하고 싶은 것은 상징이 전적으로 꿈에서만 생기는 것은 아니라는 것이다. 상징적인 생각이나 감정, 상징적 행위와 상징적 상황이 존재한다. 흔히 무생물 조차도 무의식과 협동하여 상징적 양식을 배열하는 것처럼 보인다. 주인의 임종 순간에 시계가 멈추었다는 이야기는 수없이 확인되었다. 그중 하나는 프레드릭 대제의 궁전에 있는 추시계로서, 대제가 임종했을 때 멈추었다. 다른 흔한 예로는 누가 죽었을 때 거울이 깨진다거나, 걸려 있는 그림이 떨어진다거나, 또는 누군가가 정동적인 위기를 겪고 있는 집에서 사소하지만 그러나 설명할 수 없는 파손이 생긴다든지 하는 것들이다.… 그 사실 하나 만으로도 그것의 심리학적 중요성에 대한 충분한 근거가 된다. (『인간과 상징』56-57)

다. 집단적인 상징들

한편, 융은 우리의 접하는 많은 상징들은 그 성질이나 기원이 개인적인 것이 아니고 집단적이다고 말한다. 우리가 어릴 적 받은 역사 등에 대한 교육 등도 여기에는 영향을 미치고, 심지어는 이러한 경험이 전혀 없이도 이와 같은 상징들을 꿈속에서 경험하기도 한다.

> 그러나 많은 상징들은 (그중에서도 가장 중요한 것들은) 그 성질이나 기원이 개인적이 아니고 집단적인 것들이다. 이것은 주로 종교적인 상들이다. 신자는 그것이 신에 기원을 두며 인간에게 묵시된 것으로 믿는다. 그러나 의심 많은 사람은 그것이 인간에 의해서 발명된 것이라고 간단히 말해 버린다. 양쪽 모두 잘못이다. 회의적인 사람이 지적하듯이, 종교적인 상징과 개념이 수세기 동안 주의 깊고 고도로 의식적이며 세밀한 손질을 거쳐 온 대상이라는 말은 옳은 말이다. 그것의 기원이 과거의 신비 속에 너무도 깊이 묻혀 있어서 인간적인 원천을 갖고 있지 않은 것 같다는 신자들이 품고 있는 생각 또한 옳은 말이다. 그러나 그것들은 사실 태고의 꿈과 창조적인 환상으로부터 생긴 '집단적 표상'이다. 이와 같은 이들 상(이미지)은 자신도 모르는 사이에

저절로 생겨난 현상이지 결코 의도적으로 발명해 낸 것이 아니다. (『인간과 상징』57)

위와 같은 예로서 융은 자신의 꿈과 이에 대한 해석과 관련하여 발생한 프로이트와의 해석적 갈등을 이야기한다. 융은 자신의 '집'에 대한 꿈을 꾸었는데, 꿈속에서 그의 '집'은 18세기 풍의 오래된 집이었으며, 16세기경의 것으로 보이는 중후한 가구들이 있었다고 말한다. 이때 이 꿈에 대해서 프로이트와 함께 해석을 했는데, 프로이트는 이것을 지금의 현실과 관련해서만 해석을 하려고 하였는데, 자신이 보기에 이 꿈은 자신이 배운 '철학'과 밀접한 관련이 있다는 것을 발견하였다. 그가 배운 칸트와 쇼펜하우어 등의 영향으로 이와 같은 꿈을 꾸었다는 것이다. 이것은 그가 역사 속에서 배운 '집단적 표상'이 그의 꿈속에 나타난 것이었다.(『인간과 상징』57-60)

5. '원형'에서 나타나는 '신화'

가. 원형(archetypes), 원초적 심상(primordial images)

융은 우리 정신의 기초에는 태곳적의 그 '신화적 시대'의 인간이 가지고 있는 그 마음이 놓여 있다고 말한다. 마음에 대해 경험이 많은 연구가들은 현대인의 꿈의 상과 원시심성의 산물, 그 '집단적인 상(이미지)들' 그리고 신화적인 주제들 사이의 유사성을 알아낼 수 있다고 말한다. 즉, 이것은 "꿈과 신화의 유사성"을 통해서 추적할 수 있다고 말한다. 그리고 이러한 '태고적 잔재'를 융은 '원형' 또는 '원초적 심상'이라고 불렀다.

인간의 육체가, 진화의 오랜 역사를 지닌 여러 기관들의 박물관임을 보여주듯이, 마음 역시 비슷한 양식으로 구성되어 있다고 기대해 볼 만하다. 마음은 그것이 존재하는 육체가 그러한 것처럼, 결코 역사 없이 생긴 것일 수 없다. 내가 여기서 '역사'라고 말한 것은 마음이 언어와 그 외의 문화적 전통을 통해 과거와 의식적으로 관련을 가짐으로써 마음이 형성된다는 뜻이 아니다. 그 정신이 아직 동물에 가까운 고태의 인간이 가지고 있는 마음의 생물학적이며, 선사시대적이며, 무의식적인 발달을 말하고 있는 것이다.
아득히 오래된 이 정신은 우리들의 현재 마음의 기초를 형성하고 있다. 마치 우리들의 신체 구조가 포유류의 일반적인 해부학적 유형에 기초를 두고 있는 것과 같다.… 마음에 대해서도 경험 많은 연구가는 현대인의 꿈의 상과 원시 심성의 산물, 그 '집단적인 상(이미지)들' 그리고 신화적인 주제들 사이의 유사성을 알아낼 수 있다.
… 심리학자도 '정신의 비교해부학' 없이는 일을 할 수가 없다. 다시 말해 심리학자는 실제로 꿈과 그 밖의 무의식의 산물에 관한 충분한 경험을 가져야 할 뿐 아니라, 넓은 의미에서의 신화에 대한 충분한 지식이 있어야 한다. 신화에 대한 지식을 갖추지 않고는 아무도 중요한 유사성을 인식할 수 없다. 예를 들어, 강박 신경증의 사례와 고전적인 빙신(憑神)의 사례에서 그 꿈과 신화 양자에 대한 실제적인 지식이 없이 이 두 가지의 유사성을 안다는 것은 불가능하다. 프로이트의 '고태적 잔재'를 나는 '원형' 또는 '원초적 심상'이라고 부른다. (『인간과 상징』71)

나. 본능적인 성향으로서의 원형

융이 말하는 '원형'은 하나의 유전적인 그 무엇을 말하는 것이 아니다. 그가 말하는 원형은 "하나의 본능적인 성향"을 지칭하는 것이다. 따라서 이것은 한 주제의 여러 표상들을 형성하려는 경향을 말한다. 이것은 둥우리를 짓는 새들의 충동만큼이나 뚜렷하다고 한다. 그리고 여기에서 '신화'가 나왔으며, 또한 여기에서 '꿈'이 나온다. 그리고 이 양자의 양상을 비교하였을 때 유사성이 있다는 것이다.

① 본능적 성향으로서의 원형
원형은 한 주제의 여러 표상들을 형성하려는 경향을 띄고 있다. 그 표상들은 기본적인 유형을 잃지 않으면서 세부적으로는 매우 달라질 수 있는 것들이다.… 나를 비판하는 사람들은 내가 '유전된 표상들'을 다루고 있다고 잘못 생각하고, 그런 이유에서 원형에 대한 개념을 단지 미신에 불과한 것으로 무시해 왔다. 그들은 만일 원형이 우리의 의식에서 유래된(또는 의식에 의해서

획득된) 것이라면, 그것은 우리가 이해할 수 있는 것들이어야 하며, 그것이 우리의 의식에 나타난다고 해서 당황하거나 놀랄 필요가 없다는 사실을 고려하지 않고 있다. 원형은 참으로 하나의 본능적인 성향이다. 둥우리를 짓는 새들의 충동이나, 조직적으로 군집을 형성하는 개미들의 충동만큼 뚜렷하다.

② 본능

여기서 나는 본능과 원형의 관계를 분명히 하고자 한다. 우리가 정확하게 본능이라고 부르는 것은 생리적인 충동으로서 감각에 의해 지각된다. 그러나 동시에 그것은 여러 환상 속에 출현되며 오직 상징적 이미지에 의해서 흔히 그 존재를 드러낸다.

③ 원형

원형은 그 기원이 알려져 있지 않지만, 어느 시대나 세계 어느 곳에서나 재생이 가능하다. 직접 세습에 의한 전달이나 이주를 통한 '교차수정'의 가능성을 전혀 생각할 수 없는 경우에조차도. (『인간과 상징』73-74)

다. '원형'이 '꿈으로 나타난 사례'와 '신화'의 비교

융은 어떤 사람이 가져온 중요한 하나의 사례를 소개하는데, 이것은 그의 딸이 8세 때 꾸었던 일련의 꿈이었다. 이 소녀는 아무런 경험도 없는 상태에서 '신화' 혹은 '종교'에서 나타나는 '이미지'들이 담긴 '꿈'을 잔뜩 꾸었기 때문이었다. 융은 분석 심리학자로서 이 꿈들의 의미를 이미 '신화' 속에서 보았던 것이다. 그리고 융은 이것을 '원형'의 작용으로 밖에 해석할 수밖에 없었다.

정신과 의사인 어떤 사람이… 그의 열 살 난 딸이 크리스마스 선물로 준, 손으로 쓴 조그만 공책을 나에게 가져왔다. 그 공책에는 그녀가 8살 때 꾸었던 일련의 꿈이 적혀 있었다. 그 꿈은 내가 본 것 중에 가장 괴이한 꿈들이었다. 그녀의 아버지가 왜 그렇게 당황해 하는지 이해할 수 있었다.… 다음은 그 꿈에서 나온 연관된 주제들이다.

1. 악한 짐승 : 여러 개의 뿔이 달린 뱀 같은 괴물로서 다른 모든 동물들으 죽이고 삼켜버린다. 그러나 신이 네 모퉁이에서 나와, 죽은 동물을 모두 살려낸다. 신은 사실 각각 다른 4명의 신이었다.

2. 천국에 올라가니 이교도들이 춤 의식을 행하고 있고, 지옥으로 내려가니 천사들이 선행을 하고 있다.
3. 조그만 동물의 무리가 꿈을 꾼 이 소녀를 깜작 놀라게 한다. 그 동물들은 무시무시하게 커져서, 그 중 한 마리가 그 작은 소녀를 삼켜 버린다.
4. 조그만 생쥐 속으로 벌레들, 뱀들, 물고기들, 그리고 사람들이 뚫고 들어 간다. 그렇게 해서 그 생쥐는 사람이 된다. 이것은 인류 기원의 네 단계를 묘사한다.
5. 물 한 방울이 마치 현미경을 통해서 볼 때 나타나는 것처럼 보인다. 그 소녀는 그 물방울이 나뭇가지들로 가득 차 있는 것을 본다. 이것은 세계의 기원을 묘사한다.
6. 못된 사내 아이 하나가 흙덩이를 갖고 있다가 지나가는 사람 모두에게 조금씩 던진다. 이렇게 해서 모든 행인들은 나쁜 사람이 된다.
7. 한 술 취한 여인이 물에 빠진다. 그리고는 새로운 사람으로 맑은 정신이 되어 물에서 나온다.
8. 장면은 미국. 그곳에서 많은 사람들이 개미들에게 공격 받으며 개니 더미 속에서 허우적 거리고 있다. 꿈을 꾼 소녀는 어찌할 바를 몰라 강물에 빠진다. 9. 달 위의 사막. 그곳에서 꿈을 꾼 소녀가 땅 속으로 너무나 깊이 빠져 들어 가서 그녀는 드디어 지옥에 도달한다.
10. 이 꿈에서 그 소녀는 빛이 나는 공의 환영을 본다. 그녀는 그것을 만진다. 그것으로부터 증기가 발산된다. 한 남자가 와서 그녀를 죽인다.
11. 그 소녀는 자신이 죽을 병에 걸린 꿈을 꾼다. 갑자기 자기 새들이 그녀의 살갗으로부터 나와서 그녀를 완전히 덮는다.
12. 작은 모기떼가 해와 달을 가려버린다. 또 별 하나만 남겨 놓고 모든 별들을 가려 버린다. 남은 그 한 별이 꿈꾼 소녀에게 떨어진다.
생략하지 않은 독일어 원문에서, 꿈은 하나 같이 옛날 동화의 첫 머리에 으레 시작되는 “옛날 옛적에…”하는 말로 시작하고 있다. 이 말은 꿈을 꾼 작은 소녀가 각 꿈을 마치 동화인 것처럼 느끼고 그 동화는 그녀가 크리스마스 선물로 아버지에게 들려주고 싶은 것임을 암시한다.… 그녀는 외국에서 살았는데, 그해 크리스마스로부터 1년쯤 후에 전염병으로 사망하였다.
그녀의 꿈은 분명히 특이한 성격을 지니고 있다. 그 꿈의 흐름 속에 있는 사고의 개념은 도드라지게 철학적인 데가 있다. 예를 들면, 첫 번째 꿈은 악한 괴수가 다른 동물들을 죽이지만 하나님이 그들 모두를 성스러운 아포카타스타시스(Apokatastasis, 복원) 또는 개신(改新)의 힘으로써 부활을 시킨다는 이야기이다. 서구 세계에서 이 생각은 기독교의 전통을 통해서 알려져 있다.…

우리는 그 소녀가 이런 생각을 종교교육을 통해서 접하게 되었으리라고 추측할 수도 있다. 그러나 그녀는 종교적인 배경이 거의 없다. 그녀의 부모는 명목상 개신교도였으나 실제로 그들은 성경에 관해서는 단지 풍월로만 알고 있었다. 아포카타스타시스(Apokatastasis, 복원)의 심원한 이미지가 그 소녀에게 설명되었으리라고도 생각할 수 없다. 확실히 그녀의 아버지도 이런 신화적인 개념을 들어보지 못하였다. (이 꿈과 신화의 연결에 대한 융의 설명은 생략함)…

이와 같은 꿈을 개인적인 차원에서 해석하려고 들 때, 아마 우리는 곧 이 꿈을 도저히 풀 수 없는 어려운 것이라고 여겨 그 해석을 포기하고 말 것이다. 그 꿈은 의심할 것 없이 '집단적 상'을 내포하고 있다. 그리고 그것들은 어느 면에선가 원시 종족에서 젊은이들이 성인이 되고자 할 때 그들에게 주는 가르침과 비슷하다.… (『인간과 상징』74-79)

그 꿈이 그 아이에게 밝혀주고 있는 것은 이런 생각들이다. 그것은 원시인들이 성인식에서 들려주는 이야기나 선불교의 화두와 같이 짧은 이야기로 표현된 죽음의 준비였다. 이 죽음의 메시지는 정통적인 기독교 교리와는 다르며, 오히려 고대의 원시적인 생각과 같다. 그것은 역사적 전통 밖에 있는 오랫동안 잊혀졌던 정신적 원천에서 나온 것 같다. 이 정신적 원천이 선사시대 이래 생과 사에 관한 철학적 · 종교적 사색을 풍부하게 해준 것이다. (『인간과 상징』80)

라. 인간의 본능과도 같은 원초적 심상(원형)

융에 의하면, 이와 같은 '원형' 혹은 '원초적 심상'은 마치 인간의 본능과도 같다. 그리고 이것이 본능이라면, 태고 때의 꿈이나 오늘날의 꿈이나 동일할 수 있다.

① 같은 방식으로 작동하는 본능

우리는 갓 태어난 동물이 개별적으로 습득한 자질에 따라서 그 자신의 본능을 창조한다고는 생각하지 않으며, 또한 개인들이 그들 특유의 인간적 삶의 방법들을 그들이 새로 태어날 때마다 만들어 낸다고 생각해서도 안 된다. 본능과 같이 인간 마음의 집단적인 사고유형들은 타고난 것이며, 오랜 옛날부터 계승되어 온 것이다. 그것은 경우에 따라 우리 모두에게서 대개 같은 방법으로 기능을 발휘한다.

② 어디서나 똑같은 정동적인 발현

이와 같은 사고유형이 들어 있는 정동적인 발현은 지구 어디서나 똑같이 나타난다. 심지어는 동물에게서도 확인할 수 있다. 비록 그들이 다른 종에 속해 있다 해도 이런 점은 동물들도 서로 이해한다. 그러면 곤충의 복잡한 공생적 기능은 어떠한가? 그들 대부분은 자기 부모조차 알지 못하며 그들을 교육시켜 줄 친지도 없다. 그러면 어째서 인간만이 특수한 본능을 가지고 있지 않은 유일한 생물이라든가, 인간의 정신에는 그것이 진화된 흔적이 전혀 없다고 가정해야 하는가? (『인간과 상징』80-81)

마. 무의식의 에너지 : 원형 자체의 특수한 에너지

우리는 생각할 때, 의식만이 왕성하게 활동한다고 생각을 한다. 그런데, 무의식도 또한 그러하다. 논리적인 분석은 의식의 왕성한 활동이듯이 무의식은 주로 본능적인 경향에 의하여 인도된다. 그것은 원형의 특수한 에너지로 표현된다. 그리고 더 나아가 여러 가지 무의식적인 힘이 원형들로 하여금 의미 있는 해석을 낳게 한다.

① 깊은 생각들을 본능적으로 만들어 내고 있는 무의식

실제로 무의식은 의식이 하는 것과 똑 같이 여러 가지 사실을 검토하고 거기서부터 결론을 유도할 능력이 있는 것 같기도 하다. 무의식은 심지어 어떤 사실들을 이용하여 그 가능한 결과를 예견할 수도 있다. 이것은 바로 우리가 그것을 의식할 수 있기 때문에 가능한 것이다. 그러나 우리가 꿈에서 알고 있듯이, 무의식은 그의 깊은 생각들을 본능적으로 만들어 내고 있다.

② 원형, 꿈으로 나타나는 무의식

이 구별은 중요하다. 논리적인 분석은 의식의 특권이며, 우리는 이성과 지식으로 선별한다. 그러나 무의식은 주로 본능적인 경향에 의하여 인도되는 것 같다. 이 경향은 그에 상응하는 사고 형태들, 즉 원형으로서 표현되고 있다. 병의 결과를 기록하라고 하면 의사는 '감염' 또는 '열'과 같은 합리적인 개념이 담긴 용어를 사용할 것이다. 그런데 꿈은 그보다는 시적이다. 꿈은 병든 몸을 사람이 사는 보통 집으로 나타내고, 열은 집을 태워버리는 불로 표현한다.…

③ 그들 자신의 특수한 에너지를 가진 원형

따라서 원형은 원형 자체의 주도권과 그들 자신의 특수한 에너지를 가지고 있다.

④ 의미 있는 해석을 낳게 하는 원형들

이런 여러 가지 힘이 원형들로 하여금 의미 있는 해석(그들 고유의 상징적 양식으로)을 낳게 하고, 또한 그들 자신의 충동과 사고형식으로 주어진 상황에 개입하게 할 수 있다. 이 점에서 원형은 콤플렉스의 기능을 다한다. 즉, 그것은 마음대로 분주히 왔다 갔다 한다. 그리고 빈번히 우리의 의식적 의도를 난처한 방법으로 막아버리거나 수정한다. (『인간과 상징』84-85)

바. 신화를 창조하는 원형의 사회적 콤플렉스

융에 의하면, 개인적인 콤플렉스들이 개개의 역사를 갖고 있는 것과 똑같이 원형적 성질을 지닌 사회적 콤플렉스도 마찬가지로 어느 시기엔가는 신화와 종교 그리고 철학을 창조하며, 모든 국가와 역사의 여러 시기에 영향을 주고 그 특징을 규정한다.

① 개인적 콤플렉스와 사회적 콤플렉스

우리가 원형에 수반되는 독특한 매력을 경험할 때, 우리는 원형의 특유한 에너지를 지각할 수 있다. 그것은 특별한 마력을 갖고 있는 것처럼 보인다. 이와 같은 특이한 성질은 또한 개인적인 콤플렉스의 특징이기도 하다. 개인적인 콤플렉스들이 그들 개개의 역사를 갖고 있는 것과 똑같이 원형적 성질을 지닌 사회적 콤플렉스도 마찬가지이다.

② 신화와 종교와 철학을 창조하는 사회적 콤플렉스

그러나 개인적인 콤플렉스는 개인적 편견 이상의 것을 결코 산출하지 못하지만, 원형들은 어느 시기엔가는 신화와 종교 그리고 철학을 창조하며, 모든 국가와 역사의 여러 시기에 영향을 주고 그 특징을 규정한다. 우리는 개인적인 콤플렉스를 일방적이고 잘못된 의식의 태도를 보상하는 것으로 간주한다. 마찬가지로 종교적인 성격의 신화는, 인류 공동의 고통과 불안(기아, 전쟁, 질병, 노쇠, 죽음)에 대한 일종의 정신적 치료로 해석될 수가 있다.

③ 범세계적인 영웅신화

예를 들면 범세계적인 영웅신화에는 힘센 사나이, 또는 신인이 용, 뱀, 괴물, 마귀 등의 형상으로 나타난 악을 물리치며, 그의 백성들을 파괴와 죽음으로부터 해방시켜준다는 이야기가 항상 나오고 있다. 성전의 낭송 또는 제의의 반복, 영웅적인 인물들에게 바치는 춤과 음악과 찬송, 기도와 제물 희생의 의식들은 청중을 신비로운 감정에 사로잡아 개인을 그 영웅과 동일시할 만큼 감흥시킨다.…

④ 집단적 에너지의 근원

보통 알기로는 선사시대의 어느 한 때에 기본적인 신화적 관념들은 영리한 노철학자나 예언자들에 의해 '발견되었고', 그 후 남의 말을 쉽게 믿는, 비판력 없는 사람들에 의해 믿어져 왔다.…

'집단적 이미지'의 근원을 깊이 파헤쳐 들어가면 들어갈수록, 우리는 현대에 이르기까지 결코 의식적인 반성의 대상이 된 적이 없는 끝없이 엮어 가는 원형적인 패턴의 직조를 발견하게 된다.… (『인간과 상징』85-86)

우리는 신화라는 집단무의식을 통한 상징을 접하는데, 이 신화를 통해 우리는 집단무의식 너머를 경험할 수 있는 것이다. 그것이 바로 종교에서 추구하는 신의 세계이다.

5장 융의 심리학 : 인간의 인격

칼 융과 캘빈 홀은 『융의 심리학 해설』이라는 책을 썼는데, 1부는 융이 '나의 이야기'라는 제목으로 자신의 생애를 정리하였고, 2부는 캘빈 홀이 '융 심리학의 해설'을 써서 융의 전반적인 사상을 잘 압축해 놓았다. 다음의 내용은 여기에 나타난 '인격이란 무엇인가'에 대한 요약이다.

캘빈 홀은 융의 심리학은 거시적으로 보면, '인간의 인격'에 관한 이론이라고 한다. 그리고 그에 의하면 융은 세 가지 문제에 대한 답을 주기 위해 노력했다. 그 내용은 다음과 같다.

> 첫 번째는 인격의 구조를 이루는 요소는 무엇일까. 그리고 그 요소들은 어떻게 서로에게 영향을 줄까. 또한 바깥세계와 어떻게 영향을 주고 받을까? 두 번째로 인격을 활동하게 하는 에너지의 근원은 무엇이며 그 에너지는 여러 가지 구성요소들에 어떻게 분배될까? 마지막으로 개인 인생에서 인격의 발생과 변화는 어떻게 이루어질까?
> 이 세 가지 문제를 두고 각각 구조적, 역학적, 발달적 문제라고 부를 수 있다. 융 심리학은 이 문제들 전부에 대답하려고 노력하므로 거시적으로 인격이론이라고 말할 수 있다.

융의 이론은 인간의 복잡성과 개별성을 중시하며, 심리학뿐만 아니라 철학, 종교, 예술 등 다양한 영역에도 깊은 영향을 미쳤습니다.

1. 정 신

가. 정신 = 의식 + 개인 무의식 + 집단 무의식

융에게 있어서 "영혼(프쉬케)=마음=정신"이며, "심리학은 마음의 과학이다"고 한다. 그리고 이 "정신은 세 가지 수준으로 구별될 수 있는데, '의식' '개인무의식' '집단무의식'이 그것이다"고 말하며, "이 전체가 가급적 일관성있고, 조화롭게 발전시키는 것이 중요하다"고 하며, 그것이 '인격'이다고 한다. 이에 대해 캘빈 S. 홀은 다음과 같이 말한다.

> ① 전체성으로의 '정신'
> 융의 근본 사상에서 정신이라는 개념은 인간은 하나의 전체임을 긍정한다. 인간은 여러 부분들의 합이 아니다.… 인간은 하나의 전체로 태어남으로써 선천적으로 전체성을 획득하고 있다. 융은 다음과 같이 말한다. "인간이 평생을 통해 할 일은 타고난 전체성 중 최대한으로 분화된 것을 가급적 일관성 있고, 조화롭게 발전시키는 일이다. 그것이 각자 흩어져 제멋대로 움직임으로써 갈등을 불러오는, 즉 여러 체계로 분화되어 분열된 인격이 되면 삐뚤어진 인격을 갖는다."
> ② 정신 종합으로서의 전체성 회복
> 정신분석자로서 융은 잃어버린 환자의 전체성을 회복시키고, 정신을 강화해서 장래의 분해에 저항하게 만드는 데 있다. 융에 따르면 정신분석의 궁극적 목표는 '정신 종합'이다. 정신은 저마다 다르지만 서로 관련되어 있는 수많은 체계와 수준으로 이루어져 있다.
> ③ 정신의 세 가지 수준 : 의식 · 개인 무의식 · 집단 무의식
> 정신은 세 가지 수준으로 구별될 수 있다. '의식', '개인 무의식', '집단 무의식'이 그것이다. (캘빈 S. 홀,『융의 심리학 해설』123)

융 철학의 독특한 점은 '집단 무의식'이다. 우리의 무의식을 개인 무의식과 집단 무의식으로 구분한 것이다. 우리 모든 각 사람이 이 집단 무의식을 가지고 있다는 것이다. 이 집단 무의식이 신화적 메타포를 가지고 있다. 이 무의식이 일깨워짐을 통하여서 신화의 세계를 접하는 것이고, 이 신화적 이해를 통해 신앙을 하는 것이다.

나. 의식 : '자기의식'의 출현

융은 "개인이 처음 인지할 수 있는 마음의 부분은 의식뿐이다"고 말한다. 이 의식은 출생 이전부터 나타나는데, '생각, 감정, 감각, 직감'이라는 네 가지 심적 기능으로 나타난다. 그리고 이 외에도 의식의 지향을 결정하는 두 가지 태

도로서 '외향성'과 '내향성'이 있다고 한다. 한편, 융은 이러한 개인의 의식이 발달되어 가는 과정을 '개성화'라고 하며, 이것이 '인격'이라고 한다. 그리고 이 과정 속에서 '자아'라는 요소가 생성된다고 한다. 융은 '의식'에서 어떻게 '자아'가 출현하는 지를 설명한 것이다. 그 내용을 홀은 다음과 같이 설명한다.

① 개인이 처음 인지할 수 있는 마음 : 의식
개인이 처음 인지할 수 있는 마음의 부분은 의식뿐이다. 의식은 아주 일찍 출생 이전에 나타난다. 어린이들을 관찰해 보면 부모, 장난감, 기타 주위의 대상을 구별할 때 의식적으로 주의를 기울이고 있음을 알 수 있다.
② 의식의 내용물 : 생각 · 감정 · 감각 · 직감
어린이가 의식적으로 주의를 기울일 때는 융이 '생각, 감정, 감각, 직감'이라고 부르는 네 가지 심적 기능의 적용을 거쳐서 하루가 다르게 성장한다. 이때 네 가지 기능을 동일한 비율로 쓰지는 않는다. 일반적으로 다른 기능보다 특정한 기능을 많이 쓴다. …이에 따라 어린이의 기본성격이 달라진다.… 이 네 가지 심적 기능 외에도 의식의 지향을 결정하는 두 가지 태도가 있다. '외향성'과 '내향성'이다. 외향적 태도는 의식을 외적, 객관적 세계로 돌리고 내향적 태도는 의식을 내적, 주관적 세계로 돌린다.
③ 개성화를 통한 '자기의식'의 출현
개인의 의식이 타인과 다르게 분화되어 가는 과정을 '개성화'라고 부른다.… 융은 "나는 '개성화'라는 말을 한 인간이 '개인', '분할할 수 없는 것', 즉 별개로 분할이 불가능한 통일체 또는 '전체'가 되는 과정을 가리키기 위해 쓰고 있다"고 말했다. 가급적 자기 자신을 아는 데 개성화의 목적이 있다. 즉 '자기의식'이다. 현대 용어에서는 이것을 '의식의 확대'로 부르고 있다.
④ '자아'의 출현
융은 자서전에서 "결정적 요인은 늘 의식이다"라고 썼다. 인격이 발달하는 과정에서 개성화와 의식은 늘 보조를 맞춘다. 의식의 시작이 개성화의 시작이기도 하다. 의식이 증가하면 자연스럽게 개성화도 늘어난다. 자기 자신과 주위의 세계에 관해 무의식적 태도를 취하는 사람은 충분히 개성화된 인간일 수 일 수가 있다. 의식의 개성화 과정에서 새로운 요소가 생기는데 바로 융이 '자아'라고 부르는 요소이다. (『융의 심리학 해설』124-125)

다. 자아

융은 위에서와 같이 '의식'이 '개성화'됨을 통해서 '자아'라는 '인격'이 생성됨을 말했다. 그리고 이제 '자아'는 '의식적 지각, 기억, 생각, 감정'으로 이루어져있다고 하며, 정신 전체에서 자아가 차지하는 부분은 작지만 의식에 대한 문지기라는 중요한 역할을 맡고 있다고 한다. 그리고 자아는 인격의 동일성과 연속성을 보증하며, 모든 개별적 인격은 이곳에서 이루어진다.

> 자아는 의식적 지각, 기억, 생각, 감정으로 이루어져 있다. 융은 자아라는 말을 의식적 마음의 구성을 가리키기 위해 쓴다. 정신 전체에서 자아가 차지한 부분은 작지만 의식에 대한 문지기라는 중요한 역할을 맡고 있다. 관념, 감정, 기억, 지각은 자아에게 존재가 인정됐을 때 자각된다. 자아는 대단히 선택적이며 증류 장치와 비슷하다. 많은 심리적 자료들이 그 안에 들어가지만 거기에서 나와 완전한 자각의 수준에 도달하는 것은 적다. 우리는 날마다 수많은 경험을 한다. 그러나 대부분이 자아에게 제거되어 의식에 도달하지 못한다. 이는 중요한 기능이다. 이 기능이 없으면 대량의 자료가 의식에 들어와 제어할 수 없을 것이다.
> 자아는 인격의 동일성과 연속성을 보증한다.… 인간은 자아가 경험의 의식화를 허용하는 범위 안에서만 개성화를 이룰 수 있다.…
> …감정적 유형인 사람의 자아는 더욱 많은 정서적 경험의 의식화를 허락할 것이다. 사고적 유형이면 감정보다 이성 쪽이 의식화되기 쉽다.… 고도로 개성화된 사람의 자아는 더 많은 경험의 강도에 의해 결정된다.… (『융의 심리학 해설』125-126)

라. 개인 무의식 : 긍정적 콤플렉스와 부정적 콤플렉스

자아에게 인정받지 못한 경험들의 저장소가 개인 무의식이다. 즉, 경험이지만 억압되거나 무시당한 것들, 경험 후 중요성이 낮아서 잊힌 것들, 정도가 약해서 의식에 도달하지 못한 것들의 저장소이다. 그런데, 이러한 것들은 필요에 의해서 떠올려질 수 있으며, 꿈을 형성할 때 중요한 역할을 한다.

① 자아에게 인정 받지 못한 경험들 : 개인 무의식에 저장
자아에게 인정을 얻지 못한 경험들은 어떻게 될까? 정신에서 소멸되지 않는다. 일단 경험한 바는 소멸되지 않는다. 자아에게 인정받지 못한 경험은 '개인 무의식'이라는 곳에 저장된다. 개인 무의식은 의식적 개성화 또는 기능과 어울리지 않는 모든 심리적 활동과 내용을 받아들이는 저장소이다.
② 의식에 도달하지 못한 경험들 등
또는 괴로움을 가져다주는 생각, 해결되지 않은 문제, 개인적 갈등, 도덕적 갈등처럼 일단은 의식에서 나오는 경험이지만 여러 이유로 인해 억압되거나 무시를 받은 것들도 있다. 경험한 뒤 중요성이 적거나 관련이 없다고 봄으로써 잊힌 것들도 많다. 정도가 약해서 의식에 도달하지 못하거나 도달해도 머물지 못하는 경험 또한 개인무의식에 저장된다.
③ 용이하게 의식에 접근
개인무의식에 있는 내용들은 필요에 따라 용이하게 의식에 접근할 수가 있다. 몇 가지 예를 들자면,… 우리는 많은 친구들과 지인들의 이름을 알고 있다. 그 이름이 의식에 머물러 있는 것은 아니지만 원할 때 떠올릴 수 있다.… 낮에는 주목하지 않았던 경험이 밤에 꿈속에 나타난 경우도 있다. 실제로 개인무의식은 꿈을 형성할 때 중요한 역할을 맡고 있다. (『융의 심리학 해설』126-127)

마. 무의식을 형성하는 콤플렉스

이때 개인무의식이 중요한 이유는 이 개인무의식의 여러 내용이 무리를 짓고 한데 어울리는 경우가 있는데, 이것을 융은 '콤플렉스'라고 불렀다. 융은 무의식 속에 감정, 생각, 기억의 연합군(콤플렉스)이 있을 거라는 생각을 하게 되었다. 사람들은 여기에 맞닿으면 그 무엇인가에 몰두하게 된다. 이것을 융은 부정적인 의미의 콤플렉스라고 불렀다. 한편, 이에 대해 융은 "이 콤플렉스는 인격 전체 속에서 별개의 작은 인격을 은연중에 나타냈다"고 말한다.

개인무의식이 흥미롭고 중요한 이유는 여러 내용이 무리를 짓고 한데 어울리

는 경우가 있다. 융은 이를 두고 '콤플렉스'라고 불렀다. 콤플렉스의 존재가 비로소 드러난 때는 융이 환자를 치료하던 중 언어 연상실험을 했을 때였다. 이 실험은 피실험자가 일련의 단어를 한 번에 하나씩 읽고, 마음에 떠오른 최초의 단어를 대답하도록 되어 있다. 융은 가끔 피실험자가 평소보다 상당한 시간이 걸려 반응하는 경우를 주목했다. 반응을 할 때 긴 시간이 걸린 이유를 물어도 피실험자는 분명히 설명하지 못했다.… 융은 무의식 속에 감정, 생각, 기억의 연합군(콤플렉스)이 반드시 있을 거라는 결론을 내렸다. 이 콤플렉스에 닿으면 어떤 단어라도 반응하는 데 시간이 길어진다. 더욱 면밀히 콤플렉스를 연구해 보았더니 그것은 인격 전체 속 별개의 작은 인격을 은연중에 나타냈다. 그것은 자립적으로 추진력 또한 있어 우리의 생각과 행동을 매우 강력하게 지배할 수 있다.… 융은 '모친 콤플렉스'의 예를 들어 말했다. 콤플렉스가 심해서 지배를 받을 정도인 사람은 어머니가 말하고 느끼는 전부에 민감하게 반응한다. 그의 마음 속 중심은 늘 어머니가 차지한다. 장소를 가리지 않고, 어머니 또는 어머니에 관련된 내용이 화제가 된다.… 융이 관찰한 콤플렉스 대부분은 그의 환자가 가지고 있는 콤플렉스였다. 환자의 신경증적 상태와 콤플렉스의 관계가 복잡하게 얽혀 있음을 인식하였다. "사람이 콤플렉스를 가지는 것이 아니라 콤플렉스가 사람을 가진다"는 정신분석요법의 목적은 콤플렉스를 제거하고 화자의 인생을 난폭한 지배자에게서 해방시키는 데 있다. (『융의 심리학 해설』127)

바. 집단적 무의식과 연결되는 긍정적 콤플렉스

한편, 융은 위의 같은 부정적 콤플렉스와는 달리 긍정적 콤플렉스도 있다는 것을 발견하였는데, 그것은 예술가의 예에서 나타나는 바와 같은 '무자비한 창작 충동'이었으며, 인생에게 큰 가치를 부여해 주는 충동이었다. 그리고 융은 이 긍정적 콤플렉스가 어떻게 일어나는가를 연구하면서 이것은 '집단적 무의식'과 연결된 것으로 보았다.

① 창작충동과 같은 긍정적 콤플렉스

하지만 융은 그 뒤 콤플렉스가 개인의 적응을 방해하지 않는다는 사실을 발견했다. 오히려 콤플렉스는 뚜렷한 업적을 위해 본질적으로 중요한 영감과 충동의 뿌리가 될 가능성이 있거나 실제로 그러는 예도 있다. 이를 테면 예술가가 미에 사로잡혀 걸작을 쓰는 일과 같다. 그는 숭고한 미를 완성하기 위해 수많은 예술작품을 만들어 내고, 기법을 바꾸고 의식을 깊고 넓게 한다. 반 고흐는 말년의 몇 해 동안 예술에 인생을 바쳤다. 마치 귀신에 홀린 사람처럼 그림을 위해서 건강, 마침내는 생명까지도 희생했다.

② 예술가의 무자비한 창작 충동

융은 이 예술가의 '무자비한 창작 충동'에 관해 다음과 같이 말하고 있다. "그는 보통 사람으로 하여금 인생을 살 가치가 있도록 하는 모든 것과, 모든 행복을 희생시킬 숙명을 짊어진다." 이렇게 완전한 충동 또한 강한 콤플렉스 탓이라 생각해야 한다. 콤플렉스가 약하면 평범하고 하찮은 작품만을 만들거나 어떤 일도 하지 못할 것이다.

③ 집단 무의식과 연결된 긍정적 콤플렉스

어떻게 콤플렉스가 일어날까? 초기의 융은 프로이트의 영향을 받아 콤플렉스의 기원이 아동기 초기의 외적 체험에 있다는 쪽으로 보고 있었다.… 하지만 융은 이 설명만으로는 납득하지 못했다. 그리고 이윽고 콤플렉스는 인간성 내에서 아동기 초기의 체험보다 훨씬 깊은 무엇에서 발생하다고 깨달았다. 융은 더 깊은 무엇에 대한 호기심에 이끌렸고 정신의 또 하나의 수준을 찾아내어 그것을 '집단 무의식'이라고 불렀다. (『융의 심리학 해설』129-130)

이로 볼 때, '개인 무의식'은 그것 자체로서 어떤 강력한 힘을 가진 어떤 존재가 아니라, 오히려 부정적 개인무의식과 긍정적 개인무의식은 무엇인가의 중간적인 역할을 하고 있는 것으로 보인다.

사. 집단 무의식

융이 세계적인 지식인이 된 것은 '집단무의식' 개념으로 인한 것이었다. 그는 이것을 유전으로 보았으며, '과거 조상' 혹은 더 나아가서는 '원시'와 연결되어 있다. 이러한 무의식이 각 개인들에게 내재하여 있다는 것이다. 융은 이것을 뱀에 대한 공포를 통해서 말한다.

① 경험 외에서 발생되는 집단 무의식
집단무의식의 개념이 중대한 이유는 다음과 같다.… 그 동안에는 의식도 무의식도 그 대부분은 경험에서 발생하는 것으로 생각되었다. 프로이트에 의하면 무의식은 아동기의 외적 체험으로 인해 무의식을 형성하였다. 후일 융의 영향 탓인지 프로이트는 이 견해를 수정했지만 어찌됐든 환경에 따라 마음이 결정된다는 입장에서 나와, 진화와 유전이 신체의 청사진을 제공하듯 정신의 청사진도 제공함을 증명한 사람이 융이었다. 심리학 역사에 있어 집단 무의식의 발견은 그야말로 획기적이었다.
② 오랜 과거에 연결된 개인
마음은 그 신체적 상대물인 뇌를 통해 각종 특징을 유전하지만 그 특징들은 당사자가 생활에서 겪는 경험에 반응하는 일뿐만 아니라 경험이 어떤 유형인지도 결정한다. 인간의 마음은 진화에 따라 미리 만들어져 있다. 이처럼 개인은 과거에 연결되어 있다. 자신이 어렸을 때 과거뿐만 아니라 그보다 중요한 일로서 인류의 과거, 나아가서는 생물 진화의 오래전 과거와도 이어져 있다. 이처럼 정신을 진화 과정 가운데 둔 일이 융의 뛰어난 업적이었다.
③ 원시적 이미지의 저장고로서의 집단 무의식
집단무의식은 융이 대개 '원시적 이미지'라고 부르는 잠재적 이미지의 저장고이다. '원시적' 혹은 '최초' 혹은 '원래'를 뜻한다. 그러므로 원시적 이미지는 정신의 가장 첫 발달 단계와 관련이 있다. 이 이미지를 조상 대대로의 과거에서 물려받는다.… 이 민족적 이미지들이 유전된다고 해도 개인이 의식적으로 기억하고 있거나 조상이 지닌 이미지를 그대로 지닌 건 아니다.
④ 예 : 뱀에게 갖는 공포(창세기 3장)
오히려 조상과 같이 세계를 경험하며, 세계에 반응하는 소질 또는 잠재적 가능성이다. 이를테면 인간이 뱀에 갖는 공포 또는 어둠에 관한 공포를 생각해 보아라. 뱀이나 어둠을 경험함으로써 공포를 갖는다.… 우리는 유전적으로 뱀이나 어둠에 대한 공포를 물려받았다.… 따라서 우리의 뇌 속에는 이런 공포가 박혀 있다. …집단 무의식의 진화는 신체의 진화와 마찬가지로 설명할 수 있다. 뇌가 마음의 중요한 기관이므로 집단무의식은 뇌의 진화에 직접 의존해 있다. (『융의 심리학 해설』130-133)

우리 안에 이러한 집단 무의식이 존재하기 때문에 우리의 의식은 태고적 신화, 곧 창조의 신화로 나아갈 수 있다.

2. 원 형

가. 집단무의식의 내용 : 원형

융에 의하면, 이 집단 무의식이 우리 안에서 개인의 일정한 원형을 먼저 잠재적 이미지로 가지고 있다고 말한다. 어떻게 보면, 이것은 우리가 선천적으로 가지고 있는 선험적 무의식일 수 있다. 우리가 언어는 선험적이라고 한다. 이러한 형태의 이미지 기억들이 각 개인에게 있다는 것이다. 그렇기 때문에 우리가 태어나서 세계 속에 어울릴 때 이것이 쉽사리 의식의 실재가 된다고 말한다. 그리고 이 '집단무의식'의 내용을 '태고 유형'이라고 부르며, '원형'이라고도 부른다.

① 개인에게 잠재적 이미지로 이미 주어진 세계의 형태

집단무의식의 내용은 개인의 일정한 원형을 미리 정하는데, 이에 따라 개인은 태어나면서 그것을 따라야 한다. 즉 개인이 태어났을 때 이미 세계의 형태는 잠재적 이미지로서 갖추어져 있다. 잠재적 이미지는 세계 속에 어울리는 대상들과 동일하게 여겨지면서 의식의 실재가 된다.

② 예 : 어머니의 잠재적 이미지

이를테면 집단무의식 속에 어머니의 잠재적 이미지가 존재해 있으면, 어린이가 그 이미지로 현실의 어머니를 지각함으로써 명확해진다. 이처럼 집단무의식의 내용들은 지각과 행동을 선택해서 결정한다. 우리가 지각하고 반응하는 일이 쉬운 것은 집단무의식으로 선택이 용이해지기 때문이다.

③ 경험과 교육을 통해 드러나는 잠재적 이미지

경험치가 축적될수록 잠재적 이미지가 나타내는 기회는 많다. 그러므로 풍부한 경험과 교육학습의 기회를 통해 집단무의식의 모든 측면을 개성화하고 의식화할 수 있다.

④ 최초의 모델로서의 '태고 유형 · 원형'

'태고유형'은 다른 종류의 내용이 그것에 따라 모방하는 최초의 모델을 뜻한다. 즉 집단무의식의 내용을 '태고 유형'이라고 부른다. '원형'도 같은 뜻으로 쓸 수 있다. (『융의 심리학 해설』133-134)

칼 융은 우리의 무의식 속에 태초의 모든 상황들이 기억되고 유전되어 내려온다는 것이다. 우리는 창세기 1장을 경험하였고, 에덴동산을 경험한 그 무의식을 유전으로 내려 받은 것이다.

나. 유전적으로 존재하는 태고유형

이 집단무의식 혹은 태고유형을 융은 오랜 기간 동안 연구했다. 그리고 그는 많은 태고유형을 소개하며, 인생의 전형적인 장면 수 만큼 태고 유형이 존재한다고 말한다. 태고 유형은 보편적이다. 즉 모든 사람이 기본적으로 같은 태고 유형 이미지를 유전적으로 이어받는다. 예컨대, 세계의 모든 어린이에게 어머니의 태고 유형이 유전한다. 미리 형성된 어머니의 이미지는 현실 어머니가 출현하여 경험하면서 명확하게 발달한다.

① 태고유형들

융은 인생의 마지막 40년을 태고 유형을 연구하는데 많은 시간을 썼다. 그가 확인하여 설명한 태고유형에는 탄생, 죽음, 재생, 마법, 신, 영웅, 권력, 어린이, 사기꾼, 악마, 늙은 현인, 어머니인 대지, 거인, 나무, 태양, 달, 바람, 강, 불, 동물과 같은 많은 자연물, 고리나 무기처럼 인공물 등의 태고 유형이 있다. 융은 다음과 같이 기술했다. "인생의 전형적인 장면 수만큼 태고 유형이 있다. 무한 반복되는 과정에 따라 우리 정신적 소질 속에 이 경험들이 새겨졌다. 그것은 내용이 있는 이미지 형식이 아니라, 처음에는 내용 없는 형식이고 어떤 유형의 지각과 행동의 가능성을 표현하고 있을 뿐이다."

② 유전적으로 이어받는 태고유형들

그러나 인생 경험의 기억상처럼 발달한 심상이라고 태고 유형을 오해해서는 안 된다.… 우리의 인격과 행동을 형성할 때 태고 유형은 몹시 중요하기 때문에 융은 각별히 주의를 했다.…융은 "태고 유형은 보편적이다. 즉 모든 사람이 기본적으로 같은 태고 유형 이미지를 유전적으로 이어받는다. 세계의 모든 어린이에게 어머니의 태고 유형이 유전한다.

③ 어머니 태고유형의 예

미리 형성된 어머니의 이미지는 현실 어머니가 출현하여 행동하고 갓난 아기가 어머니와 관계를 맺고 경험하면서 명확하게 발달한다. 그러나 개인마다 어머니의 태고 유형에 대한 표현은 더욱 차이가 생긴다. 어머니와의 경험과 육아법은 가족에 따라서는 물론 가족 안의 어린이에 따라도 다르기 때문이다. 그렇지만 또 민족이 분화되면 여러 민족의 집단 무의식의 본질적 차이도 나타나게 된다"고 말하고 있다. (『융의 심리학 해설』134-135)

다. '태고유형'이 의식 속에 들어오는 경로

융에 의하면, 태고 유형은 긍정 콤플렉스의 핵심이다. 이 태고유형이 중심이 되어 관련이 있는 경험들을 자석처럼 끌어당겨서 콤플렉스를 형성하기 때문이다. 그리고 거기에 경험이 추가되어 충분한 힘을 얻으면 콤플렉스는 의식에 침입할 수가 있다. 이것이 '태고 유형'이 '무의식'을 거쳐서 '의식'에 들어오는 경로이다.

…태고유형은 콤플렉스의 핵심이다. 태고유형은 중심으로서 작용하며 관련이 있는 경험들을 자석처럼 끌어당겨서 콤플렉스를 형성한다. 거기에 경험이 추가되어 충분한 힘을 얻으면 콤플렉스는 의식에 침입할 수가 있다. 태고 유형이 의식과 행동에 표현될 때는 발달한 콤플렉스의 중심이 된 경우뿐이다. (『융의 심리학 해설』136)

라. 신의 태고유형 : 종교

이제 융은 이러한 '태고 유형'의 하나로서 '신의 태고 유형'의 경우를 설명한다. 그는 이 '신의 태고유형'이 '신의 콤플렉스'로 작용하여서 어떻게 광신적인 종교인이 나오는 경로를 설명한다. 이때 지나친 '콤플렉스'는 광신자 혹은 정신병자라고 말한다.

> 신의 태고 유형에서 '신의 콤프렉스'가 발달하는 경우를 가정해 보자. 집단 무의식 속에 존재하던 이 태고 유형도 다른 태고 유형처럼 개인이 세계를 경험함에 따라서 콤플렉스를 형성한다. 이를테면 신의 태고유형과 관계있는 경험이 붙어 콤플렉스를 형성한다. 콤플렉스는 새로운 자료가 모이면서 더욱 강해지며 결국 의식에 영향력을 행사할 정도가 된다. 신의 콤플렉스가 지배적으로 되면 당사자의 경험과 행동이 여기에 따라 결정된다. 그는 모든 것을 선악의 기준으로 지각하고 판단하며, 악인에는 지옥의 불과 천벌을, 선인에는 영원한 낙월을 설교하고 죄를 많이 지은 자를 비난하며 회개하길 종용한다.… (『융의 심리학 해설』136)

우리 무의식 속에 존재하는 태고 유형이 종교로 깨어난다. 우리의 무의식 속에는 태고의 경험들이 유전적으로 내려오고 있는 것이다. 우리의 무의식 중 집단무의식은 이것을 이미 경험하였다. 성경은 아담의 그 원죄가 유전적으로 내려오고 있다고 말한다. 그래서 아담의 타락으로 모든 인류가 타락하였다고 말한다. 그리고 히브리서 11장 1-3절에 의하면, 우리의 정신이 믿음을 통하여 창조의 현장으로 나아갈 수 있다고 말하고 있다. 믿음은 바라는 것들의 실상으로서 실제만이 믿음으로 주어지기 때문이다.

마. '태고유형'으로서의 인격 : 페르소나, 아니무스, 아니마, 자기

궁극적으로 우리의 '인격'도 융에 의하면, 이 '태고 유형'에 기인한다. 이 '태고 유형'에 경험이 수반되어서 우리의 '인격'이 나타나게 된다는 것이다. 융은 이제 "모든 인격에서 중요한 구실을 하고 있는 네 가지 태고 유형을 짚어보자"고 말한다. 그리고 그 네 가지는 "페르소나, 아니무스, 아니마, 자기"라고 하는데, 태고유형이 여기에 나타나기 때문이다. 즉 우리의 '인격'의 나타남은 우연이 아니라 '태고유형'으로 말미암는다.

바. 페르소나

'페르소나'는 '가면'이라는 의미인데, 사람이 다른 사람에 대해 공적으로 보여주는 모습을 의미한다. 이때 융에 의하면, 우리의 '페르소나'는 '사회에 순응하는 태고 유형'이다. 융은 이러한 페르소나를 '정신'의 '겉면'이라고 불렀다. 이것이 세계를 향해 있는 얼굴이기 때문이다.

한편, 인격에서 페르소나의 역할은 이점도 있지만 단점도 있다. 지나치게 페르소나에 압도 당한 사람은 본성에서 소외 당하게 되며, 지나치게 발달한 페르소나와 미발달된 인격의 갈등 때문에 긴장 속에서 살게 된다. 페르소나의 지나친 팽창은 정신건강에 위험하다. 투사와 열등감 등이 나타난다.

> 본래 '페르소나'(persona)는 연극에서 특정한 역할을 위해 배우가 쓰는 칼이다. 인물이라는 'person'과 'personality'도 같은 어원이다. 융 심리학에서도 페로소나의 태고 유형은 같은 목적을 위해 쓰인다. 개인은 페르소나에 따라 자기 자신의 것이 아닌 성격을 표현할 수가 있다. 페르소나는 개인이 공적으로 보이는 가면 내지는 겉보기이며 사회에 좋게 받아들여지기 위해 좋은 인상 주기를 목적으로 한다. 이는 '사회에 순응하는' 태고 유형으로 말할 수 있다.
>
> 회사원은 하루 8시간 동안 회사에서 가면을 쓰고 있지만 직장에서 나온 순간 그것을 벗어 버리고, 더 큰 만족을 위한 활동에 임할 수 있다.…많은 사람이 페르소나에 지배된 생활과 심리적 욕구들을 채우는 이중생활을 한다.
>
> 하지만 그 이상의 가면을 쓰는 사람도 많다. 직장에서 쓰는 것과 다른 탈을 가정에서 쓸지도 모른다. 골프장에 가거나, 친구와 포커를 하고 있을 때도 제3의 가면을 쓸 수도 있다. 그리고 그 모든 가면을 총괄한 것이 그의 페르소나이다.…(『융의 심리학 해설』137-138)
>
> 인격에서 페르소나의 역할은 이점도 있지만 단점도 있다. 개인이 자기가 하고 있는 역할에 지나치게 빠지거나 사로잡혀 자아와 그 역할을 동일하게 여길 경우 인격의 다른 측면이 약해질 것이다. 이처럼 페르소나에 압도된 사람은 본성에서 소외 당하게 되며, 지나치게 발달한 페르소나와 미발달된 인격의 갈등 때문에 긴장 속에서 살게 된다. 자아가 페르소나와 동일화하는 것은 '팽창'이라고 불린다.
>
> …강요하기를 좋아하며, 이 역할을 남에게 투사하여 역할을 하도록 강요한다. …페르소나가 지나치게 발달한 사람은 기대하는 수준에 도달되지 못할

때 열등감과 자책감에 몰리기도 한다. 그 결과 고독감과 소위감을 가진다.… 융은 팽창한 페르소나의 영향을 연구할 기회가 많았는데, 그가 치료하는 환자의 대부분이 그 희생자 였기 때문이다.…
팽창한 페르소나에 관한 논의에서 알 수 있듯이, 당사자의 정신적 건강을 위해서는 무의식적 위선자이기 보다 의식적 위선자가 나으며 자기를 속이는 일보다 남을 속이는 일이 더 낳다. 물론 이상적인 형태는 어떤 종류의 위선이나 속임을 쓰지 않는 것이다.… (『융의 심리학 해설』138-140)

사. 아니무스, 아니마

융은 '페르소나'를 세계를 향해 열려 있는 얼굴이기 때문에 정신의 '겉면'이라고 부른 반면, 정신의 '내면'을 남성의 경우 '아니무스'라고 불렀다. 그리고 '아니마'의 태고 유형은 남성적인 정신에서 여성적인 한 측면이며, '아니무스'의 태고 유형은 여성적인 정신에서 남성적인 한 측면이다. 생물학적으로도 모든 사람은 성별에 관계없이 남성 호르몬과 여성 호르몬을 분비한다는 이성의 성질이 있다. 그리고 이것에 의해서 남성은 여성에게 끌리고, 여성은 남성에게 끌린다. 이러한 본능이 우리의 정신의 '내면'에 태고유형으로 존재한다. 이것이 '무의식' 속에 존재한다. 그리고 이 아니마 또는 아니무스는 이성에게 투사된다. 아니마 또는 아니무스에 의해 남성과 여성의 관계가 결정된다.

남성은 여러 세대에 걸쳐 여성에게 계속 드러나면서 아니마의 태고 유형을 발달시키고, 여성은 남성에게 드러나면서 아니무스의 태고 유형을 발달시켰다. 수 세대에 걸쳐 함께 생활하고, 서로 영향을 주고 받으면서, 이성에게 적절히 반응하며, 이성을 이해하는 데 쓸모있는 이성의 특징들을 획득했다. 이처럼 아니마와 아니무스의 태고 유형은 페르소나의 태고 유형과 마찬가지로 생존을 위해 큰 가치가 있다.
만일 인격이 곧바로 적응해서 균형을 조화롭게 유지하면 남성 인격의 여성적 측면과 여성 인격의 남성적 측면은 의식과 행동에 나타났을 것이다. 그러나 남성이 남성적 측면만을 나타내면, 여성적 특징은 무의식에 머물고, 제대로 발달되지 못해 원시적 상태로 남는다. 그래서 무의식은 허약해지고 과민해진다. 다시 말해서 상당히 남성답게 보이며, 남성스럽게 행동하는 남성의 내면이 약하고 복종하는 특징을 보이는 이유는 그 때문이다. 또 외적 생활에서 지나치게 여성스러운 여성은 남성의 외적 행동에서 자주 볼 수 있는 완강함과 고집스러운 성질을 무의식적으로 가지고 있다.

융이 말하길 "모든 남성은 자기 속에 영원한 여성상을 가지고 있다. 특정한 여성의 이미지가 아닌 일정한 여성상이다. 이 이미지는 기본적으로 무의식적이면서 남성의 살아있는 유기 조직에 각인된 원시적 기원의 유전적 요인이다. 모든 조상의 여성 경험의 흔적 혹은 태고 유형으로 말하자면 인상의 침전물로 일찍이 여성에 의해 만들어졌다. 이 이미지는 늘 무의식적으로 연인에게 투사돼 정열적 매력을 느끼거나 혐오감을 느끼는 중요 원인중 하나이다."

즉 남성은 유전적으로 여성상을 갖고 있으며 무의식적으로 일정한 규정을 만들고 그 영향 탓으로 특정 여성을 받아들이거나 거부한다.

아니마의 최초 투사는 늘 어머니에 대해 행해지며, 아니무스의 최초 투사는 아버지에 대해 행해진다. 뒤에 남성은 긍정적 혹은 부정적 감정을 불러들인 여성에게 아니마를 투사한다. 남성이 '정열적 매력'을 느꼈을 때는 남성이 아니마상과 그 여성이 동일한 특성이 있기 때문이다.…

남성이 어떤 여성에게 반하는 데는 다양한 이유가 있지만 이는 2차적인 것에 지나지 않는다. 1차적인 이유는 바로 무의식 속에 있다. 남성은 자기의 아니마상과 모순되는 여성들과 관계를 가지려 애를 써도 어쩔 수 없이 불만과 반복으로 끝난다.

…아니마 또는 아니무스는 이성에게 투사된다. 아니마 또는 아니무스에 의해 남성과 여성의 관계가 결정된다. (『융의 심리학 해설』140-142)

아. 그림자

앞에서 아니마 또는 아니무스를 이성과의 관계에서 나타나는 태고 유형이라고 했는데, 이제 융은 동성인 사람에게 영향을 태고 유형으로서 '그림자'를 말한다. 이것은 "자아를 압도하려고 하는 창조적 인간의 동물적 본성"으로서의 태고유형이다.

> 동성인 사람과 관계에 영향을 끼치는 태고 유형도 있는데 융은 이것을 '그림자'라고 불렀다.
> 그림자는 다른 태고 유형보다도 기본적이고 이간의 동물적 본성을 많이 갖고 있다. 그림자는 진화의 역사 속에 깊은 뿌리를 두고 있기 때문에 모든 태고 유형 중에서 가장 강한 힘을 갖고 있으며, 잠재적으로 가장 많은 위험을 내포하고 있을 것이다. 특히 동성의 타인과의 관계에서 그림자는 인간 최선을 것과 최악의 것의 근원이다. 인간이 공동사회에 적응을 하고 일부가 되기 위해서는 그림자에 내포된 동물적 정신을 길들일 필요가 있다. 그림자와 관련된 성질을 누르고 그림자의 힘에 대항할 수 있는 강한 페르소나를 키움으로써 길들일 수 있다. 자기 본성 속 동물적 성향을 억누르는 사람은 문명인이 되겠지만, 대신 자발성, 창조성, 강한 정서, 깊은 통찰력이 줄어드는 대가를 치른다. 그는 본성이 갖는 지혜를 잃는데 이 지혜는 후천적 학습이나 교양으로 얻을 수 있는 지식보다 더 깊은 지혜인지도 모른다. 따라서 '그림자'없는 생활은 무기력해지고 천박해지기 쉽다.…
> 한 농부가 시인이 될 것이라는 영감을 받는다. 영감은 언제나 그림자의 작용이다. 그때 농부는 농부로서의 페르소나가 강하기 때문에 이 영감을 실행할 수 있다고 여기지 않으며 생각도 않는다. 그러나 그림자는 끈질기게 압박으로 그를 못살게 군다. 어느 날, 마침내 그는 굴복하여 농사일을 관두고 시를 쓰기 시작했다. 2차적 사정 또한 영향이 있었겠지만 그림자의 영향력이 가장 강했다.… 이런 뜻에서 그림자는 중요한 가치가 있는 태고 유형이다.…
> 개인은 자아와 그림자가 훌륭히 조화를 이룰 때 생기와 활력이 충만함을 느낀다.…매우 창조적인 사람의 그림자는 때로는 자아를 압도하기 때문에 잠시 이성을 잃고 발광하는 것처럼 보인다. (『융의 심리학 해설』143-144)

그렇다고 하여서 '그림자'의 요소로서 '나쁜' 요소도 존재한다. 알코올 중독과 같은 습성은 의식 속에서 쫓겨났다고 하다라도 이것은 무의식 속으로 잠시 도망을 갔다가 다시 나타난다. 이 그림자는 정신 속에 조화롭게 속해져야 할 필요성이 존재한다.

의식에서 나쁜 요소를 보내면 일단락되는 것으로 판단할지도 모른다. 사실은 그렇지 않다. 무의식 속으로 나쁜 요소가 도망을 갔을 뿐, 의식적 자아 속에서 모든 일이 순조롭게 될 때도 여전히 무의식 속에 잠재해 있다. 만일 위기가 발생하거나 어려운 환경에 부딪히면 그림자는 그 틈을 타서 자아에 영향력을 행사하려고 한다. 강박적인 알코올 중독 환자가 습관을 극복하는 예를 생각해 볼 수 있다.…

그림자가 사회에 의해 강학 억압을 받거나 배출할 수 있는 방법을 알지 못하면 때로는 비참한 결과가 발생한다.… 그는 "기독교 처럼 죄가 없는 백성들의 피로 얼룩진 종교가 없으며, 세계사에서 기독교 국가의 전쟁처럼 피비린내 나는 전쟁이 일찍이 없었던 까닭은 여기에 있다." 이런 논의에서 알 수 있듯 기독교의 가르침은 그림자에 대한 억압의 태도를 가진다.… 그림자는 개인의 동성과의 관계를 결정짓는다. 그림자가 자아에 받아들여져 정신 속에 조화롭게 속해 있는지 또는 자아에 쫓겨나 무의식 속으로 숨어 있는가에 따라 동성과 우호 관계일지 적대 관계인지 달라진다.…남성은 퇴짜 맞은 그림자의 충동을 남성에게 투사하기 쉽다. 그 때문에 남성 사이에서 나쁜 감정이 자주 생긴다. 여성의 경우에도 마찬가지이다.…(『융의 심리학 해설』145-146)

이에 따라 융은 좋은 그림자이건 나쁜 그림자이건 이 그림자는 자아 속에서 조화를 이루어서 적절하게 위치하여야 한다고 말한다. 인간의 생명력과 창조력과 활기는 이 본능에서 나온다고 말한다.

그림자가 개성화되어 있으면, 위협과 위협에 대한 그림자의 반응은 매우 효과적일 것이다. 그렇지만 그림자가 억압을 받고 분화되지 못하면 본능의 큰 파도가 밀려와 더욱 자아를 누름으로써 개인은 무너지고 만다.

즉, 그림자의 태고 유형은 인간의 인격에 충실한 3차원적 특징을 준다. 인간의 생명력, 창조력, 활기, 힘 등이 이 본능에서 나온 것이다. 만일 그림자를 거부하면 인격은 무미건조해 진다. (『융의 심리학 해설』146)

3. '자기(정신)'의 '자기실현'

가. '자기'로서의 '정신'

융에 의하면 '정신'이 곧 '자기'인데, 이것이 '집단무의식'의 중심이라고 한다. 어떻게 보면 융에게 있어서 '정신'이 곧 '집단무의식'이며, '정신'에게 다른 모든 '무의식적 요소'가 부속하여 결합하여 있다. 그래서, 일체성을 이루어낸다.

> 융 심리학에서 인격의 전체 또는 '정신'의 개념은 중요한 특성이다. 이 전체성은 정신에 대해 지적했던 것처럼 조각을 모으듯 여러 부분을 모아서 만들어지지 않는다. 성숙하기까지 시간이 걸리나 원래부터 있었다. 인격의 조직 원리가 융이 '자기'라고 부르는 태고유형이다.
> 태양계의 중심이 태양이듯, 집단무의식 속 중심을 차지하는 태고 유형은 자기이다. 자기는 질서, 조직, 통일의 태고 유형이다. 자기는 모든 태고 유형들과 콤플렉스 및 의식 속의 태고 유형의 표현 형태를 끌어당겨서 조화시킨다. 자기는 인격을 통일하고 거기에 '일체성'과 불변성의 감각을 준다. (『융의 심리학 해설』147)

융은 정신이 자기이며, 이것이 모든 집단 무의식을 조절한다고 말한다. 이 정신이 태고유형인데, 이 정신은 태고로부터 무언가를 유전으로 이어받았다. 그리고 이 자기 자신으로서의 이 정신은 자신 안에 있는 모든 무의식을 일깨워 낼 수 있다. 이것은 분명히 한 정신의 영적생활을 통해서 일 것이다. 인간에게 정신의 무한한 힘이 있다는 것을 말하고 있다.

나. 자기실현

위에 의하면, '정신'은 우리 안에서 우두커니 있는 것이 아니라, 오히려 의식보다 더 활발히 움직이고 있다. 그리고 이 정신이 가는 방향은 '자기실현'이다. 융이 말하는 '정신'의 '자기실현'은 "어떤 사람이 자기 자신과 세계가 조화를 이루게 하는 것"이라고 말한다.

어떤 사람이 자기 자신과 세계가 조화를 이루는 것처럼 느낀다고 말한다면 자기의 태고 유형이 그 역할을 효과적으로 한다는 뜻이다. 반대로, 활기가 없고 불만족스러우며 갈등이 심각해져 '붕괴할 것 같다'고 느끼는 경우라면 이는 자기가 그 일을 훌륭히 하지 않았다는 뜻이다.
모든 인격의 가장 큰 목표는 자기실현을 달성하는 데 있다. 이는 복잡하고 어려운 문제이므로 완전히 달성한 사람은 드물다. '예수'와 '석가모니'와 같은 위대한 종교적 지도자는 이 목표 가장 가까운 곳까지 근접했다. 융은 인간이 중년이 될 때까지도 태고 유형이 드러나지 않는다고 지적했다. 인격이 개성화를 거쳐 충분히 발달해야만 자기가 어느 정도 완전히 나타날 수 있기 때문이다. (『융의 심리학 해설』147)

융에게 있어서 '정신'은 태고유형이다. 이 '정신'과 '의식'은 다르다. 오히려 '정신'이 무의식적 영역을 관리한다. 그리고 이것이 진정한 '자기'이다. 그렇다고 해서 의식이 중요하지 않은 것은 아니다. 이것은 의식적 자아인데, 여기에서 의지를 품어야 정신이 작동을 한다.

다. 의식의 역할

한편, 이와 같은 '정신'의 '자기실현'에 있어서 '의식'이 하는 역할이 매우 중요하다. '의식'이 이것을 외면해 버리면 자기실현은 이루어지지 않는다. 의식에 의해서 정신이 활동을 한다.

① 자기실현의 달성여부 : 자기의식(자아)의 협력
자기실현을 달성하느냐 여부는 자아의 협력에 크게 달려있다. 자기의 태고 유형의 메시지를 자아가 무시한다면 자기에 대한 평가와 이해는 이뤄질 수 없다. 모든 것이 의식적으로 이루어지지 않으면 인격을 개성화하는 효과는 없다.
② 자기인식에 이르러야 하는 자기의식
꿈의 분석에 따라 자기 인식에 접근할 수가 있다. 더욱 중요한 점은 진정한 종교적 체험에 따라 자기를 이해하고 실현할 수 있다는 것이다.…
③ 자기인식에서 이루어지는 자기실현

자기를 인식하는 일은 완전한 자기의 실현을 이룩하는 일에 선결돼야 한다고 융은 강조했다. 자기인식은 자기실현에 이르는 길이다. 이를 구별하는 일은 중요하다.…

④ 집단무의식의 의식화 : 영적생활

무의식적인 것을 의식적으로 만듦으로써, 인간은 자기 자신의 본성과 균형을 이룬 삶을 누릴 수 있다.… 이는 자신의 무의식 속 기원을 인식하기 때문이다. (반면) 자기의 무의식을 모르는 사람은 무의식에서 억압된 요소를 남에게 투사한다.… 자기의 태고 유형, 외적인 의식적 자아와 전혀 다른 안내자이다. 자기는 인격을 규정하고 조절하며, 이를 좌우할 수 있는 능력을 가져야 한다.…(『융의 심리학 해설』148)

⑤ 자기의 태고유형 발견 : 신비주의

융의 집단 무의식 연구에서 자기의 태고 유형 개념은 가장 중요한 가치를 갖는 성과이다. 그는 다른 모든 태고 유형에 관한 연구와 저작활동을 끝낸 뒤 자기의 태고 유형을 발견했다. 그러고는 "'자기'는 인생의 목표이다. 자기는 우리가 개성이라 부르고 있는 운명적 통일체의 가장 완벽한 표현이기 때문이다"라고 결론을 내렸다. (『융의 심리학 해설』149)

융은 "의식-정신-집단무의식"의 구조를 통해 자아실현이 된다. 여기에서 집단무의식은 종교적 행위를 통해 발현된다. 위에서 "자기의 태고유형 발견"은 태초에 존재했던 자신의 모습을 재현하는 것이다. 예컨대, 창세기 1장의 경험에 대한 유전적 요소를 신비적으로 경험하는 것이다. 융의 자기실현은 결국 신앙생활인 셈이다. 그리고 신앙생활 중에서도 신비적 일체에 이르기까지 이루어지는 신앙생활을 지칭하고 있다.

[정리] 칼 융에 대한 평가

프로이트의 리비도에 재정의

칼 융은 프로이트의 무의식에 대해 큰 영향을 받았다. 프로이트는 무의식세계를 말하였던 것이다. 그런데 프로이트의 무의식은 온통 성에 관한 이야기였다. 이 성욕이 분화하여 사회적 욕구로 발전하였다. 결국 말년에 이르면 성욕도 사라지고, 자아실현 욕구가 나타나는데, 프로이트는 여전히 성욕으로 모든 것을 설명하였다. 그래서 성욕 내에 타나토스라는 죽음본능이 있다고 말하였다. 프로이트는 심지어 양심마저 이 성욕에서 나왔다고 말하였다. 칼 융은 독실한 크리스챤이었다. 프로이트의 성욕에 대한 타당화와 성욕을 거룩한 것으로까지 미화하는 것을 도저히 받아들일 수가 없었다. 그래서 이 양자는 헤어졌는데, 칼 융이 전적으로 옳았다.

칼 융의 생체 에너지는 무색무취로서 아이의 처한 환경마다 그 에너지는 그 환경에 반응하여 나타난다. 어린 아이의 때에는 육체적 발달을 위한 식욕 등의 욕구로 나타나며, 사춘기에 이르러서는 성욕 등으로 나타난다. 사회에 진입할 때는 사회적 욕구로, 노년에는 자아실현 욕구로 나타난다.

공상

프로이트는 그의 심리학과 관련한 임상의 대상들이 주로 신경증 환자였다. 이에 비하여 융은 그 대상이 주로 자폐증의 정신분열증 환자였다. 이들의 특성은 현실을 감당할 수 없을 때, 정신이 공상의 세계를 펼친 후 그곳으로 도피하는 것이었다. 그런데, 이것도 또한 정신과 무의식의 행위인 것이다.

융은 이 공상을 꿈의 일환으로 보기도 하였다. 현실을 감당할 수 없는 무의식이 그곳에 하나의 세계를 건설하며, 그곳에 자신을 등장시키기 때문이다. 그래서 이 공상을 몽상이라고도 부른다.

한편, 이러한 공상 혹은 몽상 속에도 긍정적인 요소가 있다고 말한다. 이것이 도리어 창조적인 방향으로도 나타난다.

꿈 속에 존재하는 집단 무의식

칼 융도 프로이트와 마찬가지로 꿈을 추적하였다. 이때 프로이트는 꿈을 과거의 경험 속에서만 찾았다. 그런데, 칼 융은 이 꿈에는 과거의 경험만 있는 것이 아니라, 미래에 일어날 일에 대한 예언적인 꿈도 있었다. 외부로부터 계시나 조명처럼 들어오는 요소도 있다는 것을 알았다. 또한 뭔가 유전적으로 내려오는 것이 있음을 알았다. 이렇게 해서 융은 집단무의식을 발견하였다.

집단 무의식에 존재하는 태고유형(원형)

칼 융의 가장 큰 특징과 공헌은 무의식을 자기 무의식과 집단 무의식으로 구분하는 것이다. 즉 집단 무의식의 발견이다. 칼 융은 이에 대해 집중적인 연구를 했다.

먼저 어떤 아이가 태고적 꿈을 꾼 것에 대한 기록을 싣고 있는데, 그리고 만일 이렇게 한번도 경험해 보지 못한 태고적 꿈을 꾸었다면, 여기에는 또 다른 사례들이 있을 것이다. 그와 같은 꿈을 꾼 자가 태고의 신화에 대한 기록을 하였을 것이다. 그리고 이렇게 태고적 꿈이 반복적으로 나타난다면, 그것은 태고에 대한 계시일 수 있는 것이다.

융은 태고적 신화 외에도 많은 유전적 태고유형들을 발견해 낸다. 이것은 성경과도 일치하게 되는데, 성경에서 바울은 인간의 죄가 유전이 된다고도 말한다. 그리고 히브리서 11장 1-3절에서는 믿음으로 그 태고의 세계에 대한 확인을 할 수 있다고 말한다.

라캉의 실재계에서 출현하는 자아

라캉은 우리에게 상상계와 상징계와 실재계가 있다는 것을 말하였다. 이것은 라캉의 위대한 발견이었다. 이 각각의 위계 속에서 우리의 자아가 출현한다. 혹은 자아가 적응을 하며, 새롭게 나타난다.

상상계는 언어의 세계 속에 진입을 하지 않고, 어머니의 얼굴을 자신의 모습으로 상상하는 아이의 세계이다. 그런데, 이제 아이가 언어라는 상징을 배우면서 이 세계를 알아가게 된다. 이 세계의 한 존재로 거듭나는 것이다. 이때 출현하는 리비도의 욕구는 사회적 욕구이다.

그런데, 이제 그에게 타나토스(죽음본능)이 나타나기 시작한다. 그의 욕구가 자꾸 죽음 건너편을 보기 시작한다. 그곳이 장차 그에게 전개될 곧 실재계이다. 이 세계를 바라보면서 자아실현 욕구가 생성되기 시작한다. 실재계에서의 자아가 출현하는 것이다.

칼 융은 바로 이 실재계에서 탄생하는 자아를 열거한 것이다. 그 세계는 신적세계로서 종교적 세계이다. 칼 융의 자아실현은 바로 이 세계를 열망하면서 등장하는 세계이다.

칼 융의 자아실현

칼 융은 신화를 통해 기독교 신비주의자들이 추구하는 세계를 접하게 된다. 그리고 이 세계에서 자아가 탄생하는 것을 자아실현이라고 말한다. 기독교 신비주의자들은 성경의 자료에 대한 믿음을 통해 몽상 등을 통해 창조의 상황을 보아낸다. 심지어는 예수 그리스도와의 연합와 교제를 누린다. 기독교 세계의 거듭남을 칼 융은 거듭남이라고 말하고 있다. 칼 융이 그렇게 표현을 하는 것은 아니지만, 설명하는 내용들이 그와 정확하게 부합한다.

최 환 열(崔煥烈)

<학력 · 약력>
한양대학교 졸업(학사), 아세아연합 신학대학원 M.A. in Missiology 수료, 횃불트리니티 신학대학원 목회학 석사, 백석대학교 신학대학원 구약학 박사
현) 공인회계사, 현) 한국금융시장연구원 대표

<저 서>
(신학) 『아브라함의 언약』, 『모세오경의 언약』, 『예수 그리스도의 새 언약』, 『창세기 원역사 해설』, (철학) 『생철학과 현상학』, 『실존주의 철학』, 『언어-구조주의 철학』, 『신화-구조주의 철학』, (경제) 『국민연금과 사모펀드의 반란』, 『자유민주주의와 사회주의의 이론과 실제 : 러시아경제사와 대한민국 경제사』, (역사) 『광주5.18 역사적 연구』(비매품), 『광주5.18 조사보고서 비판』(비매품), 『박정희의 산업화 유신』

<모 임>
나라사랑인문학모임(신학·서양철학·경제·역사 연구, gvmart@hanmail.net)

『심리-구조주의 철학』

초판 1쇄 발행 2025년 3월 15일
저　　자_ 최 환 열
펴 낸 이_ 김 동 명
펴 낸 곳_ 도서출판 창조와지식
인 쇄 처_ (주)북모아
출판등록번호_ 제2018-000027호
주　　소- 서울시 강북구 덕릉로 144
전　　화- 1644-1814
팩　　스- 02-2275-8577
메　　일_ gvmart@hanmail.net
I S B N　979-11-6003-875-0(93100)
가　　격　18,000 원